내 이름은 용감한 새

백인이기를 거부한 어느 인디언 여인의 용기 있는 삶

LAKOTA WOMAN
by Mary Crow Dog and Richard Erdoes

Copyright ⓒ 1994 by Mary Brave Bird, Richard Erdoes
All rights reserved.

Korean translation copyright ⓒ 2004 by Dourei Publication Co.
Korean translation rights arranged with Peter Basch Agency, Inc. through Eric Yang Agency, Seoul, Korea

이 책의 한국어판 저작권은 Eric Yang Agency를 통해 Peter Basch Agency와 독점 계약한 도서출판 두레가 갖고 있습니다. 저작권법에 의해 한국 내에서 보호를 받는 저작물이므로 무단전재와 복제를 할 수 없습니다.

메리 크로우 도그·리처드 에르더스 지음
신홍민 옮김

LAKOTA WOMAN

내 이름은 용감한새

백인이기를 거부한 어느 인디언 여인의 용기 있는 삶

두레

┌─ ||||| **일러두기** ||||| ─────────────────────────────────────┐

❶ 인디언의 이름이나 백인의 인디언식 이름은 우리말로 옮겨 표시했으며, 하나의 단어처럼 생각해 띄어쓰기를 하지 않았다. 예를 들면 'Brave Bird'는 '용감한새'로, 'White Buffalo Woman'은 '흰들소여인'으로 표기했다. 단 '상처입은무릎(Wounded Knee)'은 우리에게 '운디드니'로 잘 알려져 있어, 예외적으로 우리말로 옮기지 않고 '운디드니'로 표기했다.

❷ 본문 가운데 대괄호(〔 〕)로 표시한 부분은 모두 옮긴이주이다.

└───┘

옮긴이의 말

독일의 극작가 실러의 비극 『간계와 사랑』을 보면, 수천 명의 백성들이 강제로 영국의 용병으로 팔린 후 아메리카로 끌려가면서 가족과 생이별을 겪는 이야기가 나온다. 독일의 역사가이자 미술사가인 에두아르트 푹스는 『풍속의 역사』에서 18세기 후반 독일의 유력한 영주들이 수천 명의 백성을 강제로 징발하여, 미국의 독립전쟁 진압에 군대가 필요했던 영국에 용병으로 팔아 넘겼다고 기술하고 있다. 그러나 미국은 1776년에 영국으로부터 독립한다. 미국의 독립 정신은 프랑스혁명의 인권선언에 앞서 평등과 자유, 인권과 주권재민을 선언한 그 유명한 독립선언문으로 남아 있다. 물론 그 전에도 그랬지만, 미국은 그 이후로는 더욱더 유럽인들에게 한 마디로 기회와 희망의 땅이 되었다. 철학자 헤겔도 『미학』의 한 구절에서 미국을 자유와 기회와 희망의 땅으로 지목할 정도였다.

그러나 그 기회와 희망은 아메리카 원주민들의 좌절과 절망 위에 핀 꽃이었다. 평등과 자유, 인권과 주권재민은 백인에게만 내려진 은총이었다. 에두아르트 푹스는 『풍속의 역사』에서 마르크스의 입을 빌려, 백인들이 경제적 이익 추구에 장애물이 되거나 노예의 삶을 거부했던 아메리카 원주민을 어떻게 몰살했는지 증언하고 있다. 메이플라워 호에 몸을 의지하여 미국에 이주한 청교도들의 후예들은 18세기에 이르러 아예 남녀노소를 가리지 않고 인디언의 머리에 거액의 상금을 내걸었다. 영국 의회는 노예무역의 전성 시대에 노예무역에 버금가는 이익을 안겨주었던 원주민 머리 사냥을 "하느님과 자연이 우리들에게 내려주신 수단"이라고 선언했다. 아메리카 원주민에 대한 만행과 약탈에는 신교와 구교가 갈리지 않았다. 때늦은 감이 없지 않지만, 교황 바오로 2세는 새천년을 앞두고 로마 가톨릭 차원에서 지난 천 년을 반성하면서 아메리카 원주민에 대한 백인의 약탈과 만행을 신의 이름으로 허락한 사실에 대해 반성한다고 공식 선언한 바 있다.

우리는 아메리카 대륙에서 원주민과 백인의 인종 갈등이 일찍이 종결된 것으로 알고 있었다. 아메리카 인디언들은 망각의 포로가 되어 빛 바랜 사진처럼 보호구역에 보관되어 있거나, 백인 사회의 어느 틈바구니에 끼여 사회적 약자이자 소수자로서 그림자처럼 삶을 잇고 있을 것이라고 생각해왔다.

　미국의 인디언 보호구역에서 전형적인 인디언으로 살아온 한 인디언 여성의 삶을 기술한 이 책은 우리의 그런 인식을 수정하게 한다. 우리가 민주주의의 교과서, 인권의 모범국가로 알고 있던 미국에서, 1960년대와 70년대에도 인디언의 문제가 차별과 탄압, 모멸과 멸시의 형태로 여전히 현재진행형이었음을 이 책은 구체적으로 증언한다.

　이 책의 주인공 메리 까마귀개는 사우스다코타 주에 있는 장미꽃봉오리 보호구역에서 수우 족 인디언으로 태어나, 그곳에서 어린 시절을 보내고, 가톨릭 기숙학교에 입학한다. 가톨릭 기숙학교는 인디언을 기독교로 개종시켜 백인화하려는 정책의 일환으로 설립된 학교이다. 주인공은 백인 신부와 수녀들의 노골적인 차별과 멸시, 폭력에 반항하다 학교를 중퇴하고, 사춘기를 음주와 싸움, 방랑생활로 허송세월 하던 중에 '아메리칸 인디언 운동(American Indian Movement)'을 알게 되어 삶의 전환기를 맞이한다.

1960년대 말에 시작된 반전과 히피 운동, 흑인 인권운동의 뒤를 이어 태동한 인디언 운동은 인디언에 대한 차별을 거두고 인디언으로 내버려두라고 주장하는 일종의 인권운동이었다. 이 책의 주인공은 인디언 운동의 추종자로서 1970년대 초에 있었던 여러 가지 기념비적인 인디언 투쟁에 참가하면서 진정한 인디언의 길을 걷기 시작한다. 또 인디언 운동을 통해 만난 수우 족 인디언 주술사 레오나드 까마귀개와 결혼하여 그를 통해 전통적인 수우 족의 삶, 곧 전통적인 신앙과 여러 가지 의식을 바탕으로 이루어지는 인디언의 삶의 참모습에 다가가며, 타자의 외피를 벗어 던지고 진정한 인디언으로 거듭난다. 본인의 입을 빌리면 백인의 교육을 받고, 백인의 피가 섞인 혼혈 인디언이 순종 인디언으로 부활한 것이다.

주인공이 인디언 운동을 통해 성취하려고 했던 목적은 차별과 멸시를 철폐하려는 데도 있지만, 그보다 더 중요한 것은 인디언으로서 삶의 자유를 보장받으려는 데 있다. 주인공의 입을 빌리면, 인디언들은 흑인을 '검은 백인'이라고 부른다. 흑인은 백인 사회로 진입하려고 하기 때문이다. 인디언은 그와 정반대로 백인 사회 밖으로 나가려고 한다. 백인의 삶과는 본질적으로 다른, 인디언 본래의 삶을 돌려받아 순수한 인디언으로 살고자 한다.

이 책의 의미는 바로 인디언의 삶을 돌려받으려는 주인공의 노력과 갈등의 특수한 성격에 있다고 할 수 있다. 주인공은 혼혈 인디언 여인이다. 본인의 말에 따르면 혼혈 인디언은 백인과 순수 혈통 인디언 모두에게 모멸과 멸시를 당하는 '끼인' 존재이다. 그러니까 소수자 중의 비주류, 소수자 가운데 소수자, 다시 말하면 '두 겹'의 소수자이다. 게다가 그는 여성이다. 인디언 사회도 여느 사회 못지않아 여성의 사회적 지위는 열악하기 짝이 없다. 그런 세계에서 주인공은 '두 겹'의 소수자로도 모자라, '세 겹'의 소수자로서 온몸으로 삶의 무게를 떠받들며 살아온 사람이다. 그 점에서 이 책은 '세 겹'의 소수자로 살아온 한 인디언 여인의 자아 선언이자 자아 회복, 정체성 선언과 그 회복에 관한 생생한 증언이다.

그 길은 주류를 향해 가는 길이 아니다. 타자의 겉모습을 빌려 쓴, 존재가 모호한 소수자, 정체가 불분명했던 소수자에서 참된 소수자, 삶의 중심을 회복하여 자기 삶의 주인 노릇을 하는 소수자로 태어나는 길이다. 비록 소수자이긴 하지만, 자기 삶에 대해 주인의 권리를 행사하는 자리를 되찾을 때, 그는 진정한 의미의 주류로 다시 태어날 수 있다.

삶의 주인 자리를 찾아 온몸을 내던지는 길에서, 타자에 대해 굳게 닫혔던 주인공의 마음도 열린다. 백인들에게 마음의 곁을 내주기 시작한다. 그 열림은 인디언의 권리를 향한 투쟁에서 진정으로 인디언을 돕는 백인들을 만나면서 시작되었고, 감옥에 갇힌 남편 레오나드 까마귀개의 구명운동을 하는 과정에서 확고하게 자리잡는다.

비유적으로 말하면, 주인공의 열림은 자기를 찾으려는 투쟁이 계기가 되어, 삶의 주인 자리를 빼앗기지 않으려고 안간힘을 다하는 과정에서 완료되었다. 타자를 향해 마음을 열기 위해서는, 자신이 삶의 진정한 주인이 되어야 한다는 것을 보여주는 좋은 예가 아닐 수 없다. 우리는 이 책을 통해 삶의 주인이 될 수 있어야 비로소 타자와 진정한 화해와 연대를 이룰 수 있다는 것을 확인하게 된다.

독자들이 이 책을 미국 사회의 이야기로만 읽는 데 그치지 말고, 우리 사회의 그늘에서 주류의 틈새에 끼여 고통을 겪고 있는 사람들의 삶에 관심을 갖는 계기로 삼는다면 더 바랄 나위가 없겠다. 이제 우리 사회도 주류 사회의 변방에서 소외되어 살고 있는 약자들의 외침과 절규에 대해 관심의 문을 활짝 열 때가 되었다고 생각한다. 이들은 이익 집단의 이해 충돌에 가려 보이지 않는 곳에서 여전히 절망할 시간과 좌절할 여유조차 없이 버둥대며 살고 있다. 이 책이 독자들에게, 삶의 벼랑에 내몰린 이들에게 따뜻한 눈길과 다정한 손을 건네는 좋은 이웃이 되길 빌어본다.

마감일을 훌쩍 넘긴 원고를 끈질기게 참고 기다려준 신홍범 사장님께 이 기회를 빌려 진심으로 깊은 감사의 마음을 전한다. 부족한 원고를 좋은 책으로 만들어준 편집부 장우봉 과장에게도 깊은 고마움을 느낀다.

2004년 3월

신홍민

차례

- 옮긴이의 말 ___ 5
- 01 그사람개 마을 출신의 여인 ___ 15
- 02 보이지 않는 아버지들 ___ 30
- 03 몽둥이로 그들을 문명화하라 ___ 55
- 04 음주와 싸움질 ___ 75
- 05 목적 없는 삶 ___ 96
- 06 우리는 부탁할 생각이 없다 ___ 123
- 07 꿈을 향한 절규 ___ 152
- 08 캉크페 오피 와크팔라 ___ 180

09 포위 공격 _____ 205

10 유령들이 돌아오다 _____ 244

11 새 생명의 탄생 _____ 262

12 수우 족과 코끼리는 결코 잊는 법이 없다 _____ 283

13 잘려 나간 두 손 _____ 307

14 캉테 이슈타—마음의 눈 _____ 326

15 새장 안에 갇힌 독수리 _____ 349

16 호 우웨이 팅크테—내 소리를 듣게 되리라 _____ 391

• 에필로그 _____ 420

1. 그사람개 마을 출신의 여인

> 어느 부족도 패망하지 않는다,
> 그 여인네들의 용기가
> 땅에 떨어지기 전에는.
> 제 아무리 용맹한 전사들과 훌륭한 무기가 있다 한들
> 여인네들이 용기를 잃은 부족은
> 패망을 면치 못한다.
> — 샤이엔 족의 속담

내 이름은 메리 용감한새(Mary Brave Bird)다. 운디드니(Wounded Knee)에 포위 당해 있을 때〔1890년 12월 29일 사우스다코타 주 소재 운디드 니에서 제7기병대와 인디언 사이에 전투가 벌어져, 인디언 200여 명과 백인 병사 60여 명이 죽은 사건이 있었다. 1973년에도 인디언 인권운동의 전개과정에서 다시 한번 인디언들이 이곳을 점거하여 장기간 군경과 대치한 적이 있다. 이 책의 저자도 그 점거 사건에 참여했다〕 아기를 낳은 나에게 사람들은 특별한 이름을 지어 주었다. 오히티카 윈(Ohitika Win), 즉 용감한 여인이라는 뜻이었다. 그들

은 두려움을 떨치는 용기의 노래를 불러 주며 내 머리에 독수리 깃털을 꽂아 주었다. 나는 붉은 부족의 여인, 바로 수우(Sioux) 족의 여인이다. 그러나 수우 족 여인으로 살기란 쉬운 일이 아니다.

총격전이 벌어져 총알이 벽을 뚫고 날아다니는 와중에 나는 첫 아이를 낳았다. 사내아이였다. 아이를 낳은 첫날, 경찰은 본격적으로 공격해 왔다. 나는 갓난아기를 담요에 싸서 안고 도망쳤다. 총알을 피해 땅바닥에 엎드릴 때마다 몸으로 아기를 감싸안고 기도를 드렸다. "이 몸은 죽어도 좋으니 아기만은 살려주소서."

나는 운디드니에서 살아 나왔다. 경찰은 산후 회복도 안 된 나를 소나무산마루(Pine Ridge) 보호구역에 있는 유치장에 감금하고, 아기까지 빼앗아갔다. 젖을 물릴 수 없게 되자, 젖가슴이 부풀어올라 돌덩이처럼 딱딱해지며 심한 통증이 몰려왔다.

그 뒤 1975년에 연방 경찰은 M16 총구를 내 머리에 갖다대며 통째로 날려버리겠다고 협박했다. 인디언 여인으로 사는 일은 더할 수 없이 어려운 일이다.

나와 가장 친하게 지냈던 애니 메이 어쿠어쉬(Annie Mae Aquash)는 미크맥(Micmac) 족 출신으로, 귀여운 아이들을 둔, 기백이 넘쳐흐르는 젊은 여인이었다. 인디언 여인이 지나치게 강인한 인상을 풍기는 것을 꼭 현명한 처신이라고 할 수는 없다. 애니 메이는 소나무산마루 보호구역에 있는 한 골짜기 산기슭의 눈 속에서 시신으로 발견되었다. 경찰은 사인을 동사로 발표했지만, 머리에는 38구경 탄알이 박혀 있었다. 미연방 수사국은 지문 확인을 위해 그녀의 손을 잘라 워싱턴으로 보냈다. 내 아기가 태어날 때 도와준 손이었다.

모진 시련을 견디며 살면서도 선량함을 잃지 않았던 내 시누이 델핀도 눈 속에서 죽은 채 발견되었다. 얼굴에는 눈물이 얼어붙어 있었다. 어떤 술주정뱅이가 팔다리가 부러질 정도로 폭행한 뒤, 거센 눈보라 속에 그냥 내팽개쳐 버렸기 때문이었다.

내 언니 바바라는 장미꽃봉오리에 있는 국립병원에서 아기를 낳았다. 그런데 마취에서 깨어나서 보니, 불임시술이 되어 있었다. 물론 언니는 불임시술을 할 마음이 눈곱만치도 없었다. 갓난아기는 두 시간밖에 살지 못했다. 아기를 갖고 싶어 자나깨나 가슴을 졸이던 언니였다. 그랬다. 우리에겐 아기를 갖는 것조차도 쉽지 않았다.

어린 시절 세인트 프랜시스 기숙학교에 다닐 때, 수녀들은 걸핏하면 이른바 '교칙 위반'을 들먹이며 마구 몽둥이를 휘둘렀다. 나는 열 살 되던 해 술을 마시기 시작해서, 위스키를 병째 마셨다. 열두 살 때는 '사내아이들과 놀아난다'는 이유로 수녀들에게 매질을 당했다. 고작 손을 잡은 게 전부였는 데도 말이다. 열다섯 살 되던 해에는 성폭행을 당했다. 혹시 이 세상에 태어날 생각이라면, 반드시 백인 남자로 태어나시라.

우리가 이렇게 고통을 겪은 까닭은 어떤 크고 엄청난 일을 저

질러서가 아니다. 낯설고, 더 힘센 문화에 둘러싸여 있으면서도, 우리의 생활방식과 언어, 가치를 지키려고 애쓰는 인디언이기 때문이다. 또 백인과 순수 혈통의 인디언에게 똑같이 업신여김을 당하는 아이예스카(iyeska), 즉 혼혈 인디언이기 때문이다. 목구멍에 풀칠이라도 하려면 가게에서 물건을 훔치는 도리밖에 없는, 깊은 산골에 살던 소녀가 도시에 나와 살고 있기 때문이다. 다른 무엇보다도 중요한 것은 여자이기 때문이다. 평원의 인디언 부족들 중에는, 여자에게 제일 잘 어울리는 일은 남자와 함께 잠자리에 들어 아기를 생산하는 일이라고 생각하는 남자들이 많다. 그들은 그것으로 백인 사회에서 받은 고통에 대한 위안을 얻는다. 그들도 한때는 이름 높은 전사였고 사냥꾼이었다. 그렇지만 이제 들소는 사라지고 없다. 또 밥상 위에 고기 통조림을 차려놓거나, 어쩌다 토끼 한 마리 올려놓는다 해서 특별히 이름이 높아지는 시대도 아니다.

전사였던 그들이 지금 통쾌한 승리를 맛볼 수 있는 길은 술집에서 주먹을 휘둘러 남의 이빨을 부러뜨리는 일뿐이다. 지난날 남자들은 너그러움과 지혜로 이름을 널리 알렸다. 그러나 직업도 돈도 없는 지금에 와서 베풀 너그러움이 있을 리 만무하다. 백인 선교사, 교사, 고용주 들은 인디언 남자들을 회유한다. "전통적인 지혜? 그건 야만적인 미신에 지나지 않아. 이 세상에 그걸 발휘하려고 하느니, 차라리 송두리째 뽑아 없애는 편이 나을 걸!" 하고 말이다. 또 남자들은 아이들과 떨어져 살라고 강요받는다. 그래야 가족이 아동복지수당(Aid to Dependent Children)이라도 받을 수 있기 때문이다. 어떤 전사는 곤드레만드레가 되도록 취해서 집에 돌아와 늙은 아내를 구타한다. 그렇게 욕구불만을 해소한다. 나는 그 욕구불만이 어디서 비롯되는지 안다. 그들이 안쓰럽다. 그러나 안쓰럽기는 그들의 아내 쪽이 훨씬 더하다.

처음부터 시작하자. 나는 사우스다코타 주에 있는 장미꽃봉오리 보호구역 출신의 수우 족으로, '불에덴넓적다리(Burned Thigh)'라고 불리는 브룰(Brule) 부족 인디언이다. 우리 부족의 언어로는 시캐뉴(Sicangu)라고 한다. 전설에 따르면, 아득히 먼 옛날 한번은 소규모 수우 족 무리가 적에게 포위되었다. 적들은 티피〔Tipi, 또는 Tepee : 북미 인디언의 천막집〕와 그 주변의 풀에 불을 놓았다. 수우 족 무리는 힘겹게 포위망을 뚫고 나왔지만, 다리에 화상을 입었다. 그래서 불에덴넓적다리라는 이름을 얻게 되었다고 한다. 브룰 부족은 '성스런 일곱 모닥불 모임(Seven Sacred Campfires)', 곧 모두 합해서 라코타(Lakota) 종족으로 알려진 서부 수우 족의 일곱 부족〔수우 족에 속하는 일곱 부족의 이름은 다음과 같다. 오그랄라(Oglala), 브룰(Brule), 미니콘주(Miniconjou), 투 케틀(Two Kettle), 산스 아크(Sans Arc), 홍크파파(Hunkpapa), 시하사파 또는 검은발(Sihasapa or Blackfeet)〕가운데 하나이다. 동부 수우 족은 다코타 족이라 부른다. 라코타와 다코타의 차이는 그 언어에 있다. 우리 라코타 족이 'L'로 발음하는 소리를 다코타 족이 'D'로 발음

하는 것만 제외하면 언어는 서로 같다. 다코타 족은 'L' 발음을 전혀 하지 못한다. 우리 부족에는 이런 농담이 있다. "다코타 족은 타이어가 터지면 뭐라고 하지?" 대답은 "브도우아웃[bdowout : 본래는 'blowout'이다. 'L' 발음이 되지 않기 때문에 'bdowout'이라고 한다는 것이다]"이다.

브룰 부족은 모든 수우 족이 그렇듯이 기마 인디언이었다. 질풍처럼 말을 몰아 적을 급습하는 위대한 전사들이었다. 그런데 1870~80년 사이에 수우 족은 모두 보호구역으로 쫓겨 들어가 울타리 안에 갇혔고, 삶의 의미가 있는 것은 하나도 빠짐없이 강탈당했다. 말과 사냥, 무기 등 모든 것을 빼앗겼다. 그렇지만 긴 절망의 얼음장 아래서도 아득한 과거의 믿음과 자부심의 작은 불꽃은 끊임없이 타오르고 있었다. 아주 드문 일이기는 하지만 불꽃을 다시 화염으로 타오르게 해줄 훈풍을 기다리면서 말이다.

우리 가족은 보호구역 안에 있는 어느 유명한 추장의 이름을 딴 그사람개(He-Dog)라는 작은 마을에 터를 잡았다. 이 마을의 생활방식 가운데 어떤 것들은 아직도 남아 있다. 내가 아는 어느 할머니는 100살이 넘게 살았다. 할머니가 언제 태어났는지 아는 사람은 아무도 없었다. 할머니 자신도 자기가 태어났을 때는 아직 인구 조사가 없었으며, 인디언들을 기독교식 이름으로 부르지 않았다는 사실을 빼고는 아무것도 기억하지 못했다. 할머니의 이름도 그냥 '그사람개'였다. 할머니는 나만 보면 항상 "80년 전 내가 예뺐을 때 얼굴을 봤어야 하는데"라고 말했다. 그분의 얼굴을 결코 잊을 수가 없다. 골이 깊게 주름진 얼굴이었지만 그 나름대로 아름다웠다. 하여튼 매우 인상적인 얼굴이었다.

인디언 족보로 따지면, 우리 가족은 용감한새 족(Brave Birds)과 바보황소 족(Fool Bulls) 혈통이다. 바보황소 할아버지는 피리를 만들어 불 줄 알았던 마지막 장인이었다. 고라니의 힘, 곧 젊은 처녀를 총각의 이부자리 속으로 유혹하는 힘을 지닌, 새머리 모양의 구식 피리였다. 길고 긴 한 세기를 몸뚱이로 부대끼며 살아온 바보황소 할아버지는 거의 숨을 놓기 직전까지 나무를 깎아 피리를 만들다가 1976년에 돌아가셨다. 아직 어린아이였을 때, 처음으로 나를 페요테〔Peyote : 페요테 선인장. 멕시코와 미국 남서부 산으로 마취성 물질을 함유한 선인장〕모임에 데려간 사람도 그 할아버지였다.

할아버지는 대학살극이 벌어졌던 최초의 운디드니 사건을 아직도 기억하고 있었다. 그 당시 어린 소년이었던 할아버지는 이름 높은 주술사였던 아버지와 함께 이동하던 중이었다고 했다. 두 사람은 유령춤(Ghost Dance)에 참가하기 위해 운디드니 근처에 있는 어느 지역으로 갔다. 그들은 물감을 들인 유령춤 겉옷을 입고 있었다. 총알을 막아준다고 알려진 옷이었다. 소나무산마루 근처까지 갔을 때 백인 병사들이 그들을 막았다. 군인들 중에는 제7기병대, 즉 옛 조지 암스트롱 커스터(George Amstrong Custer) 연대

소속도 있었다. 자기 손으로 인디언을 죽이지 못해 몸살이 난 병사들이었다. 바보황소 무리들은 몸에 지니고 있던 구식 소총 몇 자루, 활과 화살, 심지어는 칼까지 몰수당했다. 비좁은 둥그런 땅에 티피를 세우고 모두가 옹기종기 모여 있어야 했다. 바깥에는 마차가 세워져 있었고, 군인들이 주위에 둘러서 그들을 주의 깊게 감시하고 있었다. 날씨가 어찌나 추운지 한기를 이기지 못해 나무 줄기가 쩌억쩍 하고 큰 소리를 내며 갈라질 정도였다.

이튿날 아침, 추위를 녹이기 위해 불을 지펴 커피를 끓이고 있는데, 나무들이 갈라지는 소리를 가르며 요란한 소리가 들렸다. 소총을 발사하는 소리였다. 일제 사격은 커다란 담요를 잡아 찢는 듯한 소리를 냈다. 포탄 터지는 소리, 호치키스 기관총이 불을 뿜는 소리도 들렸다. 할아버지의 기억에 따르면, 어른들은 눈물을 터뜨리고 여인네들은 울부짖었다고 한다. "저놈들이 우리 사람들을 죽이네, 죽여. 마구잡이로 쏴 죽여!" 바보황소 할아버지가 머물고 있던 곳에서 겨우 2마일 정도밖에 떨어지지 않은 곳에서 거의 300명에 달하는 수우 족 남자와 여자, 그리고 아이들이 학살을 당했다.

할아버지는 학살당한 시신들을 목격했다. 모두 참혹한 모습으로, 얼어붙은 상태로 개처럼 도랑에 내팽개쳐져 있었다. 죽은 어머니 젖가슴에 달라붙어 젖을 빠는 갓난아기도 보았다. 그래탄(Grattan) 전투〔1854년 그래탄 중위가 부하를 이끌고 수우 족 티피를 공격했다가 후퇴한 사건〕나 페터만(Fetterman) 전투〔1866년 12월 21일,

폐터만 대위가 지휘하는 지원군이 붉은구름이 이끄는 인디언의 복병작전에 휘말려 전멸당한 사건]에서 빛나는 승리를 구가하고, 리틀빅혼〔Little Big Horn : 1876년 6월 25일, 크룩 장군의 부대를 지원하기 위해 출병한 커스터의 정예 제7기병대를 샤이엔 족과 수우 족이 양면에서 협공했던 전투. 살아남은 백인이 한 명도 없었다고 한다]이나 장미꽃봉오리〔1876년 6월 17일, 크룩 장군이 이끄는 1천 명의 군인이 수우 족과 전투를 벌이다가 후퇴했다고 한다]에서 적과 싸웠던 우리 조상들의 위대한 투혼에 대해서 이야기하고 싶은 마음이 내겐 간절하다.

그렇지만 1880년 이전의 우리 가족의 역사에 대해서는 알려진 것이 거의 없다. 우리 가족의 위대한 할아버지들이 커스터 부대를 상대로 통쾌한 승리를 거두었기를 간절히 바란다. 그런 장면을 상상하면 가슴이 후련해진다. 그러나 장담할 수는 없는 일이다. 우리 장미꽃봉오리 사람들은 크룩(Crook) 장군이나 커스터 장군에 맞서 싸운 전투에서 큰 역할을 맡지 못했다. 이는 당시에 가장 강력한 추장이었던 점박이꼬리(Spotted Tail)의 정책 때문이었다.

점박이꼬리는 전사로서 독수리 깃털을 쟁취했지만 백인의 포로가 되어 동부에서 몇 년 동안 감옥살이를 했다. 그는 백인들이 사는 여러 도시들을 목격했다고 했다. 한 도시에만 평원의 모든 인디언 부족을 합친 것보다 더 많은 수의 사람들이 살고 있었다. 와지쿠〔wasichu, 또는 wasicun. 인디언들이 백인을 경멸적 의미로 부를 때 쓰는 말]들이 일하는 공장 하나에서만 온 나라의 인디언들이 가진 것보다 더 많은 양의 총과 총알을 하루에 만들고 있었다. 그는 와지쿠들에게 맞서 싸우는 것은 소용없는 짓이라고 결론 내렸다. 결정적으로 중요한 시기였던 1876년〔장미꽃봉오리 전투와 리틀빅혼 전투에서 수우 족이 크게 승리를 거두었던 해〕에는 점박이꼬리의 정책으로 대부분의 젊은이들이 보호구역에 묶인 채, 앉은황소(Sitting Bull), 쓸개즙(Gall), 미친말(Crazy Horse)의 대열에 합류하지 못했다. 혈기왕성한 일부 젊은이들이 간신히 빠져나가 몬태나 주로 갔다고 했지만, 그들에 대해서는 별다른 소식이 전해지지 않고 있다. 그 가운데는 용감한새 족의 젊은이도 몇 명 있었다고 한다.

강제로 보호구역에 갇힌 뒤부터, 사람들은 그런 사건들을 회상하는 것은 현명한 행동이 못 된다고 여겼다. 그건 배급이 끊긴다는 것을 의미했다. 아니 그보다 더 나쁜 사태를 부를 수도 있었다. 그런 이유에서 우리 가족 가운데 많은 사람들은 기독교로 개종하여, 스스로 '백인화' 되는 길을 걸었다. 이런 과정을 돌이키는 데에는 여러 해가 걸렸다.

나보다 네 살 많은 언니 바바라는 내가 태어나던 때를 기억한다고 했다. 천둥번개가 치고 비가 억수같이 내리던 날, 밤이 이슥한 시간이었다고 한다. 그때는 전기가 없었다. 큼지막한 반사경이 달린 등유 등잔불이 전부였다. 욕실도 수돗물도 자동차도 없었다. 백인 교사 몇 명에게만 자동차가 있었다. 전화는 그사람개 마을 거래소(trading post)에 있는 하나뿐이었다. 생각해 보면 그리 오래 전 이야기도 아니다. 그 당시 대부분의 수우 족이 그랬듯이 우리 어머니도 당연히 집에서 출산을 해야 한다고 생각했을 것이다. 그런데 문제가 생겼다. 아이가 순조롭게 나오지 않았다. 거꾸로 섰거나 옆으로 달라붙었기 때문이었을 것이다. 어머니는 살이 찢어지는 고통을 참아가며 여러 시간 몸부림을 치고 있었다. 마침내 거래소로 달려가 응급차를 불렀다. 그들은 어머니를 아니 우리를 장미꽃봉오리로 데려갔지만, 그곳 병원에는 난산을 해결할 수 있는 장비가 아직 갖춰지지 않았다. 그때 그런 곳에 외과 의사가 있었으리라 생각하지 않는다. 사람들은 어머니를 차에 태우고 거의 90마일이나 떨어진 소나무산마루까지 줄곧 달렸다. 그곳의 부족 병원이 규모가 좀더 컸기 때문이다. 그렇게 해서 미친말 부족 사람들이 사는 곳에서 나는 태어났다. 그러고 나서 그곳 의사들은 우리 어머니의 허락도 받지 않고 사실상의 불임시술인 자궁절제수술을 했다. 그건 그 당시에는 흔한 일이었다. 아니 바로 몇 년 전까지도 그랬다. 그런 점에서는 새삼스레 언급할 가치조차도 없는 이야기다. 인디언의 숫자가 늘어나면 큰일 날 것처럼 생각하는 사람들이 있다. 키빙턴 대령처럼 말이다. 그는 병사들에게 이렇게 명령했다고 한다. "모두 죽여 버려. 어른 아이 가릴 필요 없어. 서캐가 나중에 이가 되는 법이야!"

내가 백인의 살갗에 붙어사는 이인지 아닌지는 잘 모르겠다. 어찌 되었든 오랜 시간에 걸친 어머니의 산고와 소나무산마루를 향한 질주, 의사들의 무관심을 이겨내고 나는 살아났다. 나는 아이예스카, 이른바 튀기였다. 백인 아이들은 나를 그렇게 불렀다. 내가 자라서 좀더 큰 뒤에는 더 이상 그런 식으로 부르지 못했다. 그랬다간 코피가 나도록 맞았다. 나는 키가 작다. 간신히 5피트가 넘는다. 하지만 물러서지 않고 싸울 자신이 있다. 백인들과 난투극을 벌이면 오히려 더 배짱 좋게 나서서 정말 늘씬하게 패줄 자신이 있다. 내 몸 속엔 백인의 피가 섞여 있다. 내 몸에서 그 피를 뽑아버리고 싶을 때가 종종 있었다. 소녀 시절에는 거울에 비친 모습을 물끄러미 바라보며, 내가 누구이고 어떤 존재인지를 말해줄 실마리를 찾으려고 애쓰곤 했다. 내 얼굴은 분명 인디언의 얼굴이다. 눈과 머리카락도 그렇다. 그런데 피부색이 옅다. 나는 늘 여름을, 대평원의 태양을, 배들랜즈(Badlands)의 태양을 기다렸다. 살갗을 태워서 진정한 인디언의 피부를 얻기 위해서였다.

 내 남편의 가문인 까마귀개 족(Crow Dogs)에게는 나처럼 정체성의 문제는 없었다. 햇빛에 살갗을 태울 필요가 없었다. 그들은 순수 혈통, 요컨대 수우 족 중의 수우 족이었다. 까마귀개 족에 속하는 남자들의 얼굴에 비하면, 평원 지방 인디언의 동전에 새겨진 초상화는 마치 창백한 백인 남자의 얼굴처럼 보일 정도이다. 까마귀개 족에게는 전설적인 인물들도 많다. 여자들이건 남자들이건 모든 까마귀개 족 구성원들 하나하나가 그 자체로 전설인 듯하다. 그들은 백인이 되는 길을 걷기보다는 풀잎산(Grass Mountain)에 있는 자기들의 본거지로 추방되는 길을 택했다. 그들은 길들일 수 없는 부족이다. 그들로 하여금 넥타이를 매게 하거나, 교회에 나가게 하는 일은 불가능하다. 인디언 신앙을 실천하는 일이 금지되고, 이를 위반하면 징역을 살기까지 했던 그 오랜 시간 동안에도 그들은 줄기차게 자기들만의 의식을 벌이고, 땀 목욕을 하고, 성스런 춤을 추었다. 까마귀개 족 사람이 친척들을, 예컨대 백인에게 길들여지지 않고 개종하지 않은 무쇠조가비 족(Iron Shells), 좋은창 족(Good Lances), 두번치기 족(Two Strikes), 말뚝가는못 족(Picket Pins), 빈뿔곰 족(Hollow Horn Bears)의 사람들을 만날 때마다, 글레스카(gleska) 깡통, 곧 북을 두드리는 소리를 들을 수 있다. 그것은 수우 족의 의식이 벌어지고 있다는 소식을 세상에 전하는 소리였다. 불꽃을, 눈 밑에 깔린 작은 불씨를 꺼뜨리지 않으려면 용기가 필요했다. 그리고 거기엔 고통이 따랐다.

최초의 까마귀개는 잘 알려진 추장이었다. 그의 방패에는 전투에서 입은 부상을 기념하여 동그라미와 화살촉이 각각 두 개씩 그려져 있었다. 동그라미는 백인의 총알에 맞은 상처, 화살촉은 포니 족(Pawnee)의 화살촉에 맞은 상처를 상징했다. 이 최초의 까마귀개가 부상을 당해서 눈 속에 누워 있을 때, 코요테가 다가와 몸을 따뜻하게 해주었고, 까마귀가 앞에서 날며 집으로 가는 길을 가르쳐주었다. 사실 그의 이름은 까마귀코요테라고 해야 옳았다. 그런데 그만 백인 통역자가 이름을 잘못 이해한 탓에, 까마귀개 족으로 불리게 되었다. 이 까마귀개 족의 추장은 맞수였던 한 추장을 죽인 사건으로 유명해졌다. 부족의 정책을 놓고 반목하던 끝에 벌어진 일이었다. 그는 교수형을 받기 위해 자기 발로 100마일이 넘는 죽은나무(Deadwood)까지 갔다. 마차 옆자리에는 아내가 앉아 있었다고 한다. 죽은나무에 도착한 그를 연방 대법원은 풀어주었다. 이 유인즉슨 연방 정부는 인디언 보호구역에 대해서 사법권을 가지고 있지 않으며, 인디언이 인디언을 살해하는 것은 범죄가 아니라는 이유에서였다. 이 사건으로 그는 다시 한번 유명해졌다. 훗날 그는 배들랜즈의 얼어붙은 동굴과 산기슭에서 여러 달 동안 끈질기게 저항했던 유령춤 춤꾼들의 지도자가 되었다. 내 가문의 역사는 변변치 못하지만, 이렇듯 내 남편 가문의 역사는 그것을 채워주고도 남는다.

    우리의 땅은 그 자체가 전설이다. 특히 내가 지금 살고 있는 풀잎산 주변은 더욱 그렇다. 지난 200년 동안에도 그러했듯이, 우리 땅을 지키기 위한 투쟁이 바로 우리 존재의 핵심이다. 땅이 사라지면 우리 또한 사라진다. 수우 족은 겨울이면 한 해를 결산하여 들소 가죽에 그림문자로 기록을 남겼다. 우리 종족의 이야기가 해마다 그 기록을 통해서 전해졌다. 그렇게 온 땅이 겨울 결산의 거대한 유적지가 되었다. 1마일만 걸어도 우리는 어느 가족의 성스런 상상의 언덕에 부딪히고, 옛날 둥그렇게 모여 태양춤을 벌였던 흔적을 만나며, 옛 격전지를 지나고, 값진 기억이 되살아나는 곳에

이른다. 대개는 죽음을, 자랑스런 죽음이나 술 취한 죽음을 만난
다. 죽음에 관한 한 우리는 위대한 사람들이다. "죽기 좋은 날이
다!"는 오래된 우리의 전투 구호였다. 타르 종이를 바른 오두막집,
옥외 변소들이 그 어느 것 하나 똑바로 서 있지 못하고, 모두 이렇
게 저렇게 서로 기대고 있는 땅이지만, 그 또한 우리가 살아야 하
고, 좋은 시간을 보내야 하며, 우스갯소리를 나누며 과거에 일어났
던 위대한 업적에 대해 이야기를 나누어야 하는 땅이기도 하다. 그
렇지만 영원히 앉은황소나 미친말의 과거 행적에 얹혀서 살아갈
수는 없다. 우리가 그들의 독수리 깃털을 꽂고 다닐 수는 없으며,
그들의 전설을 팔아먹고 살아서도 안 되는 일이다. 이제는 우리의
전설을 만들어야 한다. 물론 간단한 일이 아니다.

2. 보이지 않는 아버지들

아버지가 그렇게 말하노니, 에야요!
아버지가 그렇게 말하노니, 에야요!
네 할아버지를 보게 될 것이로다!
네 일가를 보게 될 것이로다, 에야요!
아버지가 그렇게 말하노니.
에테 헤예 로.

아이야 네 손을 잡게 해주렴,
아이야 네 손을 잡게 해주렴.
너는 살아야 하느니,
너는 살아야 하느니!
아버지가 말하노니.
에테 헤예 로.
- 태양춤 노래

우리 부족은 늘 가족 간의 유대가 돈독하기로 이름이 높다. 한 가족 집단 안에 있는 사람들이 '의지할 곳 없는 사람들'을, 곧 노인들과 특히 자라나는 세대인 어린이들을 잘 보살펴주는 것으로 유명하다. 여러 가지 전통 가운데, 한 사람이 끼니를 굶지 않으면 다른 일가붙이 모두 끼니를 굶지 않는다는 전통이 계속 이어지고 있다. 아무도 저축을 할 수가 없다. "칸지, 양식과 가스를 사려고 하는데 5달러가 필요하네"라고 하며 부탁하는 일가붙이가 항상 찾아오기 때문이다. 단돈 한 푼이라도 있는 한 그런 일가붙이를 문전박대하지 않는다. 손님에게 음식을 대접하는 일을 아직도 성스런 의무로 여기기 때문에, 수우 족의 여인들은 늘 이른 아침부터 늦은 밤까지 음식을 만드는 모습으로 살아간다. 네 다리 다섯 다리 건넌 사람들까지도 일가붙이임을 내세우며, 특별한 대접을 요구한다. 보호구역의 자유 기업에는 미래가 없다.

옛 수우 족 사회의 중심에는 티요스페이예(tiyospaye), 일종의 대가족 집단이 있었다. 이는 조부모, 삼촌과 고모, 외삼촌과 이모, 고종사촌과 이종사촌 들을 포함한 기본적인 사냥 집단이다. 티요스페이예는 모든 구성원을 다 보살펴주는 따스한 모태와 같은 존재였다. 어린이들이 혼자 지내도록 내버려두는 법이 절대 없었다. 늘 한 여인이 아니라 여러 여인들이 어머니가 되어 아이들을 돌봐주느라 야단법석을 떨었고, 여러 남자들이 아버지가 되어 아이들을 가르치고 지켜보았다. 실제로 친아버지는 사냥꾼이나 주술사로서 특별한 능력을 가진 평판 좋은 친척을 둘째 아버지로 지목하여, 아들을 키우는 데 도움을 받았다. 그런 사람도 '아버지'로 불렸다. 이런 전통은 딸들에게도 똑같이 적용되었다. 우리 부족의 할머니, 할아버지들은 어린아이들을 키우는 데 늘 일정한 역할을 했다. 아버지가 사냥을 떠나면, 어머니도 따라가 사냥감의 가죽을 벗기고 고기를 발라내는 일을 도왔다. 그때는 조부모들이 아이들을 돌보는 시간이 더 많아지게 마련이었다.

티요스페이예를 파괴한 것은 백인들이었다. 우연히 그렇게 된 것이 아니라 정책적으로 파괴했다. 전통에 따라 결속되어 뭉쳐진 일가붙이들은 선교사와 정부 관리들의 발목을 잡는 방해물이었고, 그런 전통과 관습은 이른바 백인들이 말하는 '진보'와 '문명'에 장애가 되었다. 그러자 정부는 티요스페이예를 철저하게 해체하는 한편으로, 수우 족에게 소위 '핵가족'이라고 하는 혈연관계를 강제했다. 부부에게 개인적으로 소유할 수 있는 땅을 강제로 할당해 주면서, "건강한 이기주의의 장점 없이는 더 높은 문명을 이룰 수 없다"고 가르치려고 했다. 아무튼 이는 어느 내무장관이 한 말이었다. 그렇게 해서 그 엄청난 세뇌 작업이 시작되었다. 세뇌를 거부하는 사람들은 점점 더 깊은 산골로 밀려나 고립과 굶주림에 시달렸다. 인디언을 교화해야 한다고 주장했던 자들은 채찍과 당근을 사용하여, 특히 혼혈아들 가운데 우리 같은 인디언들을 몹시 못살게 굴었다. 그 결과 이제는 티요스페이예도, 백인들과 같은 핵가족도 남아 있지 않게 되었다. 남은 것은 부모 없는 아이들뿐이었다. 그러고 보니 옛 수우 족의 가족 전통 가운데 하나를 상기시켜 주는 것이 있긴 하다. 그것은 할머니 할아버지가 이전보다 더 중요한 역할을 하고 있다는 사실이다. 노인들이 부모 없는 아이들을 키워야 하기 때문이다. 물론 그것이 다 나쁘다는 뜻은 아니다.

내 아버지 빌 무어는 일부만 인디언일 뿐, 백인 혈통에 가까웠다. 멕시코계 미국인이 지닌 스페인 혈통이 아니라, 본래의 스페인 혈통이 약간 섞인 프랑스계 백인이었다. 아버지는 해군에서 군 생활을 마친 뒤 트럭운전사가 되었다. 아버지는 지금 오마하(Omaha)에 살고 있다. 아버지가 남겨놓은 것이라고는 벽난로 선반 위에 걸린 사진이 전부였다. 해군제복 차림을 한 사진 속의 아버지는 얼굴이 야위었고, 눈매가 날카로웠다. 아버지는 어머니가 나를 임신할 때까지만 곁에 머물러 있었다. 그런 다음 아이들이 똥오줌 싸는 일이라면 신물이 난다는 말을 남기고 사라졌다. 그대로 떠나버린 것이다. 아버지는 우리뿐만 아니라 다른 여자에게서 난 아이들에게도 관심이 없었다. 그 여자도 싫어졌는지 결국에는 생활 보조금으로 살아가는 신세로 만들어놓았다. 나는 그들이 어떻게 되었는지 모른다. 다른 모든 사람들이 그렇듯이, 내게도 아버지가 있었다는 사실을 일깨워주고 있는 사진 한 장만 덩그러니 남아 있을 뿐이다. 어머니는 한 번도 아버지 이야기를 한 적이 없다. 아버지의 친아버지인 할아버지도 내 아버지에 대해서는 절대 입 한

번 벙긋하지 않았다. 그래서 내가 알고 있는 사실이라고는 아버지 스스로가 내게 아무것도 아니길 바랐고, 술을 좋아했다는 것밖에 없다. 아버지에 대해서 들은 이야기는 그것이 전부다.

실제로 아버지를 딱 두 번 보았다. 열한 살 되던 해, 아버지가 할아버지에게 돈을 얻으러 왔을 때 처음 보았다. 두 번째는 아버지의 형님 장례식에 참석하러 왔을 때였다. 아버지는 마치 자기 눈앞에 내가 없는 듯, 멍한 눈길로 내 몸을 꿰뚫어 보았다. 아버지의 눈은 죽어 있었다. 내 이름조차 묻지 않았다. 정말 입 한번 벙긋하지 않았다. 누가 우스갯소리를 하면 그제서야 씩 웃으며 불안한 얼굴로, 꽉 조여 맨 새 카우보이 장화를 쳐다볼 뿐이었다. 장례식이 끝나자 아버지는 말없이 사방에 손을 흔들며 서둘러 다시 떠났다. 내가 한 살이던 1954년에 어머니는 아버지와 이혼했다.

내가 아홉 살인가 열 살 되던 해에 어머니는 재혼을 했다. 의붓아버지는 친아버지보다 더 나쁜 사람이었다. 적어도 친아버지는 내 주위에 없었다. 그런데 의붓아버지는 내 주위에 살아 있었다. 그는 알코올 중독자였으며, 겨우 열 살밖에 되지 않은 우리 같은 아이들에게 술을 먹였다. 어머니가 재혼하고 난 뒤 나는 집에 붙어 있기가 싫었다. 의붓아버지가 나를 노려보는 눈길도 싫었다. 그가 나를 노려볼 때면 불안했다. 그래서 집에서 나와 지냈다. 의붓아버지에게서 술을 배운 내 자신을 미워하며, 어느 정도는 독립하여 혼자 생활을 꾸려나갔다. 가끔 집에 들르면, 그때마다 어머니와 다투었다. "왜 엄마는 그 사람과 결혼했어? 그 사람은 아빠가 아냐. 우릴 사랑하지 않아. 우리에게 쓸데없는 짓이나 가르치는 사람이야"라고 대들었다.

그런 일이 있은 후로 나와 어머니는 사이가 틀어졌다. 나는 타고난 반항아였다. 어머니와 의붓아버지의 결혼은 내 힘으로는 어찌할 수 없는 일이었다. 나는 나이가 들면서 부랑자처럼 떠돌며 술을 마시고 도둑질을 했다. 그런 식으로 어머니에게 복수를 했다. 나는 성숙하지 못했다. 그건 어머니도 마찬가지였다. 지금은 어머니와 사이좋게 지내고 있다. 우리는 서로 진정으로 좋아하고 존중한다. 지금 와서 생각해보면, 그때 나는 무척 속이 좁았다. 그때는 어머니 혼자 힘으로 어떻게 할 수가 없는 상황이었다. 우리가 살던 작은 마을들, 곧 그사람개, 고기위쪽자르기(Upper Cut Meat), 파르멜리(Parmelee), 세인트 프랜시스, 벨비디어(Belvidere)는 희망 없는 곳이었다. 거기는 몸과 마음을 조금씩 조금씩 파멸시키는 곳이었다. 우리들 가운데 많은 사람들은 학교를 마쳤으나 글을 읽지 못했다. 기술 하나 제대로 배운 게 없었다. 땅은 백인 농장주들에게 임대한 상태였다. 보호구역에는 일자리라고 할 만한 것이 거의 없었고, 보호구역 바깥으로 가도 백인들은 인디언을 써주지 않았다. 설령 인디언이 도움이 된다고 해도 사정은 마찬가지였다. 그 시절에는 술 마시는 것 이외에 인디언 남자들이 할 수 있는 일이 아무것도 없었다. 남자들은 정신적으로 불구가 되어 있었다. 그런 상황에서 남편을 얻어야 할 처지가 된 어머니에게는 선택의 여지가 많지 않았다. 남자들에겐 의지하고 살 만한 일이 하나도 없었다. 그들은 고주망태가 되어, 전조등도 켜지 않고, 브레이크도 밟지 않고, 목적지도 없이 시속 90마일로 자동차를 몰고 질주하다가 전사처럼 죽음을 맞았다.

우리 형제는 여섯이었다. 일곱째는 갓난아기 때 죽었다. 큰언니 캐시 밑으로 오빠 로버트, 그 다음이 바바라 언니였다. 언니는 생활 방식도 나와 가장 비슷하고, 경험도 나와 거의 같았다. 그 밑이 산드라 언니, 그리고 나였다. 그 뒤에 꼬마 아이가 들어왔다. 입양한 아이였다. 입양은 우리 어머니가 이런저런 이유로 아이의 부모를 찾아간 것이 계기가 되어 이루어졌다. 그 집에 갔는데, 이 갓난아이 이외에는 아무도 눈에 띄지 않더라는 것이다. 아기는 찬장 밑에 놓인 상자 속에서 먼지투성이가 되어, 배가 고픈지 악을 쓰며 울고 있었고, 몸은 흠뻑 젖어 있었다. 그것도 혼자서 말이다. 사람들은 모두 다 외출하고 없었다. 십중팔구 술집을 전전하고 있을 터였다. 그 일로 잔뜩 화가 난 어머니는 아기를 입양할 수 있도록 조치를 취했다. 그 녀석은 무척 버릇이 없었다. 가지고 싶은 것은 뭐든 손아귀에 넣었다. 어쨌든 그렇게 해서 집집마다 한 녀석은 응석받이로 자라지 않았을까 싶다.

아버지가 떠나자 살림은 어머니 혼자 감당하게 되었다. 생활을 꾸려나가기 위해 어머니는 간호사 교육을 받기로 했다. 교육을 마친 뒤에는 간신히 피에르(Pierre)에서 일자리를 얻을 수 있었다. 거기는 몇백 마일이나 떨어진 곳이었다. 그곳에는 일하러 나가 있는 동안 우리를 돌봐줄 사람이 아무도 없었다. 어머니는 하는 수 없이 우리를 할아버지와 할머니 손에 맡겼다. 어머니를 보고 싶을 때가 많았지만, 얼굴 한 번 보기도 매우 힘들었다. 교통 수단이 없었기 때문에 어머니는 집에 자주 들를 수가 없었다. 어머니는 차를 굴릴 만한 여유가 없었고, 차가 없으면 돌아다니기가 힘들었다. 어머니는 백인 환자를 돌봐야 했기 때문에 우리가 엄마를 찾을 때는 항상 없었다. 거의 다 크고 난 뒤에야 비로소 나는 어머니를 진심으로 이해할 수 있었다.

보호구역에 사는 대부분의 아이들처럼, 우리는 할머니 할아버지 품에서 자랐다. 우리는 운이 좋았다. 많은 인디언 어린이들은 양부모 집에 맡겨진다. 더러는 부모나 조부모에게 아이들을 키울 의사가 있고, 또 능력이 있는 데도 그런 일이 벌어진다. 사회복지사가 와서 보고 집이 기준 이하라거나, 수세식 화장실이 없어 옥외 변소를 사용한다거나, 집이 '너무 가난하다'고 말하면 그만이었다. 백인 사회복지사에게는 수세식 화장실이 좋은 할머니보다 더 중요하다. 그렇게 아이들은 백인 이방인의 손에 맡겨져, "위생적인 환경에서 문화적 변용 과정을 거친다." 그런 방법으로 우리는 자라나는 세대를 잃어버리고 있다. 우리는 그것이 싫다.

우리는 운이 좋았다. 선량하고 다정한 할머니 할아버지 손에서 자랐으니 말이다. 기숙학교에 갈 때까지는 그랬다. 우리 할머니의 결혼 전 이름은 루이스 홍수(Flood)였다. 할머니도 수우 족이었다. 할머니의 첫 남편의 이름은 용감한새(Brave Bird)였다. 나는 내 조상인 이 용감한새 족에 대해서 알아보려고 애썼다. 라코타 족에 관한 역사책을 다 뒤져보아도, 용감한곰 족(Brave Bears), 용감한황소 족(Brave Bulls), 용감한늑대 족(Brave Wolves)은 있었지만, 용감한새 족이라는 이름은 나와 있지 않았다. 할머니가 살아 계셨을 때 물어봤어야 했다. 그분들은 대평원 출구에 있는 할당받은 땅에서 살았다. 할머니가 젊었을 때는 부족 전체가 백인이 공급해주는 배급품을 받아서 살았다고 한다. 각 가정의 가장은 배급표를 가지고 있었다. 이 소중한 물건을 예쁘게 구슬로 장식한 작은 주머니에 넣어 목에 걸고 다녔다. 지금 수집가들이 이 주머니를 사려면 300달러는 줘야 한다. 배급품은 한 달에 한 번 지급되었다. 커피, 막대설탕, 봉지에 든 밀가루, 베이컨도 있었지만, 배급품의 대부분은 전분이었다. 그래도 배급이 계속되고, 또 양을 속이지 않을 경우에는 충분히 배를 채울 수 있었다. 피골이 상접하여 상상을 뛰어넘을 정도로 심줄투성이인 소들이기는 하지만 가끔은 고기로 살아 있는 소를 배급받을 때도 있었다. 이 살아 있는 고기를 넓은 울타리 안으로 몰아 넣어 주고는 사냥 시합을 해도 좋다고 허락했다. 그러면 남자들이 말을 타고 쫓아가 그 불쌍한 소를 총으로 쏘아 쓰러뜨린 다음 도살했다. 이런 일은 늘 커다란 사건이었고, 이야기하기 좋은 흥밋거리였다.

어느 날 할아버지는 정부의 배급품을 받으러, 말 여러 마리가 끄는 마차를 여섯 시간 동안 몰아 마을로 갔다. 내내 혼자였다. 집으로 돌아오는 길에 폭우가 쏟아지고 천둥번개가 내리쳤다. 번개에 놀란 말들이 필사적으로 내달리는 바람에 마차가 뒤집어졌다. 마부석에 앉은 채로 할아버지는 그대로 마부석과 함께 마차에서 떨어져나갔다. 마부석이 말고삐에 얽혀 있었기 때문에 말들은 할아버지를 끌고 관목 숲을 지나고, 바위를 넘고, 마지막에는 가시철조망을 따라 몇 마일을 달렸다. 사람들이 할아버지를 발견했을 때는 이미 세상을 뜬 뒤였다.

그때 할머니에게는 두 딸과 두 아들이 있었다. 이 두 삼촌은 어른이 된 뒤에 결핵에 걸려 요양원에 입원했지만 결국은 죽었다. 결핵은 지금 우리에게도 여전히 문제인데, 여자들보다는 남자들이 더 많이 걸리고 있다. 그래도 두 삼촌은 어른이 되고 나서 눈을 감았다. 어른이 되기도 전에 죽는 아이들이 흔한 터에 말이다. 적어도 할머니는 삼촌들이 어디서 어떻게 세상을 떴는지에 대해서는 기억하고 있다. 할머니에게는 기념이 될 만한 물건이 하나도 없었다. 가진 것이라고는 묻어 드릴 상자 하나가 전부였다.

노블 무어라는 남자가 있었다. 가족이 있었지만 아내와는 사별한 상태였다. 할머니에게도 가족이 있었고 남편과 사별한 상태였다. 그렇게 홀아비와 과부가 만나 결혼을 했다. 이때 우리 어머니는 이미 다 큰 나이였는데, 무어에게도 어머니와 나이가 같은 빌이라는 아들이 하나 있었다. 한 가지가 풀리면 다른 일도 풀리는 법이라고, 엄마는 빌과 결혼을 했다. 그가 바로 부재중인 우리 집 가장, 전 해군 병사, 오하마에 살고 있는 트럭 운전사이다. 할머니가 그 아버지를 남편으로 맞이했기 때문에 우리 어머니와 그의 아들이 얽힌 것이다. 이 제비뽑기에서 행운을 거머쥔 쪽은 할머니였다. 그 아버지는 선량하고 성실하고 가족을 책임질 의지가 있는 사람이었지만, 그 아들은 그와 정반대의 사람이었기 때문이다.

무어 할아버지와 할머니는 우리에게 잘 해주었다. 어렸을 때부터 우리를 키워주었다. 사실 내가 알고 있는 유일한 아버지는 무어 할아버지였다. 할아버지는 자기 아들을 대신하여 손자들을 떠맡았고, 좋은 가정을 꾸려주기 위해 있는 힘을 다했다. 학교 수위로 일했는데, 자기 가족에다 아들 가족을 합한 대가족을 먹여 살리기에는 수입이 변변치 못했다. 모두 합쳐 아홉 식구에다 직업도 없는 일가붙이가 늘 몇 사람씩 와서 밥을 축냈다. 어떻게 생활을 꾸려나갔는지 불가사의한 일이지만 아무튼 할아버지는 그 일을 해냈다.

할아버지 할머니는 그사람개 마을 근처의 대평원 출구에 직접 지은 오두막에서 우리를 길렀다. 전기도, 난방 시설도, 수도도 없는 집이었다. 우리는 강물을 직접 길어다 먹었다. 가난한 백인이나 흑인 빈민가 사람들까지도 으레 쓰는 물건인데, 우리는 모르는 것들이 많았다. 그만큼 외부 세계에 대해서는 거의 깜깜했다. 라디오와 텔레비전이 없었기 때문이다. 어쩌면 그것은 축복이었는지도 모른다.

우리에게 가장 큰 명절은 추수감사절이었다. 그때는 햄버거를 먹을 수 있었다. 할머니 할아버지가 만들어준 햄버거는 맛이 일품이었다. 물론 지금도 그 맛은 잊을 수가 없다. 할아버지는 토끼, 사슴, 다람쥐 심지어는 고슴도치 고기까지 먹여서 우리를 키웠다. 음식을 넉넉하게 살 만큼 돈을 가져본 적은 한 번도 없었다. 무어 할아버지와 두 형제는 늘 사냥을 했다. 식탁에 신선한 붉은 색 고기를 올려놓을 수 있는 방법은 그것밖에 없었다. 우리 수우 족은 고기 앞에서는 정말 호랑이처럼 사나워진다. 고기 없이는 못 산다. 할아버지는 낚시를 가서 큼지막한 진흙거북을 잡아와 솥에 넣고 끓인 적도 몇 번 있었다. 할아버지에게는 그것이 잔치였다. 할아버지는 거북이 스튜 요리에서 일곱 가지 서로 다른 고기 맛을, 예컨대 닭고기, 돼지고기, 쇠고기, 토끼고기, 사슴고기, 야생오리고기, 영양고기 등 이 모든 고기 맛을 느낄 줄 알아야 한다고 했다. 경제기회사무국(Office of the Economic Opportunity, OEO)이 들어오고 난 뒤에는, 우리도 흔히 볼 수 있는 일용품들을 만질 수 있게 되었다.

우리가 살던 오두막은 비좁았다. 딱 하나 있는 방이 부엌, 거실, 식당 복도, 그밖에 필요한 모든 용도로 사용되었다. 물론 밤이면 거기서 잤다. 방 하나짜리 오두막, 그것이 우리 집이었다. 할머니는 손님이 찾아오기만 하면 당장 음식 대접을 시작하는 분이었다. 늘 내게 이렇게 이야기했다. "남은 음식이 많지 않더라도 손님에게 대접해야 해. 우리를 찾아서 먼 길을 왔으니 먼저 들게 해야지. 해뜰 때이든 해질녘이든 난 상관하지 않아. 그 사람들을 먼저 먹여야 돼. 우린 손님들이 떠나고 나서, 뭐든 남은 것이 있으면 그걸 먹으면 돼. 말라빠진 튀긴 빵이라도 손바닥만하게 남아 있으면 상관없어." 우리 할머니는 내게 이걸 가르쳤다. 할머니는 가톨릭 신자였고, 우리를 백인으로 키우려고 애썼다. 성공하여 만족스럽게 살 수 있는 길은 그것밖에 없다고 믿었기 때문이다. 그러나 바탕은 할머니도 어찌할 수 없는 수우 족 여인이었다. 벽에 걸린 성모 마리아 상과 성심(Sacred Heart)도 그걸 어쩌지는 못했다. 인디언의 삶이 할머니 몸에 어느 정도나 배어 있었는지는 말할 수 없다. 할머니는 수우 족의 말, 곧 오늘날 우리가 쓰는 현대 속어가 아니라 옛날의 진짜 라코타 족의 말을 할 줄 알았다. 약초에 대해서도 알고 있었다. 다양한 인디언 식물들을 구별하는 법을 보여주었고, 각 식물들이 어디에 약효가 있는지 말해주기도 했다. 우리를 데리고 가서 베리 열매를 따고, 차를 끓일 때 쓰는 박하 잎을 뜯기도 했다. 우리는 겨울이면 산벚나무 껍질과 가지들을 주워왔다. 껍질 속 켜를 끓여서 여러 가지 약으로 썼다. 가을이면 할머니는 우리를 데리고 가서 산벚나무 열매와 머루를 땄다. 단것을 맛본 것은 그것이 전부였다. 한참 뒤에 학교에 다니게 될 때까지 나는 사탕을 본 적이 없었다. 사탕을 살 돈도 없었거니와 마을에 갈 기회 자체가 거의 없었다.

　우리는 신발도 없이 대부분 맨발로 다녔다. 새 옷을 사 입어본 적도 없다. 일 년에 한 번씩은 다른 사람에게 차를 태워달라고 부탁해, 가톨릭 선교회에서 벌이는 자선 바자회에 가곤 했다. 거기서 가끔은 날씨가 추워지기 전에 발에 신을 것과 헌 블라우스나 스커트를 찾아내기도 했다. 우리가 살 수 있는 것은 그 정도가 전부였다. 우리는 적어도 백인들이 하는 축제와 같은 방식으로 크리스마스를 즐기지는 않았다. 할머니는 돈을 조금씩 모아두었다가 때가 되면, 끈에 꿴 작은 유리알처럼 생긴 수정 설탕, 땅콩, 사과, 오렌지를 조금씩 샀다. 무명을 구해서 꿰매어 우리에게 줄 작은 주머니들을 만들고, 주머니마다 사과 한 개, 오렌지 한 개, 땅콩 한 줌, 수정 설탕을 하나씩 넣었다. 입 속에 넣은 수정 설탕은 녹는 데 한참이 걸렸다. 나는 그 맛이 좋았다. 그것이 크리스마스였다. 우리는 항상 그렇게 크리스마스를 지냈다.

　그때는 너무 어려서 인종주의가 뭔지도 몰랐다. 초등학교 3학년 때, 친척들을 따라서 소나무산마루에 간 적이 있다. 나는 상점에 들어갔다. 그다지 크지 않은 자그마한 시골의 가게였다. 가게 안에는 우리 학교 선생님도 한 사람 있었다. 나는 곧바로 야채와 과일 진열대로 갔다. 크리스마스 때면 늘 받곤 했던 것과 아주 똑같이 생긴 오렌지가 보였다. 그걸 사고 싶어 가장 큰 것을 골랐다. 내게는 한 삼촌이 실컷 사먹고 놀라며 준 5센트짜리 동전 한 닢이 있었다. 그 돈으로 오렌지를 사려고 했다. 그런데 주인의 말을 들어보니 그게 아니었다. "오렌지는 이것밖에 없어. 그렇게 큰 오렌지를 5센트로 사겠다고? 턱도 없는 소리 마. 다시 갖다 놔." 지금도 가게 주인의 말이 기억난다. 나는 그 원망스런 오렌지를 제자리에 갖다 놓았다. 그런데 내 옆에 있던 백인 교사가 날 모르는 체하면서 상점 안에 있는 사람들에게 다 들릴 만큼 큰 소리로 말했다. "왜 저 더러운 인디언들이 이 물건에서 손을 떼지 않는 거죠? 오렌지 몇 개 사려고 왔는데, 저들이 더러운 손으로 만졌으니, 다른 곳에 가서 사야겠어요. 아휴, 정떨어져!" 이 사건은 내게 아주 강렬한 인상을 심어주었다. 비록 그 사건의 의미를 완전히 이해할 수는 없었지만 말이다.

할머니는 내게 이런 말을 했다. "무슨 일이 있어도 백인 집에는 들어가지 말아라. 백인들은 인디언이 사는 집에 들어와서도 인디언을 조롱하거든. 우리가 가난해서 그래." 우리가 자랄 때, 그 사람개 마을에는 인디언 오두막집 서너 채, 버스 정류장, 주유소가 있었다. 그것이 전부였다. 그런데 정부는 우리를 파르멜리로 이주시키기 시작했다. 그곳에는 경제기회사무국에서 지원한 새 집들이 있었는데, 지하실도 없이 작고 성냥갑처럼 생긴 탓에 '가난의 집'이라고 불렀다. 학교도 짓고, 백인 교사 몇 사람이 그곳으로 전근해 왔다. 나는 거기서 작은 백인 소녀를 친구로 사귀었다. 그 애가 "우리 집에 가자!"고 했을 때, 나는 "싫어. 난 남의 집에 가면 안 돼"라고 대답했다. 그런데 그 애가 "우리 엄마 집에 없어. 옆집에 갔어. 가자!"고 했다. 그래서 할머니 몰래 살그머니 그 애 집으로 들어갔다. 백인 소녀에겐 장난감이 많았고, 인형과 인형의 집도 있었다. 옥외 변소에 앉아 보던 『시어스, 종합 목록』에 나오는, 내가 감탄해마지 않았던 모든 것이 거기 있었다. 그 아이에겐 없는 것이 없는 것 같았다. "앉아서 내 장난감 가지고 놀자!"라고 해서 같이 놀 때는 그 아이가 내 친구 같았다. 그런데 느닷없이 누가 문을 '쾅, 쾅, 쾅' 세차게 두드리는 소리가 들렸다. 그 애의 어머니였다. 그 아주머니가 소리쳤다. "이 문 열어! 너 우리 집에 골칫거리를 끌어 들여놓고, 내가 못 들어가도록 문을 잠근 거지?" 고함소리에 몸이 덜덜 떨렸다. 당황한 나머지 나는 이렇게 말했다. "내가 아주머니를 들어오지 못하게 문을 잠근 게 아니에요. 난 문이 잠긴다는 것도 몰라요." 그 아주머니는 소리를 질렀다. "회초리 어디 있어?" 현관으로 들어온 아주머니는 크고 두꺼운 가죽 벨트를 집어들었다. "너, 혼 좀 나 봐!"

나는 있는 힘을 다해서 걸음아 나 살려라 하고 할머니 집으로 뛰어갔다. "백인 아주머니가 날 회초리로 때리려고 해."

"네가 뭘 어쨌기에?"

"아무 짓도 안 했어. 그냥 아주머니 집에 들어간 것뿐인데, 날 때리려고 하잖아. 그 아주머니 딸이 말썽을 일으킨 거야. 난 아무 짓도 안 했어. 할머니, 나 좀 숨겨줘." 나는 너무 무서웠다.

바로 그 순간 그 여자가 다가오고 있었다. 할머니는 "넌 여기 있어"라고 하더니, 고기 써는 커다란 식칼을 집어들고 출입문에 딱 버티고 서서 그 여자에게 말했다. "이 망할 놈의 백인 여편네 같으니, 조금만 더 가까이 다가오면 네 귀를 싹둑 잘라줄 거야." 그 아주머니처럼 그렇게 빨리 달리는 사람을 전에는 한 번도 본 적이 없었다.

사우스다코타 주의 백인 아이들은 걸음마를 시작하기도 전부터 거의 인종주의자로 교육을 받는다. 7살인가 8살 무렵에 학교 교장의 딸과 싸운 적이 있다. 우리는 운동장에서 놀고 있었다. 원숭이 철봉(정글짐)에 매달려 있던 그 애가 내게 그랬다. "원숭이, 이리 와. 이건 네 거야." 또 내 몸에서 냄새가 난다고 하고, 날더러 인디언을 닮았다고 했다. 나는 그 애의 머리채를 움켜쥐고 정글짐 밑으로 휙 잡아당겼다. 그보다 더한 짓을 할 수도 있었지만, 교장이 다가오고 있어 그쯤 해두었다.

앞에서 말했듯이 할머니는 수우 족의 말을 유창하게 할 줄 알았다. 우리 어머니도 마찬가지였다. 그런데 우리에겐 수우 족의 말을 못 쓰게 했고, 배우지도 못하게 했다. 나는 할머니에게 자주 물었다. "왜 수우 족의 말을 안 가르쳐주는 거야?" 할머니의 대답은 한결같았다. "네가 교육을 받고, 편안하게 사는 게 할머니의 소원이야. 고생스럽게 살지 마. 누구에게도 의지하지 말고. 이 세상에서 살려면 백인의 교육을 받아야 해. 인디언 말을 써 본들 손해일

뿐이고, 잘못된 길로 빠지게 될 거야."

할머니는 인디언의 풍습을 가르쳐주지 않는 것이 날 도와주는 일이라고 생각했다. 독실한 가톨릭 신자로 산 것도 어느 정도 그와 관련이 있었다. 선교사들은 항상 같은 말을 되풀이했다. "인간으로 살려면 인디언임을 포기해야 한다!" 그것은 고단한 삶에서 탈출하려는 노력의 하나였다. 할머니는 전도 활동을 하고, 성당에 가고, 백인의 옷을 입고, 백인처럼 행동하는 것이 안락한 삶으로 통하는 문을 활짝 열어줄 마법의 열쇠로 알고 있었다. 할머니가 생각하는 안락한 삶이란 백인의 삶이었다. 곧 흰 페인트를 칠한 집에서, 바닥에는 양탄자를 깔고, 차고에 세워둔 번쩍이는 차를 타면서, 술주정뱅이가 아닌 넥타이 차림의 성실한 남편과 사는 그런 삶이었다. 할머니 주변 도처에 그런 예들이 널려 있었다. 그렇지만 그것은 잘못된 문으로 통하는 잘못된 열쇠였다. 그런다고 해서 내 광대뼈의 생김새, 치켜 올라간 눈매, 머리카락의 색깔, 내면의 감정이 달라지는 것은 아니다. 눈만 떠도 볼 수 있었지만 할머니는 눈을 뜰 수 없었고, 또 뜨려고도 하지 않았다. 고립된 생활이 할머니의 작은 꿈을 키운 자양분이 되어, 그 꿈을 에워싸고 있었기 때문이다.

할머니는 가톨릭 학교(mission school)를 다녔다. 그 영향으로 우리의 전통적인 관습 가운데 많은 것을 포기했다. 할머니는 내게 사랑을 주고, 가정을 주었다. 그러나 인디언이 되고 싶다면, 다른 사람에게 가서 인디언이 되는 법을 배워야 했을 것이다. 예를 들면 할머니의 언니인 메리 같은 분에게 말이다. 그녀는 찰리 작은개(Little Dog)와 결혼했다. 수우 족의 관습에 따라 나는 그분들도 할아버지와 할머니라고 부른다. 작은개 할아버지는 지금 104살이고, 메리 할머니는 약 98살이다. 두 분 다 대단히 전통적인 사람들로서, 옛날의 의식을 충실하게 지키며 살아간다. 아직도 강에서 물을 긷고, 장작을 패며, 여전히 1백 년 전의 수우 족 인디언처럼 생활한다. 이야기를 나눌 때 보면 작은개 할아버지는 아직도 옛 수우 족의 말을 쓴다. 적어도 60~70살은 되어야 할아버지가 하는 말을 알아들 수 있다. 그만큼 말이 많이 변했기 때문이다. 우리 부족의 구전된 역사인 전사와 정령(spirit)들에 관한 옛날 이야기를 듣고 싶으면 나는 그분들을 찾아가곤 했다.

나는 피리 제조공이었던 종조할아버지 딕 바보황소도 찾아갔다. 나를 처음으로 페요테 모임에 데려가고, 곰목걸이 족(Bear Necklaces), 용감한새 족, 무쇠조가비 족, 빈뿔곰 족, 까마귀개 족과 같은 인디언들에게 데려다 준 분도 바보황소 할아버지였다. 할머니의 조카인 엘시 홍수(Flood)는 내게 커다란 영향을 끼쳤다. 그녀는 거북 여인, 다시 말하면 강인하고 자립적인 사람이었다. 이 이름은 거북이 강인하고 의지가 굳으며 장수를 상징한다고 여겨서 붙인 것이었다. 거북은 죽은 지 며칠이 지나도 심장이 뛴다고 한다. 제 스스로 계속 뛰는 것이다. 전통적인 가정에서는 구슬로 장식한 거북 모양의 부적을 갓난아기의 요람에 묶어둔다. 아기의 탯줄을 이 거북 부적에 넣어두는데, 그렇게 하면 해를 끼치는 사악한 정령들로부터 갓난아기를 보호할 수 있다고 믿기 때문이다. 또 부적이 아이가 장수를 누릴 수 있게 해줄 것이라고 여긴다. 거북은 강인한 마음, 즉 천둥하고도 대화를 나눌 수 있는 마음을 상징하기도 한다.

나는 엘시 홍수 이모를 찾아가 이야기를 듣는 것이 좋았다. 이모는 광대뼈가 긴 것이 할머니를 닮았다. 굵고 쉰 듯한 목소리로 이야기할 때는 마치 물이 부글부글 끓는 듯한 소리가 났다. 이모는 말이 빨랐다. 인디언의 말과 영어를 섞어서 이야기했다. 무슨 말을 하는지 알아들으려면 항상 정신을 바짝 차려야 했다. 기술과 손재주가 있었던 이모는 구슬과 고슴도치 가시로 아름다운 물건(이모는 그 물건들을 '인디언의 진기한 상품'이라고 불렀다)들을 만들어 팔아서 돈을 벌었고, 그 돈으로 필요한 것을 샀다. 주술사이기도 했던 이모는 구식 여인이었고, 등에 짐을 지고 다녔다. 남자나 젊은 여자에게 짐 운반을 부탁하는 법이 없이 직접 메고 다녔다. 거북의 강인함에 자부심을 느껴서인지 다른 사람에게 도움을 요청하거나, 다른 사람의 도움을 받아들이는 법도 없었다. 가는 곳마다 항상 살아 있는 새끼 거북 몇 마리와 거북의 껍질로 만든 갖가지 물건들, 그리고 작은 부적과 상자들을 지고 다녔다. 이모는 장미꽃봉오리와 소나무산마루 중간 지점인 마틴(Martin)에 있는 작은 집에서 혼자 살았다. 자립심이 강했고, 내가 찾아가면 항상 반갑게 맞아주었다. 언젠가 이모가 우리 집에 온 적이 있다. 평소처럼 등에는 무거운 배낭을 메고, 약초와 진기한 물건들이 가득 들어 있는 자루 두 개를 손에 들고 터벅터벅 걸어서 왔다. 내게 줄 선물도 가져왔다. 작지만 활기 있게 살아 움직이는 거북 두 마리였다. 이모는 거북의 등과 배에 인디언의 상징을 그려놓았다. 이름을 부르며 녀석들과 대화를 나누기도 했다. 한 마리는 '오라', 다른 한 마리는 '가라' 라고 불렀다. 먹이를 주려고 부르면, 두 녀석은 아장아장 이모에게 다가왔다. 두 녀석에게 특별한 먹이를 먹였는데, 이모는 그 먹이가 가득 들어 있는 봉지 하나를 내게 넘겨주었다. 이 작은 쌍둥이 거북은 언제까지 작은 채로 더 이상 크질 않았다. 어느 날 백인 교장의 아들이 와서 거북들을 땅바닥에 내팽개치더니 발로 지근지근 밟아버렸다. 이야기를 듣던 이모는 자기에게 불길한 일이 닥칠 징조라고 했다.

거북 여인에게는 두려운 것이 없었다. 항상 차도 얻어 타고 다녔다. 거리에 서서 엄지손가락을 내밀어 무임승차로 이곳 저곳을 옮겨다녔다. 어떤 사람들은 이모를 신비한 존재로 생각했다. 이모를 가리켜 와칸[Wakan : 신성한 권능을 뜻한다. 와칸은 삼라만상에 내재하며, 인간에게는 주로 꿈과 환영으로 드러나는데, 그런 인간은 통찰력과 지혜를 갖추게 된다고 한다]이라거나, 거북에게서 그 권능을 부여받은 신성한 사람이라고 하면서 깊은 존경심을 보였다. 1976년 여름, 이모는 자기 집에서 맞아 죽은 모습으로 발견되었다. 침대 밑에서 찾아냈을 때, 벌거벗은 채 얼굴은 바닥을 향해 있고, 머리에는 잡초가 붙어 있었다. 이모는 한 번도 누구에게 해를 끼치거나 매몰차게 대한 적이 없었다. 필요한 사람에게 도움을 주기만 했던 사람이었다. 머리카락 하나라도 이모를 건드릴 인디언은 없었다. 이모는 그렇게 죽었다. 그 생각을 하면 지금도 마음이 아프다. 이모의 죽음에 대해서는 한 번도 수사하지 않았다. 사우스다코타 주에서 인디언의 삶은 그다지 가치 있게 받아들여지지 않는다. 이제는 이모 같은 여인은 존재하지 않는다.

한때 내게 소중했거나 삶에 의미를 주었거나, 아니면 사람들에게 의미가 있었던 내 일가붙이와 친구들 중에 많은 사람들도 살해를 당하거나, 인적이 드문 거리에서 시신으로 발견되었다. 훌륭한 인디언들은 먼저 죽는다. 그들은 나이가 들 때까지 살아남지 못한다. 나의 거북 이모도 그 세대에서는 전통적이면서 대단히 강인한 여인 가운데 한 사람이었다. 이모가 가졌던 지식을 되찾으려면 많은 시간이 걸릴 것이다. 한 세대나 두 세대에 걸친 긴 시간이 필요할지도 모른다.

우리 할머니 할아버지는 독실한 가톨릭 신자가 되려고 무진 애를 썼다. 그런데 몇 가지 점에서는 인디언 신앙의 영향을 받은 것도 사실이었다. 어렸을 적 일이다. 누가 아프면 무어 할아버지는 소 물주는 통에 물을 가득 채우고 그 안에 오리들을 산 채로 집어넣으며 말했다. "만일 저 녀석들이 안에 가만히 있다가 잠시 헤엄을 치고 돌아다니면 환자는 별 탈 없이 회복되겠지만, 펄쩍 뛰쳐나가면 병이 낫지 않을 거야." 할아버지는 한 번도 그 이유를 설명한 적이 없었다. 그냥 모두가 그것을 믿어주리라 기대했다. 오랜 시간이 지나고 나서 바바라 언니가 아기를 잃었을 때, 일가붙이와 친구 몇 사람이 모여 페요테 의식을 벌였다. 언니의 부탁에 정말로 어머니와 할머니도 모임에 참석해주었다. 이교도의 의식을 함께 치르는 동안 어머니와 할머니는 분명히 불편했을 것이다. 그런데도 밤을 함께 지새며 마치 평생 그렇게 해온 사람들처럼 잘 따라주었다. 그렇지만 사제의 귀에 그 소문이 들어갈까 봐 걱정도 했을 것이다. 또 이런 이야기를 들은 적도 있다. 우리 오두막집 뒤에 세운 천막에 살던 사람이 병에 걸려 쓰러졌는데, 할아버지가 직접 주술사를 불러 치료하고 몸 안에 들어 있는 사악한 독을 빨아내게 했다고 한다.

기숙학교에 들어갈 때까지, 나는 그사람개 마을에서 소박한 생활을 했다. 우리 아이들은 가난 때문에 고통을 겪지 않았다. 가난이 뭔지 몰랐기 때문이다. 근처에 살던 몇 안 되는 인디언들도 우리와 똑같이 가난하고, 똑같이 누추한 오두막이나, 흙으로 된 마루가 딸린 방 하나짜리 오두막에서 살았다. 우리에게는 생활을 비교할 다른 대상이 없었다. 우리는 우리들만의 진공상태에서 살았다. 어딘가 다른 곳에 우리보다 더 안락한 삶이 있다는 사실을 몰랐다고 해서 분노하지 않았다. 가난은 부유함이 와서 어깨를 견줄 때 느껴지는 법이다. 그 예가 바로 빈민가의 누추한 집에 사는 사람들이다. 뉴욕에 갔을 때 나는 본 적이 있다. 호화 아파트의 부자들 바로 옆에 그들이 살고 있는 모습을. 텔레비전은 부자 백인들과 가난한 비 백인들을 갈라놓던 벽을 깨뜨려버림으로써 사람들을 때묻게 했다. '바보 상자'는 사람들을 세뇌하지만, 가난한 비 백인들의 분노를 자극하기도 한다. 결코 손에 넣어볼 염두조차 낼 수 없는 온갖 물건들을 광고하는 것을 보면서 그들은 분노한다. 멋진 집과 자동차, 접시 닦는 기계, 전자레인지, 풍요로운 아메리카의 온갖 값비싼 쓰레기 같은 물건들을 말이다. 상업 광고에 수십만 달러를 쏟아 붓는 광고주들은 자기들이 혁명의 메시지를 선전하고 있다는 사실을 인식하고나 있는지 자못 궁금하다.

전기가 없었던 우리에겐 바보 상자도 없었고, 따라서 시기심도 없었다. 백인 아주머니 집에서 있었던 그 사건을 제외하고는, 아직 다양한 형태의 인종주의와 부딪힐 일도 없었다. 나는 그 사건의 의미조차도 완전히 이해하지 못하고 있었다. 그 일이 있은 이후로 나는 백인이 무서웠다. 물론 내가 들은 다른 이야기들의 영향도 있었다. 거의 만날 기회가 없었기 때문에 백인들로 해서 성가실 일은 없었다. 내가 먹는 음식이 맛있었고, 다른 음식을 알지도 못했다. 그리고 언제나 시장만큼 좋은 반찬은 없는 법이다. 나는 우리 오두막집이 좋았다. 우리 집이 사람들로 북적일 때는 마치 어머니 모태 속에 있는 것처럼 아늑하게 느껴졌다. 그밖에 다른 느낌은 없었다. 백인 아주머니의 집을 제외하고는, 우리 집과 닮은 집밖에 몰랐다.

2. 보이지 않는 아버지들 53

주유소는 예외였지만, 그것은 집이 아니었다. 내겐 음식과 사랑, 잠잘 집이 있었고, 겨울이면 곁에 앉아서 지낼 따뜻한 배불뚝이 장작난로가 있었다. 그 이상의 것은 아무것도 필요하지 않았다. 그런데 내겐 보통의 백인 아이들에게는 없는 것이 있었다. 바로 타고 다닐 수 있는 말이었다. 우리 수우 족은 아무리 가난해도 조랑말 몇 마리쯤은 갖고 있었다. 어린 소녀였을 적에는 10달러면 잘생긴 얼룩말 한 필을 살 수 있었다. 기억을 되살려 보면, 나는 어렸을 때부터 말을 탔다. 날 태운 말의 감촉이 좋았다. 신비와 자유를 느꼈고, 야생의 존재, 인디언이 된 기분이 들었다. 그건 보호구역에 있는 모든 인디언들이 공유하는 감정이었다. 가장 백인화 되었다고 하는 수우 족도 여전히 절반은 말을 타는 전사였다. 어린 시절에 특별히 어떤 것을 갖고 싶어했던 적이 없었지만, 애팔루사〔Appaloosa : 애팔루사 종의 승마용 말〕는 예외였다. 잡지에 실린 사진을 보자마자 나는 푹 빠져버렸다. 살아 있는 동안 언젠가는 내 소망을 이루고 말 것이다.

무어 할아버지는 1972년에 눈을 감았다. 평화롭게 잠자는 동안 세상을 떠났다. 그토록 편안하게 돌아가셔서 다행이라고 생각한다. 할아버지는 선량하고 상냥한 분이었다. 성실하게 일한 수위였다. 할아버지가 보고 싶다. 할머니도……. 두 분은 힘이 닿는 한 우리를 보호해주었다. 그렇지만 내가 기숙학교에 수용되는 것까지 막아주지는 못했다.

3. 몽둥이로 그들을 문명화하라

> 때로는 감언이설에 속아, 때로는 협박을 견디지 못해,
>
> 그들은…… 오두막집과 위키엄, 티피에서 나와 모여들었다.
>
> 더러는 뇌물을 받고, 더러는 강요에 못이겨,
>
> 그들은 마음을 바꿔 왈가불이 곁을 떠나
>
> 이런 학교에 들어가 문명화된 삶의
>
> 허상을 받아들였다.
>
> ─1901년 내무부 연례 보고서

거의 전형적인 인디언 기숙학교의 실정을 인디언에게 동정적인 백인에게 설명하기란 거의 불가능하다. 인디언 아이들은 외계에서 온 작은 생명체처럼 얼떨결에 쿵 하고 기숙학교 안으로 떨어져, 도움도 받지 못하고 방어 능력도 없이, 어리둥절한 가운데 필사적으로 또는 본능적으로 살아남기 위해 안간힘을 다했다. 그러나 살아남는 데 실패한 어린이들도 더러 있었다. 그만큼 기숙학교는 인디언 어린이들에게 막대한 영향을 끼쳤다. 나는 그 어린이들이, 보통의 미국 중산층 사람들에게 자기 경험을 설명하

려고 노력하는 나치 강제수용소의 희생자들과 같다고 생각한다. 지금은 기숙학교들의 형편이 훨씬 좋아져, 건물도 번쩍거리는 강철과 유리로 새로 짓고, 음식도 괜찮고, 교사들도 교육을 잘 받아 호의적이며, 불행하게도 인디언 아동이 아닌 백인 아동의 심리학이긴 하지만 아동 심리학 교육까지 받는다. 그래도 처음 학교에 도착할 때 인디언 어린이들이 받는 충격은 여전히 엄청나다. 어떤 아이들은 잔뜩 주눅이 든 표정으로 며칠 동안 입을 열지 않으며, 눈은 멍하니 초점이 풀려 있다. 나는 목을 매어 자살한, 다른 보호구역 출신의 열한 살짜리 소녀를 알고 있다. 또 내가 기숙학교에 다닐 적에 어떤 소녀는 창문 밖으로 몸을 던졌다. 견딜 수 없었던 나머지 상황에서 벗어나기 위해 자살을 기도했던 것이다. 기숙학교에 오면 그처럼 충격을 받게 된다.

옛 수우 족의 전통적인 가족 집단인 티요스페이예가 산산이 깨져버렸다고 해도, 특히 술을 마시지 않는 가정에서는 아이를 혼자 내버려두는 일이 절대 없다. 일가붙이들이 항상 아이를 둘러싸고 데리고 다니며, 따스하게 감싸준다. 아이들은 아무리 어려도 인간으로서 의당 받아야 할 대접을 받는다. 아이에게 하기 싫은 일을 강요하거나, 소리를 지른다거나 매질을 하는 경우는 거의 없다. 적어도 순수 혈통을 지닌 옛 가족 집단에는 그러한 전통이 많이 남아 있다. 그런데 어느 날 갑자기 낯선 사람들, 보통은 낯선 백인들을 가득 실은 버스나 자동차가 도착하여, 아이를 사랑하는 사람들의 팔에서 강제로 빼앗는다. 그런 다음 그 울부짖는 아이를 기숙학교로 끌고 간다. 상상해 보라. 이 어린이들에게 가해진 행위를 말로 표현하라면, 납치라고밖에는 다른 할 말이 없다.

훌륭하다고 하는 학교에서는 지금도 친밀한 인간적인 관계가 아닌 비인간적인 관계가 지배적이다. 무미건조하고 차가운 분위기, 낯선 일상, 언어 문제, 특히 마자스칸 – 스칸(mazaskan-skan), 곧 그 망할 놈의 시계, 예컨대 자연의 흐름을 따라 움직이는 인디언 시간과는 정반대인 백인의 시간이 학교를 지배한다. 그 빌어먹을 놈의 시계가 명령할 때가 아니라 배고플 때 먹고, 졸릴 때 잠자는 것이 바로 인디언의 시간이다. 그런데 나는 좀더 훌륭하고 현대적인 학교로 끌려가지 못했다. 어림잡아 세기 전환기 무렵에 설립되었을, 가톨릭 수녀와 사제들이 운영하는 세인트 프랜시스에 있는 가톨릭 계통의 구식 학교로 실려갔다. 내가 도착했을 때는 건물과 음식, 교사, 학습 방법이 전혀 개선되지 않은 상태였다.

옛날 우리 인디언들에게는 자연이 유일한 학교였다. 다른 학교는 필요하지 않았다. 여자아이들에겐 장난감 티피와 인형이 있었고, 사내아이들에게는 장난감 활과 화살이 있었다. 아이들은 남녀 할 것 없이 모두 말을 타고 수영을 했으며, 거친 인디언 놀이를 했다. 나이 어린 아이들은 또래 아이들과 더 큰 아이들을 지켜보며 점차 아이에서 어른으로 자랐다. 둥그런 티피 속에서 우리는 화목하게 살았다. 위스키 장사꾼들이 마차에 '인전〔Injun : 방언으로 아메리카 인디언이라는 뜻이다〕 위스키' 통을 신고 도착할 때까지는 그랬다. 나는 지금도 가끔 생각해본다. 인디언들이 위스키를 마시기 이전에, 내가 나이가 들어 어른이 되었다면 어땠을까 하고 말이다.

이상한 일은 입에 올리기조차 싫은 기숙학교가 공상적인 사회 개혁가들, 이른바 인디언을 사랑하는 사람들 때문에 세워졌다는 사실이다. 우리 땅에 우글거렸던 대부분의 정착민들과 광산을 찾는 사람들뿐만 아니라, 셔먼 장군과 세리던 장군이 강력하게 주장했던 인디언 완전 말살에 대한 대안이 바로 기숙학교였다. 저 공상적인 개혁가들은 말한다. "인디언 문제를 해결하려고, 저 불쌍하고 무지한 이교도들을 살해해서는 안 된다. 우리에게 저들을 낮은 임금으로도 과거와 단절하고 싶어하는 유능한 농장 노동자, 공장 노동자, 호텔 종업원으로 변화시킬 수 있는 기회라도 달라." 그렇게 해서 기숙학교가 탄생한 것이다. 사람들은 인디언 옷을 입고 있거나 모카신〔moccasin : 가죽으로 된, 뒤축이 없는 신〕을 신고 있는 아이들을 마을과 거주지에서 끌어와 철저하게 가족과 분리시켰다. 10년씩이나 떼어놓는 경우도 있었다. 어쩌다 갑자기 돌아온다고 해도, 짧은 머리에 포마드를 바르고, 뻣뻣하고 높은 옷깃 때문에 목에 상처가 나 있는 그들은 항상 소매가 짧고 겨드랑이를 바짝 조인 두툼한 재킷을 입고 있으며, 물집이 생길 정도로 꽉 조이는 에나멜 구두를 신고, 뻣뻣하게 풀을 먹인 하얀 블라우스를 입고, 높은 곳까지 단추를 채운 어색한 부츠를 신은 소녀들은 백인들을 희화해

놓은 모습 그 자체였다. 백인뿐만 아니라 인디언들까지 자기들을 원치 않는다는 사실을 깨닫게 된—안타깝게도 그런 사실은 금방 깨닫게 마련이다—아이들 가운데 많은 아이들은 나머지 인생을 술에 절어서 보낸다. 나는 할아버지 유품들 속에서 발견한 포스터를 지금도 가지고 있다. 벽에 걸어놓으라고 선교사들이 준 것이었다. 거기엔 이렇게 쓰여 있다.

1. 예수께서 널 구할지니라.
2. 인디언 옷을 벗고 머리를 자르고, 백인처럼 옷을 입을지어다.
3. 평생 한 아내와 가톨릭 가정을 꾸릴지어다.
4. 백인 형제와 같은 집에서 살고, 열심히 일하며, 자주 씻을지어다.
5. 열심히 일해서 번 돈의 가치를 깨달을지어다. 돈을 아무렇게나 낭비하지 말지어다. 시간을 잘 지킬지어다.
6. 가난과 부는 하느님의 뜻이니라.
7. 술집과 독한 술을 멀리할지어다.
8. 백인 형제의 말로 이야기할지어다. 아이를 백인 형제의 말을 쓰는 학교에 보낼지어다.
9. 자주 그리고 정기적으로 성당에 나갈지어다.
10. 인디언 춤에 참여하거나 주술사에게 가지 말지어다.

인디언을 백인으로 만들어서 "인디언 문제를 해결하려고"고집했던 사람들은 인디언의 저항이 거세질 때마다 이와 같은 생각에서 조금씩 뒤로 물러났다.

　세인트 프랜시스에 있었던 가톨릭 학교는 여러 세대에 걸쳐 우리 가족에게 내린 저주였다. 할머니가 거기 다녔고, 그 다음에는 어머니, 그 다음엔 우리 언니들과 내가 그 학교를 다녔다. 우리는 하나같이 기회가 닿을 때마다 학교에서 도망치려고 했다. 언젠가 할머니가 세인트 프랜시스에서 겪었던 몹쓸 일들에 대해서 이야기해준 적이 있었다. 그 당시에는 학생들을 일 년에 일주일밖에 집에 보내주지 않았다. 오고 가는 데 이틀이 걸리니까, 365마일 떨어진 곳에 있는 가족과 보내는 시간이 겨우 5일밖에 되지 않았다는 이야기였다. 그것도 사정이 나아졌다고 하는 것이 일주일이었다. 할머니가 다니기 전에는, 졸업할 때까지 아예 집으로 보내주지 않았던 학교들도 많았다고 한다. 교칙이라는 것을 어기면 누구든 수녀들에게 가혹한 처벌을 받았다. 할머니가 있었던 건물은 3층 건물이었고, 여학생들만 있었다. 지붕으로 올라가는 길에는 아주 작은 독방들이 있었다. 가로 세로 각 5피트에 높이 10피트짜리 방이었다. 할머니는 한번은 성당에서 기도를 하지 않고 카드놀이를 했다가, 그 벌로 그 칸막이 방에 갇혔다. 창문을 모두 판자로 막아놓았기 때문에 암흑 속에서 지내야 했다. 일주일 동안 갇혀 있었는데, 먹을 거라고는 빵과 물밖에 주지 않았다. 독방에서 풀려난 즉시, 할머니는 다른 세 명의 소녀들과 함께 탈출을 시도했는데 발각되어 다시 학교로 끌려갔다. 수녀들은 옷을 모두 벗겨 놓고 회초리로 때렸다. 할머니에게는 말채찍을 휘둘렀다. 그런 다음 할머니를 다시 독방에 가두었다. 이번에는 2주일 동안이었다.

어머니도 독방에 갇힌 적이 많았다고 했다. 그러나 결코 그 이야기를 입에 올리려고 하지 않았다. 그런데 나도 그 독방에 갇힌 적이 있었다. 지금은 인디언 사무국(Bureau of Indian Affairs)이 그 학교를 운영하고 있지만, 그것도 고작 15년밖에 안 되었다. 1960년대, 내가 그 학교에 다닐 때에는 여전히 성당이 운영했었다. 남자아이들이 머물던 건물은 사제들이 맡았고, 여자아이들이 있었던 건물은 성심 수녀회(the Sisters of the Sacred Heart)가 운영했다. 채찍을 사용했다는 점에서는 둘이 같았다. 이 점에서는 할머니가 다녔던 시절과 하나도 달라진 게 없었다. 최근에 들은 이야기인데, 1970년대에도 그 학교에서는 여전히 어린이들을 때렸다고 한다. 학교에서 배운 것이라고는 기도하는 방법이 전부였다. 예배를 빼먹거나, 기도를 잘못하면, 특히 인디언의 창조주이신 와칸 탕카(Wakan Tanka)에게 기도를 드리면 두들겨 맞는다는 사실을 재빨리 깨달을 수 있었다.

소녀들이 있던 건물은 F자 모양이었는데, 형무소처럼 운영되었다. 매일 아침 5시가 되면, 수녀들이 커다란 공동 침실로 들어와 자고 있는 우리들을 깨웠다. 그러면 우리는 곧장 침대 옆에 무릎을 꿇고 앉아 기도문을 암송해야 했다. 6시에는 무리 지어 성당으로 가서 더 많은 기도문을 암송했다. 그런 규칙과, 또 시간이 되면 왼발 오른발을 맞추며 행진하는 일이 도무지 내키지 않았다. 나는 강요받는 것을 죽기보다 싫어한다. 하고 싶은 마음이 들어야 무슨 일을 한다. 돌이켜 보면, 나는 항상 그런 생각을 갖고 살았다. 바바라 언니도 나와 똑같은 생각을 가지고 있었다. 언젠가 한 주술사는 내게 이런 말을 한 적이 있다. "우리 라코타 족은 길들인답시고 때리는 데도 채찍 휘두르는 손을 핥으며 계속 꼬리를 흔들어대는 개와는 다르다. 우리는 작은 고양이, 큰 고양이, 야생 고양이, 스라소니, 퓨마 등과 같은 고양이를 닮았다. 종류야 뭐든 상관없다. 중요한 것은 길들일 수 없으며, 누가 꼬리를 밟으면 할퀴며 달려드는 고양이라는 사실이다." 그렇지만 가슴 아프게도 나는 새끼 고양이에 지나지 않았고, 발톱도 약했다.

내가 그 학교에 갔을 때, 바바라 언니는 이미 학교에 다니고 있었다. 1년인가 2년 동안은 언니가 나를 어느 정도 보호해줄 수 있었다. 7학년이던 해에 바바라 언니는 다른 다섯 명의 소녀들과 함께 아침 일찍 해뜨기 전에 탈출을 시도했다. 저녁에 다시 붙들려 온 그들은 수녀원장 사무실 앞에서 두 시간 동안 서서 기다렸다. 그들은 춥고 배가 고팠다. 온몸이 얼어붙은 상태였다. 때는 겨울이었고, 탈출에 성공하기 위해서 하루 종일 먹지도 못한 채 달려야 했기 때문이었다. 수녀원장이 한 사람씩 물었다. "다시 또 이런 짓을 할 거냐?" 그들에게는 한 달 동안 외출 금지에, 무릎과 팔꿈치의 살갗이 해질 때까지 작업을 해야 한다는 처벌이 내려졌다. 일장 연설 끝에 수녀원장이 그들에게 명령했다. "의자에서 일어나 그 위로 기대." 그런 다음 소녀들의 치마를 걷어올리고 팬티를 끌어내렸다. 어린애도 아닌, 십대 여자아이들의 팬티를 벗긴 것이다. 막대기에 묶은, 대략 길이 1피트 넓이 4인치짜리 가죽 채찍을 들고, 수녀원장은 소녀들이 비명을 지를 때까지 차례차례 매질을 가했다. 바바라 언니는 수녀원장이 좋아할 짓을 하고 싶지 않았다. 대신 이를 악물었다. 언니 말로는 수녀원장이 팔이 아프도록 채찍질을 가한 소녀는 한 명뿐이었다고 했다.

나도 그들이 당했던 매질을 피할 수 없었다. 열세 살 때, 한번은 미사에 가지 않겠다고 했다. 몸이 좋지 않아 성당에 가고 싶지 않았다. 그러자 한 수녀가 내 머리채를 붙잡아 위층으로 끌고 갔다. 그녀는 허리를 구부리라고 하더니, 내 치마를 걷어올린(그때 우리는 긴 바지를 입을 수가 없었다) 다음, 팬티를 벗겨놓고 이른바 '엉덩이 때리기'를 했다. 스카치 테이프를 붙인 판자로 25대를 때렸다. 끔찍하게 아팠다.

우리 교실은 교장실 바로 오른쪽에 있었기 때문에 매일 교장이 남자아이들의 엉덩이를 때리는 소리를 들을 수 있었다. 숙제를 하지 않았거나 수업에 늦었을 때, 보통 주는 벌이 매질이었다. 그것은 내게 무척 나쁜 영향을 끼쳤다. 백인을 보기만 하면 미워하고 불신하게 됐던 것이다. 내가 본 백인은 한 가지 종류밖에 없었기 때문이다. 오랜 시간이 흐른 뒤, 대화를 나눌 수 있고 친구가 될 수 있었던 훌륭한 백인을 만날 수 있을 때까지는 그랬다. 인종주의는 반대의 인종주의를 번식시키기도 한다.

세인트 프랜시스에서 보낸 하루 하루의 일과는 황량하기 짝이 없었다. 아침 여섯 시에 성당에서 무릎을 꿇은 자세로 한 시간가량 기도하고, 일곱 시에 아침 식사, 여덟 시부터는 마루 바닥 청소, 감자 껍질 벗기기, 수업이 이어졌다. 매일 식당을 두 번씩 대걸레질하고, 식탁을 닦아야 했다. 만일 쉬거나, 손가락이나 칼로 의자를 두드리거나, 수다 떨다 걸리면, 수녀가 다가와 접시 닦는 수건으로 얼굴을 후려갈기며 말했다. "떠들지 말고, 일해." 월요일 아침에는 옥수수죽, 화요일에는 오트밀, 수요일에는 밥과 건포도, 목요일에는 콘플레이크, 금요일에는 그동안 남은 음식을 모두 섞은 것이 아니면 가끔 생선이 나왔다. 음식 속에는 벌레나 돌이 들어 있을 때가 많았다. 우리는 만든 지 여러 주일 된 핫도그를 먹었지만, 수녀들은 햄, 으깨어 거품 모양을 낸 감자, 달콤한 완두콩, 넌출 월귤 소스를 먹었다. 겨울에 우리가 자는 공동 침실에는 냉기가 흘렀지만, 수녀들이 자는 방은 항상 따뜻했다.

일 학년짜리 어린 여자아이들, 그러니까 방금 집에서 끌려와서 앞으로 벌어질 일에 대해 전혀 아무런 준비가 되어 있지 않은 아이들이 학교에 도착하는 모습을 본 적이 있었다. 모두들 머리카락을 예쁘게 땋아 늘인 모습이었다. 수녀들이 맨 처음 하는 일은 머리카락을 자르고, 남은 머리칼은 귀 뒤쪽으로 묶어주는 일이었다. 그러고 나면 알코올 통, 즉 병균을 닦아내는 데 쓰는 일종의 소독용 알코올 통에 아이들을 집어넣었다. 수녀들 가운데 많은 사람은 독일계 이주민이었고, 몇 사람은 바바리아 출신이었다. 그래서 우리는 가끔 바바리아가 괴물들이 사는 드라큘라의 나라일지도 모른다고 상상하기도 했다. 객관적 타당성을 위해서 언급해두어야 할 사실이 있다. 독일인 사제 가운데는 훌륭한 언어학자가 두 사람 있었다. 유일하게 쓸 만한 라코타-영어 사전과 문법을 편찬한 것도 두 사람이었다.

밤이 되면 둘이 한 침대에서 지내곤 하는 아이들이 있었다. 그러면 마음도 놓이고 분위기도 아늑해졌기 때문이다. 그때 당직 수녀가 들어와 이를 보고는 말했다. "너희 둘, 한 침대에서 뭐 하는 짓이야? 이 방에서 악의 냄새가 나는구나. 악마의 화신이 따로 없어. 너희들은 죄를 짓고 있어. 지옥에 가서 평생 불 속에서 지내게 될 거야. 악마의 프라이팬 속에서는 그런 짓을 해도 돼." 수녀는 그들을 한밤중에 침대 밖으로 끌어내 무릎을 꿇리고 아침까지 기도를 시켰다. 우리들은 그게 무슨 말인지 도무지 이해가 가지 않았다.

제일 위 두 학년의 여자아이들과 수녀들은 그 문제로 끊임없이 몸을 부딪히며 싸웠다. 주먹과 손톱으로, 또 머리채를 잡아당기며 싸웠다. 나 자신도 새끼 고양이에서 중간 크기의 고양이로 자라나고 있었다. 발톱도 점점 더 길어지면서 몸이 근질근질하고 좀이 쑤셨다. 1969년인지 1970년 무렵, 한 낯선 백인 소녀가 보호구역에 모습을 드러냈다. 열여덟 살이나 스물 살쯤 되어 보였다. 예쁜 얼굴에 머리카락이 허리까지 흘러내렸고, 쇳조각이 달린 바지와 부츠 차림에 배낭을 메고 있었다. 그녀는 우리가 그 이전에 만났던 다른 어떤 백인과도 달랐다. 이름이 와이즈였던 것으로 기억한다. 자기를 외면하고, 불신의 눈초리로 바라보는 데도 아랑곳하지 않았다. 우리를 설득하여 구석으로 데려가 자기 말에 귀를 기울이게 했고, 우리에게는 어떤 취급을 받고 있는지 물었다. 뉴욕에서 왔다는 그녀는 우리가 만난 최초의 진정한 히피 아니면 반전주의자였다. 그녀는 블랙 팬더 당(Black Panther, 흑표범당. 미국의 과격 흑인운동 단체), 젊은 구세주, 웨더맨(과격파를 일컫는 말)에 대해서 이야기했다. 그녀는 물었다. "흑인들은 분노하고 있고, 세인트 폴과 캘리포니아의 인디언들도 일어나고 있어. 너희들 생각은 어때?" 또 그녀는 말했다. "왜 너희들은 지하 신문을 발행하지 않니? 등사하면 돼. 간단히 할 수 있어. 사실대로 이야기해. 모든 것을 까발리란 말이야." 낯선 언어로 이야기했지만 우린 금방 이해할 수 있었다.

찰린 왼손황소(Left Hand Bull)와 지나 별하나(One Star)는 내가 자주 어울리곤 했던 순수 혈통의 인디언 소녀들이었다. 우리는 무슨 일이든 함께 했다. 그들도 수우 족의 봉기에 참여하고자 했다. 우리는 『붉은 표범』이라는 이름의 신문을 함께 만들었다. 열악한 학교 사정, 형편없는 음식, 2주일 동안 먹던 더럽고 썩은 시커멓게 탄 감자, 체벌을 기사로 실었다. 그 당시 교장이었던 킬러 사제에 대해서 가장 신랄한 기사를 쓴 것이 나였던 것 같다. 나는 온갖 분노와 원한을 그 기사에 쏟아 넣었다. 그를 형편없는 백인 개자식이라고 불렀다. 인디언에 대해서 아무것도 모르니까, 차라리 고향으로 돌아가 말이 통하는 백인 아이들이나 가르치라고 썼다. 어떤 사제가 어떤 수녀와 함께 잠자리에 들었으며, 그들은 배를 채우고 새 차를 사는 것밖에는 생각하지 않는다는 것을 우리 모두 알고 있다고 썼다. 입에 거품을 물고 쓴 기사였다. 그렇지만 마음은 그렇게 후련할 수가 없었다.

성 패트릭〔Saint Patrick : 영국의 전도사로서 아일랜드의 사교(司敎). 아일랜드의 수호성인〕의 날 모두 회의에 참가하고 있을 때 신문을 뿌렸다. 자동차 방풍 유리, 게시판, 책상, 성당의 좌석과 공동침실과 화장실에 신문을 붙였다. 그런데 누가 우리를 보고 고자질을 했다. 빠져나갈 방도가 없었다. 우리 셋은 학교 이사회에 불려갔다. 부모들이 불려왔고, 우리 어머니도 마찬가지였다. 그들은 부모들에게 우리가 저지른 일이 매우 심각한 문제이며, 오랜 역사를 지닌 학교에서 일어난 최악의 사건이라고 했다. 한 수녀가 우리 어머니에게 말했다. "당신 딸과 이야기해 봐요." "무슨 일이 있었나요?" 어머니가 물었다. 수녀는 『붉은 표범』을 한 부 주고, 신문 제목과 내가 쓴 기사를 가리키며 어머니의 반응을 기다렸다. 얼마 후에 수녀는 물었다. "무슨 할 말 있어요? 무슨 생각이 들어요?"

어머니가 입을 열었다. "전에 내가 이 학교에 다닐 때는 지금 아이들보다 훨씬 더 험한 취급을 당하고, 훨씬 더 가혹한 처우를 받았어요. 지금 아이들은 무슨 불만이 있는지 정말 모르겠군요. 우리는 무릎까지 내려오는 치마도 입지 못했어요. 다 아이들 잘못이에요. 그렇지만 아직 어린아이들이니 용서해주세요. 우리나라는 자유 국가이고 언론의 자유가 있다고 생각해요. 아이들이 나쁜 일을 했다고는 생각하지 않아요." 그 사건으로 나는 매일 네 발로 여섯 개 층의 계단을 오르내리는 벌을 받았다. 소년들의 생활도 예외는 아니었다.

남녀 학생들은 여전히 철저하게 격리되어 생활했다. 서로 만날 수 있는 유일한 시간은 4시와 5시 30분 사이에 있는 자유시간이었다. 자습실이나 벤치, 야외 배구장에서였다. 물론 그때도 엄격하게 감시를 받았다. 어느 날 나와 찰린은 남자아이들이 있는 곳으로 갔다. 남자아이들과 우리는 한 팀이었고, 남자아이들이 우리를 가르쳐주어야 했다. 하다 보니 3분, 예정 시간보다 겨우 3분 더 놀았다. 그런데 수녀들은 그것을 복수의 빌미로 삼아 엉덩이를 25대나 때렸다. 나는 찰린에게 말했다. "우리 나이가 몇인데 아직도 이런 식으로 맨 엉덩이에 몽둥이 세례를 받으며 살아야 하니. 아이를 가져도 될 만한 나이야. 우리도 참을 만큼 참았어. 다음 번에는 맞고만 있지 말고 우리도 싸우자." 찰린은 "호카―헤이〔Hoka-hay : 인디언들이 전투할 때 외치는 구호로 '전진'이라는 뜻〕!"라고 했다.

우리는 매일 밤 샤워를 해야만 했다. 어떤 키 작은 소녀가 팬티를 안 벗으려고 하자, 수녀가 말했다. "팬티 벗어. 안 벗으면 혼날 줄 알아!" 그래도 그 아이는 부끄러워하며 옷을 벗지 않았다. 수녀가 소녀에게 겁을 주기 위해 때리려고 했다. 나는 다가가서, 수녀를 밀어 넘어뜨리고 베일을 벗겨버렸다. 그 아이를 때리고 싶으면 날 괴롭히라고, 몸집이라도 비슷한 사람을 괴롭히라고 대들었다. 일주일 뒤 그녀는 자청해서 공동 침실 담당에서 다른 곳으로 옮겨갔다.

이런 학교에서는 늘 편애가 판을 치게 마련이다. 세인트 프랜시스의 편애에서는 인종주의 냄새가 강하게 풍겼다. 수녀들이 '훌륭한 가문'으로 부르는 가족 출신의, 백인에 가까운 혈통의 소녀들은 특혜를 누렸다. 그들은 교사들의 시중을 들어주고, 아침에 햄이나 계란, 베이컨을 얻어먹었다. 일을 할 때도 쉬운 일을 배당 받았다. 쓸 만한 배경이 없던 아이들은—나도 그 중 하나였다—늘 세탁실에서 매일 커다란 바구니 열 개에 담긴 빨래에서 소년들의 더러운 양말이나 골라내는 신세가 되었다. 아니면 마루 바닥을 문지르거나 접시를 닦는 처지였다. 그런 점에서 학교는 백인과 혼혈아 사이에, 또 혼혈아와 인디언 사이에 대립과 적대감을 부추겼다. 한번은 미사 때 사제들이 입는 예복과 의복을 다림질하고 개어서 성당 뒤편에 있는 서랍장에 넣어두는 일이 찰린과 내 책임이 된 적이 있었다. 어깨 너머로 구석에 십자가에 못 박힌 예수상이 보였다. 온

몸을 두들겨 맞아 온통 피투성이가 된 모습이었다. 찰린이 위를 바라보며 말했다. "저 불쌍한 인디언 좀 봐. 백인 놈들이 엄청 두들겨 팼나봐." 예수 얼굴을 가까이 보게 된 것은 그때가 처음이었다.

수녀들에게 나는 불량 학생의 본보기가 되었지만, 개의치 않았다. 남자 친구를 사귈 만한 나이가 되자, 금방 친구가 하나 생겼다. 학교에서 함께 지낼 수 있는 시간은 1시간 30분 정도의 자유시간뿐. 남자아이들 건물과 여자아이들 건물 사이에 우리가 앉을 수 있는 벤치가 여러 개 있었다. 남자 친구와 나는 그곳에 가서 손을 잡고 이야기를 나누곤 했다. 남녀 아이들이 함께 있는 것을 보면 수녀들은 몹시 신경질을 냈다. 사소하게라도 성과 관계가 있는 일에 대해 지나치게 염려를 했다.

어느 날 소녀들이 모두 참가하는 종교 수업 시간에 버나드 수녀는 몇 가지 말할 것이 있다면서 나를 지목했다. 나를 가리키며, 꼭 얘기하고 넘어가야 할 나쁜 본보기라고 했다. 내가 몸을 너무 함부로 놀린다는 것이었다. 남자 손을 잡은 것만 봐도 알 수 있다면서, 절대 흉내내서는 안 될 좋은 본보기라고 했다. 또 단정치 못한 옷, 아슬아슬할 정도로 짧은, 학칙이 허용한 것보다 더 짧은 스커트를 입은 것만으로도 처벌을 받아야 한다고 했다. 아이들이 보는 앞에서, 행실이 부정하다면서 계속 나를 꾸짖었.

나는 자리에서 일어나서 말했다.

"내게 행실이 나쁘다는 말을 할 자격이 없을 텐데요. 당신들의 행실은 우리 인디언보다 훨씬 더 끔찍하니까요. 난 당신들에 대해서 다 알아요. 우리 할머니와 이모가 이야기해주었어요. 한 12~13년 전에 여기 세인트 프랜시스에 물이 끊긴 적이 있었어요. 수도관에서 물이 나오지 않았어요. 전도 본부 지하에 가면 파이프들이 있어요. 우리 할머니가 다니던 시대에는 그 지하에 수녀와 사제들만이 다닐 수 있고, 다른 사람들에게는 통행이 금지된 지하 터널과 통로들이 있었어요. 물이 끊기면 그들은 수도관을 자세히 점검하며 청소를 해야 했어요. 그런데 그 커다란 파이프 속에서 갓난아기 시체들이 발견되었어요. 모두 백인 갓난아기들이었어요. 인디언 아기들이 아니었어요. 적어도 우리 소녀들은 아기를 낳으면 그런 식으로 버리지는 않아요. 마치 화장실 물에 씻어 흘려보내듯 하지는 않는다는 말이에요.

그리고 어린 여자아이에게 못된 짓을 저지른 잘못으로, 소나무 산마루의 성스런염주(Holy Rosary)에서 이곳으로 보낸 그 사제 있잖아요. 이곳으로 쫓겨왔다고밖에 할 수 없을 거예요. 그가 하는 일이라고는 음흉한 미소로 젊은 여자와 소녀들을 바라보는 게 전부예요. 그런데 왜 그런 사람을 지적해서 본받아서는 안 될 본보기로 보여주지는 않나요?"

찰린과 나는 교지 편집 일을 맡았다. 모두 다 어느 정도 실습을 하고 난 뒤의 일이었다. 우리는 매일 편집국으로 내려갔다. 사제 가운데 한 사람이 사진 기자 역할을 맡아서, 사진을 확대하고 현상

해주었다. 그에게서는 그의 손을 노랗게 얼룩지게 한 화약 약품 냄새가 났다. 어느 날 그가 찰린을 암실로 불렀다. 사진 현상을 가르쳐주겠다는 핑계였다. 찰린은 이미 다 큰 아이였다. 그 사제에 비해 키도 컸다. 몸매도 멋있었다. 뚱뚱하지 않고, 포동포동하니 어디 한 군데 비쩍 마른 구석이 없는 몸매였다. 찰린이 느닷없이 암실에서 뛰쳐나오면서 소리를 질렀다. "나 그만 둘래. 내 몸을 더듬잖아. 추잡한 사제 같으니." 그만큼 싸울 일이 많았다. 성희롱도 그중 하나였다. 우리는 학생회에 불만을 이야기했다. 수녀들은 우리 마음이 추잡해서 그런 일이 일어난 것이라고 했다.

새 사제가 부임하여 영어를 가르쳤다. 처음 몇 시간 정도 수업을 한 무렵이었다. 수업 중에 그가 한 남자아이에게 질문을 했다. 수줍음을 많이 타는 아이였다. 사제가 말했다. "틀렸어. 고쳐서 다시 한번 말해 봐." 아이는 당황하여 말을 더듬거렸다. 한 마디도 제대로 하지 못했다. 그러자 사제가 다그쳤다. "내 말 안 들려? 전체를 다시 한번 말해보라고 했잖아. 이번에는 제대로 해봐."

나는 일어나서 말했다. "그만 하세요. 만일 신부님이 인디언 가정에 가서 말을 걸려고 하면, 그들이 비웃으면서 그럴 거예요. '다시 한번 정확하게 해봐. 이번에는 제대로 해!'"

사제가 내게 소리쳤다. "메리, 너 수업 끝나고 남아. 당장 자리에 앉아."

나는 수업이 끝나고, 종이 울릴 때까지 남아 있었다. "너 혼 좀

나봐." 팔을 잡아서 나를 칠판에 밀어붙이면서 그가 소리를 질렀다. "너 왜 항상 우리를 조롱하는 거야? 그럴 까닭이 없잖아."

내가 말했다. "아니요. 그럴 이유가 있어요. 신부님은 그 아이를 가지고 놀았어요. 당황하게 했어요. 그 아이에게 필요한 것은 용기를 북돋아주는 거예요. 어쩔 줄 모르게 하는 것이 아니에요. 신부님은 그 아이에게 상처를 주었지만, 난 신부님에게 상처를 주지 않았어요."

그가 내 팔을 비틀더니 정말 세게 밀쳤다. 몸을 돌려 얼굴을 한 대 갈겼더니, 그의 코에서 피가 터졌다. 나는 교실을 뛰쳐나오며 쾅 하고 문을 닫았다. 우리는 버나드 수녀에게 불려갔다. 나는 말했다. "오늘부터 학교를 그만두겠어요. 더 이상 이런 일을, 이런 엿같은 일을 당하고 싶지 않아요. 더는 이런 취급받고 싶지 않아요. 내게 졸업장을 주는 게 나을 거예요. 이제는 당신들 때문에 시간 낭비하고 싶지 않아요."

버나드 수녀는 한참 동안 물끄러미 나를 바라보더니 말했다. "알았어, 메리 엘렌. 집에 가도 좋아. 며칠 뒤에 와서 졸업장을 찾아가." 그것이 전부였다. 이상한 소리 같지만, 나중에 알고 보니 그 사제는 괜찮은 사람이었다. 그가 담당한 과목은 문법, 맞춤법, 작문이었다. 교실에서 아이들에게 좀더 존경을 받고 싶었겠지만, 아직은 젊었고 자신감도 좀 부족했다. 그렇지만 나는 그곳에 너무 오래 있었다. 그런 수업은 듣고 싶지 않았다. 나중에 그는 인디언의 좋은 친구, 나와 내 남편의 개인적인 친구가 되었다. 그는 운디드니 사건이 일어나는 동안 그리고 그 이후에도 우리를 지지했다. 위험을 무릅쓰고 선임자들에게 과감하게 대들며, 진정으로 인간적인 사제가 되었다. 인디언 말까지 배웠다. 그런데 너무 이른 나이에 암으로 죽었다. 훌륭한 인디언들만 일찍 죽는 것이 아니라 훌륭한 백인들도 일찍 죽었다. 겁 많은 사람들은 나이가 들어가면서 자신을 돌볼 줄 안다. 나는 지금도 그 사제를 고맙게 생각하고 있다. 훗날 그가 우리를 위해서 해준 일과 나에게 싸움을 걸어준 일에 대해서 말이다. 어쩌면 내가 싸움을 걸었는지도 모르지만, 아무튼 그 일로 견딜 수 없었던 상황에 종지부를 찍을 수 있었다. 그와 싸운 날이 내가 학교에서 보낸 마지막 날이 되었다.

4. 음주와 싸움질

그들에게 진정 고통스런 이주의 우울함을,

그들에게 장발 인디언이 느끼는 대도시의 재앙을.

어느 술 취한 인디언이 소리지른다, 습격을 당했다는 이유로,

어떤 젊은 인디언은 불평을 터뜨린다, 전화가 도청을 당했다며.

아무도 그들은 껴안아주지 않는다.

지나가는 사람들은 말한다. "안녕, 대추장,

소는 어때?"

우, 우, 대추장, 안녕. 안녕.

하이오, 야나-야나이, 하이-오.

그들에게 달콤한 백포도주 맛이 나는 이주의 우울함을,

그들에게 레몬 보드카 맛이 나는 대도시의 재앙을.

뭔가가 내 다리를 문지른다. "안녕, 거기 고양이."

털 없는 분홍색 꼬리를 보니, 큼지막한 쥐로구나!

가정, 즐거운 가정이여!

경찰이 부는 호루라기 소리를 들어 보라,

누가 눈 속에 오줌 누는 소리를,

쨱 쨱 우 우 찰딱 찰딱,

하이오, 야나-야나이, 하이-오.

- 포티-나이너(Forty-Niner)의 노래

세인트 프랜시스, 파르멜리, 미션(Mission)은 내가 학교를 떠난 뒤에 어슬렁거리며 돌아다녔던 곳이다. 희망 없는 보호구역의 마을들이었다. 인간이 얼마나 망가질 수 있는지, 얼마나 하찮은 존재로 타락할 수 있는지를 보여주는 마을들이었다. 집들은 타르를 바른 종이와 아무데서나 구할 수 있는 것들로 지어졌다. 낡아서 부서져 내리는 작고 녹슨 이동 주택 트레일러를 가져다, 거기에 오렌지 상자로 된 입방체를 짓는다. 그러면 부엌이 된다. 거기에 부서진 자동차 몸체를 갖다 붙인다. 그것은 침실이다. 해진 천막의 벽을 덧대어 달면 아이들 방이 갖춰진다. 그렇게 전형적인 주택이 완성된다. 평균적인 가정보다는 더 큰 주택이……. 그 다음에는 50피트 가량 떨어진 곳에 옥외 변소를 세운다. 심한 눈보라가 휘몰아칠 때, 흔히 배탈이 나서 밤에 옥외 변소에 가는 일은 엄청난 모험이다. 술 취한 사람들은 옥외 변소에 누가 들어가기를 기다렸다가, 누가 들어가면 몇 명이 달려들어 그 밑바닥을 파고 위로 들어올린 다음 뒤집어엎곤 한다. 그러면 변소에 앉아 있던 사람은 미친 듯이 고함을 지른다. 이런 장난이 파르멜리가 줄 수 있는 몇 가지 위안거리 가운데 하나였다.

파르멜리, 세인트 프랜시스, 미션은 요새 주위를 어슬렁거리는 인디언들로 가득한 술 취한 마을이었다. 주말이면 빌린 돈과 아동복지수당 전표를 들고 나가, 밀조 위스키, 머스캐틀-머슨트 텔, 퍼플 지저스, 레몬 보드카, 짐 빔, 카 바니쉬, 페인트 리무버 따위를 마셔 없앴다. 목구멍으로 내려가면 5분 남짓이나 뱃속에 머물러 있을 액체들이었다. 물론 맥주도 엄청 마셔댔다. 포도주 한 잔, 므니샤 한 잔에 목숨 거는 인생들도 있었다. 가족의 행복 같은 것에는 눈곱만치도 신경 쓰지 않았다. 몇 푼 남지 않은 돈으로 먹을거리를 살지 술을 살지를 놓고 끊임없이 다퉜다. 대개 술이 이겼다. 갈지자로 비틀거리는 몰골들은 자신의 불행을 저희들끼리 서로 상대에게 떠넘겼다. 달리 시비를 걸 만한 사람이 없었기 때문이다. 주말이면 한 사람이라도 눈알이 빠지지 않거나, 머리통이 깨지지 않는 날이 거의 없었다. "포도 알이 아니라 그놈들의 눈깔이 마루바닥에 굴러다닐 걸!" 이건 그들이 늘 하는 농담이었다.

신나게 마시고 얼큰하게 취해 기분이 몽롱해지면, 곧 자기들 말로 릴라 이톰니(lila itomni) 상태가 되면, 그들은 자동차로 우르르 몰려들어 드라이브를 시작했다. 모두 합해서 2백만 에이커가 넘는 장미꽃봉오리와 소나무산마루 지역을 미션 마을에서 시작해서 이긴자(Winner), 고기위쪽자르기, 하얀강(White River), 그사람개, 고슴도치(Porcupine), 발렌타인(Valentine), 왠블리

(Wanblee), 오그랄라(Oglala), 머도(Murdo), 카도카(Kadokah), 경치좋은(Scenic), 유령매공원(Ghost Hawk Park)으로 차를 몰았다. 포티-나이너〔1849년 금광을 찾아 캘리포니아로 몰려든 사람들〕의 노래를 불러대며 이 술집 저 술집을, 곧 게으른시간(Idle Hour), 아를로스(Arlo's), 미친말 카페, 긴뿔 살롱, 산쑥덤불(Sagebrush), 이슬방울 주점(Dew-Drop Inn)을 전전했다.

> 헤야아-헤야, 웨야아-웨야,
> 나에게 위스키, 꿀을 달라,
> 수타, 므니 와칸이여,
> 나는 당신을 사랑하나이다,
> 헤야, 헤야아.

그 자동차들을 생각하면 끔찍하다. 구식 자동차 한 대에 어떻게 그렇게 많은 사람을 쑤셔 넣을 수 있었는지 상상이 가지 않는다. 다섯 명이 나란히 앉으면, 그 무릎 위에 한 사람이나 두 사람이 포개 앉았다. 아이고 어른이고 가리지 않았다. 대부분 브레이크가 완전히 망가진 차여서, 교차로에 도달하기 1마일 전부터는 한 사람이 미친 듯이 고함을 질러야 했다. 앞유리에는 와이퍼도 없었다. 방풍 유리 자체가 없었기 때문에, 와이퍼가 있을 필요가 없었다. 전조등이 한 쪽이라도 켜지면 좋은 차였다. 가끔은 문짝이 없거나,

심지어는 타이어가 없는 차도 있었다. 바퀴 테두리만 있어도 자동차가 움직였기 때문에 타이어가 없어도 문제가 되지 않았다. 뒷좌석에는 항상 맥주 두 상자에 아주 값싼 캘리포니아 산 포도주가 몇 통씩 실려 있었다. 젖먹이들도 술을 얻어먹었다. 그렇게 그들은 출발했다. 수많은 맥주 깡통에 섞여, 브레이크가 고장난 차로, 뱃속에는 깡통 40개에 달하는 분량의 맥주가 출렁대는 그들은 90마일이나 되는 거리를 달렸다. 위대한 자살의 길을 떠났던 셈이다.

나는 12살 때 이미 독주를 반 되가량 마시고도 얼굴에 표시가 나지 않을 정도로 주량이 늘었다. 술고래였고, 그야말로 알코올 중독자가 다 되어가고 있었다. 사실은 거지반 알코올 중독자였다. 그런데 술이 지겨워졌다. 술이 들어가면 기분은 만사형통이었지만 매일 아침 깨어나면 몸이 아프고, 처참한 기분이 들었다. 몸도 곤드레만드레 늘어졌다. 그런 기분에 싫증이 났다. 그러면서도 여전히 술을 퍼부어 댔다. 그러다 술을 끊었다. 내 인생에는 목적이 있다는 생각이 들었고, 내 자신은 어떤 일을 하기 위해 존재한다는 사실을 깨닫게 된 이후로는, 몇 년 동안 술을 한 방울도 입에 대지 않았다. 술을 끊을 수 있게 된 것은 인디언 운동과 할아버지 페요테 그리고 담뱃대(Pipe) 덕분이다. 아이를 임신한 것도 크게 작용했다. 물론 첫아기를 갖기 전에 술을 끊기는 했지만 말이다.

바바라 언니와 내게는 친구가 많았다. 그들 대부분은 술을 마셨지만, 나는 술을 끊었다고 선언했다. 함께 나가면 세븐업을 마셨다. 그들은 줄곧 물었다. "넌 너무 착해서 우리와 어울리지 않아, 안 그래?" 그러면 나는 이렇게 대답했다. "난 그냥 술이 너희들에게 도움이 되지 않는다고 생각할 뿐이야. 내가 너희들에 비해 너무 착하게 산다고 느끼는가 본데, 아무래도 좋아. 너희는 그렇게 느낄 수도 있겠지. 마시고 싶으면 가서 마셔. 나는 신경 쓰지 마." 나는 설교하지 않았다. 취한 상태에서 그들은 바바라 언니와 내게 어떻게 살면 좋겠느냐고 물었다. 우리는 종종 어미 닭 같다는 느낌을 받았다. 그들이 내게 와서 문제를 털어놓으면, 나는 내 나름의 방법으로 충고해주려고 노력했다. 내가 그들에게 그런 충고의 말을 해주기를 할아버지 페요테가 기대했기 때문이었다. 그들은 내 말에 귀를 기울였다. 또 내 말이 옳다고 인정하며 술을 끊겠다고 약속했다. 그러나 그들은 술을 끊을 수 있을 만큼 강하지 못했다. 내 말이 옳다고는 했지만, 이튿날 보면 다시 곤드레만드레 취해 있었다. 나는 그들에게 판결을 내리지 않았다. 내게는 그럴 권리가 없었다. 그리고 나는 왜 그들이 그렇게 마셔대는지 알고 있었다. 그래서 그들에게 말했다. "버드와이저 마셔. 난 세븐업이나 펩시를 마실 테니까."

내가 술을 마시기 시작했던 것은 생활이 자연스럽게 그렇게 되었기 때문이다. 아버지가 술을 마셨고, 의붓아버지도 마셨으며, 많이는 아니지만 어머니도 마셨다. 어머니도 가끔 거나하게 취해서 비틀거린 적이 있었다. 우리 언니들도 술을 마셨다. 바바라 언니는 나보다 4년 먼저 마시기 시작했다. 나보다 네 살 위였으니까. 나는 누구나 다 술을 마신다고 생각하며 자랐다. 그건 틀린 말이 아니다. 심지어 전통적인 방식을 고집하며 사는 사람들 중에는, 사별한 술친구의 정령을 위해서 늘 술병이나 잔에서 몇 방울 따라 마루 바닥이나 구석에 뿌리는 사람도 있었다. 술을 뿌릴 때는 수우 족 말을 쓴다. "이봐 친구, 여기 므니-샤가 좀 있으니, 맛이라도 보게!"

나는 열 살 되던 해부터 술을 입에 대기 시작했다. 어머니가 그 남자와 결혼하던 해였다. 그는 늘 술을 입에 달고 살았다. 나는 몰래 숨어 들어가 그가 마시던 술을 훔쳐 마셨다. 대개는 보드카였다. 그가 보드카를 좋아했기 때문이었다. 학교에서는 성구실(聖具室)에 몰래 들어가 성당의 포도주, 곧 그리스도의 피를 마셨다. 나는 그리스도가 우리 같은 아이들이 자주 드나드는 것을 이해해주었을 것이라고 확신한다. 아무튼 벼락을 맞지는 않았으니까. 내가 처음 취한 것은, 일가붙이 어른 몇 사람이 술잔치를 벌이던 때였다. 한 아주머니가 물었다. "레몬 소다수 좀 마실래?" 마시겠다고 했더니, 큼지막한 레몬 소다수 잔에 뭔가를 타서 주었다. 그때가 처음이었다. 아무리 걸어서 방을 가려고 해도 걸음을 옮길 수가 없었다. 연신 쓰러지기만 했다. 그런 나를 보고 모두 웃어댔다.

보호구역에서 알코올은 금지 품목이다. 웃기는 소리 같지만 음주는 불법이다. 그렇지만 이긴자, 세인트 프랜시스, 미션과 같은 마을 인구의 거의 절반은 백인이다. 그들은 합법적으로 술을 마시고 싶어한다. 그래서 보호구역 안에 있는 이 마을들을 묶어서 백인 법률이 적용되도록 만들었다. 그것은 바로 보호구역에 술집과 주류 소매점이 들어선다는 의미였다. 또 보호구역 부근에 위치한, 가축 시장이 서는 마을에도 술집들이 들어섰다. 깊은 산골에 처박혀 살아도 항상 술 밀매업자를 만날 수 있었다. 내 가장 친한 친구는 바바라 언니였다. 언니는 정말로 나를 아껴주었다. 아침에 깨워 옷을 입혀주고, 보살펴준 사람도 언니였다. 어느 날 남자 친구가 날 데리고 가서 존 웨인이 출연한 영화를 보여주었다. 영화가 끝난 뒤에 우리는 독주를 좀 사기 위해 마을 변두리로 갔다. 거리라고 해야 고작 4, 5개를 넘지 않았고, 그 가운데 두 개는 포장 도로였다. 그 주변에는 대략 이십여 채 정도의 오두막집과 이동주택이 널려 있었다. 그래도 마을은 중심가와 변두리로 나뉘어 있었다. 우리는 술 밀매업자인 한 혼혈 인디언의 오두막집에 가서, '확실하게 꼭지를 펑 돌게 해주는 TNT 알코올'로 알려진 밀주 4분의 1되와 럼주 작은 병을 하나 샀다. 문을 열고 막 나서는데 바바라 언니가 들어왔다. 언니도 액체 식료품을 구하러 오는 중이었다. 자기 눈을 믿지 못하겠다는 표정을 지으며 언니가 물었다. "세상에! 너 여기서 뭐 하는 거야?"

나는 대답했다. "언니는 여기서 뭐 하는 건데? 언니가 이 집 단골인 줄 몰랐는데."

언니는 무지무지하게 화를 냈다. "난 괜찮아, 열일곱 살이니까. 하지만 넌 그런 짓 해서는 안 돼. 아직 너무 어리단 말이야!" 언니는 술병을 빼앗더니, 쓸데없이 간섭하려고 들면 골통을 부셔버리겠다며 내 남자 친구를 위협했다. 화가 덜 풀린 언니는 오두막집 모퉁이에 술병들을 던져 박살을 냈다. 언니 친구들과 함께 마셔도 될 텐데 그렇게 하지 않았다.

또 한번은 이런 일도 있었다. 학교에서 댄스 파티가 끝난 뒤에 남자 친구와 함께 담배를 피우며 앉아 있는데, 난데없이 바바라 언니가 나타났다. 언니는 내 입에서 담배를 낚아채 바닥에 내팽개치더니 모두가 바라보는 앞에서 발로 지근지근 밟았다. 나는 소리를 지르며 언니를 때렸다. "언니도 담배 피우잖아!" 그러자 언니는 또 그 말이었다. "그래, 그렇지만 난 너보다 나이가 많아." 우리는 자주 싸웠다. 사랑했기 때문에, 또 절망감을 이기지 못해서 싸웠다.

학교를 마친 뒤, 우리 집 사정은 점점 더 나빠졌다. 한도 끝도 없이 어머니와 말다툼을 벌이고, 의붓아버지와 싸우는 일 말고는 할 일이 없었다. 그래서 집에서 도망쳤다. 처음에는 집에서 그리 멀지 않은 곳, 고작 2, 3마일 떨어진 곳에서 2주일가량 지냈다. 그 다음에는 몇 달씩 나가 있었고, 결국에는 아주 나와버렸다. 늘 술을 마셨고, 마리화나를 입에 물고 살았다. 열일곱 살 나이에 내 소일거리는 술과 마리화나가 전부였다. 위스키를 마셨다. 물도 타지 않고 마셨지만, 조니 워커나 커티 삭은 아니었던 것 같다. 그 다음에는 진으로 바꿨다. 향이 좋았기 때문이다.

보호구역의 풍경을 얘기할 때, 절대 빠뜨려서는 안 될 그 광란의 음주 운전에서 어떻게 죽지 않고 살아남았는지 모르겠다. 한번은 평소처럼 시속 80마일로 머도에서 돌아오는 중이었다. 자동차의 이음새들이 터져 나갔다. 차에는 터질 정도로 사람들을 쑤셔 박았다. 앞좌석에서는 남녀 두 쌍이 키스를 나누고 있었다. 키스하는 사람 중 하나는 운전사였다. 타이어 한 쪽이 터지며, 문짝들이 떨어져 날아가는 바람에 남녀 두 쌍이 서로 껴안은 채 자동차에서 떨어졌다. 여자들은 비명을 질러댔다. 밑에 깔려 피를 흘리던 여자가 특히 그랬다. 아무도 심한 상처를 입지는 않았다. 그런 사고로 잃어버린 일가붙이와 친구들이 족히 이십 명은 넘을 것이다.

그런 주정뱅이 가운데 하나가 고주망태가 된 상태로 차를 몰고 나섰다. 옆자리에는 어떤 여자가 타고 있었다. 그의 늙은 마누라도 곤드레만드레가 되어 다른 차에 타고 있었다. 어떤 사람이 그 여자에게 남편이 다른 여자와 바람을 피우고 있다고 일러바쳤다. 그러자 마누라는 소나무산마루를 온통 뒤지며 그 두 사람을 뒤쫓은 끝에 마침내 그들을 따라잡았다. 바람을 피운다고 소문난 두 사람이 연인이었다고는 생각하지 않는다. 남자는 이미 술병이 유일한 연인이 되어 버린 단계에 와 있는 사람이었다. 그의 아내는 두 사람을 가만두지 않겠다며 주먹을 휘둘렀다. "너희 연놈들을 박살내버릴 거야. 다리몽둥이를 부셔놓겠어!" 술에 취해 비틀거리는 그 차들을 길에서 지켜보고 있던 다른 운전사들은 모두 앞다투어 도망치느라 자동차길을 벗어나 잡초 속으로 차를 몰았다. 마누라는 전속력으로 자동차를 몰아 두 사람이 타고 있는 차를 정면으로 들이받았다. 세 사람 모두 죽었다.

사람들은 필경 잊기 위해 술을 마실 것이다. 그런데 문제는 잊혀지지 않는다는 데 있다. 실제로든 상상 속에서 겪었든, 과거의 그 모든 모욕과 증오를 늘 기억한다. 그 탓에 그들은 늘 싸운다. 가장 다정하고 점잖은 축에 끼이는 것으로 알려진 어떤 사람은 술에 취해 화풀이를 하다가 마누라를 죽였다. 어떤 아저씨는 의식을 잃고 누워 있는 동안 눈알 두 개가 모두 빠져버렸다. 내 시누이 델핀의 남편도 한쪽 눈알을 잃었다. 시누이 자신은 술 취한 한 부족 경찰에게 두들겨 맞아서 죽었다. 그런 일들은 수사할 가치도 없는 사건으로 간주되었다.

나도 싸움질을 했다. 술집을 전전하며 술을 마시던 시절, 맥주를 마시러 빠른도시(Rapid City)라는 곳의 한 술집에 들렀다. 수우족 인디언에게 빠른도시는 인디언에 관한 한 전국에서 가장 인종주의가 심한 곳으로 소문나 있었다. 옛날 사우스다코타 주의 많은 술집 출입문에는 이런 간판이 걸려 있었다. '인디언과 개 출입금지.' 나는 나이 든 흰둥이 여자 옆에 앉았다. 실제로는 30살쯤 되어 보이는 여자였다. 그렇지만 열일곱 살짜리 아이의 눈에 30살은 늙어 보이는 나이다. 그녀는 나를 더럽다는 듯이 바라보더니, 다른 자리로 옮기며 말했다. "염병할 더러운 인디언 같으니. 길거리 시궁창으로 꺼져. 거기가 네 자리야."

나는 돌아서서 말했다. "너 뭐라 그랬어?"

"내 말 들었구나. 여기는 인디언이 오는 곳이 아니야. 빌어먹을, 이런 인간들 때문에 속 썩이지 않고 백인 남자(내 기억으로 그 여자는 실제로 '남자'라고 했다)가 맘 편하게 한잔 할 만한 곳은 없나?"

머리 속에서 피가 거꾸로 솟구쳐 올랐다. 내 자리 바로 앞으로 유리 재떨이가 보였다. 카운터에 대고 재떨이를 깨뜨린 다음 날카로운 모서리로 그 여자의 얼굴을 그어버렸다. 술에 취해 미칠 듯이 화가 나 있으면서도 잘했다는 기분이 들었다. 어쩌면 취하지 않았어도 잘했다는 느낌이 들었을 것이다.

한번은 아이오아 주에 있는 삼나무여울(Cedar Rapids)이라는 곳에 간 적이 있었다. 사크(Sac) 족과 여우(Fox) 족 인디언과 섞여 살고 있는 한 친구를 찾아갔다. 그녀는 가난했지만 항상 아이스박스를 통째로 비워가며 내게 음식을 만들어주었다. 마침 그때 그녀의 부족 젊은이들이 많이 참가하는 파우와우(Powwow : 병의 회복, 사냥의 성공 등을 비는 북미 인디언의 의식)가 열렸다. 참가자 가운데 젊은이가 60명이 넘었다. 순수 혈통의 인디언들은 북 주위에 서거나 앉아서 맥주를 마시고 있었다. 많은 사람들은 머리에 전투모(독수리 깃털로 장식한, 북미 인디언의 출전용 모자)를 쓰고, 엉덩이에 화려한 깃털 장식을 하고, 발목에 방울을 달고 춤을 추며, 호전적인 노래를 불렀다. 백인 남자아이와 혼혈 인디언 몇 명이 노래의 뜻을 알아듣고 인디언에게 시비를 걸기 시작했다. 분명히 해두어야 할 점이 있다. 순종이라든가 혼혈이라든가 하는 것은 혈통의 문제이지 얼마나 인디언처럼 생겼는가, 머리카락은 얼마나 검은가 하는 문제가 아니라는 것이다. 일반적으로 말하면, 인디언처럼 생각하고 노래하고 행동하고 말하는 사람은 누구나 인디언이고 순수 혈통이다. 백인처럼 행동하고 생각하는 사람은 아무리 인디언으로 생겼어도 혼혈이고 튀기이다. 그래서 순수 혈통의 인디언들은 다른 사람들에게 말한다. "우리와 함께 하고 싶은 마음이 있거든, 끼어들어 봐!" 혼혈 인디언과 백인 아이들은 하얀색이나 카우보이 셔츠를 입는 반면에, 인디언은 리본 달린 셔츠를 입고 목걸이를 찬다. 머리를 길게 기르며, 때로는 길게 땋아 늘어뜨리기도 한다. 다른 사람들은 머리를 짧게 자른다. 친구와 적을 가리기는 쉽다. 인디언들은 판에 쉽게 끼어든다. 나도 술에 취한 상태로, 대판으로 벌어진 집단 난투극에 끼어들었다. 싸움은 한 30분 정도 걸렸다. 한 5분 정도 지나자 벌써 튀기 녀석 세 명이 널브러졌다. 한 녀석은 얼굴을 맞고 기절했고, 다른 두 녀석은 뇌진탕을 일으켰다. 마침내 흰 셔츠를 입은 녀석들 가운데 아홉 명이 큰 나무 아래 피투성이가 되어 기절한 채 땅바닥에 누워 있었다. 한 녀석은 팔이 부러졌다. 일단 시작되면 아무도 싸움을 말리지 못한다. 그렇게 싸움이 벌어지고 있을 때, 몇 년 동안 잠자리를 함께 한 사람이 당신에게 "가서 본때를 보여주자!"고 하는데, 그럼 안 된다며, 평화주의자가 되라고 말릴 수는 없는 노릇이다.

시애틀에서 검은발(Blackfoot) 족인 친구 보니와 함께 여인숙 거리에 있는 자그마한 술집에 들른 적이 있었다. 끌배(Tugboat) 카페라는 이름의 술집이었다고 기억한다. 이 술집은 인디언들이 자주 들르는 지역에 있었다. 크리스마스 무렵이어서 상점과 술집에는 빨강과 초록으로 번쩍이는 전등이 걸려 있었다. 우리는 크리스마스와 새해 파티에 쓸 술을 살 계획이었다. 내 친구는 "가족들에게 전화를 걸어 새해 인사를 하고 싶다"고 했다. 거리 모퉁이에 전화부스가 하나 보였다. 보니가 장거리 전화를 하고 있는데, 술 취한 한 백인 녀석이 다가오더니 나오라고 소리를 지르며 강제로 밖으로 몰아내려고 했다. "무슨 중요한 일이 있다고 인디언이 전화를 거는 거야? 다이얼 돌릴 줄도 모를 텐데. 차라리 북을 쳐!"

보니가 말했다. "별 거지같은 흰둥이 녀석 다 보겠네. 가만히 좀 있어." 보니는 그를 밀어내려고 했다. 그런데 그 녀석이 손에 들고 있던 맥주병으로 보니의 머리와 얼굴을 내리쳤다. 보니는 비틀거리며 전화부스 밖으로 나왔다. 피가 뚝뚝 떨어지고 있었다. 나는 보니를 도우려고 달려들었다. 보니는 그와 싸우려고 했지만 피가 눈으로 흘러들었기 때문에 아무것도 볼 수가 없었다. 그가 다시 보니를 내리쳤다. 보니는 시궁창에 빠져 큰대자로 쓰러졌다. 거기 드러누운 채 나를 쳐다보려고 했지만 볼 수가 없었다. 대신 보니는 내 이름을 불렀다. 나는 소리를 질러 경찰을 불렀다. 그러나 백인 술주정뱅이들이 그 녀석을 숨겨주었다. 경찰은 찾으려는 노력조차 하지 않았다. 사람들이 내 주위에 어슬렁거렸다. 백인, 흑인, 인디언들이었다. 한 백인 여자가 날 옆으로 밀치며 소리쳤다. "비켜요. 난 간호사 교육을 받았어요. 당신처럼 하면 안 돼요."

나는 말했다. "날 밀지 마세요. 이 사람은 내 친구예요." 그런데 여자가 계속 고집을 피웠다. "비켜요. 정말 당신처럼 하면 된다고 생각해요? 인디언들은 정말 골치라니까." 나는 여자를 자동차 있는 쪽으로 밀어 던졌다. 여자가 엉덩방아를 찧으며 넘어졌다. 경찰은 그 자리에서 나를 체포했다. 인디언 여인이라면, 특히 빈민가의 인디언 여인이라면, 야만적인 대접에 견뎌야 하며 성적으로 집적대는 상대와 늘 맞서 싸워야 한다. 그러다 어느 정도 시간이 지나면, 싸움을 걸어오는 사람도 없는데 누가 공격해올 것을 예상하며, 시키지도 않은 주먹을 마구 휘두르기 시작한다. 이런 싸움질은 대개 술 때문에 벌어진다. 많은 싸움은 또 우리가 인디언이기 때문에 벌이지기도 한다. 시애틀에서도 한 백인이 장화 신은 발로 "이것이 바로 운디드니다!"라고 고함치며, 지나가는 인디언의 머리를 걷어차는 것을 본 적이 있다.

본래 나는 폭력적인 사람이 아니다. 화가 나서 미칠 것 같으면, 몸이 떨리기 시작하면서 피가 뜨거워진다. 싸우다가 다른 사람에게 상처를 입히거나, 내가 다치면 어쩌나 하고 겁을 먹기도 한다.

그래서 마음을 차분하게 가라앉히며 싸움에 끼어들지 않으려고 한다. 그렇지만 인디언 여인이 학대를 받거나 괴롭힘을 당하고, 매를 맞거나 강간당하는 것을 보면, 그쪽 편을 들지 않고는 배길 수가 없다. 일단 싸움에 끼어들게 되면, 그걸 즐긴다. 극단적인 상황이 발생하고 빠져나갈 다른 길이 없는 경우에는, 내 안에서도 사람을 죽일 수 있는 능력이 고개를 쳐들었다는 생각이 가끔은 들곤 한다. '도 아니면 모'와 같은 상황에 몰리면 본능적으로 그렇게 행동하게 마련이다. 보통의 백인들은 그와 같은 궁지에 몰리는 경우가 거의 없지만, 원하든 원치 않든 간에 인디언은 늘 그런 궁지 속에서 살고 있다.

지금은 어떤 상황이 벌어질 때마다 마음을 억누르고, 상황을 제어하는 법을 더 많이 터득했다. 또 상황을 제어하지 못할 때도, 휩쓸리지 않고 피할 수 있다. 바바라 언니는 싸움에 끼어들기보다는 뒷전으로 물러나 구경하는 편이 더 좋다고 했다. 언니는 말했다. "복수보다 더 달콤한 것은 없어. 그렇지만 육체적으로는 복수하지 마. 정신의 힘으로 복수해. 네 정신으로 싸우란 말이야." 그러나 본질적인 문제에 관한 싸움이 되면, 언니의 정신도 주먹에 자리를 내주었다. 나는 그것을 보았다.

어느 날 바바라 언니는 장미꽃봉오리에서 불쌍한곰(Poor Bear)이라는 남자 친구와 데이트를 하고 있었다. 언니는 맑은 정신이었지만, 그는 얼큰하게 취한 상태였다. 술이 그를 호전적으로 만들었다. 자동차를 몰아 부족 사무실 옆을 지나가던 불쌍한곰은 갑자기 차를 세웠다. "우리 부족 사람들은 모두 바로 저곳, 저 건물 안 출신이야." 그는 트렁크 안에 있는 사냥총을 꺼내들더니 질서 있게 건물에 매달린 창문들을 차례차례 깨뜨렸다. 그런 다음 장미 꽃봉오리가 내려다보이는 언덕 위로 올라가 차를 세웠다. 그는 자기 솜씨에 대해 자랑을 늘어놓았다. 곧장 부족 경찰들이 달려왔다. "조사할 게 있어." 약 두 되들이 포도주 통은 절반이나 비어 있었고, 바바라 언니는 알지도 못하는 위스키가 좌석 밑에서 나왔으며, 마침내 사냥총과 탄피가 발견되었다. "너도 부족 건물에 총을 쏜 녀석들 가운데 하나지?" 경찰들이 물었다. 그들은 불쌍한곰을 데려갔고, 바바라 언니는 보석금을 주고 그를 풀어냈다. 만용을 부린 대가로 그는 집행유예 1년을 선고받았다. 내가 살던 곳에서는 이런 일에 대해서는 꽤 관대하다. 늘 일어나는 일이기 때문이다.

지금 나는 아내이자 어머니이고, 내 남편은 주술사다. 거의 대부분의 시간을 아기를 가진 몸으로 살아왔기 때문에 더는 술을 입에 대지 않았다. 당연히 싸움에 휩쓸리지 않으려고 노력했다. 그러나 아무리 노력을 해도 소동에 말려들 때가 자주 있다. 달리 방법이 없어 보였기 때문이다. 1975년 초 어느 날 저녁, 우리는 워싱턴 주 소재 보호구역에 있었다. 남편이 거기서 의식을 치르기로 되어 있었다. 남편 레오나드, 나, 내 어린 아들 페드로, 다른 수우 족 지도자, 내 친구 애니 메이가 우리 일행이었다. 우리는 대부분 백인들이 거주하는 경계 지역 마을 안쪽에 있는 호텔에 방을 얻어 묵고 있었다. 우리 일행이 막 집으로 돌아가려고 하던 참이었다. 레오나드는 늘 하던 대로 길게 땋아 늘인 머리를 빨간 천으로 된 줄로 둘렀다. 자동차에 물건을 싣던 중, 우리는 연료 탱크에서 기름이 새어나오는 것을 발견했다. 전에는 아무 이상이 없던 연료 탱크였다. 수리 방법을 의논하면서 빙 둘러서 있는데, 백인 농장 노동자 두 명이 다가와 시비를 걸기 시작했다. "저 인디언들 좀 봐. 저 긴 머리도. 너 이발소에 안 간 지 얼마나 됐어?" 그들은 그 자리에 서서 우리를 노려보며 웃었다. 레오나드가 말했다. "우린 여기 싸우러 온 게 아냐. 사업 차 왔어. 뭘 원하는 거야? 여기가 인디언 보호구역이라는 거 몰라? 괜히 말썽 피우지 마."

흰둥이 녀석들은 껄껄대고 웃다가, 레오나드의 긴 머리채를 움켜쥐더니 세차게 잡아챘다. 그런 다음 그를 공격했다. 그 순간 인디언 친구 두 사람이 헛간에서 나와 싸움에 가담했다. 나는 아기를 보호해야 했다. 백인 농장 노동자들 한 무리가 모습을 나타냈다. 한 녀석은 총신이 짧은 산탄총을 들고 있었고, 다른 녀석들은 야구 방망이로 무장을 하고 있었다. 나는 우리를 그냥 떠나게 내버려두라고 부탁하면서, 그들 앞을 가로막으려고 했다. 그러나 그들은 계속해서 우리 남자들을 쫓아다녔다. 나중에 들은 얘기인데, 인디언들을 두들겨 패는 것은 그 지역의 백인 벌목꾼과 낚시꾼들 사이에서는 흔히 있는 시간 때우기 행사였다고 한다. 문득 도로 건너편에 경찰 순찰차가 주차하는 것이 보였다. 애니 메이에게 페드로를 맡기며 "잘 보고 있어!"라고 하고 나서, 경찰에게 달려갔다. 주 경찰관 두 명이었다. 그들에게 말했다. "지금 무슨 일이 벌어지고 있는지 보세요. 우린 아무 짓도 하지 않았어요. 저들이 우리 남자들을 때리고 있어요. 왜 아무 조치도 취하지 않는 거예요?" 그들은 아무 말도 하지 않고, 자동차 시동을 걸더니 떠났다. 그런데 50야드쯤 떨어진 곳에 차를 세워놓고 앉아 구경하며 씩 웃기만 했다. 그때 그 깡패 같은 놈들이 야구방망이로 우리 자동차를 마구 부쉈다. 유리창을 모조리 박살냈다. 인디언 친구 집으로 달려갔더니 '그녀가 도망가라고 하면서 차를 내주었다. 그걸 타면 도망갈 수 있을 것 같았다. 돌아와서 보니, 인디언 몇 명이 우리 남자들에게 합세해 있었다. 거리에는 사냥총과 야구방망이를 든 흰둥이들이 가득했다. 자동차를 운전하고 가는데, 사냥총 쏘는 소리가 들렸다. 총알 한 방이 앞자리에 앉은 페드로의 다리 옆을 스쳤다. 경찰차가 두 대 더 들어왔다. 주 경찰이 흰둥이들에게 말했다. "시민 여러분, 해산하세요. 집에 있는 아내에게 돌아가세요. 오늘은 이만 합시다!" 그런 다음 경찰은 인디언들을 체포하기 시작했다.

그런 결과는 늘 있다시피 하는 일이었다. 흰둥이들은 착하게 굴었으니 집으로 돌아간다. 인디언들은 '평화를 깨뜨린' 죄로 체포되어 감옥으로 끌려가, 책임을 뒤집어쓰고 나서 보석으로 풀려난다. 그런 다음 법정에 끌려가서 벌금을 낸다. 이 사건으로 나는 얼굴에 상처를 입었다. 눈에서 1인치밖에 떨어지지 않는 곳이었다. 나는 흰둥이 한 녀석을 마구 걷어찼다. 그러다 보니 머리와 사타구니까지 내 발길에 걸렸다. 이번 싸움은 술 때문에 일어난 것이 아니었다. 술을 마신 것은 흰둥이들이었다. 이런 일이라면 지겹다. 진절머리가 날 지경이다. 이런 일들은 오래된 농담을 일깨워준다. 한 인디언이 이웃 백인에게 말했다. "자네는 내 땅을 훔쳐 갔고, 우리 아버지를 살해했으며, 내 아내를 강간했어. 아이가 딸린 내 딸을 데려갔고, 내 아들에게 처음으로 위스키를 마시게 했어. 언젠가는 나도 참고 있지만은 않을 거야. 숫제 이 더러운 짓거리를 두 눈으로 지켜보는 것이 낫긴 하겠지만."

남편 레오나드를 만나고 운디드니에 가기 전, 내 어릴 적 삶은 그야말로 음주와 싸움질, 싸움질과 음주의 끝없는 악순환이었다. 대부분의 시간을 여러 무리들과 어울려 돌아다닌 것을 제외하면, 바바라 언니도 나와 똑같은 악순환에 빠져 있었지만 언니는 우리와 달랐다. 맥주나 포도주를 한 잔 마시다가도, 마음만 고쳐먹으면 술을 끊을 수 있었다. 그때까지 우리들 대부분은 언니처럼 하지는 못했다.

몇 년 동안 술을 입에 대지 않고 있었지만, 가장 친한 친구 하나가 머리에 총을 맞은 채 죽은 모습으로 발견되었다는 소식을 들었을 때는 도저히 마음을 억누를 길이 없었다. 갑자기 술 생각이 났다. 그때 나는 일이 있어 뉴욕에 있었다. 온 몸이 떨리고 눈물이 흘러내렸다. 나는 아무 생각 없이 비틀거리며 가장 가까운 곳에 있는 술집으로 들어가 마가리타를 연거푸 네 잔이나 들이부었다. 그래도 아무 효과가 없었다. 정신이 말짱했다. 슬픔을 덜고 싶었으나 소용이 없었다. 그때가 마지막이었다.

　사람들은 '인디언의 음주 문제'에 대해 이야기한다. 그렇지만 우리는 그것을 백인의 문제라고 말한다. 위스키를 만들어 아메리카에 가지고 온 것은 백인이었다. 그들이 위스키를 만들고, 광고하고 우리에게 팔았다. 거기서 이익을 얻고, 인디언들로 하여금 처음으로 술을 마시게 만든 것도 백인들이었다.

5. 목적 없는 삶

나는 방랑 중이다,
정처 없이 떠돌고 있다,
머물 수도 없지만,
지향하는 곳도 없다.
눈 속에 보인다,
내 조상들의
파묻은 발자국이,
모카신의 흔적이.
낡은 내 장화는 닳아빠졌고,
뒤꿈치는 내려앉았다.
내가 있는 곳은 어디인가?
백인의 길,
아니면 인디언의 길인가?
이정표도 없다.
길은 비탈길,
바람이 얼굴을 때린다.
난 여전히 걷고 있다.

- 노란새(Yellow Bird)

나는 외톨이였다, 항상. 옷, 화장, 향수 말하자면 소녀들이 몹시 갖고 싶은 물건에는 관심이 없었다. 백인이 두려웠고, 그들과 함께 있으면 불편했다. 그래서 함께 어울리지 못했다. 혼혈 인디언하고는 이야기를 나눌 수가 없었으며, 순수 혈통의 인디언들은 나를 받아들여주지 않을까봐 두려웠다. 어머니가 믿고 살았던 가치들을 함께 나눌 수가 없었다. 나와 비슷하고, 생각을 같이 하는 친구들은 많지 않았다. 갈 곳도 없는데, 어디 있든지 가만히 있을 수 없다는 생각, 도망가야 한다는 절박함이 엄청나게 날 괴롭혔다. 그러나 어딜 가도 전에 있었던 곳보다 더 좋은 곳은 없었다. 그렇게 많은 친구들이 이미 경험했던 길을 나도 따랐다. 가출을 한 것이다. 바바라 언니가 이미 선례를 남겨놓긴 했었다. 어머니와 불화가 있었던 언니는 참다못해 자기 삶을 찾아 떠났다. 어머니와 함께 살기 힘든 시절이었다. 생각해 보니 어머니의 처지에서 보면, 우리는 데리고 살기 어려운 아이들이었다. 우리 사이에는 세대 차이가 아니라, 세대의 그랜드캐년이 가로놓여 있었다.

어머니는 청교도와 같은 가치관을 가진 사람이었다. 꼬장꼬장했다. 바바라 언니가 막 아기를 낳으려고 할 무렵, 어머니는 욕설을 퍼부었다. 언니는 아직 고등학생이었다. 언니를 꾸짖으며 더럽게 몸을 함부로 놀리는 년이라고 퍼부었다. 그 말에 언니는 정말 충격을 받았다. "엄마 손자가 생기는 일이에요. 난 엄마가 좋아할 줄 알았어요." 언니가 대꾸했다. 어머니는 얼마나 지독하던지, 언니를 더는 자기 딸로 여기지 않겠다고 했다. 언니는 아기를 잃었다. 어느 날 아침, 식당에서 잔일을 하면서 시리얼이 가득 담긴 크고 무거운 설거지통을 운반했는데, 그 후유증으로 그만 아기를 유산하고 말았다. 언니는 어머니 말을 삭이지 못했다.

또 다른 언니 산드라가 큰아들 제프를 낳을 무렵, 어머니는 이번에도 바바라 언니에게 했던 말을 했다. "이 무슨 창피한 일을 저지르고 다니는 거냐? 도대체 친구들 앞에 고개를 들고 다닐 수가 없잖아." 어머니는 우리보다 이웃 사람들의 반응에 더 신경을 썼다. 바바라 언니는 어머니에게 말했다. "엄마가 우릴 원하지 않고, 손자들이 부끄럽다면, 좋아요. 우리가 집을 나갈게요."

나는 어머니의 기분을 이해했다. 어머니는 전혀 다른 문화에 푹 젖어 있는 사람이었다. 어머니의 언어는 우리의 언어와 달랐다. 같은 말이라도 우리에게 주는 의미와 어머니에게 주는 의미가 서로 달랐다. 나는 어머니가 안됐다고 생각했다. 우리는 서로의 마음에 상처를 안겨주었다. 아기를 잃고 나서, 바바라 언니는 깊은 생각에 빠졌다. 모든 것이 어머니 탓이라고, 어머니가 아이가 죽기를 바라서 그리 된 것이라고 생각하는 것 같았다. 그러나 그건 중요하지 않았다. 말다툼을 하고 나서 크게 속이 상할 때마다, 어머니는 말했다. "내 도움이 필요 없거든 오지도 마!" 물론 진심으로 하는 말은 아니었다. 사실 어머니는 우리 편을 들려고 했다. 늘 그랬다. 친구들이 동의하지 않을 때에는 고개를 돌렸다. 이른바 '번듯한 사람들' 사이에서 고개를 들고 다니기 위해서 어머니에게는 그것이 중요했다. 어머니에게는 집이 있고, 자동차가 있다. 텔레비전도 있고, 창문에는 커튼도 달려 있다. 어머니의 생각이 머무는 곳은 그런 것들이다. 어머니는 선량한 분이고 성실하게 일한다. 그렇지만 바깥에 나가, 정말 무슨 일이 벌어지고 있는지 알아보려고 하지를 않는다. 언젠가 어머니와 함께 일하는 어떤 소녀가 바바라 언니의 직장에 전화를 해도 연락이 되지 않는다고 했다. 어머니는 그 즉시 성급하게, 언니가 일을 그만두었다는 결론을 내렸다. 그래서 언니가 집에 오자, 다짜고짜 그 문제를 들고 나왔다. "이제 너 같은 아이들에게 신경 쓰고 싶지 않다. 일을 그만두다니!" 어머니의 기분은 풀어질 기미가 없었다.

언니는 사장에게 전화를 걸어, 전화기를 엄마에게 건넸다. 사장 입을 통해서 일을 그만두지 않았다는 사실을 어머니에게 알리고 나서 말했다. "다음부터는 그런 식으로 다짜고짜 걸고 나오기 전에 사실을 알아보고 확인하란 말이야. 그리고 직장에 대해서 그렇게 걱정하지 마. 살다 보면 출근부에 도장 찍는 것보다 더 중요한 일도 있는 법이야."

어머니와 우리들 사이에는 그런 불화의 벽이 있었다. 그 벽을 허무는 데 나는 도움이 되지 못했다. 그건 사실이었다. 나는 거래소 부근을 어슬렁거리는 인디언들과 함께 어울리는 것을 좋아했다. 그래서 어느 날 갑자기 집을 떠났다. 인사도 없이……. 긴 머리를 뒤로 늘어뜨린 우리는, 쇠붙이 장식이 달린 리바이스 잠바를 입고 목걸이를 찬 다른 아이들과 어울려 함께 여행을 다녔다. 목적지는 전혀 개의치 않았다.

사람을 끄는 매력이 있는 아이들이 늘 한두 명씩은 있었고, 우리는 무리를 이루었다. 나는 여름 내내 새로 사귀거나 때로는 전부터 알고 있던 그런 아이들 열 명과 차 한 대로 함께 여행을 다녔다. 침낭과 식기 도구는 가지고 있었고, 먹을 것이 떨어지면 우리들 중 선수들이 가서 음식을 훔쳐왔다. 필요한 것은 뭐든 슬쩍했다. 목적 없이 이곳 저곳을 떠돌며, 처음 만나는 사람들과 함께 재미있게 놀았다. 돌이켜 보면 주로 술과 마약에서 얻는 즐거움이었다. 마약을 많이 지니고 있으면, 모든 사람의 친구가 되었다. 모두가 다 사귀자고 다가왔다. 자동차와 좋은 마리화나를 가지고 있으면, 모든 사람에게 지금까지 만난 가장 멋진 친구가 되어줄 수도 있었다.

이 모든 광란의 방황 저 바닥에서 허무를 발견하기까지는 어느 정도 시간이 걸렸다. 나는 마리화나가 좋았다. 바바라 언니는 LSD〔환각제의 일종〕광이었다. 언니는 말했다. "모든 것은 네 기분에 달려 있어, 네 마음 상태에 말이야. 마음이 안정되어 있을 때 약을 하면, 기분이 좋아지게 되어 있어. 그러나 우울하거나 네 친구가 그 우울한 기분을 달래줄 수 있을 것 같지 않을 때, 약 기운이 올라와 흥분하게 되면 온통 마음도 뒤틀리고 무척 힘든 시간이 될 거야."

바바라 언니는 LSD를 들고 여자 친구가 자는 방을 찾아간 적이 있었다고 했다. 벽에는 대형 국기가 거꾸로 걸려 있었다. 고통을 위로한다는 국제적 상징으로 성조기를 거꾸로 매다는 습관이 있었다. 또 거꾸로 매달린 성조기는 고통을 향한 아메리카 인디언의 몸짓이기도 했다. 유령춤 춤꾼들에겐 깃발을 거꾸로 해서 몸을 감싸는 습관이 있었다. 그런 차림으로 환영(vision)을 접하기 위해 울부짖으며 춤을 추다 보면, 끝내는 무아지경에 빠져들었다. 다시 정신이 돌아오면 항상 다른 세상, 예컨대 백인들이 이 땅에 들어오기 이전의 세상, 들소 무리가 대평원을 누비고, 티피 촌에 오래 전에 살해된 사람들이 가득 모여 있는 세상에 갔다왔노라고 했다. 춤추는 사람들이 옷처럼 입고 있는 깃발들도 전사들이 총탄을 맞고 쓰러지는 것을 막아주지는 못했다. 언니가 침대에 누워 있는데, 거꾸로 걸린 국기가 움직여 마음에 다가오기 시작했다. 가만히 바라보고 있자니까, 국기가 파도처럼 벽을 따라 물결을 일으키며 나아갔다. 국기에서 줄과 별들이 바닥으로 떨어지며 수천 개 빛줄기로 흩어지다 폭발하며 방을 가득 채웠다. 언니는 그것이 옛날에 유행했던 환영인지 아니면 어떤 사람을 희화화한 것인지 정확하게 알 수는 없었지만, 기분은 좋았다고 했다.

    방랑하며 환각제에 빠져 지내던 언니는 몸이 다 타버리고 머리가 텅 빈 듯한 느낌을 받았다. 그냥 여기저기 떠돌기만 하는 생활에 싫증이 났다고 했다. 언니는 기다리고 있었다. 어떤 신호를 기다리고 있었다. 그러나 무엇을 기다리고 있는지는 자신도 몰랐다.

방랑하던 모든 인디언 아이들도 사실은 언니처럼 기다리고 있었다. 유령춤 춤꾼들이 북소리를 기다리고, 독수리가 가져다줄 계시를 기다렸던 것처럼 말이다. 나 또한 기다리고 있었지만, 그동안에도 방랑은 계속되었다.

나는 LSD에 빠지는 대신에 마리화나를 많이 피웠다. 사람들은 보호구역이 고립되어 있어서 다른 곳에서 일어나는 일이 자기들에게 영향을 미치지 않는다고 생각하지만, 그렇지 않다. 물론 미국 정부가 시민에게 제공해야 하는 것을 모두 다 차지하고 있지는 않았다. 어떤 것들은 우리한테까지 들어왔다. LA, 빠른도시, 세인트폴, 덴버 출신의 도회지 인디언들이 찾아와서는 그런 것들을 전해 주었다. 이를테면 1969년인가 70년 무렵, 소나무산마루 지역의 많은 사춘기 소년들이 갑자기 본드를 흡입하기 시작했다. 빈민가 인디언들이 보호구역에 도시를 들여왔다면, 가출한 우리들은 침낭 속에 보호구역과 그 문제들을 끌고 돌아다닌 셈이었다. 가는 곳마다 우리는 작은 보호구역을 세웠다.

"너희들은 흥미로운 하위 문화야". 그 무렵 시카고의 한 인류학자가 내게 한 말이다. 모욕인지 칭찬인지 분간하기 어려웠다. 우리 둘 다 영어를 사용했지만, 서로를 이해할 수는 없었다. 그 사람이 보기에 나는 어디론가 보내야 할 흥미로운 동물학적 견본이었다. 나에게 그 사람은 그저 웃기는 사람에 불과했다. 인류학자들은 스스로 이야기를 지어내는 사람들이다.

돈 한 푼 없이 줄곧 이동하기는 힘들다. 우리는 식료품을 슬쩍 하여, 그러니까 훔쳐서 먹고살았다. 우리 대부분은 이런 도둑질에 사실상 전문가가 되었다. 나는 절도에 매우 능숙했다. 우리가 못된 짓을 하고 다닌다고 생각하지도 않았다. 그 반대였다. 도둑질은 우리에게 매우 커다란 만족을, 그것도 도덕적인 만족을 주었다. 정의를 되돌려 분배하고 있다고 생각했다. 우리는 백인 상점주인과 정부 대리인들에게 늘 도둑질을 당했다. 1880년대와 90년대에 보호구역에 거주하던 한 정부 대리인은 연봉 1,500달러를 받았다. 그런데 어떻게 된 셈인지 연봉이 그 정도밖에 안 되는 그가 5년이나 6년이 지나면 5만 달러를 저금하여 퇴직했다. 인디언들에게 나눠줘야 할 정부 상품과 배급품을 빼돌린 것이다. 여러 보호구역에서는 배급품이 도착하기를 기다리다가 사람들이 굶어 죽었다. 물론 배급품은 오지 않았다. 이미 그들이 훔쳐갔기 때문이다. 미네소타주에서는 수우 족 인디언들이 파리처럼 죽어나갔다. 수석 대리인에게 항의하자, 풀이나 뜯어먹으라고 했다고 한다. 이것이 이른바 1860년대 수우 족의 대반란에 불을 당긴 원인이었다. 반란 중에 인디언들은 그 대리인의 목구멍을 흙과 풀로 틀어막아 살해했다.

그후에 행상인들이 말을 앞세운 짐마차에 핀과 바늘, 구슬과 옥양목을 가득 싣고 찾아왔다. 마부석 밑에는 항상 인전 위스키 한 배럴이 들어 있었다. 짐마차들은 금방 통나무집 상점이 되고, 대규모 슈퍼마켓이 되었고, 이 슈퍼마켓은 몇 년 동안에 슈퍼마켓-카페테리아-여행자 술집-인디언 골동품 제작 센터-주유소 카르텔로 고속 성장했다. 거의 무일푼으로 시작한 운디드니의 거래소는 겨우 한 세대가 지나고 나서 수백만 달러의 자산가치를 지닌 회사로 성장했다.

이런 사업으로 부자가 되는 데는 천재가 필요 없었다. 한 지역에 상점이 달랑 하나밖에 없었기 때문이다. 거기에서 물건을 사지 못하면 그걸로 그만이었다. 물건을 구할 다른 상점이 하나도 없었다. 지금까지도 여러 거래소에서는 같은 물건에 대해서, 도시의 상점들보다 훨씬 더 비싸게 받는다. 거래소는 경쟁 상대가 없다. 구슬을 뉴욕에서 파는 가격보다 여섯 배나 비싼 값으로 인디언 공예가들에게 판매하고, 인디언 예술가들에게는 콩 통조림으로 대가를 지불한다. 거기에도 높은 이윤을 붙여 먹는다. 몇 달 뒤에 갚는 조건으로 인디언들에게 외상을 주기도 한다. 거기엔 터무니없이 높은 이자가 붙는다. 거래소 주인들이 5달러어치 식료품에 대한 담보물로 인디언 보석과 오래된 구슬 장식품을 받아두었다가, 인디언 소유자가 기한 내에 그것을 도로 찾아가지 못할 경우, 수집상에게 몇백 달러를 받고 파는 것을 본 적이 있다. 이런 이유로 우리는 물건들을 슬쩍하는 것을, 지난 날 적진을 급습하여 말을 훔치고 통쾌한 승리를 거둔 것과 같이, 약간의 앙갚음을 한 것쯤으로 여겼다.

나는 생김새가 물건을 훔치는 일에 아주 제격이었다. 실제 나이보다 많이 어려 보였다. 키가 무척 작았기 때문에, 어머니를 찾고 있는 아이인 척할 수가 있었다. 배가 고프거나 출출하면 친구들은 종종 물건을 훔쳐오라며 나를 보냈다. 물건을 훔치기 시작한 지 얼마 되지 않았을 때의 일이다. 스웨터 속에 햄과 치즈, 빵과 소시지를 감추고 있다가 잡힌 적이 있었다. 갑자기 백인 감시원이 내 팔을 붙잡고 말했다. "이리 와! 따라 와!" 그는 몸집이 컸다. 겁이 나서 내 몸은 사시나무 떨리듯 떨렸다. 따라오라고 명령하더니 그는 통로를 따라 내려갔다. 가면서도 내가 뒤따라오는지 확인하려고, 2~3초 간격으로 한 번씩 어깨 너머로 뒤를 바라보았다. 그가 보지 않는 사이에, 나는 훔친 물건들을 통로 양쪽에 놓여 있는 통들 속에 집어넣었다. 양쪽으로 던져 넣었다. 마침내 물건들을 모두 버렸을 때에야 그들은 내 몸을 수색했다. 그러나 아무것도 나오지 않았다. 나는 큰소리쳤다. "당신들 나빠. 내가 인디언이라고 해서 이런 짓을 한 게 분명해. 명예훼손, 불법 체포로 고소할 거야." 그들은 잘못 본 것 같다며 내게 사과했다. 그때 내 나이 15살이었다.

물건을 훔치는 데는 또 다른 이유가 있었다. 상점 주인들이 물건을 훔치도록 우리를 부추겼다. 그들은 인디언만 보면 으레 물건을 훔칠 거라고 생각했다. 당신이 인디언인데, 상점에 들어갔다고 하자. 상점 주인이나 판매원이 마치 매처럼 당신을 지켜볼 것이다. 2~3피트 정도 거리를 두고 나란히 서서 팔짱을 끼고 감시하고 또 감시한다. 백인 고객이 들어오면 그렇게 하지 않는다. 당신이 물건 하나를 두어 번 집었다 놓았다 하면 금방 팔꿈치가 닿을 정도로 가까이 다가와 주위를 어슬렁거리며 묻는다. "뭘 도와드릴까요?" 도와주고 싶은 마음을 천리 바깥에 두고서도 말이다.

그럴 때마다 나는 말했다. "아니오. 그냥 구경만 하는 거예요." 그런데도 그들이 그 자리에 서서 끈질기게 감시하면, "이봐요, 나한테 뭘 원하는 거예요?"라고 묻는다. 그러면 그들도 "아니오, 그냥 지켜볼 뿐입니다"라고 대답한다.

"뭘 지켜보는데요? 내가 뭘 훔칠 거라고 생각하나요?"

"아니오. 그냥 지켜볼 뿐입니다."

"좋아요. 그럼 날 노려보지 말아요." 그렇지만 그들은 당신이 움직일 때마다 따라다니며, 곁을 떠나지 않을 것이다. 그때쯤 되면 백인 손님들도 따라서 노려본다. 나는 개의치 않는다. 나와 상점 주인이 공개적으로 선전포고 없는 전쟁을 하고 있기 때문이다. 한눈에 봐도 그건 전쟁이었다. 그런데 상점 주인들은 나이 지긋하고 머리가 희끗희끗한, 대단히 존경받는 인디언들까지도 그런 식으로 대접했다. 그런 상황에서는 대단히 정직하고 법을 잘 지키는 사람이라도 주인 코앞에서 물건이 아니라 다른 무엇이라도 훔쳐서 주머니에 넣고 싶은 충동을 거세게 느끼게 될 것이다. 나는 대학교를 졸업한 한 젊은 여교사를 알고 있었다. 그녀는 믿을 수 없다는 표정을 지으며 내게 담배 한 상자를 보여주었다. "생각해봐, 내가 이 물건을 훔쳤어! 나 자신도 믿을 수가 없어. 그렇지만 그들이 훔치지 않고는 못 배기게 만들었어. 그건 도전이었어. 이젠 어떡하지?

난 담배도 못 피우는데." 나도 그것을 도전으로 받아들였다.

　　방랑하면서 시애틀에 들렀을 때 일이다. 인디언 한 쌍이 먹여주고 재워주면서 마치 부모가 자식에게 해주듯 날 극진히 돌봐주었다. 여자의 이름은 보니였고, 우리는 금방 가까운 친구가 되었다. 나는 어찌어찌해서 매우 우아하게 생긴 한 여자의 크레디트 카드를 훔치게 되었다. 그녀는 해군 장성의 부인이었다. 나는 쾌재를 불렀다. 즉시 내 친구를 취미용품 상점으로 데리고 가서, 갖고 싶은 것이 있으면 있는 대로 다 고르라고 했다. 대략 200달러어치의 옷을 친구에게 사주었다. 어찌 보면 해군의 호의를 사준 셈이었다. 또 한번은 상점 지배인에게 그럴듯하게 옷을 잘 입은 부인을 가리키면서 말했다. "난 저기 저 부인을 위해 일해요. 이 꾸러미들을 차에 실으라고 하는데요. 계산은 부인이 할 거예요." 지배인이 그녀에게 가서 이야기를 나누는 동안, 나는 꾸러미를 집어들고 거리로 뛰어들어 인파 속으로 사라졌다.

　　한번은 멋진 인디언 옥반지와 팔찌 그리고 핀을 훔친 적도 있었다. 인디언 공예가들이 만든 아름다운 작품을 보면, 늘 감탄이 절로 흘러나오곤 했다. 그래서 홍콩이나 대만에서 만든 모조품을 볼 때마다 미칠 듯이 화가 났다. 나는 상점 주인들의 눈을 감시하는 법을 터득했다. 그들이 내게 눈을 두고 있지 않는 한은 안전하다. 그들이 내 손을 지켜보고 있지 않을 때도 그렇다. 그들이 내게 말하는 태도로 그들에게 말해도 괜찮다. 관심이 지나칠 정도로 내 손에 집중되어 있을 경우, 그들은 자기들이 무슨 소리를 하고 있는 지조차도 모를 것이다. 어린 아기를 데리고 있으면 도움이 된다. 빌린 아기도 괜찮다. 몇 가지 이유에서 주인의 의심을 누그러뜨려 주기 때문이다. 상점 주인을 연구하는 것, 곧 그들의 자세, 눈, 입술, 몸짓이 만들어내는 신호를 연구하는 것 이외에 내게 다른 특별한 기술은 없었다.

나는 딱 두 번 붙들렸었다. 두 번째 붙들린 것은 아이오아 주의 더버크(Dubuque)에서였다. 알카트라즈〔Alcatraz : 캘리포니아 주 샌프란시스코 만의 섬에 있는, 가장 흉악한 범인들을 수용하는 연방 형무소〕가 점거되고 난 뒤였고, 여러 지방에서 인디언과 백인들 사이에 충돌이 벌어지면서, 인디언 시민권 운동이 시작된 때였다. 나는 자동차 여러 대와 소형 트럭을 타고 여행하는 전투적인 젊은 인디언 대열에 합류했다. 우리 대열이 밥을 먹고 몸을 씻기 위해서 더버크에 머무를 때였다. 나는 한 쇼핑몰에 들어가 마음에 드는 스웨터를 집어서 재빨리 입고 있던 리바이스 잠바 속에 감췄다.

무사히 상점을 빠져 나와 주차장을 가로질러, 우리 대열이 기다리고 있는 곳으로 걸어갔다. 그곳에 도착하기도 전에 경비원 두 사람이 날 붙들었다. 그 중 한 명이 내게 말했다. "스웨터 내놔." 나는 시치미를 뗐다. "스웨터라니요?" 그는 내 잠바를 벗기더니, 겨드랑이에 숨겨둔 스웨터를 가져갔다. 그들은 나를 사무실로 데려가 신분증명서를 샅샅이 조사하고, 이름을 기록하는 등 필요한 조치를 취했다. 사무실에는 라디오가 한 대 있었는데, 소리를 한껏 높여 놓은 탓에 아나운서의 목소리를 들을 수 있었다. 개종한 인디언들이 크게 무리 지어 이동하고 있기 때문에 시민들이 걱정하고 있다는 뉴스가 막 흘러나오고 있었다. 경비원 중에 한 사람이 갑자기 나를 올려다보더니 물었다. "너도 그 인디언들 가운데 하나야?"

"예. 그 사람들은 반 마일 뒤에서 우리를 따라오고 있어요. 곧 이리로 올 거예요. 날 찾으러." 내가 대답했다.

그러자 그가 말했다. "여기 서명할 필요 없어. 그냥 가. 저 빌어먹을 스웨터도 가져가. 당장 나가."

이 사건은 도둑질이라는 게 위험을 무릅쓰고 할 만큼 가치 있는 일이 아니라는 사실을 깨닫게 해주었다. 내 권리를 위해서 더 훌륭하고, 성숙한 방식으로 싸울 수 있는 길이 있다는 생각이 떠올랐다.

바바라 언니는 나보다 운이 없었다. 언니는 사우스다코타 주 커스터(Custer)에서 소요가 벌어지던 동안에 3급 절도죄로 체포되어, 빠른도시의 유치장에서 이틀을 보냈다. 언니와 한 인디언 소년은 흔히 하듯 식료품을 훔치다 체포되었다. 재판을 받기 전에, 소년은 언니에게 15년형을 받게 될 것이라고 했다. 깜짝 놀란 언니는 생각해보기 시작했다. 감옥에 가더라도 랩으로 포장한 2달러짜리 치킨을 훔친 죄로 가서는 안 되겠다고 마음먹었다.

우리가 체포를 당하는 것은 많은 경우, 무슨 일을 저질러서가 아니라 인디언이고 인디언임을 주장하기 때문이다. 사우스다코타 주의 마틴에서 한번은 이런 일이 있었다. 타이어가 펑크나서 간선도로에 있는 대피소에 차를 세우고 수리를 하고 있었다. 늦은 밤이라 캄캄하고 매우 추웠다. 남자아이들이 차를 고치느라 애쓰는 동안, 우리 여자아이들은 꽤 크게 불을 피워 몸을 녹이고 커피를 끓였다. 방랑하는 인디언을 계속 방랑하게 해준다는 페주타 사파(pejuta sapa)라는 이름의 커피였다. 소방차가 한 대 지나갔지만, 우리는 주의를 기울이지 않았다. 잠시 후에 그 소방차가 돌아오고, 그 뒤에 경찰 순찰차 두 대가 따라왔다. 경찰들은 우리를 노려보기만 할 뿐 차를 세우지 않고 계속 갔다. 그런데 금방 돌아왔다.

길 건너편에 농가가 하나 있었다. 그 집주인이 인디언들이 자기 집을 불태우려고 한다며 경찰에 신고를 했던 것이다. 우리는 타이어를 수리하고, 커피를 끓였을 뿐인데, 농장 주인은 방화 기도, 무단 침입, 치안 방해, 사유재산 파괴 혐의로 우리를 고발했다. 사유재산 파괴는 불을 피우면서 썩은 울타리 말뚝 가운데 하나를 사용했기 때문이라고 했다. 우리는 이틀 동안 유치장에 갇혀 있다가 무죄로 풀려났다.

차츰차츰 유치장에서 보내는 날이 많아졌다. 그런 일쯤은 수월하게 겪어냈다. 항상 겪는 일이었기 때문이다. 그런 일들이 무의식 중에 우리에게 영향을 주었을 것이라고 생각한다. 내가 지금 이야기하고 있는 그 시절, 서부의 여러 주에서는 단지 인디언이고, 눈에 띄는 옷차림을 하고 있기만 해도 경찰의 주의를 끌었다. 그 결과 특별한 이유 없이도 인디언이 운전하고 지나가는 차를 멈추게 하거나, 뻔한 핑계를 대며 차를 도로의 대피소에 세우게 하거나, 끊임없이 미행하고 괴롭혔다. 그런 일은 우리 마음에 미묘한 영향을 주었고, 끝내는 아무튼 계속 체포를 당할 바에는 적어도 경찰에게 그럴듯한 이유라도 대야 하지 않겠느냐고 생각하게 했다.

나는 방랑을 계속했다. 발길 닿는 대로 돌아다녔다. 한 곳에 도착하면 늘 즐거운 마음으로 이번엔 어느 술집에 갈까, 어떤 병에 든 진을 마시는 것이 좋을까 생각했다. 주위 친구들이 시큰둥한 얼굴을 하고 있을 때도, 나는 가만있지 않았다. 한번은 훔친 흰색 알약, 곧 각성제 50알을 손에 들고 먹기 시작했다. 내가 거리에서 본 사람들이 그걸 먹고 있었다. 그런데 왜 나라고 그걸 먹으면 안 되는지 의심이 들었기 때문이다. 그런데 심한 쇼크 증상이 일어났다. 그 일로 이제 방랑이 그렇게까지 즐거운 일은 아니라는 결론을 내렸다. 그러나 살아갈 길은 여전히 아득하기만 했다.

정치적으로 민감해지고, 아메리칸 인디언 운동(American Indian Movement, 이하 AIM)에 가담한 이후에도 우리 방랑자 무리들은 성적으로는 자유로웠다. 자유롭다 못해 거칠었다. 남자아이는 여자아이가 마음에 들면 곧장 실행에 옮겼다. "나와 같이 자기 싫어? 좋아, 그럼 나와 자고 싶어하는 다른 애랑 자지 뭐." 보통 이런 식이었다. 그런 태도는 바바라 언니와 내게 많은 문제를 일으

컸다. 우리는 그 정도까지 자유분방하지는 않았기 때문이다. 성 문제에 관해서 우리는 늘 진지했다. 어쩌면 할머니 할아버지와 어머니가 독실한 신자이고, 선교사들의 도덕적 기준을 받아들인 것과 무관하지 않았을 것이다. 그분들이 우리에게 그런 생각을 심어주려고 무진 애를 썼던 것은 사실이었다. 우리는 격렬하게 거부했지만, 그 찌꺼기는 남아 있었던 것이다.

수우 족 사회에는 이상한 모순이 있다. 남성들은 여성들이 부족 안에서 차지하고 있는 지위에 대해서 말로는 온갖 찬사를 늘어놓는다. 여성의 지위에 관한 그들의 수사는 자못 현란하기까지 하다. 남성들은 할머니 대지(Earth)에 대해서 이야기하며, 그분을 얼마나 존경하는지 떠들어댄다. 수우 족의 가장 위대한 문화적 영웅 아니 여성 영웅은, 들소 부족이 우리에게 보낸 신성한 담뱃대〔Sacred Pipe : 흰들소여인이 전해주었다고 하는 담뱃대〕를 전해주고 그 사용방법을 가르쳐준 흰들소여인(White Buffalo Woman)이다. 전설에 따르면 두 젊은 사냥꾼이 처음 그 여인을 만났다고 한다. 한 사냥꾼이 이 여인의 육체를 탐하여 사랑을 나누려고 하다가 그 자리에서 벌을 받아 벼락을 맞고, 한 무더기 뼈와 재로 변했다고 전해진다.

우리 역사에는 여성 전사들이 있었다. 옛날에는 소녀가 초경을 하면, 심부름꾼이 마을 전체에 그 사실을 알렸다. 가족은 그것을 기념하여 큰 잔치를 베풀고, 딸이 여인이 된 것을 축하하는 뜻으로 값진 선물과 말들을 나누어주었다. 남성들이 전쟁의 명예를 위해서 경쟁하듯, 여성들은 실을 실패에 감고, 구슬 장식을 다는 시합을 벌였다. 가장 아름답게 구슬 장식을 달아 요람용 바구니를 만든 여인은 '전사의 승리'와 동등한 영예를 얻었다. 남성들은 우리에게 늘 말했다. "우리가 당신들을 얼마나 존경하는지 봐……." 무엇 때문에 우리를 존경할까? 구슬 장식을 잘 달아서, 실을 잘 감아서, 가죽을 잘 두드려 펴서, 모카신을 잘 만들어서, 아이를 잘 낳아서 우리를 존경한다고 한다. 좋은 일이다. 하지만……. 피에르(Pierre) 시장의 집무실에는 인디언이 만든 커다란 포스터가 한 장 걸려 있다.

> 백인이,
> 인디언이 다스리는
> 이 나라를 발견했을 때는
> 세금도 전화도 없었다.
> 여성들이 모든 일을 도맡아 했다.
> 백인은 그런 제도를
> 개선할 수 있다고
> 생각했다.

만일 젊은 수우 족 인디언에게 그 이야기를 하면, 그는 이렇게 설명할지도 모른다. "우리의 전통은 전사가 되는 데서 시작됩니다.

우리는 활 쏘는 팔을 늘 자유롭게 두어야 합니다. 그래야 사람들을 지킬 수가 있으니까요. 그것이 우리의 일입니다. 언제 포니 족, 까마귀 족, 백인 군인들이 나타나 우리를 공격할지 모릅니다. 남성은 일상적인 사냥에서도 곰에게 상처를 입거나 들소의 뿔에 찔려서 죽을 수도 있습니다. 그 때문에 우리는 손을 자유롭게 해두어야 합니다. 그것이 우리의 전통입니다."

나는 남성들에게 말한다. "그래, 얼른 가봐. 가서 전통적인 방법대로 들소를 잡아와!"

남성들은 여전히 무척이나 전통적이어서 월경을 치르는 여자를 주위에 두고 싶어하지 않는다. 소녀의 초경을 기념하여 큰 잔치를 벌이는 일도 필요 없게 되었다. 그런 잔치를 치르기에는 남성들이 지나치게 현대적이 되었다. 나는 초경을 치를 때까지 월경이라는 것을 전혀 몰랐다. 초경이 일어났을 때, 울면서 할머니에게 달려갔다. "할머니, 큰일났어요. 피가 나요." 할머니는 큰일난 것이 아니니 울지 말라고 했다. 그것이 내가 들은 설명의 전부였다. 어른들은 날 달래거나, 초경을 기념하여 말을 나눠주거나, 붉은 공을 던지거나, 월경 오두막에서 흰사슴 가죽 웃옷을 입혀 티피로 데리고 가지도 않았다. 이 모든 일을 귀찮아했다. 잔치는 사라지고, 싫증만 남은 것이다.

'월경 중인' 여인은 불결한 여인이 아니다. 사람들은 그런 여인은 '지나치게 강한 힘을 지녔다'고 여겼다. 우리의 오랜 전통에 따르면, 월경 중인 여인은 치료 의식의 효과를 사라지게 만드는 신비한 힘을 지니고 있다. 이 때문에 사람들은 월경 중인 여인들이 모든 의식에서 멀리 떨어져 있어 주길 바란다. 한 노인은 내게 이렇게 말한 적이 있다. "월경 중인 여인들은 대단히 강한 권능을 지니고 있어서, 침을 뱉으면 방울뱀이 죽을 정도야." 솔직하게 말하면, 나는 '월경 중'에 특별한 힘을 느껴본 적이 결코 없었다.

14살인가 15살 무렵에 나는 강간을 당했다. 잘생긴 한 젊은 남자가 내게 그랬다. "얘, 이리 와. 소다수 한 잔 사줄게." 나는 그 말에 속았다. 그 남자의 몸무게는 내 두 배였고, 키도 나보다 1피트는 더 컸다. 그는 날 땅바닥에 내던지더니 꼼짝 못하게 했다. 자세하게 기억하고 싶지 않다. 나는 발길질을 하고, 할퀴고 물어뜯었지만, 그는 어마어마한 힘으로 날 덮쳤다. 내 옷을 찢고, 날 잡아 찢었다. 너무나 당혹스러워, 내게 무슨 일이 일어났는지 다른 사람에게 말하기조차 부끄러웠다. 그 대신 화풀이로 남자들의 타이어를 난도질했다.

보호구역에서 강간은 커다란 스캔들이다. 희생자들은 대부분 순수 혈통의 인디언 소녀들로 너무나 부끄럽고 겁이 나서 상대를 고소하지 못했다. 몇 년 전까지만 해도 백인 주 경찰들이 가장 좋아하는 오락은 술에 취해 소란을 떠는 인디언 소녀들을 유치장의 음주자 감방에 가두는 일이었다. 정신이 말짱해도 소용없었다. 그리고 거기서 소녀들을 강간했다. 소녀들을 순찰차에 태워 대평원으로 나갈 때도 종종 있었다. "백인이 무슨 짓을 할 수 있는지 보여주지. 네게 정말 은혜를 베풀어준다니까." 일을 끝내고 나면, 경찰들은 소녀들을 발로 차서 자동차 밖으로 내팽개친 다음 떠났다. 소녀는 강간을 당하고도 모자라, 5마일이나 10마일이 되는 길을 걸어서 집에 가야 했다. 사우스다코타 주에서는 백인 경찰을 고발한 인디언 소녀들의 이야기를 진지하게 들어주는 경우는 거의 없다. 그들은 법관들에게 말한다. "인디언 여자들이 어떤 애들인지 알잖아요. 그 애들이 요구해서 그런 거예요." 그래서 강간에 대해서 고발하는 경우가 드물다. 당연히 강제 불임시술에 대한 고소도 드물다. 다행히 여성들이 점점 더 적극적인 자세로 이런 일을 공개함에 따라 이런 현실도 바뀌고 있다.

나는 남성들을 친구로서 좋아한다. 그들과 사귀는 것이 좋다. 그들을 아는 것이 좋다. 그렇지만 남자와 잠자리에 드는 것은 약속이다. 두 사람은 상대방에 대해서 책임이 있다. 우리 젊은 남성들은 관계 속에서 책임지길 원하지 않는다. 남성의 90%는 그렇다. 그들은 그저 여자들과 잠자리만 갖기를 바란다. 그런 다음에야 친구가 된다. 여자들이 응해주지 않으면 더 이상 인간적인 관심을 갖지 않는다. 어떤 남자들은 여자를 지목한 다음 텐트와 침낭을 가리키며 "이봐, 이리 와!"라고 말한다. 그것이 구애의 전부이다. 나는 그렇게 쉽게 따라가고 싶지 않다. 나는 내 자신의 의지에 따르려 했고, 그렇게 하는 것이 행복했다.

한번은 패기 넘치는 위대한 전사 한 사람을 놀려준 적이 있었다. 그는 잘생긴, 뭇 여성의 남자였다. 주위에는 늘 여자들이 들끓었다. 백인 여자들도 있었다. 캘리포니아에서 처음 그를 대면했던 날 밤, 나는 내 침낭에 누워 있었다. 그때 그 위대한 전사(지금 그는 정말 위대한 전사이다. 나는 그를 그렇게 우스꽝스럽게 부르지 않는다)가 느닷없이 다가왔다. "마누라하고 싸웠어. 네 침낭에서 자도 돼?"

그는 대답도 기다리지도 않고, 다짜고짜 침낭 속으로 파고 들어왔다. 내가 임신 8개월이던 무렵, 운디드니 사건이 터지기 전의 일이었다. 그가 내 가슴 위에 손을 올렸다. 나는 아무 말도 하지 않았다. 그의 손길이 점점 더 밑으로 내려왔다. 그러다가 풍선처럼 커다랗게 부풀어오른 내 배 위에서 갑자기 멈추었다. "아니 이게 뭐야?" 나는 그를 향해 상냥한 미소를 지었다. "아, 곧 있으면 아기를 낳을 거야. 지금 막 통증이 시작되는 것 같아." 그는 기어들어올 때보다 훨씬 더 빠르게 내 침낭 밖으로 뛰어나갔다.

연인이 자기를 버리고 까마귀 족 여인을 찾아 떠난 한 수우 족 소녀가 있었다. 그녀는 그에게 바치는 포티-나이너(Forty-Niner)의 노래를 만들었다. 포티-나이너의 노래들은 절반은 영어, 절반은 인디언어로 되어 있으며, 모든 부족들이 익히 알고 있다. 사랑을 노래하는 경우가 많지만, 가끔은 내용이 우스꽝스럽거나 신랄할 때도 있다. 우리는 방랑하면서 항상 그 노래들을 불렀다. 소녀는 이런 노래도 만들었다.

당신은 날 버리고 떠났어요,

까마귀 족 장터에서 인디언 로데오를 구경하러.

설사병이나 걸리세요.

헤야— 헤야— 헤야.

    우리는 이 노래를 가장 즐겨 불렀다. 그러나 그 노래를 전부 다 기억하지는 못한다. 어떤 노래는 '미안해요, 오늘은 피자가 싫어요'라고 된 후렴만 제외하고 모두 인디언어로 되어 있다. 전체적으로 말하면 남성들은 위대했지만 동시에 비겁하기도 했다. 그들은 우리의 찬양이 필요했다. 그들은 자신의 자유를 위해 전투를 벌여야 하면서도 우리 여자들을 보호하는 일에 믿을 수 없을 정도로 용감했고, 문자 그대로 우리를 위해 기꺼이 죽었다. 그리고 항상 우리의 권리를 옹호했다. 그것도 이방인에 맞서서!

    인디언과 백인들은 성희롱 때문에 많이 싸웠다. 인디언 남성들은 성희롱에 맞서 우리들을 보호하기 위해 진정으로 노력했다. 사우스다코타 주의 수도인 피에르에서 AIM에 가담한 인디언들에 대한 재판이 벌어지는 동안, 이들을 도덕적으로 격려하기 위해 많은 인디언들이 모여들었다. 모텔을 가득 채울 정도였다. 우리는 방 하나에 8명에서 10명이 생활했다. 바바라 언니는 1층에 방 세 개를 차지하고 있는 그룹과 함께 지냈다. 물건 몇 가지를 가지러 자동차로 가는 길에 언니는 카우보이처럼 생긴 백인 남자 세 명의 곁을 지나갔다. 그들은 벽에 기대어 맥주와 포도주를 마시고 있었다. 약간 떨어진 거리에서도 술냄새가 날 정도였다고 한다. 그들은 갑자기 언니를 둘러싸며, 흔히 쓰는 수법대로 시비를 걸었다. "저 계집애 젖통 좀 봐. 우리한테 엉덩이 흔들어대는 것 좀 보라고. 두고 봐, 저 인디언 계집애한테 화끈한 걸 보여줄 테니까." 언니에게 수작을 걸려고 들었다. 언니는 애써 그들을 무시했지만 결국에는 발길을 돌려 뛰어서 모텔로 돌아갔다. 그런데 눈에 띄는 남자가 소나무산마루 출신의 오그랄라 족 톰 불쌍한곰밖에 없었다. 언니는 그에게 밖에서 흰둥이 몇 녀석이 자기를 괴롭힌다고 하소연했다. 톰은 곧장 언니와 함께 밖으로 나왔다. 그 카우보이들이 다시 똑같은 짓거리, 곧 성희롱을 하려고 들었다. 그런데 불쌍한곰을 보더니 슬슬 뒷걸음질을 치기 시작했다. 톰은 그들을 불렀다. "이봐, 너희들 돌아와서 사과해."

언니에게 가장 심한 말을 하며 덤벼들었던 카우보이 녀석이 몸을 돌리더니, 씩 웃으며 불쌍한곰에게 손가락질을 했다. "그렇게는 못 해. 이런 계집애는 아무것도 아니야."

불쌍한곰이 입을 열었다. "이 비열한 놈! 아무것도 아닌 것이 뭔지 맛 좀 보여주지." 싸움이 붙었다. 셋이 톰에게 덤벼들어 발길질을 했다. 인디언 한 명 대 백인 세 명의 싸움이었다. 그래서 바바라 언니는 다시 허둥지둥 모텔로 돌아갔다. 로비에서 장미꽃봉오리 출신의 보비 돌격지도자(Leader Charge)를 만났다. 그는 겨우

15살밖에 안 된 소년이었다. 언니 말에 따르면, 보비는 비록 나이는 어렸지만 곧바로 번개처럼 로비 밖으로 달려나와 싸움에 가담했다고 한다. 그때 친구 세 명이 더 끼어들었기 때문에 카우보이들의 세가 불어났다. 다시 우리 편 숫자가 크게 모자라게 된 것이다. 그들은 불쌍한곰과 돌격지도자의 틈을 노려 상처를 입히고, 사타구니를 걷어차고 눈을 때렸다. 바바라 언니는 다시 한번 더 도움을 청하기 위해 서둘렀다. 다행히 그 순간에 러셀(Russel)이 민스(Means) 형제와 코크 밀러드(Coke Millard)와 함께 모텔에 모습을 드러냈다. 그들 모두 싸움에 달려들었다. 흰둥이들은 도망치려고 했지만 이미 늦었다. 코크 밀러드의 주먹에 한 녀석이 주차된 자동차 위로 벌렁 나가떨어졌다. 한 녀석은 한 방 맞더니 그 자리에 뻗어버렸다. 다른 녀석들은 간신히 네 발로 기어갔다. 나머지 녀석들은 줄행랑을 놓았다. 우리 인디언 남자들에게는 그것으로 사건이 끝난 것이었다. 모두들 모텔로 돌아갔다.

　　그런데 사건은 끝난 것이 아니었다. 곧바로 탐조등 불빛이 모텔 전체를 환하게 비췄다. 모텔 정면에 순찰차 6대가 서 있었다. 빨간 경고등이 번쩍거리고, 사이렌이 요란하게 울렸다. 각 순찰차에서 경찰이 두 명씩 내렸다. 폭동 진압용 총, 헬멧, 플라스틱 방패로 무장한 그들은 각 순찰차 양쪽에 자리를 잡았다. 스피커에서는 벌써 시끄러운 소리가 흘러나왔다. "난 보안관이다. 거기 있는 너희 인디언들은 폭력 행위로 수배되었다. 너희들이 거기 있다는 것을 알고 있다. 머리에 손을 올리고 나와라. 그렇지 않으면 발사할 것이다." 바바라 언니와 다른 사람들은 창문 그림자 뒤에 숨어 몰래 밖을 엿보았다. 자기들을 겨냥하고 있는 폭동 진압용 총의 총구와 총신이 짧은 사냥총을 보자, 나가고 싶은 마음이 천리 밖으로 달아났다. 사우스다코타 주의 경찰은 인디언을 다룰 때 걸핏하면 발포하는 것으로 악명이 높았다. 인디언 운동을 하는 사람들에게는 특히 더 그랬다. 민스 형제 가운데 하나가 전화기 있는 곳으로 가서, 재판에서 인디언을 도와주고 있는 변호사 한 사람과 함께 위층에 묶고 있는 백인 친구에게 전화를 걸었다. 그에게 얼른 변호사를 데리고 자기들이 있는 방으로 내려와 달라고, 제발 아무것도 묻지 말고 서둘러 달라고 부탁했다.

 새벽 2시였고 매우 추웠다. 사우스다코타 주의 날씨는 아무튼 엄청나게 덥지 않으면 지독하게 추웠다. 3층에 있는 내 방에서 내려다보니, 그 두 사람이 추워서 덜덜 떠는 모습이 보였다. 그 누구도 모텔 정면의 벽과, 총을 겨누고 있는 경찰들과 열 지어 선 순찰차 사이로 걸어가고 싶어하지 않았다. 108호실에서 두 사람이 손을 밖으로 내밀더니 그들을 안으로 홱 잡아당기는 게 보였다. 나는 그때는 무슨 일이 벌어지고 있는지 아무것도 몰랐다. 나중에 바바라 언니가 이야기를 해주어서 알았다. 그 두 사람은 전화로 보안관과 협상을 시작했다. "우리 인디언 친구들과 고객들이 술에 취한 돼먹지 못한 백인 강간범으로 보이는 사람들에게 집단으로 폭행을

5. 목적 없는 삶   121

당했소. 그렇지만 그쪽 카우보이들이 고소를 취하하면, 이쪽에서도 고소를 취하할 의향이 있소."

그들이 전화로 밀고 당기는 협상을 벌이는 동안, 다른 쪽에서는 코크 때문에 작은 문제가 벌어졌다. 맥주를 몇 잔 마신 탓인지 코크는 죽음의 노래를 불러댔다. "죽기 좋은 날이다! 날 내보내 줘! 전사의 죽음을 맡고 싶다. 저 못된 녀석들에게 일격을 가하게 해다오! 호카-헤이!" 사람들은 그를 붙잡고서, 말 그대로 몸 위로 타고 앉았다. 밖으로 나가다가 총 맞아 죽게 하지 않으려면 그렇게 하는 수밖에 없었다. 마침내 유혈사태를 예방하기 위해서 고소를 취하하고 사건을 일단락 짓기로 양측이 합의했다. 순찰차들은 떠났고, 모든 것이 다시 조용해졌다. 그렇다고 문제가 완전하게 해결된 건 아니었다. 우리에게는 사소한 사건이 커다란 충돌로 번질 위험이 항상 따라다녔다.

돌이켜 보면, 내 방랑의 세월이 약이었는지 독이었는지, 끝없이 항상 움직이는 방랑 생활에서 무엇을 이루고 무엇을 배웠는지 말하기는 어렵다. 다른 것은 몰라도 내 방랑의 세월은 내 시야를 넓게 열어 주었고, 나를 더욱더 인디언답게 만들어주었으며, 백인 세상에서 인디언으로 산다는 것이 무엇을 뜻하는지를 깨닫게 해주었다. AIM을 접하게 되자 목적 없이 떠돌던 내 생활에도 마침표가 찍혔다.

6. 우리는 부탁할 생각이 없다

> 그들은 우리를 새로운 인디언이라 부른다.
> 제기랄, 우린 옛 인디언이다,
> 소작료를 걷으러 오는
> 이 대륙의 주인이다.
> – 데니스 둔덕(Banks)

AIM은 토네이도처럼, 난데없이 불쑥 불어오는 새로운 바람처럼, 아주 먼 곳에서부터 점점 더 큰 소리로 다가오는 북소리처럼 우리 보호구역을 강타했다. 그것은 1890년도에 여러 부족들에게 몰아쳤던 유령춤 축제의 열기와 거의 비슷했다. 딕 바보황소 할아버지는 그 열기가 요원의 불길처럼 번졌다고 했다. 그것은 딕 바보황소가 흥얼거리는 옛 유령춤의 노래와도 비슷했다.

마카 시톰니야 테카 우키예
오야테 우키예, 오야테 우키예……
독수리가 전해준 계시가 알려준다네,

새로운 세상이 다가오고 있다고,
한 부족이 다가오고 있다고.

나는 이 새로운 움직임을 느낄 수 있었다. 아니 듣고, 냄새를 맡고, 만질 수 있었다고 말할 수 있다. AIM과 처음 만났을 때, 내 몸 안에서는 일종의 지진이 일었다. 검은고라니(Black Elk) 노인은 인생을 회고하면서 종종 이런 표현을 쓰곤 했다. "위대한 내 옛날의 높은 언덕에서 내려다보면……." 그렇다. 내 옛날의 언덕에서 내려다보면―나는 지금 37살이다. 그런데도 오랜 세월을 살아온 것 같은 생각이 든다―사태를 전체적으로 조망할 수 있다. 주관적으로 보는 것이 아니라, 전체적으로 볼 수 있다는 것이다. 검은고라니 노인은 그것을 멋진 말로 표현했다. 언덕에서 보면 정말 지나간 십 년이 보인다. 새의 눈과 같은 시야를 갖게 된다. 지금에 와서야 나는 깨닫는다. 운동 세력들은 지쳤고, 지도자들은 금방 열기가 식었다. 남녀 지도자 여러 명은 살해되었다. 그 때문에 사람들은 서른 살이라는 위험한 나이가 되어 '고참 자격으로 정치인'이 되는 길을 외면하려고 했다. 어떤 지도자들은 대학교수로 변신했고, 대안학교를 설립하기도 했으며, 심지어는 인디언 부족의 공무원 직업을 택하기도 했다. 몇 사람은 여전히 과거 속에서 살고 있다. 그들은 과거의 꿈은 미래의 꿈에 길을 내주어야 한다는 사실을 인정하려들지 않는다. 10년 전에 혈기방장하고 반항적인 십대 소녀였던 나는, 지금은 아기에게 젖을 먹이고, 기저귀를 갈아주고, 상당히 규모가 커진 우리 가족을 위해 아침을 짓고 있다. 그렇지만 AIM이 진행되고 있던 때까지만 해도 정말 대단했다. 그 말을 입에 올리기만 해도, 여전히 그날의 흥분이 전해져 온다. 어떤 이들은 AIM을 사랑했고, 어떤 이들은 증오했다. 그러나 누구도 그것을 무시하지는 못했다.

나는 AIM을 사랑했다. 내가 AIM을 처음 접한 것은, 1971년 태양춤이 끝나고 나서 까마귀개의 거주지에서 열린 파우와우에서였다. 나는 레오나드 까마귀개를 가리키며 한 젊은 여인에게 물었다. "저 사람은 누구예요?"

"저 사람이 까마귀개예요" 그녀가 대답했다. 나는 길게 땋아 늘인 빛나는 그의 머리를 바라보고 있었다. 그 당시에 머리를 길게 땋아 늘이는 것은 보호구역에서는 보기 드문 일이었다. "저기 저 사람 진짜 머리예요?"

"그럼요. 진짜 머리예요."

자세히 보니까 젊은이들 거의 대부분이 긴 머리에 독수리 깃털을 꽂고 있었다. 모두 리본이 달린 셔츠를 입고 있었다. 그렇게 입고 있으니 달리 보였다. 내가 보호구역에서 익히 보았던 그런 처량한 모습이 아니었다. 그들은 움직일 때도 뭔가 달랐다. 남자 여자 가릴 것 없이 자신감이 있고 당당했다. 다양한 부족 출신이었던 그들은 구호와 그림으로 뒤덮인 너덜너덜한 트럭을 타고 왔다. 캘리포니아에서 알카트라즈 섬의 형무소 점거 사건에 가담한 뒤, 줄곧 태양춤이 열리는 곳을 찾아 여행하는 중이었다.

치페와(Chippewa) 족〔일명 오지브와(Ojibwa) 또는 오지브웨이(Ojibway) 족이라고도 한다〕의 한 남자가 일어나 연설했다. 나는 그렇게 이야기하는 사람을 한 번도 본 적이 없었다. 그는 대량 학살과 주권에 대해서, 영혼을 팔아먹고 굽실대는, 백인들에게 아첨하는 부족의 지도자들에 대해서 연설했다. 넥타이 대신 목걸이를 차고, 서류 가방 대신 침낭을 챙기고, 선교사의 교회를 버리고 신성한 담뱃대를 손에 들어야 한다고 연설했다. 그는 추수감사절을 쇠지 말라고 했다. 자신의 파멸을 축하하는 짓이나 마찬가지이기 때문이라는 것이다. 300년에 걸쳐 우리 땅을 강탈하고, 우리 조상을 마구 학살한 백인들이 이제 우리에게 다가와, "우리 함께 추수감사절을 지내자. 잠깐 들러서 칠면조 한 조각이라도 먹고 가라"고 말할 수는 없다는 것이었다. 몸에 성조기를 거꾸로 두른 그의 말에 따르면, 성조기에 있는 별 하나 하나는 인디언에게서 강탈한 주를 상징한다고 했다.

그 다음에 레오나드 까마귀개가 연설했다. 그의 말에 따르면, 우리는 몇 세대에 걸쳐 우리 입으로 백인들에게 말해왔지만, 그들에게는 소리를 들을 수 있는 귀, 볼 수 있는 눈, 느낄 수 있는 가슴이 없다고 했다. 그러니 이제는 몸으로 말해야 하며, 자기는 부족을 위해 죽는 것이 두렵지 않다고 말했다. 대단히 감동적인 연설이었다. 어떤 이들은 흐느꼈다. 한 노인은 내게 몸을 돌리더니 말했다. "나도 늘 저런 말을 하고 싶었지만 지금까지는 입이 닫혀 말이 나오질 않았어."

한 젊은 사람에게 물었다. "당신들은 무슨 일을 하는 인디언이죠?" 그가 대답했다. "AIM, 자세히 말하면 아메리칸 인디언 운동을 하는 사람들이에요. 우리가 세상을 변화시킬 거요."

AIM은 1968년에 탄생했다. 그 창시자는 미네소타 주 감옥에서 복역 중이던 오지브와(Ojibwa) 족 남자들이었다. 이 운동은 세인트 폴의 빈민가에서 인디언 빈민 문제를 처리하던 중에 시작되었다. AIM이라는 이름을 붙인 사람은 인디언 여성이었다. 그녀의 이야기를 들어보면 이렇게 된 것이다. "처음에는 우리 이름을 '관심 있는 아메리카 인디언들(Concerned Indian Americans)'이라고 불렀어요. 그런데 어떤 사람이 우리 이름의 첫 글자가 CIA라는 것을 발견했어요. 듣기 좋은 이름은 아니었어요. 그래서 내가 강력하게 주장했어요. '당신들 모두 이런저런 일을 하려고 하잖아요(aim). 그렇다면 왜 AIM이라고 하지 않죠? 결국 같은 뜻인데.'"

초기의 AIM은 주로 세인트 폴과 미네소타에만 국한되어 있었다. 초창기에 AIM을 했던 사람들은 대부분 빈민가의 인디언들이었고, 언어와 전통 그리고 의식의 상당 부분을 잃어버린 부족 출신의 인디언들도 더러 있었다. 그들이 과거의 관습에 대해서 배우기 시작한 것은 수우 족 보호구역에 사는 우리에게 왔을 때의 일이었다. 우리도 그들에게 배울 것이 있었다. 우리 수우 족은, 사람들이 '사슴 가죽 장막'이라고 부르는 장막을 치고 무척 고립된 생활을 했다. AIM은 1960대와 70년대 초의 바람이 우리에게도 불어올 수 있도록 장막을 걷어주었다. 그 바람은 부드러운 훈풍이 아니라 우리들을 휘감고 올라간 태풍이었다. 전통적인 보호구역의 인디언들과 빈민가의 청소년들이 합세한 이후부터 AIM은 전국 규모의 운동이 되었다. 이 운동은 부싯돌을 때리는 부시, 곧 기나긴 겨울이 지난 뒤에 몸을 녹여줄 화염으로 타오를 불씨를 피워주는 부시였다.

AIM에 참여한 이후에 나는 술을 끊었다. 다른 사람들은 마리화나 통과 본드 통을 내던졌다. AIM에는 잘못된 점들도 많았다. 우리는 그런 문제점들을 알지 못했다. 아니 알고 싶지 않았는지도 모른다. 당시에는 그런 문제들이 중요하지 않았다. 운동이 성공적으로 진행되느냐가 중요했다. 우리 청소년들이 운동의 선봉에 섰으며, 행동 양식을 정립한 것은 수우 족이었다. AIM의 제복은 여러 가지 점에서 수우 족의 것이었다. 우리는 검은 띠를 두르고, 깃털을 꽂은 검은 '분노의 모자(angry hats)'를 쓰고, 뼈다귀 목걸이를 차고, 약초 주머니를 가슴에 달았으며, 알카트라즈, 깨진협정오솔길[Trail of Broken Treaty : 1877년에 있었던 일명 네스 페르세(Nes Perce) 전쟁. 협정에 따라 네스 페르세 부족이 라프와이(Lapwai) 보호구역으로 주거지를 옮기는 도중에 백인들이 수백 필의 말을 훔쳐갔기 때문에 일어난 전쟁], 운디드니 전투의 영광을 수놓은 리바이스 잠바를 입었다. 어떤 멋쟁이들은 유달리 가느다랗게 땋아 늘인 머리를 스캘프 록(scalp lock : 북미 인디언의 일부가 적에 대한 도전으로 머리 가죽에 남기는 한 줌의 머리털)이라고 하고 다녔다. 우리는 포티-나이너의 노래, 명예의 노래, 감옥의 철창 뒤에 갇혀 있는 전사들을 위한 노래를 직접 지어 불렀다. AIM 노래를 만든 사람은 열네 살 된 수우 족의 소년이었다. 오지브와 족 사람들은 자기 부족의 아이가 그 노래를 만들었다고 한다. 그러나 사정은 우리가 더 잘 알고 있다.

우리는 맞춤법도 모르는 중퇴자들이었지만, 모두 입심이 좋았고, 훌륭한 연설가였으며, 시도 많이 썼다. 연설 내용 가운데 어떤 것은 우리보다 먼저 운동을 시작한 흑인들에게 빌린 것이었다. 흑인들처럼 우리도 소수 인종이었고 가난했으며, 차별을 당하고 있었다. 그러나 차이가 있었다. 나는 많은 인디언 언어에서 흑인을 '검은 백인'이라고 부르는 것을 의미심장하게 생각한다. 흑인들은 백인들이 가진 것을 갖고 싶어한다. 이해할 수 있는 일이다. 그들은 백인 사회에 진입하고 싶어한다. 그렇지만 우리 인디언들은 벗어나고 싶어한다! 그것이 가장 중요한 차이다.

처음에 우리는 모든 백인을 증오했다. 우리가 알고 있는 백인이 존 웨인류의 백인뿐이었기 때문이다. 함께 대화를 나눌 수 있고 그 우정을 받아들일 수 있는 백인을 만나기까지는 오랜 시간이 걸렸다. 한 인디언 젊은이가 예쁜 소녀를 만났다. 그녀는 자기가 인디언이라고 했고, 또 얼굴도 그렇게 보였다. 그녀는 함께 지내자고 했다. 한밤중 침대에서 그는 그녀가 푸에르토리코 출신이라는 사실을 알게 되었다. 진짜 인디언이 아니라는 사실에 화가 난 그는 그녀를 내쫓아버렸다. 인디언 소녀하고만 교제하고 싶었던 그는 속은 기분이 들었다. 그에게는 악독하기 그지없는 양부모에게서 도망쳐 나와, 인디언 가정으로 피신한 경험이 있었다. 그는 나중에 자기 행위에 대해 부끄러움을 느끼고 사과했다. 결국에는 많은 멕시코계 미국인 형제자매들이 AIM에 가담했고, 우리는 그들을 좋아하고 존중하게 되었다. 그러기까지는 시간이 걸렸다. 우리는 우리만의 낯설고 비좁은 세계에서 다른 모든 이방인들을 의심하며 살았다. 나중에 가서야 우리가 대학 캠퍼스와 교회에서 연설을 하고, 거리에서 말론 브랜도, 딕 그레고리, 립 톤, 제인 폰다, 앤젤라 데이비스와 같은 유명한 후원자들과 이야기를 나누고 있다는 사실을 깨닫게 되었다. 그것은 오랜 시간에 걸친 학습과 경험의 과정이었다. 이렇게 우리의 인식 지평은 확대되어 갔다.

    우리는 인디언들뿐만 아니라 이방인들과도 관계를 맺게 되었다. 우리 가운데는 용감한 전사라면 가리지 않고 함께 잠자리에 드는 여자들도 있었고, 오로지 한 남성만을 사랑하는 여자들도 있었다. 보통 남자아이들은 여자아이들에게 이렇게 말하곤 했다. "내 할멈이 되어 줘." 그러면 소녀들은 이렇게 대답했다. "넌 내 영감이야." 그들은 깃털과 삼나무 장식을 달아주고, 담뱃대를 가지고 함께 담배를 피워주고, 어깨에 빨간 담요를 둘러줄 주술사를 찾으러 떠났다. 그렇게 그들은 인디언 식의 아내와 남편이 되었다. 그런 다음 같은 이불을 덮고 잤다. 백인의 법은 그런 결혼을 인정하지 않았지만 우리는 그것을 존중한다. 결혼생활이 2, 3일밖에 가지 못할 수도 있었다. 둘 중 하나가 법률 위반으로 감방에 갇힌 신세가 되거나, 폭력배들의 손에 쓰러질 수도 있었다. 우리는 반드시 안정된 결혼 생활을 할 것으로 기대하지는 않았다. 물론 오래도록 유지되는 결혼도 있었다. 짧든 길든 결혼 생활이 계속되는 것은 좋은 일이었다. 여자에게는 보호하고 돌봐주는 누군가가 있었고, 남자에게는 콩 요리를 해주고, 셔츠에 리본을 달아주는 윈친칼라 (wincincala)가 있었다. 사랑에 고무된 그들은 둘이 함께 과감하게 위험에 몸을 맡겼다. 그들에게는 평생토록 기억에 남을 소중한 추억이었다. 17살 된 한 남자아이에게 22살 된 여자 친구가 있었다. 그는 그녀를 '할머니'라고 불렀다. 할머니라고 글자를 새긴 티셔츠를 만들어주고, 자기는 '나는 할머니를 사랑한다'는 글자를 새긴 셔츠를 입었다. 그녀가 자기를 버리고 '더 나이 많은 영감'에게 갔을 때, 그는 하늘이 무너지는 것 같았다. AIM의 지도자들 가운데는 남의 '아내'를 아주 많이 유혹한 사람들이 여럿 있었다. 우리는 유혹에 넘어간 여자들을 '한 달짜리 아내들'이라고 불렀다.

    나 자신도 이런 결혼 생활을 해본 적이 있었다. 아이를 가질 때까지만 지속된 결혼이었다. 산아 제한은 우리 인디언들의 믿음에 배치되는 것이었다. 우리는 살아 남은 인디언의 숫자가 만족스러

6. 우리는 부탁할 생각이 없다 131

울 만큼 많다고 보지 않았다. 미래의 전사들을 많이 낳으면 낳을수록 좋다고 생각했다. 바바라 언니도 아이를 가졌다. 인디언 사무국 관할 병원에 갔는데, 의사들은 언니에게 제왕절개 수술을 해야 한다고 했다. 언니가 의식을 되찾은 뒤에야, 의사들은 자궁절제 수술을 했다고 알려줬다. 그들은 그때 이미 납세자들이 돌봐주어야 할 키 작은 빨간 잡종들이 너무 많다고 생각했다. 자유분방한, 무책임하고 성욕을 주체하지 못하는 AIM 여인들의 응석을 더 이상 받아줄 필요가 없다고 본 것이다. 바바라 언니의 아기는 두 시간 동안 생명이 붙어 있었다. 좀더 잘 대처했더라면 목숨을 부지했을지도 모른다. 인디언 사무국 소속 의사들은 수년 동안, 본인에게 통보하거나 동의도 얻지 않고, 인디언과 멕시코계 미국인 여성들에게 수천 건에 달하는 강제 불임시술을 했다. 이런 이유에서도 나는 내가 아기를 낳았다는 생각을 하면 행복했다. 나를 위해서나 바바라 언니를 위해서도 그랬다. 나는 백인 병원에서는 아기를 낳지 않겠다고 결심했다.

그동안 나는 충돌이 있는 지역을 찾아다니며, 9개월을 돌아다녔다. 인류학자들이 유물을 발굴하는 인디언 유적지마다 찾아가서, 백인의 무덤을 파내서 두개골과 뼈다귀들을 유리 상자 속에 진열하겠다고 위협했다. 인디언에 대한 정치적 재판이 벌어지는 곳마다 찾아가, 법원 앞에 인디언 북을 들고 나타났다. 인디언 출입 금지라는 간판이 걸려 있는 술집을 보기만 하면 주인에게 주의를 주었다. 때로는 꽤 강제적인 방법을 동원하기도 했다. 우리는 항상 레드 파워〔Red Power : 미국에서 일어났던 인디언의 문화, 정치 운동〕의 슬로건이 덕지덕지 적힌 낡은 구식 자동차를 얻어 타고 여행할 수 있었다. 또 우리를 머물게 해주고, 고기 수프와 튀긴 빵, 진한 블랙 커피를 대접하는 원주민들을 항상 만날 수 있었다. 돈 한 푼 없이도 끼니를 때웠고, 여행을 했고, 항상 천장 아래에서 잠들 수 있었다.

그러다 뭔가 이상한 일이 일어났다. 나이 지긋하고 전통적인 순수 인디언 혈통의 주술사들이 우리에게 합류했다. 이들은 모든 희망을 포기하고, 넥타이를 매고, 위대한 백인 아버지가 자기들을 구해주기를 기다리는 중년의 어른들, 이른바 잃어버린 세대가 아니었다. 우리에게 전해줄 정령과 지혜를 지닌 그야말로 나이 든 어른들이었다. 인디언이 인디언들이던 시절을 아직도 기억하고 있는 할머니 할아버지들이었다. 손에 총을 들고 커스터 장군과 싸운 인디언들이 바로 이들의 조부모나 부모들이었다. 그런데 이들이 우리를 위대한 과거와 연결해주려고 하고 있었다. 이들에겐 우리에게 나누어주고도 남을 만큼 커다란 권능과 강인함이 있었다. 아직도 옛 전설과, 의식의 방법을 정식으로 알고 있었다. 우리는 그들에게 열성적으로 배웠다. 여자아이들은 태양춤에서 살점을 제물로 바치거나, 손목의 살을 뚫는 방법을 배웠다. 젊은 전사들은 다시 가슴을 꼬챙이로 뚫으며, 그들이 거쳐온 험난한 길을 몸으로 확인해보았다. 도시에서 성장하여 말을 타거나 올빼미 울음소리 한 번 들어본 적이 없는 인디언들도 금방 함께 어울렸다. 자랑은 하지 않겠다. 그러나 우리 라코타 인디언들이 이런 일을 시작했다는 사실에 자부심을 느낀다.

나는 나이 든 할머니들, 즉 위대한 리지 빠른말(Fast Horse)과 같은 여인들에게서 특히 깊은 인상을 받았다. 리지 빠른말은 러시모어(Rushmore) 산〔사우스다코타 주에 있는 산. 그 정상에 워싱턴, 제퍼슨, 링컨, 테오도르 루즈벨트 등의 거대한 얼굴상이 조각되어 있다〕 정상까지 기다시피 하며 올라가, 그 거대한 민둥산 꼭대기에 똑바로 서서 검은산(Black Hills)을 그 본래의 소유자에게 반환하라고 요구한 분이다. 군인들은 그녀를 산 아래로 끌어내렸다. 리지의 아홉 살짜리 증손녀에게는 수갑이 채워져, 파인 손목에서 흘러내린 피가 눈 위에 뚝뚝 떨어졌다. 샤이엔 족의 속담은 이렇게 말한다. "그 여인네들의 용기가 땅에 떨어지지 않는 한 어느 부족도 패망하지 않는다." 참으로 옳은 말이다. 순수 혈통의 나이든 인디언 여인네들은 용기를 땅에 떨어뜨린 적이 없었다. 그들은 여전히 꼿꼿했고, 아직도 떨리는 소리로, 가슴에서 터져 나오는 스릴 넘치는 외침을 날카롭게 내뱉어 우리에게 용기를 북돋아줄 수 있었다. 그 외침을 들을 때마다 우리들은 머리털이 온통 곤두섰고, 온몸에는 소름이 돋았다.

우리는 흰둥이들을 불안하게 했다. 다코타 주 곳곳에서 우리는 두려움을 샀다. 왜 일이 그렇게 되었는지 나는 도무지 이해할 수가 없었다. 우리는 늘 희생자였다. 누구에게 해코지를 하여 불구로 만들거나 살해한 적이 없었다. 죽거나 불구가 되는 쪽은 늘 우리였다. 몇 군데 거래소에서 물건을 훔친 것을 제외하면, 그야말로 나쁜 짓을 한 적도 없었다. 요란하고 시끄러워서 여러 사람의 신경을 거슬리게 하기는 했을 것이다. 우리는 25센트를 벌기 위해 포즈를 취해주는 불쌍한 인간 폐물이 아닌, 다른 인디언들이 있다는 사실을 백인 양반으로 하여금 깨닫게 해주었다. 하지만 그런 일 때문에 우리를 죽이거나, 우리를 피해 침대 밑에 몸을 숨길 필요까지는 없었다. 열네 살짜리 인디언 두 명이 엉클 조(Uncle Joe) 모자를 쓰고 나타나기만 해도, 저들은 "AIM 회원들이 온다, 그들이 오고 있다"는 비명을 질러댔다. 목장주들과 경찰은 우리들에 대해서 터무니없는 헛소문을 퍼뜨렸다. 여론 매체에서는 우리가 금방이라도 은행을 털고, 감옥을 습격하고, 주의회 의사당에 불을 지르고, 러시모어 산을 폭파하고, 주지사를 암살하기라도 할 것처럼 요란법석을 떨었다. 아주 조금이라도 우리가 비난받을 일을 했다면, 러시모어 산에 세워진 거대한 두상의 코를 빨갛게 칠하려고 계획했던 일 정도일 것이다. 최악의 상황이 벌어졌다고 해도, 관광객들에게 겁을 주어 쫓아내는 정도에 지나지 않았을 것이고, 러시모어에서 영업 허가를 받은 업자들과 검은산의 관광 업소들의 수입이 감소하는 정도였을 것이다. 그러나 그들은 그 정도 일로도 우리를 죽이는

6. 우리는 부탁할 생각이 없다 135

것을 당연하게 여겼다.

나는 이 지역 백인들이 우리를 그토록 증오하는 까닭은 뭔가 마음에 켕기는 구석이 있기 때문이라고 생각한다. 수많은 재판에서 우리를 변호해준 운동 변호사 빌 컨스틀러는 언젠가 백인들에게 이렇게 말한 적이 있다. "당신들은 당신들이 가장 많이 해를 끼친 사람들을 가장 심하게 증오하고 있어요." 보호구역 부근에 사는 백인들은 모두 우리에게서 훔친 땅에서 살고 있다. 먼 과거가 아니라, 그들의 아버지나 할아버지 때 빼앗은 땅에 살고 있는 것이다. 그들은 모두 어떤 점에서는 우리들을 착취하여, 즉 인디언들을 값싼 노동자로 부리고, 값싼 임대료만 내고 보호구역에서 가축을 기르고, 인디언을 화려한 후원자로 이용하여 동부의 관광객들을 유인해서 돈을 벌고 있었다. 그들은 우리가 마을에 나타날 때마다 문을 걸어 잠그고, 커튼 뒤에 웅크리고 숨어서 소리쳤다. "AIM 회원들이 온다. 경찰 불러!" 그런 탓에 그들은 틀에 박힌 노래와 춤을 보여주는 인디언들밖에 사귈 수가 없었다. 우리가 모습을 드러낸 지 하루나 이틀 후면, 그 지역에 있는 모든 총기 상점에서는 총기가 동이 났다. 백인들은 다시 총을 휴대했다. 우리가 가는 곳마다 회전식 연발 권총을 차고 있었고, 베개 밑에 38구경을 장전해 놓고 잠을 잤으며, 소형 트럭 좌석 뒤쪽 선반에 고성능 장총을 얹어놓고 차를 몰았다. 이런 소문도 떠돌았다. 사우스다코타 주지사는 AIM 회원을 모두 철창에 가두거나, 6피트 깊이의 땅 속에 묻어버리겠다고 호언했다고 한다. 그 뒤부터 새로 고안한 특수 속사 기관단총을 서독에서 수입하여 주 의사당 돔에 설치해놓고 하루 몇 시간씩 지나가는 인디언들을 향해 총구를 겨냥하여 영점을 잡고, 총을 앞뒤 좌우로 조용하게 움직이는 연습을 한다는 것이었다. 그저 꾸며낸 이야기에 불과할지도 모른다. 그러나 그 사람들을 알기 때문에, 나는 소문을 믿을 마음의 준비가 되어 있다. 카메라 앞에서 웃는 얼굴로 자세를 취해주고 25센트를 받는 것보다는 그 편이 더 나았다.

우리는 천사가 아니었다. AIM 회원들이 무슨 짓을 저지르기도 했을 것이다. 아니 그보다는 AIM 회원이라고 자칭하는 사람들의 짓이었을 것이다. 그런 일이 자랑스럽지는 않다. AIM은 당시 우리에게 절실하게 필요했던 도움을 주었다. AIM은 우리의 목적에 대해 정의를 내려주었고, 가장 열렬하게 추구했던 열망을 표현해주었다. 인디언들이 추구해야 할 삶의 양식을 정립해주었다. 심지어는 AIM과 아무런 관계를 맺으려고 하지 않고, 자기 부족의 AIM 회원과 반대되는 행동을 고집했던 아메리카 원주민들도 AIM 회원들처럼 옷을 입고 이야기를 하기 시작했다. 나는 가끔 몇 가지 점에서 AIM과 갈등을 겪기도 했다. AIM이 지속되어야 하는지 중단되어야 하는지는 판단할 수 없다. 운동은 그것이 받아들여지는 순간 종말을 맞게 되는 법이라고 하는 사람들도 있다. 그렇게 말한다면, AIM의 조직에는 어느 정도 생명이 남아 있어야 한다. 적어도 다코타 주에서는 그렇다. 무슨 일이 있어도, AIM이 그 역할을 완수하고, 아메리카 인디언의 발전에 결정적으로 중요한 그 시점에서 해야 할 일을 다했다는 사실을 부정해서는 안 된다.

1972년 늦여름, 장미꽃봉오리에서 거행된 태양춤은 평생 동안 내 기억 속에 살아 있을 것이다. AIM의 많은 지도자들이 까마귀개의 땅에 모여, 태양춤을 추고, 살점을 제물로 바치고, 가장 신성한 과정인 고행 의식을 치러냈다. 태양을 응시하고, 독수리 뼈로 된 호각을 불고, 신성한 담뱃대로 기도를 올렸다. 마치 다시 태어나는 듯했고, 유령춤 춤꾼들이 예언했던 몇 가지 일이 실현되는 것 같았다. 한 번도 이와 같은 의식을 치러본 적이 없는 부족 출신인 내가, 태양춤의 일부인 고행 의식을 치르는 남자들을 보고 있으려니 이상한 기분이 들었다. 그들이 그런 의식을 통해서 "나는 다시 인디언이 되었다"고 말하고 있다는 생각이 들었다.

이 태양춤은 서로 알게 되고, 많은 진지한 대화를 나누는 기회가 되기도 했다. 그런 토론 자리에서 중요한 역할을 맡고 있는 여성들을 바라보고 있자니 흐뭇했다. 한 AIM 남자 운동원이 웃으며 말했다. "몇 년 동안 털어놓고 얘기하라고 해도 안 하더니, 이제는 여자들의 입을 막을 수가 없어." 나는 진지하게 귀를 기울여 들었다. 여전히 수줍음이 많았고, 또 너무 어리기도 해서, 뒷전에 앉아 있는 일 말고는 내가 할 일이 없기도 했다.

사람들은 긴장했고, 모두가 흥분해 있었으며, 분위기는 비장했다. 태양춤이 끝난 뒤 모호크(Mohawk) 족 출신으로 알카트라즈에서 많은 사랑과 존경을 받았던 지도자 리처드 오크나무(Oaks)가 백인들에게 살해되었다는 소식이 전해졌다. 얌전하고 성실했던 수우 족의 레이먼드 노란천둥(Yellow Thunder)을 네브래스카 주의 고든(Gordon)에 있는 미국 재향군인회 강당에서 발가벗겨 놓고 총구로 위협하여 춤추게 한 지 얼마 되지 않은 시점이었다. 춤을 다 추고 난 뒤 그들은 그를 때려죽였다. 그냥 재미로 죽인 것이다. 한 백만장자 목장주는 노먼 꼬마용사(Little Brave)라는 소나무산 마루 출신의 비무장 인디언을 총으로 쏴서 살해하고도 처벌을 받지 않았다. 노먼은 교회에 다니는 행실 바른 사람이었다. 그렇게 살았는데도 목숨을 보존하지 못했다. 다시 인디언을 사냥하는 시절이 되었고, 사람들은 "해도 해도 너무 한다!"고 말했다. '깨진협정오솔길' 사건이 일어난 것은 이와 같은 분노와 기대와 절망감 때문이었다.

내가 장미꽃봉오리의 인디언들 사이에서 태어난 것이 자랑스럽다. 어쩌면 이런 자부심이 꼭 좋은 것은 아닐 수도 있다. 특정한 어느 부족의 자부심이 전체 인디언의 단결에 장애물이 되고 있기 때문이다. 그러나 여전히 자부심을 가지고 있었고, 그것이 모두 나쁜 것도 아니다. 맨 처음으로 전국 방방곡곡의 인디언 행렬을 워싱턴으로 집합시키자는 생각을 한 사람은 밥 버네트(Bob Burnette)였다. 그는 장미꽃봉오리에서 부족 책임자를 지낸 사람으로 AIM 회원은 아니었다. 행크 애덤스(Hank Adams), 류번 뱀(Snake), 시드 방앗간(Mills)과 같이 이 대열들을 이끈 다른 지도자들도 AIM 소속이 아니었다. 시드와 행크는 노스웨스트 지방 출신으로 원주민의 어업권 쟁취를 위해 투쟁한 경험이 있었다. 뉴욕 주 북부 지방의 6종족 연합(Six Nations)에 속하는 사람들이나, 남서 지방의 여러 부족 대표자들도 AIM 소속이 아니었다. 그러나 비록 이 행진을 시작하지는 않았지만, 끝까지 주도했던 인물들은 AIM 지도자들이었다.

'깨진협정오솔길' 투쟁은 리틀빅혼 전투 이후 인디언이 벌인 가장 위대한 행동이었다. 오지브와 족의 주술사 에디 벤튼(Eddie Benton)은 우리에게 말했다. "우리 부족의 신앙에는 언젠가 우리가 함께 봉기할 거라는 계시가 있어. 모든 부족의 사람들이 형제애로 팔을 걸고 단결할 것이라는 계시야. 살아서 그런 일이 일어난 것을 보게 되었으니, 기분이 얼마나 좋은지 몰라. 이 대륙 방방곡곡에서 온 형제와 자매들이 하나의 대의명분 아래 뭉쳤어. 인디언들에게 그것만큼 의미 있는 일은 없어. 우리가 행동한 결과로서 무슨 일이 일어났는지, 무슨 일이 일어나게 될 것인지는 중요하지 않아."

각 대열을 이끈 사람은 신성한 담뱃대를 지닌 영적인 지도자나 주술사였다. 오클라호마 대열은 앤드류 잭슨(Andrew Jackson) 대통령 때문에 집에서 쫓겨나 죽은 인디언들의 발자취를 거슬러, 체로키(Cherokee) 족의 '눈물의 오솔길(Trail of Tears)'을 따라갔다. 우리 대열은 운디드니에서 출발했다. 이는 우리 수우 족에게 특별한 상징적인 의미가 있었다. 마치 운디드니에서 제7기병대에게 살해당한 모든 여인들과 어린이들의 정령들이 우리와 함께 가기 위해서 집단 매장지에서 깨어나는 듯한 느낌이 들었다.

나는 장미꽃봉오리와 소나무산마루에서 온 친구들과 함께 갔다. 바바라 언니와 오빠도 이 그룹에 속해 있었다. 나는 무슨 일이 우리를 기다리고 있을지 알 수가 없었다. 이와 같은 거대한 항의 행진은 난생 처음 경험하는 일이었다. 워싱턴에 도착하긴 했지만 우리는 난감했다. 사람들은 우리에게 숙식을 제공하겠다고 약속했다. 그런데 약속을 했던 많은 교회 그룹들이 정부의 압력에 겁을 집어먹고 발뺌을 했다. 새벽이 다 된 시간에 우리는 잠자리를 마련할 장소를 찾아 비틀거리며 돌아다녔다. 나는 거의 눈을 감은 상태로 걸음을 옮겼다. 할 수 있는 일은 한 가지밖에 없었다. 여명의 불빛 속에서 백악관 주위로 차를 몰면서 호각을 불고 북을 두드려, 닉슨 대통령에게 우리가 도착했다는 사실을 알리는 것이었다.

마침내 잠잘 곳을 한 군데 얻었다. 낡고 황폐한 버려진 교회였다. 막 침낭 속으로 들어가려고 하는데, 위에서 뭐가 걸어다니고 있었다. 꽤 커 보이기에 고양이겠거니 했다. 그런데 안경을 쓰고 보니 커다란 쥐였다. 내가 이때까지 본 것 중에 가장 크고, 가장 흉측하게 생긴 쥐였다. 교회 안에서 소동이 벌어졌다. 여자들은 비명을 질렀다. 그곳에는 내가 본 쥐만 있었던 것이 아니었다. 샤이엔 강에서 2천 마일 거리를 남의 차를 얻어 타고 워싱턴까지 온 한 할머니는 화장실이 고장났다고 불평했다. 11월 첫째 주였는데, 난방도 되지 않았다. 한 중년의 캐나다 인디언은 목발을 끌고 왔다. 두 다리가 불구였는데 편안하게 누울 자리가 없었다. 한 소녀는 쥐만 있는 것이 아니라 바퀴벌레까지 우글거린다고 소리를 질렀다. 한 젊은 오지브와 족 남자는 이런 데서 보낼 줄 알았다면 세인트 폴의 빈민가를 떠나지 않았을 것이라고 했다. 나는 그 사람에게 무슨 특별한 일이 우리를 기다리고 있을 것이라 생각하지 않았다고 말해 주었다. 나는 물었다. 닉슨이 벽마다 양탄자가 걸리고, 컬러 텔레비전이 있는 홀리데이 인(Holiday Inn) 호텔에서 재워줄 줄 알았느냐고. 사람들은 여기저기서 담요를 뒤집어쓰고 삼삼오오 모여서 이야기를 나누고 있었다. "묵을 만한 숙소를 마련해 주겠다고 약속했는데, 한번 보라고. 저들이 우리를 어떻게 취급하는지. 더 이상 참을 수가 없어."

누가 '모두 인디언 사무국으로 가자'고 제안했다. 헌법로에 있는 인디언 사무국 건물로 가는 것은 자연스런 행동으로 보였다. 그들은 우리에게 숙소를 제공해야 했다. 어찌 되었든 그 건물은 '우리' 건물이었다. 게다가 인디언 사무국이 우리를 대하는 태도에 대해서 항의하는 것도 워싱턴에 온 목적의 하나였다. 갑자기 서둘러 인디언 사무국으로 가야 한다는 충동이 모든 사람들을 사로잡은 듯했다. 내가 기억하는 그 다음 사건은 인디언 사무국 안에서 벌어졌다.

우리는 물밀듯이 건물 안으로 밀려들어갔다. 어떤 사람들은 건물 정면의 잔디 위에 티피를 세웠다. 안전 요원들이 정해졌다. 그들은 빨간 완장을 두르거나, 무지개 빛 천 조각을 리본 달린 셔츠나 진 점퍼에 묶었다. 그들은 출입문을 감시했다. 부족 집단들이 이 방 저 방을 차지했다. 이로쿼이 족(Iroquois) 인디언들은 1층을, 수우 족은 다른 층을 차지했다. 오클라호마 인디언, 북서 해안 지역의 인디언들도 모두 머물 자리를 마련했다. 할머니들이 휴게실에 있는 벤치에서 휴식을 취하는 동안 어린이들은 놀았다. 북소리가 크게 울렸다. 인디언 담배인 킨니킨닉(kinnikinnick) 냄새가 났다. 누군가가 정문에 '인디언의 나라'라고 적힌 표지를 세웠다. 마침내 건물은 우리 것이 되었다. 우리는 서둘러 건물을 부족의 마을로 변화시켰다.

많은 소규모 집단들은 3층 복도에 자리를 잡았다. 멋진 곳이었다. 두터운 양탄자, 은은한 불빛, 부드럽고 긴 의자, 편안한 의자가 갖추어져 있었다. 확실히 공무원들은 사는 법을 알고 있는 것 같았다. 대리석 계단, 잘 가공한 철제 난간, 정교한 입상들, 고상한 미개인〔Noble Savage : 루소의 작품에서 시작되어 18세기 후반부터 낭만주의 초기에 걸쳐 유럽 문학이 찬미한 소박하고 순진한 원시인의 이상적인 전형〕을 그린 그림, 값진 가공품들도 보였다. 누가 수우 족 언어로 이야기하는 소리가 들렸다. 문을 열어보니 레오나드 까마귀개가 여러 젊은이들에게 이야기를 하고 있었다. 왜 이곳에 왔으며, 그것이 무슨 의미를 갖는가에 대해서 설명하고 있었다. 누가 내게 말했다. "조용히 해! 까마귀개가 이야기하고 있잖아!" 내가 어려서인지, 까마귀개는 노인, 책임 있는 노인처럼 보였다. 그러나 그때 그는 32살밖에 되지 않았다. 언젠가 내가 그의 아이를 낳으리라는 생각은 티끌만치도 할 수가 없었다.

인디언 사무국 건물의 점거는 계획에 있던 일이 아니었다. 정말이지 우리는 우리가 머물 것에 대비해 조치가 취해져 있을 것이라고 기대했다. 그런데 어떤 지도자가 이야기했듯이, 우리에게 한 약속들이 과거의 들소 문제와 하나도 다를 바가 없다는 사실이 드러난 셈이었다. 그 때문에 인디언 관리국을 점거했던 것이다. 그것은 자연발생적으로 일어난, 전형적인 우발적 사건이었다. 누가 시켜서 일으킨 일이 아니었다. 어쨌든 인디언들은 명령을 잘 따르는 성격이 아니었다. 그건 우리가 사는 방식이 아니었다. 다양한 부족 집단들이 자기들 방에 모여 회의를 열었다. 어떤 제안을 할지 결정하기 위해서였다. 가끔 전원이 큰 회의실에 모여 그 제안들을 세심하게 점검하기도 했다. 회의실에는 연단, 많은 의자, 스피커가 갖춰져 있었다. 토론은 항상 주술사 가운데 한 사람이 의식을 벌이면서 시작되었다. 한 흑인 시민권 단체가 처음으로 한 트럭분의 음식을 가져다주었다. 그 다음에는 여러 교회 그룹과 다른 동조자들이 음식과 돈을 기부했다. 건물 안에 부엌과 식당이 있어서 우리는 재빨리 요리, 설거지, 쓰레기 처리 조를 편성했다. 아이들을 돌봐줄 여인들을 몇 사람 지명했고, 노인들도 돌봐주었고, 의료팀도 구성되었다. 백인들이 생각하는 것과는 반대로 인디언들은 이런 식으로 즉석에서 자치적인 운영 제도를 구성하는 데 매우 능숙하다. 특별히 무슨 일을 해야 하느냐고 묻는 사람도 없다. 일을 시킬 때까지 기다리지 않는다. 지금 추정해 보면, 모두 합쳐 600~800명의 사람들이 건물 안에 꽉 들어차 있었지만 붐볐다는 느낌은 없었다.

본래 대열을 지도했던 사람들은 평화롭고 품위 있게 항의할 계획이었다. 심지어는 상원의원들을 위해 노래와 춤을 보여주고, 의원들을 초대하여 인디언의 튀긴 빵과 옥수수 수프 잔치를 벌이자는 이야기도 있었다. 만일 우리 이야기를 귀담아 들어줄 사람이 있었다면, 그런 방법으로 좋은 결과를 얻었을지도 모른다. 그런데 언론은 우리를 무시했다. 대통령을 위시해서 높은 사람들은 우리와 이야기를 나누려고 하지 않았다. 대화를 거부했다. 우리를 인디언을 대변하지 못하는 폭력배라고 비난하는 소리도 들렸다. 월급과 수당을 받는 혼혈 인디언 부족 책임자들은 한 사람도 빠짐없이 우리를 비난하고 나섰다. 닉슨은 무능한 아랫사람을 보내, 자기는 전임자들보다 미국 인디언들을 위해서 더 많은 일을 했고, 우리가 워싱턴에 온 이유를 찾지 못하겠으며, 우리하고 대화하는 것보다 더 중요한 일들이 있다는 말을 전해왔다. 아마 비밀리에 방문객들을 녹화하고 워터게이트 사건을 계획했을 것이다. 그가 우리에게 베풀었다고 주장하는 그 좋은 일들이 무엇인지 궁금했다.

우리는 까마귀개를 시켜 아이오 지마(Iwo Jima)에서 명예훈장을 받은 피마(Pima) 족 인디언 이라 하예스(Ira Hayes)의 무덤에서 의식을 벌이기로 계획을 세웠다. 그는 술에 취해 객사한 뒤, 잊혀진 사람이다. 알링턴 국립묘지를 관리하는 군은 '종교적이 아닌 정치적이라는 이유'로 의식을 금지했다. 그러자 분위기가 서서히 변해갔다. 상원의원들을 위해서 춤추고 노래하자는 이야기는 점점 사라졌고, 가만히 있어서는 안 된다는 주장이 점차 팽배해갔다. 데니스 둔덕은 AIM은 폭력에 반대하지만, 아메리카 원주민의 비참한 상황을 대중에게 충분히 납득시키기 위해서는 또 다른 와트〔James Watt〕와 같은 인물이 필요할지도 모른다고 했다. 러셀 민스는 기자들에게 언론이 우리를 무시한다고 했다. "주목을 받으려면 어떻게 해야 할까요? 누구 머리 가죽이라도 벗길까요?" 그때 나는 깨달았다. '점잖게 행동하면' 아무도 거들떠보지 않지만, 난폭해지면 원하는 지지도 얻고 언론의 관심도 끌 수가 있다는 사실을.

우리는 그들을 강제로 밀어냈다. 경찰과 경호원을 건물 밖으로 내쫓았다. 어떤 사람들은 밀려나고 싶지 않았든지, 개구리가 뛰어내리듯 1층 창문에서 밖으로 뛰어내렸다. 우리는 요구를 20가지로 정리했다. 협상단으로 파견된 공무원들은 이 요구를 모두 거절했다. 우리가 협상에서 얻은 가장 커다란 소득은, 스냅 사진을 찍기 위해 인디언 아기를 치켜올리면서 "귀엽지 않아요?"라고 물은 한 백인 공무원이 전부였다. 우리는 아기에게 입맞춤을 하거나, 알랑

방귀나 뀌는 소리를 듣자고 온 것이 아니었다. 온건파 지도자들은 신뢰를 잃었다. 그건 그들의 잘못이 아니었다. 그런 다음 곧바로 점거가 포위로 바뀌었다는 또 다른 목소리가 들렸다. 누군가 고함 치는 소리가 들렸다. "놈들이 왔다." 창문으로 보니 그 말이 사실이었다. 헬멧을 착용하고 갖가지 무기로 무장한 경찰이 건물 전체를 둘러싸고 있었다. 경찰과 우리 안전 요원 사이에 싸움이 벌어졌다. 젊은이 여러 명이 경찰 곤봉에 머리를 맞았다. 얼굴에 피가 흘러내리는 것이 보였다. "건물을 비우지 않으면 가만두지 않겠다!"는 최후 통첩을 받았다는 소문이 돌았는데, 그게 사실임이 드러난 것이다.

건물 안에는 긴장이 고조되었고, 내 안에서도 긴장이 고조되는 게 느껴졌다. 건물은 마치 막대기를 집어넣어 휘저어 놓은 개미집 같았다. 한 여인이 소리치는 소리가 들렸다. "그들이 오고 있어요. 우리를 모두 죽일 거예요!" 남자들이 고함을 지르기 시작했다. "여자와 어린이들은 위층으로! 위층으로 올라가!" 그러나 나는 아래층으로 내려갔다. 바깥에 폭동 진압 부대가 보였다. 그들이 인디언 두 명을 두들겨 패더니, 유치장으로 끌고 갔다. 우리는 서류 상자와 복사기, 책상, 서류 캐비닛 등 손에 넣을 수 있는 모든 것을 동원하여 모든 출입문과 턱이 낮은 창문을 가로막았다. 어떤 남자들은 무거운 타자기를 창문턱에 쌓았다. 경찰이 건물 안으로 돌격해 올 경우에 던지기 위한 조치였다. 젊은이들은 노래를 부르며 큰 소

6. 우리는 부탁할 생각이 없다 147

리로 외쳤다. "죽기 좋은 날이다!" 우리는 손수 무기를 만들기 시작했다. 남자들 두어 명은 활 세트를 찾아내, 활과 화살로 스스로를 보호할 채비를 갖추었다. 다른 사람들은 골프채를 휘두르며 요령을 익히고 있었다. 작은 주머니칼을 낚싯대에 묶고 있는 사람들도 있었다. 책상 다리에 테이프로 묶은 편지 뜯는 칼은 도끼로 쓰였다. 버찌샛강(Cherry Creek) 출신의 수우 족 플로이드 젊은말(Young Horse)이 가장 먼저 오랜 옛날 방식대로 전투에 앞서 얼굴에 칠하는 물감을 칠했다. 이윽고 많은 젊은이들도 똑같이 얼굴에 물감을 칠했다. 많은 사람들은 성조기를 거꾸로 해서 몸에 둘렀다. 옛날 유령춤 춤꾼들이 그랬듯이.

나는 가위를 분해해서 한쪽 날을 부러진 의자 다리에 테이프로 감아들고, 밖으로 나가 안전 요원으로 가담했다. 오빠도 안전 요원으로 거기 있었다. 오빠는 나를 보더니 웃었다. 오빠는 4년 동안 해군에 복무한 적이 있어서, 내게 38구경 권총을 분해하고, 닦고, 쏘는 법을 가르쳐주기도 했었다. 볼품없는 무기를 들고 있는 날 보더니 오빠는 그것을 부러뜨렸다. "이런 걸 들고 어떡하겠다는 거야?" "놈들이 날 때리기 전에 오빠가 한 방 먹여!"

마침내 경찰이 물러났다. 건물을 비울 수 있도록 우리에게 24시간의 여유를 더 주었다고 했다. 대치 상황은 여기서 끝나지 않았다. 그때부터 매일 아침마다, 오후 6시까지 건물을 비우라는 법원의 명령을 받았다. 정각 6시가 되면 우리는 전투 준비를 갖추고 서 있었다. 많은 형제와 자매들이 바로 인디언 사무국의 계단에서 죽을 각오를 하고 있었다. 한 기자가 AIM 지도자 중 한 사람에게, 여인들과 어린이들이 다칠 텐데 그것이 걱정되지도 않느냐고 물었다. 그는 대답했다. "우리 여인들과 어린이들은 400년 동안 이와 같은 위험을 무릅쓰며 살았소. 그들은 지금도 위험을 감수하고 있소." 우리는 모두 외쳤다. "옳소!" 인디언 사무국 건물 안에 있었던 그 주 내내, 5~6시간 이상을 잔 적이 없었다.

매일 아침과 저녁이 위기의 시간이었다. 그동안 협상이 진행되었다. 후원자 집단이 도착했다. 별난 사람도 있었지만 좋은 사람도 있었다. 인디언 사무국장 루이스 브루스도 우리에게 동조한다는 모습을 보여주기 위해서 건물 안에서 하룻밤을 보냈다. 라돈나 해리스와 카이오아-코맨치 족(Kiowa-Comanche) 인디언 그리고 어떤 상원의원의 부인도 우리와 함께 하룻밤을 지샜다. 캘리포니아의 돼지 농장이라는 곳에서 온, 한쪽 귀에 커다란 귀걸이를 단 웨이비 그레이비라는 친구는 요란하게 장식한 버스를 타고 도착하여 우리에게 스피커 장비를 설치해주었다. 그와 동시에 경찰은 전화선을 모두 끊어버리고, 내무성과 연결되는 한 선만 남겨두었다. 매킨타이어 신부라고 하는 사람도 추종자들을 이끌고 찾아와 손짓을 하며 찬송가를 불렀다. 우리는 그를 인종주의자이자 베트남전쟁의 매파로 알고 있었다. 그런 그가 왜 우리를 지지하는지는 큰 의문거리였다. 사진 기자와 보도 기자들이 건물 안에 득시글거렸다. 관광객들은 우리 보안 요원들과 스냅 사진을 찍었다. 인디언 사무국 주위에 몰려든 백인들은 모두 마치 버펄로 빌의 대규모 서부 서커스를 구경하러 온 사람들 같았다.

내가 보기에, 인디언 사무국 점거 사건의 클라이맥스는 서로 팔짱을 끼고 있는 우리 남자들이 아니었다. 오클라호마에서 온 평범한 중년의 체로키 족 여인인 마르타 풀잎(Grass)이었다. 그녀는 내무장관 모턴에게 당당히 맞서 거침없이 자기 주장을 내세웠다. 심중의 생각들을 토해내며 우리를 변호했다. 그녀는 핵심 요점으로 들어가, 여성과 어린이 문제에 대해서 빠짐없이 이야기했다. 모턴의 얼굴에 대고 주먹을 흔들며 "거짓말 그만 하라!"고 소리쳤다. 인디언의 어머니가 워싱턴 고위 관료의 한 사람에게 거침없이 의견을 털어놓는 모습을 보고 있으려니 가슴이 후련해졌다. "이것은 우리 건물이야"라고 주장하던 그녀는 모턴에게 엿먹으라는 손짓을 보냈다.

결국에는 타협에 도달했다. 정부는 선거 운동 기간에는 협상을 계속할 수 없다고 했다. 행정부의 고위 관료 두 명을 지명하여, 우리가 제시한 20가지 요구를 진지하게 고려하도록 했다. 우리가 집으로 돌아가는 비용도 지불해주었다. 아무도 기소되지 않았다. 물론 20가지 요구는 그 이후로 한번도 진지하게 논의된 적이 없었다. 현실적인 관점에서 보면 아무것도 얻은 것이 없었다. 여느 때처럼 우리는 서로 언쟁을 벌였다. 도덕적으로 보면 그 사건은 위대한 승리였다. 인디언들이 개별 부족들끼리가 아니라, 공동으로 힘을 합쳐 백인들의 미국과 맞섰기 때문이었다. 정부에 맞서 당당하게 자기 의견을 주장했고, 신성한 정령의 세례를 경험했다. 우리는 도망가지 않았다. 러셀 민스의 말대로 그것은 '거대한 봉홧불'이었다.

7. 꿈을 향한 절규

> 은행, 상점, 네온 불빛, 차량이 즐비한 거리,
> 경찰과 매춘부, 출근부에 시간을 기록하기 위해 서두르는
> 서글픈 표정의 사람들로 가득한 거리가
> 바로 백인의 현실이다.
> 그러나 이것은 현실이 아니다. 진정한 현실은
> 이 모든 것들의 저변에 있다.
> 할아버지 페요테가 그걸 찾을 수 있게 도와줄 것이다.
> — 까마귀개

인디언 권리 운동은 무엇보다도 영적인 운동이고, 우리의 옛 신앙이 그 핵심에 있다는 사실을 백인들은 알아야 한다. 프랭클린 루즈벨트 대통령 시대까지도 인디언 신앙은 금지되었다. 인디언 방식으로 기도를 드리는 어린이들은 벌을 받았고, 땀 목욕을 하는 남자들은 감옥에 갇혔다. 우리의 신성한 담뱃대는 부러지고, 약초 꾸러미는 불에 타거나 박물관에 기증되었다. 우리를 기독교도로 만드는 것이 우리를 백인으로 만드는 한 가지 방법이었고,

그것은 곧 우리가 인디언임을 잊게 만드는 방법이었다. 이렇게 우리를 서서히 죽음으로 내모는 계략에 저항하는 한 방법이 바로 우리의 옛 신앙을 고수하는 일이었다. 담뱃대로 기도를 드리고, 작은 물 북(water drum)을 두드리는 한 인디언은 사라지지 않을 것이며, 인디언으로서 생존해 갈 것이다. 백 년 넘게 계속된, 인디언의 권리를 위한 여러 투쟁이 우리의 옛 종교에서 시작되는 까닭이 바로 여기에 있다. AIM과 다른 여러 가지 운동의 영향을 받아, 점점 더 많은 원주민들이 선교사를 멀리하고, 주술사들을 찾아 나섰다.

  나 또한 그 길을 걸었다. 내가 전통적 인디언으로 바뀌어 가는 과정은, 내가 과격해지는 정도와 발을 맞추어 진행되었다. 백인들에게는 모순처럼 보일지도 모르겠지만, 나와 내 친구들에게는 세상에서 가장 자연스런 과정이었다. 이 과정은 내가 어렸을 때부터 이미 시작되었다. 세인트 프랜시스의 사제와 수녀들이 우리에게 주입했던 기독교는 내가 소화하기에는 버거웠다. 나는 미국의 백인 사회가 예수를 감금해 놓고 자기들의 이익을 위해서 봉사하도록 이용해왔다고 생각한다. 그것만 아니었으면 예수는 정말 환영받았을지도 모른다. 우리에게 위스키와 천연두를 가져다준 사람들이 한 손에는 십자가, 다른 한 손에는 총을 들고 찾아왔다. 그들은 자비로운 예수의 이름으로 우리에게 총을 겨눴다. 우리의 신성한 담뱃대와 할아버지 페요테는 감금을 당해본 적이 없다. 내가 본능적으로 그것에 이끌린 것은 그 때문이다. 물론 그 당시에는 그것을 지금처럼 말로 설명할 수가 없었다.

인디언으로 살기 위해서 나는 순수 혈통의 인디언을 찾아가야 했다. 우리 어머니와 할머니도 인디언이었지만, 나는 혼혈 인디언이었다. 나는 이 사실을 인정할 수가 없었다. 내가 생각하기에 혼혈아, 다시 말하면 아이예스카들은 절대로 자기 자신 이외에 다른 사람들을 돌봐주지 못했다. '건전한 이기심'만이 문명의 축복을 가져다준다고 배웠기 때문이다. 순수 혈통의 인디언들에게는 따뜻한 가슴이 있다. 그들은 겸손하다. 자기들이 가진 행복을 기꺼이 나누어주려고 한다. 그들은 자기들에게 신성한 의미가 있는 땅을 지키고 앉아 있다. 그 땅이 전혀 소득을 가져다주지 않는데도 말이다. 아이예스카들에게는 땅이 없다. 오래 전에 팔아버렸기 때문이다. 백인 장사꾼들이 석탄이나 우라늄을 채굴하기 위한 거래를 하러 보호구역에 올 때마다, 항상 아이예스카들은 말했다. "좋아. 돈만 내. 새 차와 컬러 텔레비전도 사와." 순수 혈통의 인디언들은 아무 말도 하지 않는다. 손바닥만한 자기 땅에 앉아, 미동도 하지 않는다. 아직도 인디언들이 어느 정도 남아 있는 것은 다 그들 때문이다. 나는 고집스런 순수 혈통의 내 일가붙이들, 바보황소 할아버지와 같은 사람들에게 이끌렸다. 바보황소 할아버지는 항상 인디언의 창조주가 인디언에게 내린 특별한 선물이라는 신성한 약초와 거룩한 약에 대해 이야기했다. 그는 한 늙은 여인과 손녀의 전설을 이야기해주었다. 그들은 사막에서 길을 잃었다. 죽음이 임박했을 때, 그들을 부르는 가느다란 목소리가 들렸다. 작은 약초에서 나오는 소리였다. 그 약초가 그들의 목숨을 살렸다. 바보황소 할아버지는 또 그 여인들이 이 신성한 약초를 어떻게 자기 부족과 이 대륙에 사는 모든 원주민에게 전해주었는지 이야기해주었다. 이런 이야기들을 귀담아 듣던 나는 어느 날 어머니에게 말했다. "난 크면 인디언이 될 거야."

어머니는 그걸 마땅치 않게 생각했다. 자기가 가톨릭이고, 나를 그 믿음에 따라 키웠기 때문에 크게 화를 냈다. 심지어는 내게 견신례를 받게 할 정도였다. 백인 의상에, 베일을 쓰고 촛불을 든 내 모습이 어땠을까 하고 가끔 머릿속에 그려보기도 한다. 그 일만 생각하면 늘 웃음이 난다. 그때 나는 겉은 하얀색이었지만 속은 빨간색이었다. 백인인 척하는 인디언들과는 정반대였다. 나를 맨 처음 페요테 모임에 데리고 간 사람은 바로 딕 바보황소 할아버지였다. 어른이 되기 전에 이미 나는 할아버지를 실제로 알게 되었고, 그가 내 가까운 일가붙이라는 사실도 깨달았다.

마지막으로 나를 페요테 모임에 데리고 갔을 때에 할아버지는 100살이 넘은 나이였다. 할아버지는 선 채로 거의 세 시간 가까이 이야기를 나누었다. 할아버지는 죽음을 준비하는 중이었다. 사냥하는 행복한 대지, 은하수, 위대한 최후의 길로 들어가 옛 친구인 칼 무쇠조가비와 좋은창을 만나겠다고 말했다. 다시 그들과 함께 지낼 것이라고 했다. 또 이미 모두 죽긴 했으나, 바보황소 할아버지가 아직 젊었을 때 100살의 나이였던 자기 부족의 인디언들과 다시 함께 살게 될 것이라고 이야기했다. 그들이 북을 들고 자기를 기다리고 있을 것이라고 했다. 어쩌면 김이 모락모락 나도록 한 솥 가득 들소의 혹을 끓여놓고 있을지도 모른다고 했다.

할아버지는 정말 떠나고 싶어했다. 그러면서도 모든 일을 기억하고 회고했다. 한번은 옛날 식 술집에 들른 적이 있었다고 했다. 맥주와 위스키 통들이 뒤쪽 벽의 천장까지 쌓여 있는 술 판매대에 몸을 기대고 있는데, 백인 두 명이 들어왔다. 그들 사이에 싸움이 벌어지더니, 서로 총을 쏘기 시작했다. 바보황소 할아버지는 살금살금 기어서 늙은까마귀(Old Crow) 표 위스키 통 뒤로 간신히 몸을 숨겼다. 가까스로 자리를 잡았을 때 총알이 날아와 할아버지 머리 가까운 곳을 뚫고 지나가 위스키 통에 구멍을 냈다. 맛 좋은 위스키가 쏟아지기 시작했다. 할아버지는 구멍 바로 밑에 입을 대고 그런 자세로 몸을 숨긴 채, 그 자리에서 더 없이 즐거운 시간을 보내며, 행복하게 취할 수 있었다. 그동안 그 미친 백인 망나니들은 상대를 없애기 위해 한 시간 가까이 싸웠다.

또 할아버지는 인디언 방식으로, 곧 까마귀개가 기도를 올려주고 향기로운 풀을 태우면서 별이 새겨진 담요에 쌓여 매장되는 것이 간절한 소망이라고 했다. 그는 전혀 슬퍼하지 않았다. 심지어 자신의 죽음에 대해서 농담을 하고, 자신에 대해서도 재치 있는 말을 잊지 않았다. 허약하거나 병약하지도 않았다. 바야흐로 저 길을 향해 여행을 떠날 때가 다 되었다고 생각했다. 그리고 잠시 후에 할아버지는 세상을 떴다. 기회가 있을 때, 할아버지에 대해서 더 많이 알려는 노력을 했어야 옳았다. 그는 우리들 가운데, 옛 수우족의 구애의 피리였던 시요탕카(Siyotanka)를 만들고 연주하는 방법을 알고 있던 마지막 장인이었다. 일 년 전 부족 사무소 근처를 걷고 있을 때였다. 눈앞에 환영이 보였다. 매우 사실적인 모습이었다. 바보황소 할아버지가 손에 피리를 들고 거기 서 있었다. 그에게 다가가 말하고 싶었다. "세상에 이럴 수가. 바보황소 할아버지, 살아 계셨군요." 그러자 그가 다른 사람으로 변했다. 다른 게으른 노인으로 변하여, 부족 사무소 벽에 기대어 멍하니 허공을 바라보고 있었다.

바보황소 할아버지가 나를 처음으로 페요테 모임에 데리고 갔을 때, 나는 밤새 할아버지 옆에 앉아 있었다. 어린 소녀였는데도, 약을 많이 먹었다. 훌륭한 물건들을 많이 보았다. 그리고 갑자기 깨달았다. 그 약에 담긴 현실을 이해하게 되었던 것이다. 이 약초가 우리의 유산, 우리의 전통이며, 그것이 우리의 언어로 말하고 있다는 사실을 깨달았다. 나는 대지의 일부가 되었다. 페요테 자체가 대지에서 나온 것이고, 대지와 같은 맛이 나기 때문이었다. 그렇게 대지가 내 안에 있고, 내가 대지 안에 있었으며, 인디언의 대지는 나를 좀더 인디언으로 만들었다. 내게 페요테는 사람이었다, 살아 있는 사람, 오래 전에 잊은 기억에 대한 기억이었다.

그날 밤 누가 나에게 약을 네 번이나 갖다주었다. 모르는 사람이었다. 바보황소 할아버지의 차례가 되기 전에 내 차례가 왔다. 내가 할아버지의 오른쪽에 앉아 있었기 때문이다. 그 사람은 내게 인디언 언어로 무슨 말을 했다. 말이 아주 빨랐다. 나는 그때 수우족 언어를 할 줄 몰랐는데, 그 사람의 말이 이해가 되고, 그 뜻이 들리는 것 같았다. 나는 권능 안에 들어 있었다. 오래 전에 세상을 떠난 일가붙이들이 내게 뭐라고 하는 소리가 들렸다. 그것은 느낌이고 계시였다. 북소리와 함께 내게 다가오고, 지팡이를 타고 내려오며, 화살 깃이 날아가는 소리를 들으며 이야기하고, 모닥불의 연기, 삼나무의 냄새 속에서 호흡하는 계시였다. 가슴속에서 북소리가 울렸다. 내 가슴이 북이 되었다. 북과 가슴이 모두 둥 둥 둥 소리를 냈다. 사물들의 소리가 들렸다. 그 목소리가 내게 이야기한 것, 페요테 선인장 할아버지가 내게 이야기한 것을 믿어야 하는지 말아야 하는지 알 수가 없었다. 지금까지도 그것을 설명할 수가 없다.

아침 식사를 마치고, 냇가에서 얼음처럼 차가운 물을 마시고 나니 태양이 솟아올랐다. 그때 전에는 결코 느껴보지 못했던 기분을 맛보았다. 참으로 행복하고 기분이 좋았다. 집에 와서 무심코 어머니에게 원주민 모임에 갔었다고 했다. 끝내 어깨를 으쓱하더니 어머니는 말했다. "그건 네 문제야. 내가 이래라 저래라 할 수는 없어." 그렇지만 어머니는 내가 좋아하는 말을 덧붙여주었다. "아무튼 인디언은 신과 아주 가깝다는 것을 잊지 마." 나는 그 말이 무슨 뜻인지 알아들었다.

2주일 뒤에 할머니 집에 머물고 있던 어느 날 꿈을 꾸었다. 날이 샐 무렵이었다. 잠에서 깨려고 했지만, 깰 수가 없었다. 깨어 있으면서도 깨어 있지 않은 상태였다. 움직일 수가 없었다. 나는 울음을 터뜨렸다. 눈을 뜨니 할머니가 내 잠자리 옆에 앉아 있었다. 할머니는 괜찮으냐고 물었지만 대답할 수 없었다. 나는 꿈속에서 줄곧 다른 삶에 가 있었다. 티피들과 인디언의 천막촌이 보였다. 나는 모닥불 주위를 뛰어다녔고, 웃는 얼굴로 들소 고기를 요리했다. 그런데 갑자기 백인 군인들이 보였다. 그들이 말을 탄 채 천막으로 뛰어들어, 여인들과 어린이들을 살해하고, 강간하고, 목을 잘랐다. 아주 생생한 꿈이었다. 장면과 소리와 냄새들이 영화보다 훨씬 더 생생했다. 보고 싶지 않은 장면들이었지만, 내 의지와는 무관하게 볼 수밖에 없었다. 듣고 싶지 않은 어린이들의 비명소리였지만, 그 또한 듣지 않을 수 없었다. 내가 할 수 있는 일은 우는 일뿐이었다. 꿈속에 한 할머니가 있었다. 등짐을 지고 있었다. 내가 보기에도 무거운 짐이었다. 할머니는 노래를, 오랜 옛날 노래를 부르고 있었다. 매우 슬픈 소리였고, 다른 차원의 어떤 것이 담겨 있는 것 같았다. 아름답긴 했지만, 이 대지의 노래는 아니었다. 노래를 부르면서도 할머니는 신음소리를 냈다. 그런데 군인들이 다가와 그녀를 죽였다. 할머니의 피가 흘러 풀잎을 벌겋게 물들였다.

인디언들은 모두 죽어 땅에 누워 있었고, 군인들은 떠났다. 바람소리와 군인들이 탄 말발굽 소리가 들렸다. 죽은 자들의 정령이 내게 무슨 이야기를 하는 소리가 들렸다. 분명히 여러 시간 동안 꿈을 꾸었을 것이다. 왜 이런 꿈을 꾸었는지 모르겠다. 언젠가는 알게 될 것이라고 생각한다. 나는 진심으로 믿는다. 이 꿈은 페요테의 영적인 권능을 통해서 내게 온 것이라고.

꿈을 꾸고 난 이후로 오랫동안 우울하게 지냈다. 마치 내게서 모든 생명이 빠져나간 듯했다. 아직 학교에 다니고 있던 나로서는 그런 꿈을 감당하기에는 너무 나이가 어렸던 것이다. 몹시 슬펐다. 이 땅 위에서 우리에게 내린 삶이 아닌 다른 삶을 살아야 했기 때문이다. 우리의 운명은 왜 이리 불행하며, 인디언들은 왜 이렇게 고통을 받아야 하느냐고 나는 자신에게 물었지만 대답을 얻을 수가 없었다.

까마귀개는 항상 말한다. "할아버지 페요테는 입이 없어도 말을 한다. 눈이 없어도 본다. 귀가 없어도 듣는다. 그리고 너희들이 귀담아 듣게 만든다." 레오나드는 글을 읽고 쓸 줄 모른다. 그는 내게 말한다. "할아버지 페요테가 내겐 스승이고 교사야." 운디드니 사건에 가담했다는 혐의로 감옥에 갇혔을 때, 감옥의 정신과 의사가 그의 '감방'에 찾아온 적이 있었다. 그들이 말하는 이른바 비좁은 독방이라는 곳이었다. 까마귀개는 그에게 말했다. "내겐 당신이 필요 없어. 내게는 할아버지 페요테, 그분이 정신과 의사야. 이 신성한 약초의 효능으로 난 당신을 분석할 수 있어." 정신과 의사는 난감한 표정을 지었다. 레오나드가 판결을 내려주었다. "내게는 페요테가 입법자야."

까마귀개는 페요테 주술사이다. 그는 사람들에게 삶의 길을 제시한다. 까마귀개와 결혼한 뒤에서야 나는 진정으로 이 약을 이해하게 되었다. 레오나드는 우리가 페유타(peyuta)나 웅크켈라(unkcela)라고 부르는 페요테를 가지고 있다. 또 신성한 담뱃대를 갖고 있다. 그는 페요테 주술사이기도 하지만, 동시에 전통적인 라코타 주술사, 유위피(yuwipi) 주술사〔들소 가죽끈과 돌을 가지고 병을 고치거나 잃어버린 물건을 찾아주는 사람〕, 그리고 태양춤 춤꾼이기도 하다. 그를 비판하는 사람들도 있다. 그들은 까마귀개의 의식에 참여하는 우리 모두를 비판하기도 한다. 페요테나 신성한 담뱃대 가운데 하나를 선택해야지, 둘 다 믿어서는 안 된다고 말한다. 그런데 레오나드는 자신의 신앙을 손바닥만한 공간들 속에 나누어 두지 못한다. 그는 옛 인디언들의 모든 신앙을, 위대한 권능의 서로 다른 면을 동일한 창조적인 힘의 일부로 간주한다. 할아버지 페요테는 위대한 정령 퉁카쉴라(Tunkashila)가 지닌 다양한 형태 가운데 하나인 와칸 탕카이다. 페요테 배지, 담뱃대, 새, 나비, 조약돌 이 모든 것이 정령의 일부이다. 정령이 이것들 속에 있고, 이것들이 정령 속에 있다.

꿈과 환영들은 우리에게 매우 중요하다. 어쩌면 인디언 신앙의 어떤 다른 측면보다 더 중요할지도 모른다. 나는 남중부 아메리카, 멕시코, 북극권 출신의 인디언들과 만났다. 그들은 모두 환영을 찾아 기도한다. 수우 족의 말로 하면, 모두 꿈을 향해 절규한다. 어떤 사람들은 외진 언덕 꼭대기에 있는 환영 내림 의식 구덩이 속에서 4일 밤낮을 단식을 하며 환영을 구한다. 다른 사람들은 태양춤이 열리는 여러 날 동안, 눈을 찌르는 하늘의 빛을 응시하며 단식하고 고통을 겪으면서 환영을 접하기 위해 노력한다. 유령춤 춤꾼들은 둥그런 원을 따라 빙빙 돌며, 정신을 잃고 쓰러져, 영혼이 자기 몸을 떠나고, 지구를 떠나고, 은하수를 따라 별들 사이를 방랑하게 될 때까지 노래를 부른다. 깨어나면 자기들이 본 것들을 이야기한다. 어떤 사람은 움켜쥔 주먹 속에서 '별 모양의 살점'과 달의 암석을 발견했다고 한다. 번쩍거리는 번갯불과 포효하는 천둥소리에서 꿈을 얻는 사람들도 있다. 어떤 부족들은 성스런 버섯이나 흰 꽃 독말풀의 도움을 받아 환영을 구한다. 땀막(幕) 안의 뜨거운 증기 속에서 환영을 경험하는 사람들도 적지 않다. 페요테 의식이 진행되고, 환영을 접하려고 노력하는 동안에, 까마귀개는 문득 섬광처럼 계시를 얻었다. 더 좋은 표현을 찾을 수 없어 섬광 같은 계시라고 한 것이다.

　이 신성한 약초를, 아즈텍(Aztec) 언어로는 애벌레를 뜻하는 페요틀(peyotl)이라고 부른다. 이 선인장이 애벌레 몸에 난 털처럼 곱슬곱슬하기 때문이다. 이 약초를 우리 수우 족의 말로는 페유타라고 한다. 페요테와 페유타는 매우 비슷하게 들린다. 어쩌면 둘이 서로 일치하는지도 모른다. 페요테는 멕시코에서 온 것이 틀림없다. 1870년대에 카이오아와 코멘치 족 인디언들은 이 약초를 가지고 기도를 드렸고, 이른바 아메리카 원주민 모임(Native American Church)을 결성했다. 지금까지도 페요테 신앙은 알래스카에 이르는 지역의 대부분의 종족들에게서 일반적으로 나타난다. 페요테는 리오그란데 강 북쪽에서는 자라지 않기 때문에, 국경 지역에서 구해야 한다. 우리의 '페요테 정원'이 있는 곳도 남서부 지역이다.

페요테는 가장 요긴할 때 대평원 인디언들에게 전해졌다. 마지막 들소 떼가 떼죽음을 당하고, 인디언들이 울타리로 둘러싼 보호구역 안으로 내몰려, 삶에 의미가 되는 것을 모두 박탈당한 채 문자 그대로 굶어죽고, 백인들의 질병에 걸려 죽어갈 때였다. 아메리카 원주민 모임은 가난한 사람들 중에서도 가장 가난한 사람, 정복당한 사람, 재산을 약탈당한 사람들의 종교가 되었다. 페요테는 그들로 하여금 무슨 일이 벌어지고 있는지 깨닫게 하고, 동시에 그것을 견딜 수 있게 해주었다. 절망이 극에 달했던 시절, 페요테만이 그들에게 힘을 줄 수 있었다. 우리의 유일한 두려움은 모든 것을 앗아간 백인들이 이것마저 빼앗는 것은 아닌가 하는 데 있었다. 나는 오늘 아침에도 이렇게 말하는 사람이 있을 것이라고 확신한다. "저 바보 같은 인디언들이 사용하기에는 너무 좋은 물건이야. 그녀석들에게서 빼앗아서 흠씬 취해 보자고." 가끔 백인들이 '주술사'를 본다며, 마치 시골 장터에 머리 둘 달린 송아지를 보러 오듯 레오나드를 찾아올 때가 있다. 대개 첫마디로 내뱉는 말은 "헤이, 추장! 페요테 좀 구했어?"였다. 나는 백인들이 페요테를 악용하는 모습을 이미 보았다. 그들은 환각 기운을 얻기 위해 마약처럼 사용한 것이다. 그런데 우리의 신성한 약초를 손에 넣기가 벌써 매우 어려워지고 있다.

인디언들이 신앙 의식에 사용하는 성체로 페요테를 구입하여 사용하는 것은 그야말로 합법적이다. 솔직히 말하면 값은 상당히 비싸다. 인디언들을 울타리 속에 몰아넣었듯이 페요테 주위에도 울타리를 쳐놓은 탓에 구하기가 점점 더 어려워졌다. 그 대신 텍사스 주 경계 지대를 따라 장사꾼들이 터무니없이 높은 값으로 아메리카 원주민 모임 사람들에게 그것을 팔고 있다. 페요테는 판매원들에게 골드러시와 닮은 점이 있다. 그 가격이 천정부지로 뛰어올랐다. 수요와 공급의 법칙이 적용되었기 때문이다. 페요테 장사는 사업이 되었다. 생각해 보시라. 들판에서 무성하게 자라고, 또 세상이 열리면서부터 원주민들이 사용할 수 있도록 자연이 이 대지에 자라게 해준 약초를 가지고 장사를 벌이는 이 현실을 말이다.

페요테는 나로 하여금 내 자신과 나를 둘러싼 세계를 이해하게 해준다. 우리 인디언이 지고의 존재이고, 페요테가 지고의 약이며, 그 약효가 훌륭하다는 사실을 알 수 있게 해준다. 페요테는 약효가 매우 강하기 때문에 악용하면 위험할 수 있다. 바른 마음과 바른 방법으로 접근해야 한다. 사악한 마음을 먹으면 해를 입을 수 있다. 그러나 페요테는 결코 나를 해치지 않는다. 항상 나를 잘 치료해준다. 그 밖의 다른 수단이 없을 때, 페요테는 나에게 도움을 준다. 할아버지 페요테는 당신들을 알고 있다. 그를 피해 몸을 숨길 수가 없다. 그는 아직 태어나지 않은 아기가 어머니 뱃속에서 춤추게 할 수도 있다. 그에겐 그런 권능이 있다. 이 약을 올바른 방법으로 복용하면 몸에서 힘이 솟구치고, 자신이 '권능 안으로 들어가고', 다른 세계의 힘이 다른 사람이 아니라 특별히 자신에게 들어오는 것을 느낀다. 이처럼 권능을 상징하는 페요테를 사용하든 사용하지 않든 관계없이, 이런 현상은 모든 인디언들에게 흔히 나타나기도 한다.

페요테는 통합하는 힘을 지녔다. 이것은 페요테가 주는 제일가는 축복 가운데 하나이다. 이 통합력을 매개로 과거에는 적대적이었던 부족들도 우정으로 맺어지고, 투쟁 중인 우리는 도움을 얻었다. 내가 페요테의 길을 걷게 된 것은 AIM의 길을 걸었기 때문이다. 내게 그 둘은 하나의 길이다. 나는 많은 부족을 찾아다녔다. 그들은 문화도 서로 다르고, 쓰는 말도 다르다. 심지어는 이 약초를 함께 나누어 먹을 때 치르는 의식조차도 다를지 모른다. 상대를 시샘하여 이렇게 말할지도 모른다. "우리가 더 훌륭한 부족이다. 우리가 너희들보다 전투를 더 잘했다. 일도 더 잘 했고." 그러나 일단 페요테 티피 안에서 만나면, 모든 차이는 없어진다. 그들은 더는 나바호(Navajo) 족이나 퐁카(Ponca) 족, 아파치(Apache)나 수우 족이 아니다. 그냥 인디언일 뿐이다. 서로 상대의 노래를 배우며, 진정으로 동질적인 존재임을 확인한다. 페요테는 많은 부족을 하나의 부족으로 만들어주고 있다. 그 점에서는 태양춤도 마찬가지이다. 이 또한 서로 다른 인디언 부족들을 하나로 통합하는 데 이바지한다.

우리가 부르는 노래에서는 신성한 뿌리의 메아리, 조롱박 속에 들어 있는 돌 부스러기들이 달그락거리는 소리, 페요테 부채를 만드는 까치와 딱새의 깃털에서 나는 소리, 물 북에서 나는 소리, 물새 우는 소리가 들린다. 페요테는 우리에게 소리, 곧 지식의 노래를 내려주고, 건강이나 부족의 생존을 위한 기도를 베풀어준다. 한번은 티피 꼭대기 구멍을 통해서 별이 반짝이는 것을 바라본 적이 있다. 별빛은 신성한 제단을 비추고, 내게 노래를 불러주었다. 많은 노래들을 들어보면 그 안에 이야기는 들어 있지 않다. 그렇지만 우리가 원하면 이야기를 넣을 수 있다. 노래에 이야기를 넣는 것은 페요테의 몫이다. 여인들은 항상 페요테 모임에 참가했다. 그러나 노래를 부를 수는 없었다. 이는 오랜 전통이었다. 여인들은 지팡이를 들고 기도하지 못하게 되어 있었다. 지팡이는 남성이고, 여성은 남성이 되려고 해서는 안 되기 때문이었다. 나는 의식이 진행되는 동안 노래를 불러도 된다는 허락을 받은 최초의 여인들 가운데 한 사람이다. 사람들은 내 목소리가 어린 소녀의 구슬픈 목소리 같다고 한다. 레오나드의 누이들은 모두 훌륭한 노래꾼이다. 목소리가 깊고 힘있는 크리스틴이 특히 노래를 잘 부른다. 지금은 많은 여인들이 지팡이를 쥐고 조롱박을 흔들며 노래를 부른다.

레오나드는 전국의 페요테 노래꾼 가운데 가장 훌륭한 노래꾼이다. 지금까지 그 말을 하지 않은 것은, 내가 그의 아내이기 때문이다. 그는 말 그대로 수많은 부족들이 부르는 수백 곡이 넘는 다양한 노래를 알고 있다. 적어도 백 곡 정도는 그가 직접 만들었다고 할 수 있다. 그의 노래들은 전통적이다. 그는 뭐라고 딱 꼬집어 말하기 어려운 새롭고 특별한 내용을 노래 속에 넣어 부른다. 어느 때는 그의 목소리가 정상적인 인간의 목소리가 아닌 것처럼 들린다. 어떤 때는 혼자가 아니라 두세 사람이 함께 노래하는 것처럼 들리기도 한다. 그는 노래 속에 새소리를 넣어 부르기도 한다. 뻐꾸기의 노래도 두어 곡 만들었다. 그가 수우 족의 말로 노래하는 소리를 들어보면, 동시에 뻐꾸기가 아주 빠른 속도로 지저귀는 소리도 들을 수 있을 것이다. 뻐꾸기가 티피 안에서 빙빙 날아다닌다고 믿는 사람들이 있을지도 모른다. 그러나 뻐꾸기는 노래 안에만 있을 뿐이다.

퐁카 족, 오토(Oto) 족, 위네바고(Winnebago) 족, 샤이엔 족과 둥그렇게 앉아 있으면, 마치 우리 수우 족 사람들과 함께 있는 듯한 기분이 든다. 영어로 하지 않으면 서로 말이 통하지 않지만, 페요테를 통해서 우리는 하나의 언어로 영적인 대화를 나눈다. 의식은 부족에 따라 조금씩 다르지만 크게 다르지는 않다. 본질적으로는 늘 동일하다. 나바호 족은 의식을 치르는 도중에 옥수수 껍질을 사용기도 한다. 우리는 담뱃대와 인디언 버드나무 껍질 담배인 캔-샤샤(can-shasha)를 사용한다. 나바호 족은 중심 제단을 반달 모양으로 만든다. 다른 부족들은 다른 모양으로 만든다. 어떤 지역에서는 집 안에 있는 평범한 방에서 모임을 갖는다. 물론 방은 의식을 치르는 방답게 깨끗하게 치우고 정화한다. 다른 지방에서는 티피 안에서 모임을 갖는 것을 선호한다. 나바호 족이 찾아오면, 레오나드는 나바호 족의 방식에 따라 의식을 진행한다. 우리가 애리조나 주로 찾아가면, 나바호 족은 우리를 위해서 수우 족의 방식으로 의식을 치를 것이다. 차이는 부수적인 것이다. 의식은 항상 해질 무렵에 시작하여 동트는 새벽녘에 마무리된다. 노래를 부르고, 지팡이와 조롱박을 흔들고, 부채를 부치고, 북을 두드리고, 담배를 피우고, 불을 지피고, 차가운 물을 마시는 것은 항상 같다. 국경 아래쪽으로 내려가면 페요테 의식이 현저하게 다른 방식으로 치러진다. 1975년에 레오나드가 자기 땅에서 유령춤을 개최했을 때의 일이다. 이름이 야퀴(Yaqui), 즉 후이촐(Huichol)과 나후아틀(Nahuatl)이라고 하는 멕시코 인디언 두 사람이 모습을 나타냈다. 우리는 까무러칠 정도로 놀랐다. 어떻게 유령춤 소식을 들었는지, 무엇에 이끌려 까마귀개의 땅까지 그 먼 거리를 여행했는지 궁금했다. 그들의 출현은 우리에게 뭔가 신비스런 느낌을 주었다. 오아크사카(Oaxaca) 출신의 남자는 전형적인 멕시코 인디언 의상 차림으로 왔는데, 나후아(Nahua)라는 자기 이름이 따뜻한 남풍이라는 뜻이라고 했다. 그러자 라코타 인디언 특유의 익살을 즐기는 수우 족 사람들은 그 자리에서 '가벼운 소란'이라는 이름을 지어주었다. 아즈텍과 마야의 나라에서 온 이 인디언 형제들도 알고 보니 페요테 의식을 벌이는 사람들이었다. 그런데 이야기를 들어보니 그들의 의식은 역사의 새벽으로 거슬러 올라가는 우리의 그것과는 전혀 달랐다.

　페요테 의식의 지팡이는 남성이다. 그것은 살아 있다. 내 남편 레오나드의 말에 따르면, 그것은 위대한 정령에 이르는 '직통 전화'이다. 인간의 생각들이 지팡이를 타고 올라가면, 계시가 지팡이를 타고 내려온다. 조롱박은 두뇌, 두개골, 정령의 소리이다. 물 북은 생명의 물이다. 그것은 인디언의 심장 박동이다. 북의 가죽은 우리의 가죽이다. 거기에선 두 가지 소리가 난다. 하나는 높고 맑은 소리, 또 다른 하나는 깊고 울려 퍼지는 소리이다. 북은 시작과 끝이 없는 신성한 둥근 테처럼 둥글다. 삼나무 타는 연기는 초록빛으로 살아 있는 모든 생명 있는 것들의 숨결이다. 그것은 만물을 정화한다. 연기에 닿는 것은 무엇이든 거룩한 존재가 된다. 불꽃 또한 살아 있고 영원하다. 그것은 한 세대에서 다른 세대로 전해진 화염이다. 깃털 부채는 전투모이다. 그것은 대기에서 노래를 받아들인다. 까마귀개의 아버지, 헨리 까마귀개는 까치 깃털로 된 부채를 가지고 있었다. 까치가 그에게 노래를 가르쳐주었다. 까치의 깃털은 병을 치료하는 데 쓰인다. 물새 깃털은 페요테 주술사들의 길동무이다. 물새는 페요테 신앙의 상징 중에서 으뜸이다. 물새 깃털로 만들어진 부채는 페요테 주술사들이 물을 축복하는 데 쓰인다. 매의 깃털은 유익한 지식을 구하는 데 쓰인다. 딱새 깃털 부채는 흰 사슴가죽 옷을 입은 검은머리의 인디언 어머니, 인디언 여인들을 대변한다. 모든 이들이 마코 앵무새 깃털로 만든 부채를 갖고 싶어하지만 얻기는 쉽지 않다. 마코 앵무새는 못 하는 말이 없으며, 부족을 통합한다. 우리는 마코 앵무새 부채에서 예언이 적중되는 것을 볼 수 있다. 이상한 일은 뉴멕시코 주, 애리조나 주, 콜로라도 주에서 발견되는, 천 년 전 선사시대 인디언의 유적지에서 깃털들과 마코 앵무새의 잔해들이 발견되고 있다는 사실이다. 나는 또 수백 년 전에 바위에 그린, 앵무새들을 묘사한 그림들도 보았다. 이 마코 앵무새의 깃털, 미이라 그림들은 이 거대한 새가 야생에 출현하는 가장 가까운 지역에서 북쪽으로 약 1,500에서 2,000마일이나 떨어진 곳에서 발견되었다. 이는 북미 푸에블로(pueblo) 인디언들이 아즈텍과 톨텍 사람들과 교류를 했었다는 사실을 입증한다. 나는 선사시대의 북미 인디언들이 페요테 사람들이어서, 의식을 치를 때 사용할 깃털 때문에 그 마코 앵무새를 수입했는지 궁금할 때가 자주 있다. 언젠가는 그것을 밝혀내고 싶다.

초기 아메리카 원주민 모임의 지지자들은 선교사들과 정부 대리인에게 박해를 받았다. 페요테를 성체로 사용했기 때문이 아니라, 원주민을 '백인화하는 데' 방해가 된다는 이유로 모든 인디언 의식이 금지되었기 때문이다. 바로 얼마 전까지도 많은 주에서, 신성한 약초로 기도를 올렸던 많은 사람들이 감옥에 끌려갔다. 내 남편의 가족은 이러한 방해공작의 초기 희생자였다. 우리 보호구역에서 페요테 모임에 가담한 최초의 사람들 중에는 까마귀개의 사람들도 있었다. 대략 1918에서 1920년 무렵의 일이었다.

레오나드의 아버지 헨리에게는 레오나드가 태어나기 전에 어린 아들이 하나 있었다. 1930년대 초, 헨리의 가족은 세인트 프랜시스에서 살았다. 거기는 큰 교구와 교구 소속 기숙학교를 관리하는 사제들이 관리하는 곳이었다. 어느 겨울 밤, 사제 가운데 한 사람이 페요테 북 소리를 들었다. 소리나는 곳을 따라가 보니 헨리 까마귀개의 땅이었다. 거기서 의식이 진행되고 있었다. 인디언 사무국 경찰은 까마귀개를 마을에서 쫓아내라는 명령을 받았다. 그는 다수의 선량한 기독교도들, 곧 순종하며 백인인 척하는 인디언들을 부패시키는 이교도의 썩은 인디언 취급을 받았다. 경찰은 까마귀개의 소유물과 아내와 아이를 늙은 말이 끄는 마차에 실어놓고, 세인트 프랜시스를 떠나든지 감옥에 가든지 선택하라고 했다. 눈보라가 거세게 휘몰아치고 있었다. 사우스다코타 주의 눈보라는 동부의 도시 거주자들의 상상을 뛰어넘을 정도로 매섭다. 헨리는 10여 마일 떨어진 곳에 있는 할당받은 땅으로 마차를 몰았다. 자기 땅에 살면 앞으로는 아무도 자기를 내쫓지 못할 것이라고 생각했다. 줄곧 거센 눈보라를 헤치며 나아갔다. 때로는 바람에 날려 높이 쌓인 눈더미를 밤새도록 헤치고 나아가기도 했다. 이른 새벽에 자기 땅에 도착했을 때, 그들은 마차에서 잠을 잘 수밖에 없었다. 얼음처럼 차가운 바람을 피할 수 있는 유일한 피난처는 마차뿐이었다. 당시 그곳에는 집이 없었다. 날이 밝을 무렵, 어린 아들은 추위로 얼어죽어 있었다. 그때 나이 두 살이었다. 레오나드에게는 얼굴도 모르는 형이었다. 믿음 때문에 고통을 받을수록, 그 믿음은 더욱더 소중해지게 마련이다. 믿음 때문에 박해를 받으면 받을수록 까마귀개와 부족의 다른 가족들은 더욱더 완강하게 믿음에 의지했다.

운디드니 사건 이후 까마귀개의 아내가 되었을 때, 나는 그와 함께 이른바 '페요테 정원'으로 가기 위해 남쪽으로 내려가기 시작했다. 한 번 시작하면 항상 왕복 약 3천 마일을 이동했고, 가는 도중에는 다양한 부족들과 함께 어울렸다. 솔직하게 고백하면, 나도 처음에는 수우 족 인디언들이 생각하고 있는 남부의 여러 부족들에 대한 편견을 갖고 있었다. 처음에 그들은 대단히 평화적이고 자기 만족에 빠져 있으며, 투쟁에 몸을 던지지 않을 것처럼 보였다. 특히 푸에블로 인디언들이 그랬다. 평원의 인디언들이 농사에 대해 갖고 있는 반감이 그들에게는 보이지 않았으며, 백인이 이 대륙에 처음으로 발을 들여놓기 이전에 이미 수백 년 동안 길러왔던 옥수수와 호박을 여전히 밭에서 기르고 있었다. 마침내 나는 그들이 우리 평원의 인디언들에게는 없는 내면의 강인함을, 구체적으로 말하면 남자다움을 과시하지 않는, 곧 위대한 전사라거나 또는 위대한 전사였다며 뻐기지 않는 강인함을 가지고 있다는 사실을 깨달았다. 그들이 정부와 거리를 유지하는 방법, 관광객들과 사진작가들을 멀리 떼어놓는 방법, 야단법석을 떨거나 대립하지 않고 옛 전통을 유지하는 방법들에 대해서 감탄하지 않을 수 없었다. 그들은 일을 하며 항상 바쁘게 움직였다. 전체적으로 볼 때, 그들에겐 우리보다 알코올 때문에 생기는 문제가 적었다. 물론 그들은 역사의 새벽이 동튼 이래로 농민이자 위대한 도예가로 살았고, 지금도 보석 만드는 일을 하며 살고 있다. 농사와 수공예를 통해서 괴멸되지 않고 시스템에 적응할 수 있었다.

그들은 우리 북부 부족들보다 훨씬 더 윤택하게 살았다. 아름다운 전통 아도비 벽돌〔adobe : 볕에 말린 벽돌〕로 지은 집들은 포근했으며, 현대식 욕실과 부엌을 갖추고 있었다. 아늑한 벽난로 옆에 앉아서 지냈으며, 마루 바닥에는 섬세한 인디언 양탄자가 깔려 있었고, 빨간 칠레 고추를 끼운 줄이 서까래에 매달려 있었다. 바깥에 세워 둔 가족의 자동차는 새것처럼 번쩍거렸다. 한쪽 전조등이 들어오지 않고, 창문 한쪽이 박살난 수우 족 사람들의 낡은 구식 자동차와는 달랐다. 푸에블로 사회에서 여자들이 맡은 커다란 역할에 주목하지 않을 수 없었다. 여자들이 집을 소유했고, 또 실제로 집을 지었다. 아이들은 종종 아버지의 성이 아니라, 어머니의 성을 따랐다. 어떤 아이들은 어머니의 가계에 입적되었다. 나는 그것이 약간 부러웠다. 물론 푸에블로 사람들은 운이 좋았다. 울타리로 둘러싼 보호구역으로 내몰린 불쌍한 우리 수우 족과는 달리, 아직도 그들은 스페인 사람들이 들어오기 이미 오래 전부터 있었던 태고적 마을에서 살고 있었다. 그러면서도 우리 수우 족이 직면한 문제와 같은 문제를 안고 있었다. 그들도 개발업자, 노천 채굴 광산업자, 우라늄 탐광업자, 댐 건설업자들에 맞서 땅과 물을 보호해야 했다. 요란한 우리 라코타 사람들보다는 그들이, 자기 나름의 조용한 방법으로 이런 일을 더 잘 처리하고 있는지도 모른다는 생각이 들었다. 여행을 하고 여러 부족을 만나면서 우리는 많은 것을 배웠다. 적어도 나는 그랬다.

우리에게는 다코타 주에 있는 아메리카 원주민 모임의 모든 사람들을 대표하여 일하고, 레오나드가 그 모임의 사제인 동시에 공무원이라는 사실을 입증해주는 면허증과 서류가 있었다. 그래서 텍사스 주나 멕시코로 내려가 합법적으로 우리의 약초를 수확할 수가 있었다. 레오나드는 신분증을 보여주기만 하면 페요테를 원하는 만큼 얻을 수 있다. 그만한 값을 지불할 만큼의 돈이 있을 경우에 그렇다는 것이다. 이만한 권리를 쟁취하는 데도 꽤 힘든 법정 싸움을 벌여야 했다. 레오나드가 승소한 가장 흥미 있는 재판 가운데 하나는 나바호 보호구역에서 벌어진 사건에서 비롯되었다. 여러 나바호 친구들이 그를 페요테 의식에 초대했다. 의식 진행은 나바호 인디언이 맡고, 레오나드에게는 불의 추장 역할을 맡겼다. 의식이 막 시작되었을 때, 어떤 인디언 여인이 백인 남자를 데리고 왔다. 그녀는 그가 자기 남편이기 때문에, 의식에 참가하는 데는 아무런 문제가 없다고 설명했다. 그 백인 친구는 꼭 히피 같은 옷차림이었다. 머리는 치렁치렁하고 온몸에 구슬이 달려 있었다. 어찌 보면 인디언 차림 같기도 했다. 그가 약초를 조금 먹고는 약기가 오르는 듯 술에 취한 것처럼 비틀거리더니, 의식이 진행되는 도중에 갑자기 일어나 몰래 밖으로 나갔다. 비틀거리며 다시 티피로 들어올 때, 출입구를 통과할 수 있을 만큼 고개를 낮게 숙이지 않은 탓에 긴 머리가 걸려 벗겨졌다. 알고 보니 가발이었다. 가발 속은 짧게 깎은 머리였다. 그 순간 그가 입을 열었다. "난 홀브룩의 보안관이다. 너희들을 모두 체포한다." 인디언들은 모두 웃음을 터뜨렸다. 참으로 훌륭한 구경거리가 아닐 수 없었다.

심리가 진행되면서 알게 된 것인데, 인디언이 백인 남자를 의식에 참석하게 했다는 것이 기소 내용에 있었다. 사실은 레오나드만이 의식의 손님이었다. 백인을 참석시키고 말고는 그의 소관이 아니었다. 자기 차례가 되었을 때, 레오나드는 말했다. "재판관님, 백인 남자가 이 약초를 먹은 것이 불법이라면, 보안관 스스로 법률을 어긴 것입니다. 우리가 어긴 것이 아닙니다. 우리는 아주 오랫동안 이 약초를 성체로 사용할 수 있는 허락을 받았기 때문입니다.

그런데 나는 보안관이 법률을 위반하지 않았다고 생각합니다. 왜냐하면 이것은 종교 집회였기 때문입니다. 엄격하게 집행된 의식이었다는 점에서, 우리가 허락한다면 백인 남자에게도 참석할 권리가 있습니다. 종교의 자유는 페요테 의식이 진행되는 티피 앞에서도 억제되지 않습니다. 또 보안관에게는 먼저 인디언의 땅에 대한 사법권이 없었습니다. 보호구역 안에서는 그 또한 관광객에 불과했습니다. 체포권은 부족 경찰에게만 있었습니다. 이 점을 말씀드리고자 합니다." 우리는 그 재판에서 이겼다. 페요테 의식에 유리하게 내려진 기념비적인 판결이었다.

페요테 정원으로 내려갈 때, 우리는 보통 자동차 4, 5대나 트럭을 타고 여행한다. 페요테 수확에는 꽤 많은 사람들이 필요하다. 국경에는 배급업자, 곧 페요테 상인들이 있다. 그들에게 마지막으로 샀을 때, 페요테 싹 천 개에 백 달러나 주었다. 5년 전에는 25달러였다. 이것이 바로 인플레이션이다. 그렇지만 지난번에 두세 번 내려갈 때는 배급업자들에게 들르지 않았다. 우리가 몸소 수확했다. 아스피린이나 감기약처럼 사는 것보다는 직접 수확하는 것이 비용이 적게 들었다. 게다가 올바르고 경건한 방법으로 약초를 얻는 데도 그 방법이 더 적합했다.

우리는 페요테가 산재해 있는 사막에서 한 장소를 발견했다. 일종의 선인장 나무가 그곳에 있었다. 해가 뜰 때 일어나, 레오나드의 주관 아래 의식을 벌였다. 많은 약초를 찾게 해준다는 의식,

곧 페요테가 있는 곳을 제대로 찾을 수 있도록 기도자가 도와주는 의식이었다. 모두 흩어져 사방으로 찾아다녔다. 그 일대는 모두 선인장, 여호수아 나무, 떡갈나무 수풀, 크레오소트 덤불로 뒤덮여 있었다. 어떤 선인장들은 20피트나 될 정도로 키가 어마어마하게 컸다. 페요테는 바늘 같고 못처럼 날카로운 나뭇가지와 가시들 사이에 숨어 있었다. 그만큼 손에 넣기가 힘들었다. 페요테를 얻으려면 노동을 해야만 하고, 몸에 긁힌 상처가 나는 것도 괜찮다고 생각했다. 그래야 페요테 수확에 특별한 의미를 부여할 수 있었기 때문이다.

한번은 바바라 언니가 우두머리 페요테 한 그루를 발견했다. 16조각으로 나뉜 형상이었다. 성스런 네 방향으로 네 번씩이나 갈라져 있을 정도로 컸다. 우두머리 페요테를 발견하면 우리는 그것을 위해서, 그것에 대해, 그것과 함께 기도를 올린다. 나는 아메리카 원주민 모임에 속하는 사람이나 가족은 모두 가정에 우두머리 페요테 한 그루씩은 갖고 있어야 한다고 생각한다. 그래서 아직도 우두머리 페요테가 없는 사람이 그것을 발견하면, 통째로 뿌리와 흙을 함께 파서 가져온다. 바바라 언니에게는 그때까지도 우두머리 페요테가 없었다. 레오나드는 그것을 파내도록 도와준 뒤, 언니에게 주면서 말했다. "이 페요테를 가지고 가서, 도움이 필요할 때마다 기도를 올려요." 페요테는 무럭무럭 잘 자랐다. 바바라 언니는 꼬박꼬박 물을 주면서 페요테를 길렀다. 매주 우두머리 페요테에서 작은 꽃이 피었다. 페요테는 볼 때마다 키가 더 자라는 것 같았다. 언니가 집에 없을 때는 할머니가 물을 주고 햇볕을 잘 받을 수 있게 해주었다. 어느 날 어머니가 할머니를 찾아와서 물었다. "왜 저 물건을 치워 없애지 않아요?" 할머니는 대답하기를, "메리와 바바라가 이걸 얼마나 챙기는데. 그 아이들이 없으니 나라도 보살펴 줘야지"라고 했다. 그것만 봐도 할머니가 어머니보다는 진짜 인디언이다. 그 점에서도 어머니와 우리들 사이에는 문화적 차이와 세대 차이가 있다는 것이 드러난다.

어떤 사람들은 페요테를 뿌리째 뽑아간다. 우리는 위 싹만 거두고, 뿌리는 남겨두기로 했다. 그래야 그것이 다시 자랄 수 있기 때문이다. 3만 5천 잎의 페요테 싹을 수확하는 데는 2주일이 조금 더 걸렸다. 그 정도면 부족 전체가 일 년 내내 사용할 수 있는 양이었다. 약초를 거두고 있는데, 땅 주인인 목장주가 다가와서 자기 사유지에서 무엇을 하느냐고 물었다. 설명을 해주자 그는 미소를 지으며 언제든지 와도 좋다고 했다. 그 많은 양의 페요테를 어쩔 수 없이 배급업자들이 매긴 비싼 가격을 주고 샀더라면, 우리 아이들은 신발도 신지 못하고 지내야 했을 것이고, 우리는 남은 일 년 동안 음식과 모든 것을 절약하며 살아야 했을 것이다. 3만 5천 잎의 싹은 그만큼 많은 양이다. 사람의 생각은 자기 땅에서 나는 약초에 좌우되는 법이다. 이를 AIM 운동원들은, 약초에 '민감하게 반응한다' 고 말한다. 페요테를 처음 수확한 것은 내게 새로운 경험이었다. 나는 또 가고 싶었고, 일하는 솜씨도 매번 조금씩 더 좋아졌다. 좀더 경건한 방법으로, 좀더 빈틈없이 페요테 싹을 수확하게 되었다.

한번은 페요테를 수확하려 옛 멕시코 땅으로 간 적이 있었다. 다시 미국으로 돌아오는 길이었다. 자동차 곳곳에 자그마한 페요테들이 널려 있었고, 계기판에도 자잘한 싹들이 놓여 있었다. 누가 그랬다. "맙소사! 페요테를 국경 너머로 운반하는 것은 불법이야. 우리 모두 잡혀가고 약초도 모두 빼앗길 거야." 그렇다고 약초를 창 밖으로 내던지고 싶지 않았다. 그래서 나하고 다른 소녀 하나는 그것을 먹기로 작정했다. 그것이 좀더 페요테를 위한 방법 같아 보였다. 텍사스에 있는 모텔로 돌아왔을 때는, 이미 우리가 페요테를 다 먹어치운 뒤였다. 머리가 빙빙 돌았다. 의식을 진행하는 도중에 약초를 먹으면, 약 기운이 그런 식으로 오르지 않는다. 모텔의 내 방 양탄자에 앉아 있는데, 권능이 내 안으로 드는 것 같았다. 정말 그랬다. 그런데 나중에서야 우리는 세관 검사원들이 우리들을 다 알고 있고, 까마귀개의 면허증을 보았으며, 우리 앞에 있는 차들을 웃는 얼굴로 손짓하며 통과시켰다는 사실을 알게 되었다. 페요테와 모든 사람들을. 그런데 거기서 나는 기록적인 양의 약초를 기록적인 시간에 위장 속으로 밀어 넣고 있었던 것이다. 아무 까닭도 없이. 그렇지만 나중에 모텔에 있을 때, 기분은 정말 좋았다.

8. 캉크페 오피 와크팔라

> 나는 알고 있었다. 내 육신이 이곳에 당도하는 날,
> 벌레와 까치들의 밥이
> 될 것임을.
> 그리하여 이곳에 오기 전에 육신을
> 멀리 내던진 것이다.
> — 독수리외딴산(Eagle Butte) 출신의 젊은이

나는 내 자신이 과격하거나 혁명적이라고 생각하지 않는다. 우리에게 그런 낙인을 찍은 것은 백인들이다. 우리가 바라는 것은 상관하지 말고 그냥 내버려두라는 것이다. 우리의 소원은 우리가 원하는 삶을 누리는 것이다. 그것이 전부이다. 우리는 서류로 다스려지는 것이 아니라, 실제로 우리가 우리 자신을 다스리는 것이다. 그걸 혁명적이라고 부른다면, 나는 혁명적이라는 표현에 어울리는 삶을 살 것이다. 사실 나는 정상적이고 평화로운 생활, 즉 수우 족의 눈으로 볼 때 정상적인 생활을 하고 싶은 생각이 간절하다. 내가 선택한 삶이었다면, 허술하기 짝이 없는 오두막집,

냄새나는 옥외 변소, 가난도 받아들일 수 있었을 것이다. 그렇다. 가난, 요컨대 품위 있고, 남의 참견을 받지 않는 가난은 감수했을 것이다. 그렇지만 굴욕적이고, 인간을 타락시키며, 술에 취한 가난을 무작정 참고 싶지는 않았다. 정상적인 삶이 오기까지는 오랜 시간이 걸렸다. 아직까지도 나는 간절한 소망인 평화를 얻지 못하고 있다.

남편이 펜실베이니아 주 루이스버그에 있는, 가장 경비가 삼엄한 감옥에 갇혀 있을 때, 나는 그와 가까운 곳에 있고 싶어서 백인 친구들과 함께 뉴욕에서 여러 달을 보냈다. 생전 처음으로 백인 미국인들이 '정상적'이라고 여기는 생활을 해보았다. 그런 생활을 즐기고 싶은 마음이 움텄다는 사실을 부인하지 않겠다. 나처럼 젊은 떠돌이 인디언 여자에게는 새롭고, 안락하고 재미있는 생활이었다. 나는 상당 정도 뉴욕 사람이 되었다. 어린 아들 페드로를 데리고 멕시코인 거리로 가서 환상적인 맛이 나는 나초(nacho)를 사주고, 나는 버진 콜라다스(virgin coladas)를 마셨다. 눈요기로 장보는 일도 재미가 있었다. 경쟁도 없이 거래소들이 제멋대로 값을 매기는 보호구역보다 뉴욕은 모든 물건값이 훨씬 더 쌌다. 가난하면 무엇이든 더 비싼 법이다. 여성 장신구 상점들이 몰려 있는 38번가에 가서 유리 구슬을 샀다. 장미꽃봉오리에서 백인 장사꾼이 파는 값의 6분의 1밖에 되지 않았다. 살 만한 구슬들, 몇 년 동안 한 번도 구경해 보지 못한 구슬들이 매우 많았다. 작은 땀방울만한 초록과 노란색 구슬처럼 19세기의 구슬과 구별할 수 없을 정도로 오래

된 구슬도 있었고, 카이오아 족이 페요테 지팡이와 조롱박에 장식을 할 때 사용하는, 한 면을 절단한 모양의 구슬도 있었다. 나는 향료가 풍부한 사천과 호남 요리에 맛을 들였다.

백인 친구들을 받아들이고, 그들과 이야기도 나눌 수 있게 되었고, 감옥에 갇힌 남편을 대신해서 여러 사람 앞에서 연설을 할 수 있을 정도로 수줍음도 극복했다. 냉수와 온수가 나오는 욕조에서 목욕을 하는 호사도 누렸다. 그리고 현대식 수세식 화장실이 기울어 가는 피사의 사탑 모양의 옥외 변소보다 훨씬 더 편리하다는 사실도 인정하지 않을 수 없었다. 비록 그것이 우리가 늘 저주하는 백인 미국인의 기술이 낳은 산물이라고 하더라도 말이다. 한번은 느닷없이 무슨 바람이 불었는지, 특별 할인 판매라는 말에 페르시아 양탄자 모조품을 아무 생각 없이 99.99달러나 주고 샀다. 참으로 어처구니없는 짓이었다. 이 양탄자를 집에 가져와, 제 잘난 맛에 사는 중산층 기분을 내면서 오두막집의 바닥에 깔았다. 그러나 강아지와 아이들에다, 문제가 불거지기만 하면 시도 때도 없이 드나드는 수많은 사람들 발끝에서 성할 리가 없었다. 심지어 한번은 어떤 말이 열쇠를 잠그지 않은 출입문을 밀고 들어와, 자랑스런 내 소지품 위에 똥을 누기까지 했다.

이 양탄자야말로 내가 선량하고 약한 가정주부가 될 수도 있다는 뜻이었다. 나를 전투적인 여자로 만든 것은 정부다. '책임감 있고 공손한' 인디언, 곧 겉은 빨갛고 속은 하얀 인디언이 되어 정부를 향해 굽실거리면 아무것도 얻지 못한다. 호전적으로 덤벼들어도 얻는 것은 없다. 덤비는 이유를 나열하다가 그만 진이 빠지기 때문이다. 그러나 적어도 찜찜한 기분은 들지 않는다. 운디드니는 입에 거품을 물고 사납게 덤벼드는 투사들의 작품이 아니라, 참을성 있고 전혀 비정치적인, 전통적인 수우 족 인디언들의 작품이었고, 그 대부분은 늙은 수우 족 여인들의 창작품이었다.

갈등은 딕키 윌슨(Dicky Wilson)에게서 시작되었다. 아니 그보다 더 오래 전인 1934년에 공포된 인디언개편법안(Indian Reorganization Act)과 더불어 시작되었다. 당시 정부의 한 법률가가 '가련한 인디언'들을 돕겠다고 작정하고, 모든 부족에게 적용될 헌법을 제정했다고 한다. 그에 따라 인디언들은 워싱턴에 있는 위대한 백인 아버지〔Great White Father : 미합중국 대통령을 뜻함〕의 정부를 흉내낸 자신들의 작은 정부를 구성했고, 인디언 종족들은 제각기 선출된 부족 의장과 의회를 갖게 되었다. 불쌍하고 미개한 인디언들이 현명하기 그지없는 백인 은인께서 하사하신 민주주의의 축복을 누리게 된 것이다. 그런 제도를 창안해 낸 사람들은 어쩌면 진심으로 우리에게 도움을 주고 싶어서 그랬을지도 모른다. 나는 가끔 공상적인 사회 개혁가들이, 커스터 장군이 저질렀던 것보다 더 커다란 해악을 우리에게 끼쳤다고 생각한다. 이 갑작스런 민주주의의 선물은 두 가지 점에서 크게 잘못된 것이었다. 가장 중요한 점은 인디언개편법안이 유구한 역사를 지닌 전통적인 인디언의 자치 형태를 파괴했다는 사실이다. 수우 족에게는 항상 오랫동안 유지되어 온 추장 회의가 있었다. 어떤 종족들은 어머니 혈통의 다스림을 받았다. 또 푸에블로 종족들 가운데는 추장과, 사제의 신분인 키크몽위(Kikmongwi)가 다스리는 부족들도 있었다. 전통적인 인디언 정부는 하나같이 신앙에 기반을 두고 있었다. 인디언 개편 법안은 워싱턴에 충성을 바치는 혼혈 인디언과, 또 그 혼혈 인디언의 절반 정도밖에는 인디언 피가 섞이지 않은 인디언 정치인 집단을 출현시켰다. 순수 혈통의 전통적인 인디언들은 백인들의 작품에 지나지 않는, 백인의 이익을 위해 설치된 이와 같은 꼭두각시 정부에 결코 참여하지 않았다. 그들은 꼭두각시 정부와 아무 관계도 맺으려 하지 않았고, 더러는 부족 선거에 참여하는 것조차도 거부했다. 그 결과 많은 종족에서, 소수의 혼혈 인디언인 엉클 토마호크〔Uncle Tomahawk : 백인 사회에 동화한 아메리카 인디언들을 경멸적으로 일컫는 말〕들의 투표로 의장이 선출되어 권력을 잡았다. 엉클 토마호크들은 교육을 받고, 생활이 넉넉하고, 땅을 갖지 않은 반쪽 인디언으로서, 풀뿌리 민중을 대표하는 인디언이 아니었다. 인디언개편법안이 발효되면서, 엄청난 숫자의 부족들이 '협조적이고 호의적인 인디언'과 '저항하는 적대적인 인디언'으로 분열되었다. 전자에 속하는 인디언들이 부족의 행정 기관을 차지했고, 후자는 깊은 외딴 산골에서 살았다. 1934년에 형성된 이러한 분열은 여러 곳에서 오늘날까지도 지속되고 있다.

인디언개편법안의 전체적인 내용 가운데 두 번째 잘못은, 부족 정부에게 거의 실권이 없다는 사실이다. 권력은 늘 백인 감독관 (superintendent)과 인디언 사무국의 백인 관료들 손아귀에 있었다. 돈주머니를 쥐고 있고, 몇 개 되지도 않는 일자리를 나누어주는 권한은 감독관의 차지였다. 그는 워싱턴의 지원을 받고 있었다. 부족 의장과 감독관이 충돌할 경우 승자는 항상 백인 감독관이었다. 부족 재판소도 마찬가지였다. 여기서는 사소한 범죄, 이를테면 배우자 구타, 자동차 속도 위반, 술 주정과 풍기 문란 같은 사건만을 취급하게 되어 있었다. 단순한 경범죄 이외의 모든 범죄를 포괄하는 이른바 10대 주요 범죄들은 보호구역 밖에 있는 연방 법원에서 백인 배심원들이 처리하도록 했다. 더러는 훌륭한 부족 의장도 있었다. 하지만 많은 의장들은 부패한 인물이었다. 대표적인 저질 의장들은 족벌주의의 작태를 보였다. 중요한 직책에는 하나같이 자기 일가붙이를 앉혔다. 동생은 경찰서장, 조카는 부족 경찰관, 처남은 부족 재판관, 삼촌은 선거관리위원회 의장직을 맡는 식이었다. 어떤 상황인지 이해가 될 것이다. 그런 친구가 일단 자리를 차지할 경우 쫓아낸다는 것은 엄두도 낼 수 없는 일이었다.

소나무산마루의 딕키 윌슨은 가장 악질적인 부족 의장의 전형이었다. 소나무산마루는 우리의 이웃 보호구역이다. 우리 보호구역인 장미꽃봉오리와 함께 약 2백만에서 3백만 에이커에 달하는 매우 넓은 지역을 차지하고 있다. 둘 다 수우 족 보호구역이다. 똑같은 언어를 사용하고, 똑같은 의식과 관습을 지키며, 서로 혼인이 이루어지고 있다. 장미꽃봉오리에 사는 인디언들은 대부분 소나무산마루에 일가붙이를 두고 있다. 소나무산마루 수우 족은 빨간구름(Red Cloud)과 미친말의 사람들인 오그랄라 부족이다. 1960년대 초, 윌슨과 그의 아내는 소나무산마루 주택국에서 배관공으로 일하면서 지위를 남용하여 이익을 취했다는 죄목으로 기소되어 보호구역에서 쫓겨났다가 몇 년 뒤에 돌아왔다. 그 뒤 윌슨은 다른 사람과 함께, 부족기금 불법횡령 혐의로 고발당했다.

부족 의장이 되자, 그는 보호구역에서 언론과 집회의 자유를 말살했다. 존 버치 협회〔John Birch Society : 1958년에 로버트 웰치 2세(Robert Welch, Junior)가 설립했다는 극우반공단체〕에서 발행한 문건을 배포하였고, 그곳에서 제작된 증오의 영화들을 상영했다. 부족의 공금도 남용했다. 부족 투표함을 자기 지하실로 가져가, 거기서 개표를 실시했다. 특히 그가 악랄했다고 말하는 까닭은 사병(私兵)의 힘을 빌려 지위를 유지했다는 사실 때문이었다. 그의 사병은 폭력단으로 알려진 자들로 구성되어 있었다. 모두가 그들을 두려워했다. 윌슨의 지배에 반대하는 사람들의 집에는 소이탄이 날아들고, 총알이 날아들어 차와 창문이 벌집이 되었다. 어떤 사람들은 폭행을 당하고 살해되기도 했다. 소나무산마루에서는 폭력으로 사람이 죽는 일이 다반사로 벌어졌지만, 해명도 없었고, 수사도 이루어지지 않았다. 사람들은 겁에 질려 집 밖을 나서지 못했다. 한 어린 소녀는 눈에 총알을 맞았다. 희생자의 대부분은 윌슨에게 맞서 과감히 대항했거나, 어떤 식으로든 그의 기분을 건드린 사람들이었다. 그는 자기가 보는 앞에서도 사람들을 짓밟고 때리게 했다.

일이 그처럼 걷잡을 수 없게 되자, 말없이 참고 견디는 것으로 유명한, 깊은 산골에 사는 인내심 강한 순수 혈통의 인디언들의 입에서도 불평이 터져 나오기 시작했다. 예전의 협상 담당 추장, 주술사, 부족 통역관, 전통주의자들이 마침내 오그랄라 수우 족 시민권 협회(Oglala Sioux Civil Rights Organization, OSCRO, 이하 오그랄라 협회)라고 알려진 단체를 만들기에 이르렀다. 대표는 우리와 절친한 친구였던 페드로 비소네트가 맡았다. 그도 나중에 윌슨의 폭력단에게 의문의 죽음을 당했다.

일종의 선전포고 없는 전쟁이 소나무산마루 보호구역을 휩쓸고 있는 동안, AIM 회원들이 근처에 있는 빠른도시로 대거 들어왔다. 빠른도시는 인디언들의 말을 빌리면 '미합중국에서 인종차별이 가장 심한 곳'이었다. AIM 회원들은 인디언 빈민가의 일반적 주거 조건과 인종차별, 경찰의 잔악 행위에 항의하는 시위를 벌였다. 빠른도시의 거리와 술집에서 인디언과 백인들 사이에 싸움이 벌어지고 있는 동안에, 웨슬리 나쁜마음황소(Bad Heart Bull)라는 한 수우 족이, 빠른도시에서 멀지 않은 작은 마을인 들소골짜기(Buffalo Gap)에 있는 한 술집 앞에서 백인이 휘두른 칼에 찔려 살해되었다. 이 사건에 대한 재판이 우리의 신성한 검은산 안쪽 깊숙한 곳에 위치한 커스터에서 열렸다. 그러자 소나무산마루, 장미꽃봉오리, 샤이엔 강 출신의 수우 족뿐만 아니라 AIM 회원들도 커스터로 집결했다. 그 결과 그들과 오그랄라 협회 사람들이 서로 섞이게 되었다. AIM 지도자들 가운데 러셀 민스라는 사람은 소나무산마루 수우 족으로서, 오그랄라 부족에서 태어나 호적도 이 부족에 올라 있었다. 그의 가족이 사는 집은 운디드니에서 약 10마일 가량 떨어진 고슴도치에 있었다. 윌슨은 "러셀 민스가 보호구역에 발을 들여놓기만 하면 자기가 나서서 길게 땋아 늘어뜨린 머리를 잘라버리겠다"고 호언했다. 그는 러셀이 소나무산마루에서 연설을 하지 못하게 했다. 이에 아랑곳하지 않고 러셀은 그곳에 갔고, 윌슨은 그를 폭행했다. 러셀은 이마 부분에 두개골 골절상을 당하고 병원에 실려갔으나 곧 퇴원했다. 그처럼 폭발 직전의 상황에서 오그랄라 협회가 AIM 회원에게 윌슨의 폭력단에 대항하는 데 도와달라고 요청을 한 것이다. 그것이 사건의 발단이었다.

내가 보기에 운디드니는 빠른도시에서 시작되었다. 이곳은 존 웨인의 땅이다. 누구나 말보로 담배 선전에 나오는 사람처럼 보이고 싶어 안달을 하는 곳이다. 그 당시만 해도 나는 까마귀개의 아내가 아니었다. 나는 한 젊은이와 사랑에 빠져 있었다. 남편감으로도 부족하고, 아버지로서는 한 길 더 밑인 사람이었다. 그는 나를 임신시켜 놓고 내 인생에서 사라졌다. 임신 8개월의 몸이라 배가 몹시 불렀다. 키가 작은 탓에 배가 더 엄청나게 불러 보였다. 마치 수우 족 전체가, 다시 말하면 일곱 부족 사람들이 모두 빠른도시에 모여 악명 높은 이곳의 인종주의에 항의하는 시위를 벌이는 것 같았다. 우리 오빠도, 바바라 언니도 거기 있었고, 나도 자연스럽게 그곳에 있게 되었다. 우리는 모두 마더 버틀러 여학교(Mother Butler Seminary)에 머물렀다. 그곳은 인디언 활동가들의 아지트였다. 어느 날 밤 잠을 자려고 하는데, 투니라는 이름의 한 소녀가 들어왔다. 나와 친했던 그녀는 흥분한 나머지 정신이 없었다. "이 망할 놈의 도시 전체가 당장이라도 폭발할 것 같아." 온통 그 얘기였다. 그녀는 가방을 내려놓더니 칼 한 자루를 꺼내 장화에 꽂았다. 투니의 카우보이 장화에는 쇠붙이가 달려 있었다. 그녀는 장화를 보여주면서 말했다. "이걸로 저 망할 놈들을 걷어찰 거야. 나도 얼굴에 물감을 칠해야지."

내가 물었다. "무슨 일이야? 나도 가도 돼?" "안 돼. 넌 안 돼, 절대로. 네 몸 상태로는 안 돼." 그녀의 대답이었다.

바깥에서는 러셀과 데니스가 남자 몇 명에게 비폭력적인 전술을 훈련시키고 있었다. 호루라기 소리에 따라 모두 거리로 달려가거나, 마더 버틀러 학교로 뛰어오는 훈련이었다. 대부분은 무척 재미있어 하며 따라 했다. 인디언들은 훈련을 썩 잘 받아들이는 사람들이 아니다. 부족의 지도자들이 훈련을 시킬 때에도 그렇다.

빠른도시의 술집들은 인디언들에게 난폭하다고 알려져 있다. "인디언은 스스로 위험을 책임지고 술집에 들어간다"는 것이 불문

율이었다. 우리는 무리 지어 다녔다. 술집 안의 상황에 효과적으로 대응하기 위해서였다. 누구도 나를 데려가고 싶어하지 않았지만, 어쨌든 나는 따라나섰다. 우리는 무리를 이루어 술집을 전전했다. 가는 곳마다 소동이 벌어졌다. 한 백인 농장 노동자가 내게 시비를 걸었다. "널 착한 인디언으로 만들어 줄게." 나는 그 녀석의 정강이를 걷어찼다. 그러자 그가 내 가슴을 때렸다. 나는 죽기살기로 덤벼들었다. 우리 둘 다 바닥에 쓰러졌다. 임신 중인 여자가 할 행동은 절대 아니었다. 비단 나뿐만이 아니라 모두 다 미친 듯이 격분한 것 같았다.

커스터 장군이 검은산에서 금을 발견한 뒤 우리에게서 빼앗은 땅에 세워진 빠른도시는 언제나 악명이 높았다. 인디언을 괴롭히는 것을 늘 중요한 오락으로 여겨온 이 도시에서 받은 모욕의 생채기나 부당한 구속, 구타를 참지 못했던 것은 비단 장미꽃봉오리, 소나무산마루, 선바위(Standing Rock), 샤이엔 강, 오크나무 샛강(Oak Creek) 출신의 수우 족만이 아니었다. 80년 동안 타오르던 분노가 한 광란의 밤에 마침내 폭발하고 만 것이다. 경찰도 사나워졌다. 미친 듯이 야경 방망이를 휘두르며, 인디언처럼 생긴 사람이면 가리지 않고 머리통을 박살냈다. 인디언들을 닥치는 대로 체포하여 크고 낡은 그레이 하운드 버스에 구겨 넣었다. 200명이나 되는 사람들이 비좁고 낡아빠진 페닝턴 카운티 유치장으로 실려갔다. 체포되지 않은 인디언들은 유치장 주변에서 북을 두드리고, 군가를 부르고, 지그재그로 몸을 움직이며 춤을 추었다.

바로 그때 데니스 둔덕이 소식을 전해왔다. 백인의 칼에 살해된 웨슬리 나쁜마음황소 사건의 재판이 빠른도시에서 45마일 떨어진, 검은산 안에 있는 커스터에서 막 시작되려고 한다는 소식이었다. 커스터가 어떤 마을인가! 그 이름만으로도 분노가 끓어올랐다. 우리의 전설에 따르면 신성한 천둥새(Thunderbird : 북미 인디언이 우레를 일으킨다고 믿는 거대한 독수리 같은 새)의 집이었다고 하는 곳에 세워진 도시가 커스터였다. 그러나 '그들이 어떻게 사는지 보시라!'는 커다란 간판을 내건 사이비 인디언 마을과 같은 관광객 상대의 상점들 때문에 천둥새는 그 신성을 모독당했다.

우리들 중 200~300명이 대열을 이루어 30대의 자동차에 나누어 타고 커스터로 향했다. 1973년 2월 초, 영하의 추운 날씨였다. 눈이 펑펑 내리고 있었다. 도착했을 때, 맨 처음 우리 눈에 띈 것은 거대한 간판이었다. '화약 연기 냄새 가득한 커스터에 온 것을 환영합니다!' 또 다른 커다란 간판도 보였다. '서부가 어떻게 승리를 거두었는지, 그 화려한 야외극을 구경하시라!' 곧 연기 냄새는 더 진해질 판이었다. 우리는 폭동을 일으키는 것이 목적이 아니라 정의가 실현되는 것을 보려고 온 것이다. 사우스다코타 주에서는 인디언을 살해하면 보통은 단순한 경범죄로 처리되어 처벌을 받지 않는다. 그러나 인디언이 백인을 살해하면 사형선고를 받으며, 운이 좋아야 협상을 통해 종신형으로 낮출 수 있다. 이런 식의 법적 이중 잣대에 인디언들은 크게 분노하고 있었다.

우리는 법원 청사 앞에 집결했다. 처음에는 모든 일이 점잖게 진행되었고, 심지어는 유쾌하기까지 했다. 4, 5명으로 된 우리의 남성 대변인단이 법원 청사로 들어갔다(그냥 '대변인'이라고 써야 했겠지만, 그들은 모두 남자였다. 우리는 아직 대변인이라는 말을 사용할 단계까지 오지는 못했다). 잠시 후 지방 검사가 웃는 얼굴로 법원 계단에 나타나 연설했다. 내 기억으로는 이렇게 말했던 것 같다. "인디언 치이이이이인구 여러분. 정의가 실현될 것이라는 점을 약속 드립니다. 믿어 주십시오. 웨슬리 나쁜마음황소를 살해한 범인은 법이 정한 최고형인 2급 고의(故意)살인죄를 선고받을 것입니다."

2급 고의살인죄라는 말을 듣는 순간 분노의 소리가 들끓기 시작했다. 그것은 마치 우리 배에 칼을 꽂는 것이나 마찬가지였다. 그 말은 인디언을 살인한 백인 한 명이 또 그냥 풀려날 것이라는 뜻이었다. 데니스, 러셀, 까마귀개는 지방 검사와 논쟁을 벌이며, 형량을 명기하지 말고, 모의살인죄(murder)인지 고의살인죄인지는 판사가 결정하도록 내버려두라고 했다. 지방 검사는 거절했다. 일이 그렇게 되자, 사태는 더 이상 점잖지도 유쾌하지도 않게 돌아갔다. 주 도로순찰대는 수우 족을 법원 청사 밖으로 밀어내려고 했다. 난투극이 벌어졌다. 주 경찰관들은 복면 헬멧, 총, 긴 폭동 진압봉으로 무장한 채, 싸움이 벌어지기만을 기다리고 있었다. 그들은 살해된 인디언의 어머니, 사라 나쁜마음황소를 곤봉으로 때려

쓰러뜨리고, 폭동 진압봉으로 목을 눌렀다. 법원 청사 안으로 들어간 우리 대표단도 공격을 받았다. 러셀이 질질 끌려나와 손에 수갑을 찬 채 보도에 앉아 피를 흘리며 멍한 표정으로 경찰에게 말을 하는 모습이 보였다. "우리는 생존을 위해 싸우고 있지만, 너희들은 봉급을 받기 위해 이 짓을 하고 있는 거야." 까마귀개가 법원 청사 2층의 깨진 창문으로 뛰어내렸다. 데니스가 그 뒤를 이어 히죽히죽 웃으며 뛰어내렸다. "내 영적인 지도자를 따르는 중이오."

이윽고 아수라장이 되었다. 경찰은 최루가스, 연막탄, 소방 호스를 사용하여, 우리를 법원 청사 밖으로 몰아냈다. 나이 든 할아버지 할머니 몇 분은 여전히 그들을 설득하려고 애쓰는 중이었다. "이럴 필요까지 없어요. 우리 말 좀 들어봐요." 그러나 소용없었다. 경찰관과 인디언들은 법원 청사 앞에 있는 간선 도로를 점거하기 위해 싸움을 벌이기 시작했다. 싸움 와중에 한 젊은 인디언 여인의 옷이 찢어졌다. 헬멧을 쓰고 긴 진압봉을 든 경찰 두 놈이 거의 벌거벗은 상태인 그녀를 눈 위로 끌고 가는 것이 보였다. 그녀는 피를 흘리고 있었다. 바바라 언니 앞에 있던 한 남자는 곤봉을 맞고 의식을 잃은 채, 길 한 가운데 해진 넝마조각처럼 널려 있었다. 경찰 한 놈이 우리에게 소리쳤다. "이 못된 인디언 놈들! 실컷 말썽을 피웠을 테니, 이제는 우리가 혼을 내주마. 더는 행패부릴 기회를 주지 않겠어. 너희 놈들의 대갈통부터 박살을 내주겠어."

그러자 수우 족 인디언들이 우렁차게 전투 함성을 내지르며 앞

8. 캉크페 오피 와크팔라 193

으로 돌진했다. 그들은 도로에 주차해 둔 경찰 순찰차 한 대를 파괴하기 시작했다. 좌절감에 빠진 그들은 순찰차 위로 뛰어 올라가 발길질을 하고, 주먹으로 내리쳤다. 누군가 성냥불을 켜서 연료 탱크에 집어넣었지만 불은 붙지 않았다. 또 한 사람이 차 주위에 휘발유를 붓고 불을 붙이려고 했지만, 성냥이 켜지지 않았다. 눈이 와서 모든 것이 젖어 있었다. 남자들은 순찰차를 뒤집어엎으려고 앞뒤로 흔들었다. 차는 미동도 하지 않았다. 모두가 순찰차에 대고 분풀이를 했다. 그러나 불은 붙을 것 같지 않았다. 바바라 언니가 비웃으며 말했다. "인디언이 전부 덤벼들어 경찰 순찰차 한 대 해치우지 못하다니!"

인디언들은 황급히 상점으로 달려들어가, 유리창을 깨뜨리고 닥치는 대로 물건을 훔쳤다. 청년 두 사람이 쓰레기통에 휘발유를 채워들고 뛰어왔다. 그들은 법원 청사의 계단 위로 달려 올라가 출입문에 휘발유를 끼얹고, 깨진 유리창을 통해 건물 안으로 휘발유를 쏟아 부었다. 소년 몇 명이 횃불을 붙여 들고 주유소에서 달려왔다. 밤에 자동차 바퀴가 터지면, 이를 수리할 때 길가에 피우곤 하던 그런 횃불이었다. 휘발유가 웅덩이처럼 고여 있는 출입문을 향해 횃불을 던졌지만 불을 붙이는 데는 실패했다. 횃불은 계단에서 쉿 소리를 내며 속절없이 꺼져버렸다. 계속 횃불이 날아갔다. 마치 2류 서부영화에 출연한 배우처럼 보이는 한 보안관이 우리들에게 총을 겨누며 말했다. "횃불을 던지기만 해. 죽여버릴 거야. 몸

조심해!" 우리 여자들은 고함을 질렀다. "쏴봐, 쏴봐, 쏴봐! AIM, AIM, AIM이여, 저들이 우리를 향해 몇 번이나 겨누는지 세어봐!" 나도 함께 소리쳤다. 어떤 여자는 촛불을, 어떤 여자는 등유 램프를 들고 있었다. 청년들이 화염병을 던지면, 경찰은 연거푸 소리를 질렀다. "화염병을 던지는 놈은 다 죽여버릴 거야!"

갑자기 우렁찬 고함이 일었다. "아아아아아아아!" 수우 족이 분노를 억누를 때, 늙은 곰이 소리지르듯 내지르는 외침이었다. 휘발유에 불이 붙은 것이다. 소방차가 모퉁이를 돌아 달려왔다. 소방관과 경찰이 법원 청사의 전소를 막기 위해 씨름하고 있는 동안에, 우리는 개척자들의 통나무 오두막집을 흉내낸 상공 회관에 불을 붙였다. 화염이 상공 회관을 감싸자 거대한 불길이 솟구치며, 사방으로 불꽃이 튀었다. '화약 연기 냄새 가득한 커스터에 온 것을 환영합니다!' 라고 쓰인 간판도 환하게 타고 있었다. 여자들은 모두 등골을 오싹하게 하면서도 용기를 북돋아주는 소리를 질러댔다. 난데없이 휘발유 트럭 한 대가 나타나 불타고 있는 상공 회관 바로 코앞에 멈춰 섰다. 운전사는 완전히 넋이 나간 상태였다. 차에 앉아 눈을 휘둥그렇게 뜨고, 두려움에 몸이 뻣뻣하게 굳은 채, 어쩔 줄 모르고 있었다. 입을 멍하니 벌리고 뚫어져라 화염을 응시하고 있었다. 우리는 그에게 손짓으로 신호를 보냈다. 그런데도 그냥 앉아 있기만 했다. 우리 소년들 중 하나가 차 속으로 얼굴을 들이밀고 그에게 소리쳤다. "여기서 꺼져. 어떡하려고 그래? 우리 모두를 날려버리고 싶어?" 어찌나 겁에 질린 표정이든지, 운전사가 안쓰러울 정도였다. 한편으로는 웃음을 참을 수가 없었다. 그만큼 그 운전사가 바보같이 굴었던 것이다. 마침내 그는 퍼뜩 정신을 차려, 서둘러 트럭을 몰고 그곳에서 도망쳤다.

아침에 시작된 싸움이 오후까지 계속되었다. 다행히 총격은 없었다. 돌멩이와 주먹, 곤봉만으로 싸움을 벌였다. 많은 인디언들이 체포되었고, 어떤 사람들은 나중에 재판에 회부되기도 했다. 사라나쁜마음황소는 난동, 방화 죄목으로 기소되어, 최고 40년형을 선고받을 위기에 처하기도 했다. 그녀의 아들을 살해한 자는 무죄 석방되었다. 사라는 자기 아들의 죽음을 핑계로 불법 방해 행위를 저질렀다는 이유로 실제로 몇 주일을 유치장에서 보냈다. 바바라 언니도 체포되어 10년형을 선고받을지 모른다는 소리를 들었지만, 아무 형도 받지 않고 풀려났다. 나는 체포되지 않았다. 뒤쪽 범퍼에 '커스터가 이렇게 된 것은 자업자득이다!' 라고 쓰인 스티커가 붙은 차를 타고 그곳을 떠났다. 스티커를 보니 웃음이 났다. 그날 밤, 빠른도시로 돌아가 텔레비전으로 우리가 싸우는 모습을 보았다. 대단한 하루였다.

우리에겐 한숨 돌릴 시간도 없었다. 벌써 소나무산마루에 있는 오그랄라 협회 사람들이 전화로 다급하게 도움을 요청하고 있었기 때문이다. 윌슨의 폭력단이 미친 듯 날뛰며, 사람들을 마구 폭행하고, 죽이고 있다고 했다. 오글랄라의 연장자들은, 집에서는 칼끝에 목을 조이는 상황인데, 우리가 빠른도시와 커스터에서 시간과 힘을 낭비하고 있다고 생각했다. 그래서 결국 우리 대열은 어쩔 수 없이 소나무산마루를 향해 바퀴를 움직이기 시작했다. 윌슨은 우리가 올 것을 예상하고 있었다. 중무장한 그의 폭력단은 많은 백인 농장 노동자들로 전력이 보강된 상태였다. 그들은 레밍턴과 윈체스터 총을 운전석 뒤의 선반에 올려놓고 우리를 혼내주겠다고 벼르고 있었다. 지방 경찰과 FBI도 기관총과 로케트 발사 장치를 갖춘, 장갑 병력 수송차(Armored Personnel Carrier, APC)라는 장갑차 30대를 이끌고 왔다. 부족 사무소에는 모래주머니가 쌓여 있었고, 지붕에는 기관총이 설치되어 있었다. 인디언들은 그것을 '윌슨 요새'라고 불렀다. 우리의 이동은 계속 그들의 감시 아래 있었고, 하루에도 몇 번씩 보고되고 있었다. 우리는 계속 이동했다.

솔직히 말해서 나는, 사람들이 나중에 '위대한 상징적 행동'이라고 불렀던 일을 하겠다는 신념으로 대열에 가담하지는 않았다. 심지어 우리가 운디드니으로 가게 될 줄은 꿈에도 생각하지 못했다. 아무것도 모르고 있었다. 사람들이 다 그곳으로 갔기 때문에 따라갔을 뿐이다. 나이가 젊고, 사람들과 어울려 다니는 것이 내 생활 스타일이기 때문이기도 했다. 함께 가지 않는다는 것은 생각도 할 수 없는 일이었다. 이번에는 소나무산마루에서 북쪽으로 5마일 떨어진 캘리코(Calico)에 있는 마을 회관에서 윌슨의 지배에 반대하는 모든 사람들과 오글랄라 협회의 모임이 열렸다. 거기에

AIM 회원들이 합세했던 것이다. 거기서 며칠 동안 춤추고 노래하며, 윌슨이 금지시킨 파우와우을 열었다.

우리가 도착했을 때의 광경은 아주 평화적이었다. 어린이들은 원반 던지기를 하며 놀았고, 어른들은 종이컵으로 커피를 마시고 있었다. 한 노인은 내게 말했다. "어찌 해야 좋을지 모르겠어. AIM에 가담하면 한심한 배교자가 되고, 딕키 윌슨과 어울리면 못된 폭력단이 될 테고, 정부를 따르자니 더 이상 인디언이라고 할 수가 없을 것 같으니 말이야." 역사에 그 위대한 이름을 남긴 늙은 추장들과 주술사들도 모두 그 자리에 모였다. 바보까마귀(Fools Crow), 월러스 검은고라니, 까마귀개, 얇은조각(Chips), 피트 갈고리(Catches) 같은 사람들이었다. 중요한 전설적인 인물 중에는 단 한 사람만 빠져 있었다. 나이가 너무 많고 병이 들어 참석할 수가 없었기 때문이다. 부족 재판관 몇 명도 그 자리에 있었다. 그 중 한 사람은 커스터에서 일어난 일에 대해 AIM과 오그랄라 협회 회원들에게 설명하면서 이렇게 말했다. "직업상으로 보면 사실 나는 사유재산을 파괴하는 일체의 행동에 반대해야 합니다. 그런데 개인적으로는 당신들이 그런 일을 해서 속이 후련했어요. 그 빌어먹을 마을을 완전히 불태워 없애 버릴 걸 그랬어요." 나중에 대중 매체 몇 군데에서 주장했던 것과는 정반대로, 거기 참석한 사람들의 압도적 다수는 보호구역에서 태어나서 자란 수우 족이었다. 러셀 민스가 몇 마디 했다. 정확하게 인용할 수는 없지만, 나는 아직도 그의 말을 기억한다. 그의 연설 취지는 이랬다. "기왕 죽을 거라면, 술집에서 싸움질 하다가, 또 어리석은 자동차 사고를 당해서 죽고 싶지는 않아요. 조금이라고 의미 있게 죽고 싶어요. 어쩌면 우리에게 인디언 순교자들이 필요한 시간이 다가오고 있는지도 몰라요." 어떤 노인은 한 평생을 소나무산마루에서 암흑 속에서 살았다는 취지의 말을 했다. 백인들과 윌슨 같은 사람들이 보호구역 전체에 어둠의 장막을 쳤지만, 우리가 이 장막을 걷어내고 햇살이 비추도록 해주었으면 한다고 했다.

바야흐로 무슨 일이 벌어질 것이고, 개인적으로 나도 거기에 휩쓸리리라는 예감이 희미하게나마 들기 시작했다. 과거에는 목격하지 못했던 일이 벌어질 거라는 느낌이었다. 그곳에 있었던 모든 사람들이 그런 느낌을, 우리의 목을 조르는 쾌감 같은 것을 느꼈을 것이라고 생각한다. 그러나 여전히 무엇을 어떻게 하겠다는 구체적 계획은 없었다. 우리는 모두 당연히 보호구역의 행정 중심지, 윌슨과 정부 권력의 소재지인 소나무산마루로 가야 한다고 생각했다. 우리는 늘 오그랄라 부족의 운명은 그곳에 있다고 생각해왔다. 그렇지만 이야기를 계속하다 보니 한 가지 사실이 확연하게 드러났다. 아무도 폭력단과 지방 경찰, FBI가 주둔하여 수비하고 있는 소나무산마루로 돌진하고 싶어하지 않았다. 우리는 도살당하고 싶지 않았다. 역사를 돌이켜 보면 이미 수없이 많은 인디언들이 대량 학살을 당했다. 그런데 소나무산마루로 가지 않는다면, 뭘 어떻게 하자는 말인가? 그때 누가 신비한 마력을 지니고 있는 '운디드니'라는 말을 입에 담았다. 내 기억으로는 엘렌 야영지옮기기(Moves Camp)와 글래디스 비소네트 같은 할머니들이었다고 생각한다. "운디드니로 가서 싸우기로 해요. 그렇게 하기 싫으면 남자들은 여기 앉아서 영원히 이야기나 나누고 있어요. 우리 여자들이 싸울 테니."

'운디드니'라는 말을 듣는 순간, 나는 무척이나 진지해졌다. 우리말로 캉크페 오피(Cankpe Opi)라고 부르는 운디드니는 우리 종족에게는 남다른 의미를 지니고 있다. 그곳에는 길다란 구덩이가 있다. 무려 300명에 달하는 우리 종족 사람들의 얼어붙은 시신이 장작개비처럼 그 안에 내던져졌다. 그 대부분은 여자와 어린이들이었다. 시신들은 아직도 그 거대한 집단 무덤 속에 누워 있다. 무덤에는 가장자리에 시멘트를 발라놓은 것을 빼고는 아무런 표시도 되어 있지 않다. 구덩이 옆 언덕 위에는 하얀 페인트칠을 한 가톨릭 성당이, 그곳 풍경에 억지로 끌어들인 외래 신앙의 기념비로 자리 잡고 서서, 햇살 아래 빛을 발하고 있다. 그 밑으로는 캉크페 오피 와크팔라(Cankpe Opi Wakpala), 곧 운디드니 샛강이 흐른다. 그 강을 따라 옛날 커스터 장군의 제7기병대는 여인과 어린이들을 마치 짐승 사냥하듯 학살했다. 자신들의 패배에 대한 복수로 무기력한 아녀자들을 학살했다. 그것은 오래 전에 일어난 일이다. 그러나 수우 족은 결코 그것을 잊지 않을 것이다.

운디드니는 우리 가족사의 일부이다. 레오나드의 증조부인 최초의 까마귀개는 유령춤 춤꾼들의 지도자 가운데 한 사람이었다. 까마귀개와 그의 무리는 겨울 내내 배들랜즈의 얼어붙은 계곡에 머물고 있었다. 그렇지만 유령춤 춤꾼들을 모두 사살하기 위해 군인들이 대거 몰려오자, 까마귀개는 부족이 학살당하는 것을 막기 위해서 자기가 이끄는 무리와 함께 항복하려고 했다. 지금도 옛이야기들이 전해져, 한편에는 군인들이 줄지어 서 있고, 다른 한편에는 인디언들이 서 있는 사이에 그가 어떤 모습으로 앉아 있었는지를 말해주고 있다. 양쪽 다 사격 준비를 갖추고, 허점을 노리며 몸이 달아 있는 상황이었다. 그는 담요를 뒤집어쓰고 그냥 그 자리에 앉아 있었다고 한다. 모두가 무슨 영문인지를 몰라 우두커니 바라보기만 했다. 당황한 양편 지휘자들은 총을 발사할 엄두를 내지 못했다. 그들은 까마귀개에게 다가가, 담요를 걷어내고 왜 그러느냐고 물었다. 까마귀개의 대답인즉슨, 백인과 인디언의 성미 급한 사람들을 궁금하게 만들어 싸움을 잊어버리게 해야겠는데, 그 자리에 담요를 뒤집어쓰고 앉아 있는 것밖에는 다른 방법이 떠오르지 않더라는 것이다. 그런 다음 그는 사람들에게 총을 내려놓으라고 설득했다. 그렇게 그는 큰발(Big Foot)과 그의 무리가 집단 학살을 당한 곳에서 얼마 되지 않은 장소에서 자기 부족의 목숨을 구했다.

까마귀개의 집안과 내 친정, 양쪽에 다 일가붙이가 되는 딕 바보황소 할아버지는, 내게 가끔 당신이 어린 아이 적에 2마일밖에 떨어지지 않은 곳에서 천막을 치고 있을 때, 우리 부족을 학살하던 총과 대포 소리를 직접 들었고 시신들도 목격했다는 이야기를 해주었다. 한 죽은 여자아이는 미국 국기가 구슬로 장식된 작은 모자를 쓰고 있었다는 이야기도 했다.

운디드니를 향해 출발하기 전에, 레오나드와 월러스 검은고라니는 담뱃대를 들고 우리들을 위해 기도를 올렸다. 사람들을 가득 실은 자동차가 대략 50대는 되어 보였다. 우리는 소나무산마루를 지나 오른쪽으로 갔다. 혼혈 인디언과 폭력단, 경찰 그리고 지붕 꼭대기에 있는 저격병들은, 우리가 차를 멈추고 싸움을 걸어주기를 기다리며 지켜보고 있었다. 그러나 우리 대열은 어안이 벙벙한 표정을 하고 있는 그들을 뒤로 한 채, 소나무산마루를 지나 오른쪽으로 차를 몰았다. 소나무산마루에서 우리 목적지까지는 18마일밖에 되지 않았다. 레오나드는 맨 앞차에 있었고, 나는 멀리 뒤쪽에 있었다.

1973년 2월 27일, 마침내 우리는 옛 수우 족, 곧 앉은황소와 미친말 부족의 운명이 결정되었던 언덕 위에 섰다. 그곳에서 우리도 자신의 운명과 얼굴을 맞대고 있었다. 우리는 말없이 서 있었고, 어떤 사람들은 담요로 몸을 감쌌다. 각자 생각과 느낌은 달랐겠지만, 한 가지 점에서는 모두 마찬가지였다. 모두 흥분과 겨울의 냉기로 약간은 떨고 있었다. 사람들의 심장 박동소리가 들리는 듯했다.

이틀 뒤면 2월이 끝나는 날이어서 춥지는 않았다. 아무튼 사우스다코타 주에서 2월은 춥지 않은 달이다. 대부분의 사람들은 장갑도 끼지 않으려고 했다. 얼굴에 불어오는 부드럽고 가벼운 바람에 머리카락이 날리는 것을 느꼈다. 공기 중에는 더러 눈발이 날리기도 했다. 가까운 곳에 있는 기다란 구덩이에 잠들어 있는 사람들의 정령들이 우리와 함께 하고 있음을 느끼면서, 우리는 바야흐로 그 정령들과 함께 해야 하는 것인지, 경찰은 언제 이곳에 올 것인지를 생각하고 있었다. 머지 않아 그들은 모습을 드러낼 것이었다. 모두 그걸 알고 있었다.

젊은이들은 길게 땋아 늘인 머리에 독수리 깃털을 꽂았다. 그들은 더 이상 일자리 없는 아이들, 비행 청소년, 주정뱅이가 아니었다. 이제 그들은 전사였다. 나는 새끼여우들(Kit Foxes), 강심장들(Strong Hearts), 오소리들(Badgers), 개군인들(Dog Soldiers)과 같은 옛 전사 집단에 대해서 생각했다. 우리말로 토칼라(Tokala)로 부르는 새끼여우들은 긴 띠를 두르는 습관이 있었다. 전투가 한창일 때, 새끼여우가 말에서 내려 띠 끝을 땅에 꽂는 경우가 종종 있었다. 이는 죽을 때까지, 아니면 친구가 말을 타고 와서 띠를 뽑아낼 때까지, 아니면 승리를 거둘 때까지 자기가 정한 장소를 지키며 싸우겠다는 결의를 의미했다. 나이가 적든 많든, 남자든 여자든, 우리는 모두 새끼여우가 되었고, 운디드니는 우리 스스로 자신을 꼼짝 못 하게 묶는 장소가 되었다. 곧 그들은 우리를 포위할 것이고, 우리는 후퇴할 수도 없을 것이다. 우리를 포위에서 '구해줄' 사람이나 존재에 대해서는 생각할 수도 없었다. 우리를 둘러싸고 있는 대평원 저쪽 어디에서는 정규군이, 지상에서 가장 강한 전력의 군대가 집결하고 있을 터였다. 그때 거기서 나는 결심했다. 무슨 일이 있어도 운디드니에서 아기를 낳겠노라고.

갑자기 마법이 풀린 듯 모두가 바삐 움직였다. 남자들은 참호를 파고, 벙커를 짓고, 콘크리트 벽돌로 낮은 담을 쌓았고, 성심 성당 주위에 마지막 거점으로 이용할 방어 진지를 구축했다. 무기를 가진 사람들은 무기를 점검했다. 대부분 소구경 총이거나 낡은 화승총이었다. 자동 화기라고는 AK 47 한 자루밖에 없었다. 오클라호마 출신의 한 남자가 베트남에서 기념품으로 가져온 것이었다. 모두 합쳐 26정의 소형 화기가 우리가 가진 무기의 전부였다. 저쪽에서 우리에게 들이댈 무기에 비하면 새 발의 피였다. 그러나 저들이 어떤 저항도 받지 않고 운디드니를 접수할 수 있을 것이라고 기대했다면, 그것은 착각이었다. 우리의 메시지는 확고했다. '와서 우리의 요구에 대해서 대화를 하든가, 아니면 우리를 모두 죽여라!'였다. 거래소 안에서 누가 바깥으로 전화를 걸어 소리치고 있었다. 거듭해서 당당하게 외쳤다. "우리가 운디드니를 접수했어!"

9. 포위 공격

운디드니로 오는 것은 세상에서
가장 자연스런 일이다.
- 프랭크 바보까마귀 추장

나는 죽음이 두렵지 않다.
혹시 운디드니에서 죽음을 맞는다면,
미친말과 앉은황소 그리고
다른 할아버지들이
있는 곳으로 가고 싶다.
- 까마귀개

성심 성당, 글리더슬리브(Glidersleeve) 거래소 그리고 박물관 등 세 곳을 핵심 거점으로 한 운디드니에 대한 포위 공격은 71일이나 계속되었다. 가장 중요한 곳은 거래소였다. 그것은 그 자체만으로도 작은 제국으로서, 인디언 미술 공예품과 가공품점, 서부 골동품 전문점, 슈퍼마켓, 카페테리아, 주유소, 지배인 가족이 사용하는 숙소로 이루어져 있었다. 카페테리아의 메뉴에는 내가 이때까지 맛본 음식 중에서 가장 맛없는, 공장에서 제조한 냉동 피자도 있었다. 거래소는 원래의 건물에 마구잡이로 쌓아올려 지은 건물이라 어수선해 보였다. 둥근 모양의 박물관은 거래소에 속해 있었지만, 약간 떨어져 있는 독립 건물이었다. 거래소 주인 글리더슬리브는 우리에게 가장 거대한 비극의 장소를 관광 명소로 만들어 우려먹으려고 늘 몸이 달아 있었다. 그는 75마일 이내의 인근 지역에 광고판을 내걸었다. '운디드니의 대량 학살 장소를 보십시오. 집단 무덤을 찾아오십시오. 우편 엽서와 골동품도 있습니다. 놓치지 마십시오!' 광고용 우편 엽서에는 학살당한 남자와 여자들이 끔찍한 자세로 뻣뻣하게 얼어 있는 모습이 실려 있었다. 다른 엽서들에는 시체들과 함께 자세를 취하며 씽긋 웃는 군인들이 보였다. 우리는 글리더슬리브와, 가난한 우리 주머니에서 나온 돈이 한 푼 두 푼 쌓여 이루어진 그의 제국에 대해 원한이 많았다.

나는 거룩한 성모 마리아와 여러 성인의 석고상이 내려다보고 있는 성당에서 첫 밤을 보냈다. 젊은이 몇 사람이 의자들을 옆으로 밀어놓고, 북을 가져와 인디언 방식으로 춤을 추기 시작했다. 중년의 사제는 무슨 일이 벌어지고 있는지 이해할 수 없다는 표정이었다. 누가 그에게 말했다. "당신은 전쟁 포로입니다." 그는 덜덜 떨기 시작했다. 한 남자가 사제에게 말했다. "만일 사격이 벌어지거든 저쪽 뒤에 가서 있어야 합니다. 우리는 당신이 다치는 것을 원치 않아요." 그는 멍하니 넋이 나간 표정을 하고 뒤쪽으로 물러났다. 우리의 춤과 북소리가 성당의 신성을 모독했다고 중얼거리고 있었다. 한 여인이 그에게 기분 나쁘게 받아들이지 말라고 했다. 이미 성당 때문에, 기독교도가 아닌, 학살당한 우리 인디언들의 무덤이 모욕을 당했다는 이유에서였다. 계곡에서는 코요테가 울부짖고 있었다.

아침이 되자 사람들이 모두 모여들었다. 스탠 냄비손잡이 (Holder)가 안전 책임자로, 밥 자유로운(Free)이 전기 관리 기술 책임자로 지명되고, 다른 일들도 많이 정해졌다. 까마귀개는 영적인 지도자였다. 총기의 수량도 확인했다. 누군가는 주유소의 탱크에 남아 있는 휘발유 양을 점검했다. 여자들 중 몇 사람은 상점으로 내려가 남아 있는 식료품과 통조림을 가져왔다. 도중에 우리는 성당에 있는 사람들과 벙커에 있는 전사들에게 아침밥을 주기 위해서 카페테리아에서 음식을 날라 오는 사람들을 만났다. 폭력단을 가득 실은 차량 한 대가 서서히 모습을 드러냈다. 몇 사람이 사격을 가하자, 자동차는 서둘러 물러났다. FBI 차량 한 대가 길을 따라 다가오는 모습이 보였다. 그러나 그들은 거리를 두고 멈춰 서서 우리를 감시했다.

데니스 둔덕은 "상점에서 물건을 가져오지 말라"고 했다. 말썽을 덜자는 뜻에서 한 말이었을 것이다. 그러나 상점의 물건은 이미 상당히 털리고 난 뒤였다. 한 젊은이는 '슬쩍한' 소총을 들고 행복한 표정을 지었다. 인디언들은 집단별로 벌써 구획을 확정했다. 아늑한 방들을 여러 구역으로 나누어, 수우 족은 여기, 오클라호마 출신의 남자들은 저기, AIM 남자들은 옆방에 하는 식으로 정해 놓고 자기 집처럼 지냈다. 책상과 침대들은 색다른 재목으로 되어 있었다. 어떤 사람들은 인디언 포스터를 만들었고, 한 남자는 벽에 구호를 적고 있었다. 이런 구호도 있었다. "!!! 현상금 !!! 러셀 민스의 길게 땋아 늘인 머리. 하나에 50달러. 두 개에 300달러. 민스의 모가지를 가져오면 1,000달러. 부족 사무소에서 수집함." 러셀 민스의 길게 땋아 늘인 머리를 잘라오는 사람에게 윌슨이 내걸었던 현상금을 빗댄 표현이었다. 물론 윌슨은 약속을 지키지 않았다. 윌슨의 몸뚱이 전체를 절여서 가져오면 영국산 비육우 고기 두 상자를 주겠다고 약속한 구호도 있었다.

볶은 콩 통조림을 고체 알코올 연료 깡통에 데워 점심을 먹은 직후였다. 비행기 한 대가 마을 상공을 저공비행하고 있었다. 비행기 안에서 몇 사람이 사진을 찍었다. 늦은 오후에 경찰관과 FBI 요원으로 구성된 300명이 우리 주위를 느슨하게 둘러쌌다. 장갑차들은 운디드니로 들고나는 도로 몇 군데를 차단했다. 그에 대응해서 우리도 바리케이드를 설치했다. 벌써부터 우리에게 최초의 부상자가 발생했다. 총기를 다루는 데 서툰 한 젊은이가 오발 사고를 일으켜 자기 손가락을 다친 것이다.

운디드니는 71일 동안이나 포위되어 있었다. 이 기간 동안 매일 영웅적인 행동을 하거나, 기자들을 위해 미디어 쇼를 하지는 않았다. 대부분의 시간은 몸을 녹이고 먹을거리를 찾는 일로 지루하게 지나갔다. 운디드니는 때로는 사람을 두려움에 떨게 하는 곳, 사랑을 나누는 곳, 인디언식 결혼식을 치르는 곳, 아기를 낳고 또 죽는 곳이었다. 점거자들 가운데 가장 나이가 많은 사람은 80살이 넘었고, 가장 나이가 어린아이는 8살이 채 안 되었다. 그곳은 헤요카(heyoka)의 장소, 즉 울면서도 웃는 신성한 어릿광대가 의식을 올리는 곳이기도 했다. 한 젊은 전사는 소규모 전투가 벌어지는 와중에도 선 자세로 사진기자들에게 자세를 취해주기도 했다. 러셀 민스도 사진기자들에게 알아서 잘 나오도록 찍어달라고 했다.

우리는 편제를 구성했다. 상점에 있는 가장 큰 방을 마을회관으로 삼았다. 백인의 집, 유일하게 난방과 수도 시설을 갖춘 집은 병원으로 삼아서 여자들이 운영을 맡았다. 박물관은 안전관리소(security office)가 되었다. 우리는 모두 벙커에서 지내는 남자들을 위해 교대로 음식을 만들고, 셔츠를 꿰매고, 침낭을 만들었다. 무지개 색으로 된 길다란 천 조각에 '운디드니'라고 수를 놓았다. 모두가 영예의 휘장으로 천 조각을 하나씩 나누어 가졌다. 데니스는 "언젠가 손자들에게 보여주기 위해서"라고 했다. 우리는 모든 것을 나누었고, 서로 다른 사람을 위해서 일했다. 언젠가 한 백인 간호 지원병이, 남자들이 모든 영광을 차지하는 동안에 여자들은 노예의 일이나 하고 있다며 불만을 터뜨렸다. 그녀의 말인즉슨 우리가 여성(womankind)의 대의를 배반하고 있다는 것이었다. 우리는 그녀가 하고 있는 여성해방 운동은 백인 중산층의 문제이며, 우리가 직면하고 있는 위기 상황에서는 우선적으로 해야 할 다른 문제가 있다고 했다. 일단 우리 남자들이 권리를 쟁취한 다음 총알을 거두어들이면, 그때 가서 누가 설거지를 할 것인지에 대한 토론을 시작할 것이다. 그 전에는 그럴 수 없다는 것이 우리의 주장이었다.

실제로 우리 여자들은 운디드니에서 중요한 역할을 했다. 권총을 찬 어머니도 두세 명 있었다. 그들은 6연발 권총을 엉덩이에 축 늘어지게 차고 당당하게 활보하며, 교대로 사선에 들어가 FBI와 총탄을 주고받았다. 총알이 비오듯 쏟아지는 전장을 누비고 다니며 부상자들을 운반하는 인디언 간호사들은 전사들보다 더 용감했다. 남자들도 자기 몫의 궂은 일을 했다. 최초의 기술 책임자였던 밥 자유로운은 조원들을 이끌고 벙커 12곳을 지어 요새로 만들었고, 거래소를 아파트로 만들고, 변소를 파고, 목재 옥외 변소를 짓고, 전기를 공급하고, 자동차를 수리하고, 지게차와 흙 운반용 불도저를 운전했다. 남자들도 위생 분대를 구성하여, 쓰레기를 치우고 구덩이를 파서 대변을 묻었다. 어느 날 밥은 규칙을 정했다. "좋아, 바로 그거야. 고기 저장 냉동고, 가스 펌프, 전등, 이 세 가지에만 전기를 쓰도록 하자. 그러면 돼!" 그리고 그대로 시행했다.

나는 잠시 동안 거래소에 머물렀다. 그러나 내게는 너무 무리였다. 사람들이 너무 많아 사생활이 거의 없었다. 2주일 내에 출산

할 것 같은 예감이 들었다. 나는 운디드니 가장자리에 있는 이동 주택으로 거처를 옮겼다. 그때는 매일 총격전이 다반사로 벌어졌다. 배는 점점 불러가는데, 총알은 이리저리 날아다녔다. 하루는 여자와 어린이들이 떠날 수 있도록 하자면서 정부 측에서 휴전을 선언했다. AIM의 지도자 가운데 한 사람이 내게 왔다. "당신은 떠나요. 임신 중이니 떠나는 것이 좋아요." 나는 대답했다. "아니, 가지 않을 거예요. 만일 죽는다면 이곳에서 죽을 거예요. 내게 조금이라도 의미가 있는 것들은 모두 이곳에 있어요. 여길 떠나서는 살 이유가 없어요."

"당신이 원하든 원치 않든 상관없어요. 무조건 떠나야 해요. 여자와 어린이들은 모두 떠나게 될 거예요."

그러나 우리는 떠나지 않았다. 나는 남았고, 나이 든 여자들도 모두 남았다. 젊은 어머니들도 대부분 아이들과 함께 남았다. 전사의 연인들도 남았다. 소수의 사람들만 휴전을 틈타 떠났다. 최종 시한이 지났다. 다시 총격전이 시작되었다. 정부 측의 중기관총과 자동화기가 불을 뿜었고, 지뢰선 조명탄이 섬광을 토하면, 전문 저격수들이 단발 조준 사격을 가해왔다. 남자 몇 명이 샛강을 가로지르는 나무다리에 불을 질렀다. 연방 경찰이 다리를 건너 접근하지 못하도록 하기 위해서였다. 누가 말했다. "지금은 뒤쪽에 있는 다리도 불타고 있어."

어느 날 아침, 일찍 일어난 나는 벙커에 있는 보안 요원들에게 커피를 갖다주었다. 연방 경찰이 나를 향해 총을 쏘았다. 카를로스라고 하는 아파치 소년이 질풍처럼 달려와 나를 밀어 넘어뜨리더니, 자기 몸으로 내 몸을 덮었다. 나는 키가 작았다. 그런데 그는 나보다 더 작았다. 총알 몇 방이 내 곁을 스쳐지나갔다. 사격이 느슨해지자 나를 끌고 벙커로 들어가더니, 그가 날 꾸짖었다. "미쳤어요? 집 안에 들어앉아 있어요. 여기 바깥에는 당신이 할 일이 없어요." 나는 그를 향해 웃었다. "난 곧 엄마가 될 거야. 넌 아이잖아. 내게 이래라 저래라 해야 되겠니?" 그러나 나는 감동했다. 사실은 내 나이가 그 아이보다 아주 많은 것도 아니었다. 남자들 모두가 나를 걱정하며 지나칠 정도로 보호해주었다. 우리는 마른 콩과 약간의 밀가루로 견디고 있었다. 커피, 설탕, 담배는 떨어진 상태였다. 경찰 우두머리는 공개적으로 선언했다. "우리가 저들에게 음식을 먹게 해줄 것이다.!"

데니스는 점점 줄어드는 식료품을 빈틈없이 감시하고 있었다. 그는 부활절 아침을 대비해서 햄과 감자를 아껴놓고 있었다. 그 덕에 운디드니 반대편에 있는, 조그만 두 번째 성당에서 잔치 비슷한 것을 열 수 있었다. 내가 음식이 담긴 무거운 배낭을 지고 그쪽으로 걸어가는데, 스탠 냄비손잡이가 다가오더니 말했다. "무슨 일이야? 이래선 안 된다는 거 몰라?" 몇몇 친구들도 가세했다. "배낭 내려놔! 네가 다치면 우리 책임이야."

나는 말했다. "너희들이 내 짐을 덜어줬잖아! 너희들은 책임이 없어. 내게 책임이 있는 사람은 내 자신뿐이야." 나는 계속해서 허드렛일도 하고, 음식도 만들고, 벙커에 커피도 날랐다. 페드로 비소네트는 만날 때마다 배를 가리키며 나를 놀렸다. "이 속에 든 어린 전사가 배고프겠어. 여기 그 녀석한테 줄 게 좀 있는데" 하면서 내게 음식을 한 입 억지로 먹였다. 나는 알고 있었다. 그것이 변변치 않은 그의 몫에서 덜어낸 것이라는 사실을. 아니면 그는 내게 와서 농구를 하면 어떻겠느냐고 묻기도 했다. 그때마다 항상 커다란 웃음이 터졌다. 내 배가 그만큼 컸기 때문이다. 우리는 정말 실컷 웃으면서 농담을 나누었다. 그런 일들이 어려움을 견디는 데 도움을 주었다.

식량 형편이 손쓸 수 없을 정도로 악화되었을 때, 우리는 '느린 고라니'라도 데리고 오라며 젊은 사냥꾼 몇 사람을 내보냈다. 느린 고라니란 주변에서 풀을 뜯고 있는 백인 농장주 소유의 소를 가리키는 말이었다. "어리고, 맛 좋은 암소 한 마리 잡아와." 데니스가 말했다. 하지만 그들은 거세고 늙은 황소를 잡아왔다. 그 불쌍한 늙은 황소는 금방 죽지 않았다. 총알을 20발 가까이 맞고 나서야, 마침내 자리에 드러누워 눈을 감았다. 그런데 알고 보니 우리의 젊은 친구들이 소를 잡을 줄 몰랐다. 어지간한 사냥꾼들이었다! 그들은 모두 세인트 폴, 덴버나 빠른도시 같은 도회지 출신이었다. 백인 신문기자 한 사람이 소 잡는 방법을 보여주었다. 여자들은 고기를 두드리고 또 두드렸다. 그런 다음 몇 시간 동안 삶았다. 고기가 마치 돌멩이처럼 딱딱하게 굳어 있었다. 이빨에 대고 씹어보니, 꼭 밧줄을 씹는 것 같았다. 데니스는 커다란 포스터를 만들었다. 커다란 불알이 달린 황소의 엉덩이를 그려놓고, 그 밑에 이렇게 썼다. 이것은 황소다. 옆에는 젖이 달린 암소의 엉덩이가 그려져 있는데, 이렇게 쓰여 있었다. 이것은 암소다. 두 그림 위에는 이렇게 쓰여 있었다. 암소가 좋아, 황소는 싫어!

300명에 달하는 연방 경찰, 폭력단, 인디언 사무국 경찰은 결코 우리를 완벽하게 봉쇄할 수가 없었다. 페드로 비소네트의 말처럼 "땅은 우리편이었다". 이 지역은 온통 언덕과 작은 협곡, 계곡, 건조한 늪지대, 산쑥 덤불, 미루나무 숲으로 매우 복잡한 풍경을 연출하고 있었다. 경찰은 그곳에 들어오면 길을 잃었고, 밤에 잠입하여 게릴라전을 벌이는 것을 싫어했다. 기술적으로 보면 그들은 원거리 저격수였다. 그래서 주변으로 사람들이 몰래 드나들 수 있었다. 덴버, 뉴멕시코, LA 출신의 인디언들이 한 번에 열두어 명 아니면 대여섯 명씩 몰래 들어왔다. 뉴욕에서 온 이로쿼이 족의 무리가 잠시 우리에게 가담한 적도 있었다. 그들은 대부분 인근에 사는 수우 족들의 안내를 받았다. 이들은 우리 주변 지역의 숲들과 작은 언덕을 샅샅이 알고 있어, 눈을 감고도 길을 찾을 수 있는 사람들이었다. 그들은 대개 8, 9마일 떨어진 곳에 있는 고슴도치 지역에서부터 걸어 들어왔다. 어떤 사람들은 음식을 담은 무거운 배낭을 메고 왔다. 정부 측에서는 장갑차를 앞세워, 화염으로 밤을 밝혔다. 무차별 사격으로 전 지역이 끊임없이 총알 세례를 받았다. 연이은 예광탄의 섬광이 주변의 평원 전 지역을 사방으로 날아다녔다. 그것으로도 형제자매들이 우리에게 가담하는 것을 결코 막을 수는 없었다. 걸어서 들어오는 무리들 가운데는 북서 해안 종족인 펄리업 족(Pullayups)과 니스퀄리 족(Nisquallies) 인디언도 여러 명 있었다. 그들을 이끌고 온 사람은 워싱턴 주에서 원주민의 어업권을 위해 오랜 세월 동안 싸워온 시드 방앗간이었다.

어느 날 시드와 다른 두어 명의 남자들이 먹을거리를 구해오겠다며 밖으로 나갔다. 그들은 밤새 걷고 또 걸었지만 도무지 사람들을 만날 수가 없었다. 새벽이 되어서야 자기들이 성심 성당에서 불과 200, 300야드밖에 떨어지지 않은 곳에 있다는 것을 알게 되었다. 밤새 빙빙 동그라미를 그리며 걷기만 했던 것이다. 돌멩이를 던져 닿을 수 있는 거리 밖으로 나가지도 못했다는 얘기다. 데니스는 그들을 위해 영예 의식을 베풀었다. 독수리 깃털 대신 시드는 나침반을 하나 받았다. 아무튼 독수리 깃털을 얻기는 한 셈이다.

또 한번은 한 젊은 인디언이 정부 측의 장갑차 한 대를 쫓아낸 적이 있었다. 그는 막대기로 장갑차를 두들겼다. 통쾌한 일격이었다. 그에게 괴롭힘을 당하며 바리케이드 있는 곳까지 쫓기는 동안, 장갑차는 어찌할 줄을 몰랐다.

오클라호마에서 온 젊은이 몇 명은 정부 측의 벙커를 급습하여, 커피, 계란, 담배, 비상 야전 식량, 빵, 소시지와 같은 보급품을 모조리 훔쳐왔다. 저들이 술에 취해 잠들었던 것이 분명하다. 또 한번은 남자들 몇 사람이 텔레비전 방송국 직원들이 남기고 간, 커다랗게 생긴 빈 필름 상자를 땅에 묻는 거창한 쇼를 벌인 적이 있었다. 곧바로 연방 경찰이 단파 무전기로 경보를 발하는 소리가 들렸다. "인디언들이 원반 지뢰를 묻고 있다!" 모든 장갑차들이 황급히 물러났다. 우리는 또 한 번 승리를 거뒀다. 포위 공격을 당하는 동안에 그렇게 우스꽝스런 사건들도 있었다.

우리는 정부 측과 항상 주거니 받거니 대화하고 있었다. 서로 놀려대고, 이름을 불러대며 상대를 귀찮게 했다. 그런데 갑자기 경찰서장의 목소리가 들렸다. "장난과 놀이는 끝났다!" 포위망은 점점 더 좁혀졌다. 제82공수부대 요원들이 배치되어 인근 뜨거운샘 (Hot Spring)에서 대기하고 있었다. 여차하면 그들이 투입될 판이었다. 느닷없이 스누피라는 이름의 헬리콥터가 저격병을 태우고 나타나 우리에게 근접사격을 가했다. 캘리버 50 중기관총이, 전진 배치된 우리 진지를 향해 불을 뿜었다. 경찰본부와 운디드니를 연결하는 전화선 하나를 빼놓고, 외부 세계로 통하는 전화선은 모두 차단되었다. 특수 저격-파괴 팀이 투입되었다. 그들은 어둠 속에서도 우리를 볼 수 있는 적외선 감시경으로 무장했고, 공격용 개도 데리고 있었다. 지뢰선 조명탄이 주위를 완전히 에워쌌다. 선을 건드리면 섬광이 터져 일대는 낯설고 섬뜩한 빛으로 물들었다. 취재도 더 이상 허락되지 않았다. 한 신문기자가 마지막으로 떠나면서 러셀에게 물었다. "내일 아침에도 여전히 활동하고 있으리라고 생각합니까?" 러셀 민스는 "그거야 정부 측에 달려 있겠죠"라고 대답했다.

우리에게도 인원이 보강되고, 보급품이 지원되었지만, 그 양은 찔끔찔끔 감질날 정도에 지나지 않았다. 전선 너머의 광경은 1차 세계대전을 다룬 싸구려 영화에나 나올 법한 그런 모습이었다. 연방 경찰은 모래주머니로 난로와 모든 생활용품을 갖춘 정식 진지를 구축하고 있었다. 라디오와 심지어는 텔레비전까지 갖추어놓고 즐겼다. 그들의 벙커에서 로큰롤 음악이 흘러나왔다. 그들은 옅은 파란색의 공수부대 낙하복이나 위장복을 입고 있었다. 진지 주위에 빈 탄약통과 맥주 깡통이 쌓인 무더기들이 늘어갔다. 장갑차에는 고성능 섬광 탐조등과 M-79 수류탄 발사대가 장착되어 있었다.

우리에겐 이런 전쟁 기술에 맞서 싸울 무기가 거의 없었다. 식량도 탄약도 부족했다. 전형적인 전초전만 벌어져도 연방 경찰은 5천에서 1만 발에 가까운 총알을 퍼부었다. 하지만 우리는 고작해야 25~30발의 총알밖에 쏘질 못했다. 우리는 모을 수 있는 탄알을 모두 모아 성심 성당의 제단 위에 쌓아놓았다. 전사들은 가끔 벙커에서 나와 주머니에 탄알을 채웠다. 그런데 문제는 그들이 가진 이상하게 생긴 무기에 딱 들어맞는 총알을 찾기가 무척 어렵다는 사실이다. 어떤 무기들은 그야말로 박물관에나 들어가 있어야 할 골동품이나 마찬가지였다. 그렇게 정교한 무기로 무장했으면서도 연방 경찰은 이상하게 우리를 두려워했다. 내 느낌으로는 그랬다. 우리가 인디언이 늘 하는 방식으로 긴장을 풀어도 그들은 신경을 곤두세우며 호전적으로 나왔다. 어느 날 밤, 우리는 인디언 음악, 곧 풀잎 춤 노래와 파우와우 의식을 할 때 부르는 노래를 불렀다. 그 노래들을 죽음의 노래로 여겼던 경찰은 우리가 목숨을 내건 최후의 돌격을 감행할 것으로 예상하여 모두들 바짝 긴장해 있었다. 어느 날은 낡은 난로 연통을 찾아낸 데니스가 거기에 꼭 총처럼 생긴 물체를 붙여놓았다. 우리는 그것을 세워놓고, 로케트탄 발사포를 손에 넣었다는 소문을 퍼뜨리기 시작했다. 이것 때문에 또 연방 경찰은 무척 당황했다. 도덕적인 우위를 차지한 것은 항상 우리였지만, 저들은 강력한 무기를 들고 있었다.

다시 한번 옛 샤이엔 족의 속담으로 돌아가자. "그 여인네들의 용기가 땅에 떨어지지 않는 한, 어느 부족도 패망하지 않는다." 포위되어 있는 동안 우리 여자들은 점점 더 강해졌다. 결혼한 부부에게 한 벙커가 맡겨졌다. 남편이 총알을 맞았을 때, 아내는 혼자서 진지를 지키겠다고 고집했다. 여자를 벙커에 투입한 것을 놓고, 송수신 겸용 무전기로 경찰 몇 명과 논쟁이 벌어졌다. 그런데 나중에 여자들이 확성기를 들고 무인지대를 건너 경찰에게 소리를 질러대는 바람에 우리도 그 소리를 들을 수 있었다. "야, 이 새끼들아. 아가리 닥치지 않으면, 우리 남자들을 부를 거야!" 어떤 여자는 하얀 성당에 있다가 총알을 맞았다. 총알이 손을 스치고 지나가 찰과상을 입었지만 아무 일 없었다는 듯이 하던 일을 계속했다. 총격전이 벌어지는 동안 여러 남자들이 피신처 뒤에 숨어 있을 때, 혼자서 경찰 여러 명을 막아낸 용감한 젊은 여인도 있었다. 낡은 권총 한 자루만으로 경찰들을 위협하여 쫓아냈다. 잿빛여우(Gray Fox)의 아내였다. 그녀는 원래 권총을 잘 다루었다. 내 생각에 그 때문에 어떤 남자들은 그녀를 좋아하지 않았던 것 같다. 특히 그녀가 자기들을 보호해주는 사이에 허둥지둥 몸을 피한 남자들이 그랬을 것이다.

운디드니에서 있었던 기분 좋은 일들 가운데 하나는 노바 스코시아(Nova Scotia : 캐나다 남동부의 반도) 출신의 미크맥 족 인디언 애니 메이 어쿠어쉬를 알게 된 것이다. 그녀는 나와 절친한 사이가 되었다. 범상치 않고, 용감하고, 결단력이 있었던 그녀는, 인생에 대한 나의 생각과 태도에 커다란 영향을 끼쳤다. 처음 그녀를 본 것은 여자들 여러 명이 서로 말다툼을 벌였을 때였다. 내 기억으로 여자들 몇 명이 자신들을 '파이 순찰대'라고 불렀다. 왜 그랬는지는 모른다. 파이도 없었을 뿐더러, 내가 아는 한 그들은 순찰을 많이 돌지도 않았다. 말만 요란한 도시의 여자들이었다. 언론 매체를 무척 의식하는 사람들이어서, 언론의 이목을 끄는 일에만 신경을 썼다. 또 거만한 구석이 있어서, 우리에게 명령을 내리고 싶어했다. 우리가 설거지를 하거나 재킷으로 침낭을 만들고, 여러 가지 허드렛일을 하는 동안, 그들은 항상 사진 기자들과 TV 방송국 직원들 앞에서 포즈를 취하며, 명성과 영광을 독차지했다.

애니 메이 어쿠어쉬가 이런 여자들에게 한 마디 할 때, 나는 그녀 편을 들었다. 그렇게 우리는 서로 뜻이 착착 들어맞았고, 금방 허물없는 친구가 되었다. 애니 메이는 내게 많은 것을 가르쳐주었다. 그녀는 무에서 유를 창조할 수 있는 사람이었다. 말린 콩과 노란 완두콩밖에는 양식이 없는 것 같은데도, 맛있는 음식을 만들어 냈다. 내가 아기를 낳은 뒤에는 갓난아기 페드로를 위해서 작은 운디드니 헝겊을 만들어주었다. 애니 메이는 나보다 나이가 많았고, 이미 어머니였다. 그녀에 비해 마음이 너그럽지 못한 남편과는 이혼한 사이였다. 그녀는 자기 부족이 잃어버린 인디언 문화를 우리 수우 족과 함께 있으면서 발견했다. 그녀는 늘 말했다. "죽어야 한다면 죽어야지. 언젠가는 죽어야겠지. 이곳에 있는 편이 더 나아. 여기엔 죽을 이유가 있으니까." 또 투지에 넘치는 성격 때문에 자기가 험한 죽음을 맞을 것이라고 예감하고 있었다. 그 점에서는 예감이 맞았다. 아마도 올빼미가 부르는 소리를 들었던 것 같았다. 포위 공격이 막바지에 접어들어 운디드니를 떠날 때, 그녀는 내게 38구경 권총과 칼 한 자루를 주었다. 연방 경찰에게 항복하는 대신에 여차하면 폭력단과 맞서게 될 수도 있었기 때문이다. 윌슨의 폭력단을 만나면, 목숨 걸고 싸우라고 했다.

우리 오빠도 함께 운디드니에 있었다. 어느 날 밤, 오빠는 식량과 탄약을 구하러 나갔다가 붙잡혀 무기를 모두 빼앗겼다. 그렇지만 경찰은 증거를 찾지 못했다. 그래서 다시 한 무리의 사람들이

들고나기 시작한 틈을 타서 곧 운디드니로 돌아왔다. 오빠는 내게 선물을 가져다주었다. 오빠만이 생명의 위험을 무릅쓰고 여동생에게 줄 수 있는 물건들이었다. 커피, 담배, 막대 사탕과 같은 값싼 일용품들이었지만, 임신한 몸으로 포위 당해 있는 여자에게는 소중한 물건들이었다. 그때는 짖지 않고 공격하는 개를 데리고 다니는 저격병들이 우리를 괴롭혔다. 밤이 되면 연방 경찰은 우리들을 볼 수 없었다. 그런데 개들은 냄새를 맡을 수 있었다. 어느 베트남 전쟁 참전 용사가 그 개를 처리하는 방법을 알려주었다. 그는 운디드니에 있는 몇 안 되는 백인 친구 중에 하나였다. 방법은 이렇다. 상당량의 후추를 호주머니에 넣어둔다. 한 곳에 오줌을 누고, 그것을 발로 문지르며 밟는다. 그런 다음 걷기 시작하면 개가 따라가기 좋은 따듯한 오줌 발자국이 만들어진다. 200~300야드 정도 걷고 나서, 발자국 위에 후추를 한 움큼 올려놓는다. 후추를 코에 가득 묻힌 개는 일 주일 동안 전혀 쓸모가 없어진다.

우리 전사들 가운데 괴짜가 두 사람 있었다. 둘은 형제로, 이름은 찰스와 로버트였다. 그들은 조지 암스트롱 커스터 장군의 증손자였다. 커스터 장군이라면 1876년 리틀빅혼에서, 우리 수우 족과 형제인 샤이엔 족의 손에 죽은 사람이었다. 커스터가 와시타 (Washita)에 있는 평화로운 샤이엔 족 마을을 급습하여 남자들을 대부분 살해했을 때의 일이다. 포로 가운데 한 젊은 여자가 있었다. 이름이 마오치(Maotsi)였는데, 백인들은 모나시타라고 불렀다.

그녀가 장군의 눈을 사로잡았다. 자기 입으로 그녀가 '예쁘다'고 했다. 평소에 그는 그녀의 부족을 가혹하게 대했다. 그녀도 그가 얼마나 모진 사람인지 직접 눈으로 보았다. 마오치가 아이를 낳자, 커스터는 그녀를 버렸다. 그녀나 자식에게나 더 이상 관심이 없었기 때문이다. 아들이 태어났고, 그 아들은 샤이엔 족의 유명한 죽음의 행군에서 살아남아, 훗날 자기를 양자로 받아준 수우 족과 함께 살면서 수우 족 여자와 결혼했다.

그렇게 해서 노랑머리 커스터의 증손자들이 1973년의 경찰에게 불의의 일격을 가하게 된 것이다. 그들에게 운디드니는 원한 맺힌 싸움터였다. 우리를 좋아하지 않았던 기자들은 운디드니를 '게릴라들의 전쟁터'라고 불렀다. 전쟁터라는 것은 지어낸 말이지만, 포위공격은 명백한 사실이었다. 사상자도 생겼다. 그러나 운디드니는 거기서 벌어진 많은 일들과 그곳에 함께 한 사람들 양쪽을 고려할 때, 분명히 드라마틱한 사건이었다.

정치인, 저명 인사, 시민권 운동 지도자들이 포위 공격 초기에 운디드니를 찾아왔다. 연방 경찰이 아직은 바리케이드를 통과하여 중요한 방문객들과 기자들이 출입하도록 하고 있을 무렵의 일이었다. 사우스다코타 주 상원의원인 아부레즈크(Abourezk)와 맥거번(McGovern)도 그들 가운데 있었다. 아부레즈크는 우리를 지지한다고 했다. 그 때문에 두 번째 임기를 겨냥하고 출마한 선거에서 낙선했다. 맥거번은 우리를 지지하지 않았다. 그는 어딜 가든 위대한 자유주의자로 행세했지만, 사우스다코타 주에서만은 아니었다. 인디언 행동주의자들과 가깝게 지냈다가는 재선의 기회가 물거품이 될 것이기 때문이었다. 운디드니를 공격하라고 진지하게 제안하기도 했다. 볼 것도 없이, 그 말을 들은 선거구민들이야 좋아했을 것이다. 설거지를 하고 있는데, 그가 다가와 불쑥 손을 내밀었다. 기분 나쁘게 생긴 얼굴이었다. 그가 입을 열었다. "안녕하십니까, 조지 맥거번입니다." 나는 그냥 가만히 쳐다보다가, "그래서 어쨌다는 건데요?" 하고는 등을 돌리고 설거지를 계속했다.

1868년, 라라미(Laramie) 요새 협정에서 수우 족은 독립 종족으로 인정받았다. 정부는 그 조약의 한쪽 당사자인 인디언에게는 한 마디 상의도 없이 협정을 일방적으로 폐기했다. 1973년 3월 12일, 운디드니는 독립 오그랄라 종족의 주권 지역이라고 우리 스스로 선포했다. 대단한 날이었다. 인디언이든 백인이든 선의를 가진 사람은 누구나 시민이 될 수 있었다. 사람들이 뭐라고 하든, AIM은 절대 인종주의가 아니었다. 까마귀개가 표현했듯이 "우리는 백인과 싸우길 원치 않는다. 다만 백인의 체제와 싸우고자 한다."

평화적으로 해결하기 위해 우리 대변인들과 여러 정부 협상단이 주기적으로 만났는데, 보통 무인지대에 설치한 티피 안에서 만났다. 매번 제단이 세워지고, 협상이 시작되기 전에 담뱃대에 불을 붙였다. 어떤 정부 협상단은 이를 싫어했다. "저들과 대화를 나누기 위해 사방에 들소 두개골이 널려 있는 땅바닥에 앉아 있어야 한다고 상상해봐." 대화는 항상 원점에서 맴돌았다. 닭이 먼저냐, 달걀이 먼저냐는 식이었다. 정부 협상단이 "무기를 버리고 항복하시오. 그러면 당신들의 불만을 고려하겠소"라고 하면, 우리는 "우리의 불만을 먼저 이야기합시다. 그런 다음 무기를 버리고 항복하겠소"라고 대응했다. 까마귀개가 타협안을 제시했다. 무기를 완전히 버리는 대신에, 협상이 진행되는 동안에는 티피 안에 쌓아둔다는 것이었다. 티피 입구는 신성한 담뱃대로 막아놓고, 아무도 무기에 손대지 못하게 하겠다고 했다. 정부 협상단은 이 제안을 거절했다. 그들은 신성한 담뱃대에 대한 믿음이 없었다. 사실 그들에게는 신성한 것이 거의 없었다. 절제 없는 권력, 숫자와 신문 기사 이외에는 자기만의 강한 믿음이 없었다. 그렇게 포위 상태는 지속되었다.

    비행기로 두 번에 걸쳐 보급품이 공급된 일도 운디드니에서 기억할 만한 사건으로 꼽힌다. 첫 번째 공중 보급으로 우리 지역에 400파운드에 달하는 식량이 공급되었다. 어린이들에게 줄 분유와 시밀락, 말린 콩, 밀가루, 커피, 쌀, 차, 설탕, 제빵용 소다, 담배, 붕대, 항생제, 비타민이 전부였다. 비행기 한 대가 매우 낮게 날아들었다. 전화선에 거의 닿을 정도였지만, 용케 그 밑으로 빠져 나와, 거래소에 가까운 도로 위에 어렵사리 착륙했다. 비행기가 착륙하자마자 모두 달려가 짐을 풀었다. 내가 보기에는 1분도 채 걸리지 않은 시간 안에 모든 일이 진행된 것 같았다. 얼마나 순식간에 일이 마무리되었으면, 연방 경찰이 대응할 겨를도 주지 않고 비행기가 이륙을 해버렸을까. 공중 보급은 전혀 예기치 못한 일이었다. 그들이 허둥지둥 뛰어다니고, 하늘을 향해 몸짓을 하며 주먹을 휘두르는 모습이 보였다. 조종사와 부조종사는 베트남 전쟁의 베테랑이었다. 부조종사는 거의 한 달 동안 우리를 돌봐준 위생병 가운데 한 사람이었다. 그가 이정표를 식별하여 조종사에게 길을 안내했던 것이다. 그는 모호크 족의 피가 약간 섞인 백인이었고, 이 비행작전을 하기 전에 수우 족 방식에 따라 살점을 제물로 바쳤다.

두 번째 공중 보급에는 파이퍼 체로키(Piper Cherokee) 비행기 세 대가 가담했다. 인디언들을 지원하기 위해 날아온 비행기로서는 적절한 이름이었다. 비행기 한 대에서 낙하산 네 개가 투하되었다. 낙하산 하나마다 식량을 담은 묵직한 원통형 자루가 두 개씩 달려 있었다. 비행기 세 대가 총 1톤 분량의 보급품을 떨어뜨려 주었다. 그들은 4월 17일, 동이 틀 무렵 날아왔다. 이 소형 비행기를 조종한 사람들은 매우 용감했다. 언제라도 정부 제트기의 방해가 있을 것을 예상하여, 야음과 악천후를 틈타 아주 낮게 비행했다. 낙하산 하나는 펼쳐지지가 않았다. 나는 그것이 땅에 부딪히는 것을 지켜보았다. 밀가루가 가득 담겨 있었기 때문에, 땅에 부딪히자 거대한 하얀 구름이 일었다. 지나치게 흥분한 몇몇 사람들은 그들이 폭탄을 떨어뜨렸다고 비명을 질렀다. 공중 투하에 걸린 시간은 5분 정도였다. 그런 다음 비행기들은 사라졌다. 공중 보급이 있던 날, 맑은물(Clearwater)이 총에 맞아 죽었다.

운디드니에서 우리 측은 두 명이 죽었고, 많은 사람이 중상을 입었다. 저쪽에는 사망자 없이 다만 경찰 한 명이 중상을 입었을 뿐이다. 내가 알기로는 그것도 자기들이 펼친 십자 포화에 걸려 그렇게 된 것이다. 경찰은 두 번째 공중 보급에 대해서는 신속하게 대응했다. 즉시 헬리콥터가 출동했고, 그 안에 탄 저격수가 거래소로 바삐 식량을 운반하고 있던 우리에게 사격을 가했다. 우리도 헬리콥터를 향해 총을 발사했다. 그러면서 총격전이 벌어져 거의 두 시간 동안 계속되었다. 프랭크 맑은물은 임신한 아내 샛별(Morning Star)과 함께 그 전날 도착했다. 아내는 아파치 족이고, 맑은물은 체로키 족이었다. 성당 안의 침대에서 쉬고 있을 때, 벽을 뚫고 날아온 총알에 머리가 깨졌다. 형제 가운데 하나가 중상을 입었다는 사실이 전해지자, 우리는 송수신 겸용 무전기로 경찰에게 교전 중지를 요청했다. 그들은 사격을 중지하겠다고 약속했다. 남자 두 명과 간호원 몇 명이 그를 옮기려 언덕 위로 올라갔다. 그들은 백기를 흔들고 있었고, 간호원들은 팔에 완장을 두르고, 헬멧에 적십자를 표시했다. 그런데도 곧바로 경찰의 사격을 받아서, 날이 어두워져 사격이 중지될 때까지 두 시간 동안 옴짝달싹 할 수가 없었다. 마침내 근처 벙커에 있던 형제 세 사람이 간신히 맑은물을 담요에 싸서 들고 내려왔다. 언덕을 내려오는 도중에도 계속 총격을 받았다. 맑은물이 바리케이드로 운반되었을 때, 몇 마디 협상 끝에 경찰은 헬리콥터를 불러 그를 빠른도시로 이송했다. 맑은물은 의식을 회복하지도 못한 채 며칠 뒤에 그곳에서 죽었다. 그의 아내는 밤새 유치장에 갇혀 있었다. 그녀는 남편을 그가 생명을 바친 운디드니에 묻고 싶었다. 그러나 윌슨과 정부는 그것을 허락하지 않았다. 그가 소나무산마루 수우 족이 아니라는 이유로. 결국 까마귀개가 그를 자기 땅에 인디언 식으로 묻어 주었다. 담뱃대와 할아버지 페요테도 함께 묻어 주었다.

4월 27일, 베트남전쟁 해군 참전 용사이자 외아들인, 31살 된 오그랄라 수우 족 인디언 버디 래몬트가 격렬한 총격전 중에 가슴에 총을 맞고 즉사했다. 그는 마을회관 옆에 버려진 집에서 총을 맞았다. 내 추측으로는 연방 경찰의 벙커에 있던 한 저격수의 표적이 되어 진퇴양난의 처지에 놓였던 것 같았다. 결국 더 이상 견딜 수가 없었던 버디 래몬트는 집 바깥으로 뛰쳐나왔다. 아마 저쪽의 집중사격을 받더라도, 대응사격을 할 수 있을 것이라 판단했던 모양이었다. 그런데 건물 밖으로 몸을 내미는 순간 총알을 맞고 말았다. 다시 위생병들에게도 사격이 가해졌고, 그의 시신을 밖으로 운반한 일가붙이들 또한 경찰에 붙들려 소나무산마루 유치장에 갇혔다. 버디는 정부의 탄환이 그를 살해할 바로 그 즈음에 해병대로부터 명예 제대증을 받았다. 그는 구덩이 근처 언덕에 묻혀, 운디드니에서 살해된 다른 모든 수우 족 정령들과 하나가 되었다. 그의 묘비에는 이렇게 쓰여 있다. "1973년, 2천 명의 사람들이 운디드니에 모였다. 한 사람이 여기 남았다."

사우스다코타 주 장미꽃봉오리의 수우 족 보호구역. 전형적인 인디언 가옥.

1973년 운디드니에 있는 레오나드 까마귀개.

◐ 1973년 운디드니에 있던 성당. (사진, 오웬 C. 럭)

◐ 사우스다코타 주 시니트에 있는 술집. "인디언 출입 금지"라는 간판이 걸려 있다.

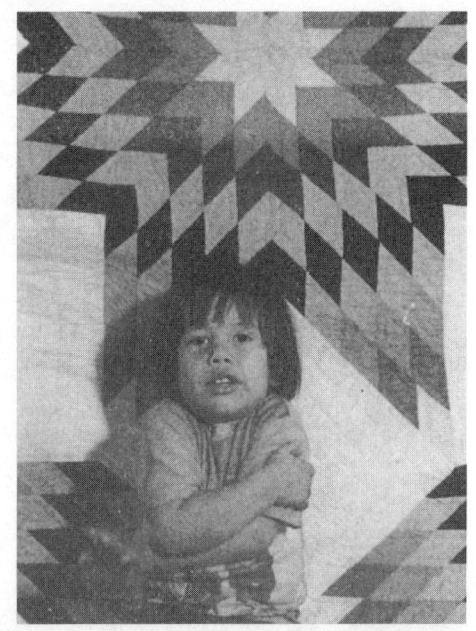

◐ 메리 까마귀개의 아들 페드로. 1973년 포위되어 있을 당시 운디드니에서 태어났다.

◐ 노스캐롤라이나 주 소재 커스터에서 경찰과 시위대가 충돌하는 모습. 수우 족 인디언인 나쁜마음황소가 살해당한 사건에 항의하는 시위대를 경찰은 과잉 진압했다.

◐ 1972년 워싱턴의 인디언 사무국을 점거한 당시, 건물 바로 앞에 있는 레오나드 까마귀개와 친구.

◐ 1976년, 남편의 재판이 진행되는 중에 잠시 눈을 붙이는 메리 엘렌 까마귀개.

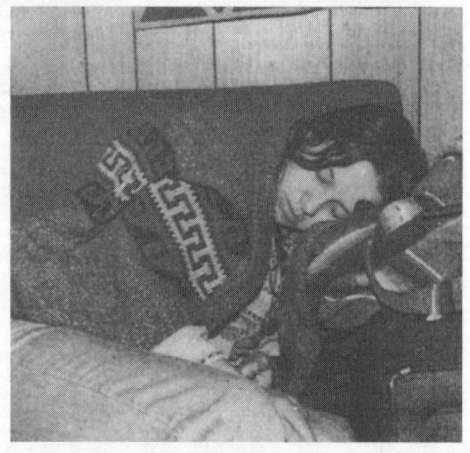

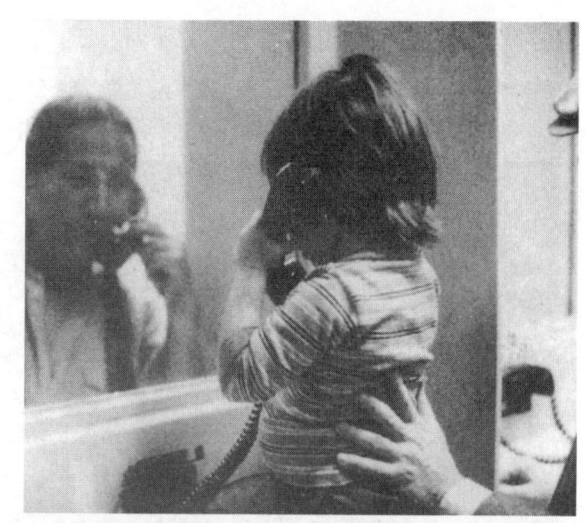

◑ 감옥 면회 시간에 메리의 아들 페드로와 이야기를 나누는 레오나드 까마귀개.

◑ 1976년 레오나드 까마귀개를 위한 집회.

1977년 펜실베이니아 주의 루이스버그 감옥에서 석방된 뒤, 메리와 그녀의 아들 페드로와 한 자리에 선 레오나드 까마귀개.

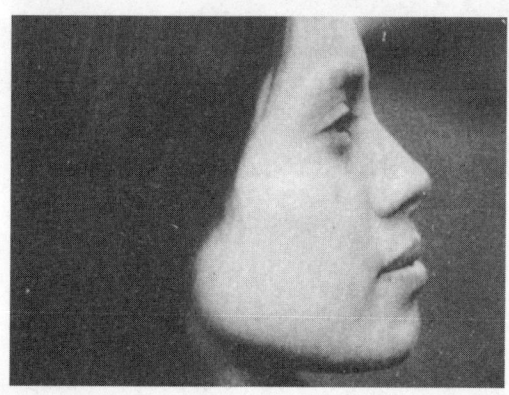

◐ 1977년 7월 워싱턴을 향해 걷는 '최장거리 행진' 대열.

◐ 1976년 메리 엘렌 까마귀개. 결혼 전 이름은 용감한새.

기원을 드리는 레오나드 까마귀개.

치료 의식을 받고 병에서 회복된 레오나드의 딸 이나 까마귀개.

1974년, 장미꽃봉오리에서 재현된 유령춤 의식.

레오나드 까마귀개의 땅에서 치러진 태양춤 도중에 치러진 살점 뚫기 의식.

◑ 1969년,
땀막 안에 있는 헨리 까마귀개.

◑ 환영 내림 의식을 벌이기 전의 헨리
까마귀개.

1973년, 환영 내림 의식을 준비하는 레오나드 까마귀개.

1973년, 태양춤의 의복을 갖춘 레오나드 까마귀개.

태양춤 도중에 독수리 뼈로 된 호각을 불고 있는 태양춤꾼 멀 왼손황소.

10. 유령들이 돌아오다

> 80년 전, 유령춤
> 춤꾼들은 춤을 추어서
> 대지를
> 변화시킬 수 있다고 생각했다.
> 우리는 자신을 변화시키기 위해서 춤을 춘다.
> 오로지 춤을 출 때에만
> 우리는 대지를 변화시키려는 노력을 할 수 있다.
>
> — 까마귀개, 1974년

최초의 운디드니 사건의 핵심에는 유령춤이라는 신앙이 있다. 1973년의 두 번째 운디드니의 핵심에도 정치와 마찬가지로 인디언 신앙이 있었다. 까마귀개는 운디드니 안에서 만장일치로 영적인 지도자로 인정을 받았다. 주술사인 월러스 검은고라니와 함께 까마귀개가 모든 의식을 거행했다. 점거자들의 영적·육체적 행복에 까마귀개가 미치는 영향은 매우 컸다. 바깥에서는 그러니까 운디드니에서 멀지 않은 곳에서는, 가장 연장자이고 존경받는 수우 족의 성인(聖人) 프랭크 바보까마귀가 자기 땅 카일(Kyle)에서 우리를 지지하는 활동을 벌였다. 안에서 까마귀개가 한 것과 똑같은 일을 그는 바깥에서 수우 족을 위해 했다. 수우 족의 모든 주술사들이 우리를 찾아와 응원해주었다. 그렇지만 80년 넘는 세월 동안 법으로 금지되어 있던 유령춤을, 바로 운디드니에서 포위 기간 동안에 부활시킨 사람은 바로 까마귀개였다.

레오나드는 무척 많은 일을 했다. 의식과 기도를 진행하고, 모든 협상에서 핵심 역할을 맡았으며, 총상을 수술하고, 병자를 치료하고, 심지어는 일시적으로 책임 기술자 직책을 맡기도 했다. 땀막에 필요한 불은 매일 24시간 꺼지지 않았고, 우리는 거의 매일 밤 의식을 치렀다. 유위피 의식과 페요테 의식도 여러 번 거행했다. 분위기가 엄숙해질 때에는, 1876년 커스터 전투가 벌어지기 며칠 전에 앉은황소(시팅불)가 했던 것처럼, 남자와 여자들이 팔에서 살점을 저며내어 고기 제물을 바치기도 했다. 지도자들 가운데 몇 사람은 태양춤을 행하는 방식대로, 자기들의 고통이 영적인 힘을 통해서 사람들을 도울 수 있을 것이라고 생각하며 칼로 가슴의 살을 뚫었다.

나는 매일 밤 의식에 참가했다. 의식은 조용히 진행되었다. 아주 조용했다. 어느 날 의식을 마친 뒤, 운디드니에서 숙소로 머물던 곳과 다른 방향으로 발걸음을 옮기고 있었다. 그런데 샛강을 따라 가는 동안, 여인들이 울부짖는 소리, 아이들의 비명소리, 대포 소리, 대지를 두드리는 말발굽 소리가 계속 귀에 들려왔다. 내가 걷고 있는 그곳은, 1890년 우리 여인과 어린이들이 학살당한 캉크페 오피 와크팔라[Cankpe Opi Wakpala : 운디드니 샛강]였다. 페요테 의식을 마친 뒤, 젊은 여자인 나에게 비몽사몽간에 이러한 비극이 되살아나고, 환영이 떠오르다니 참으로 이상한 일이었다. 비극의 환영, 곧 역사 그 자체를 되풀이하는 환영이 아직도 나타날 수 있다는 뜻이었을까?

전사들은 매일 밤, 몸을 정화하기 위해 땀 목욕을 했다. 레오나드는 이런 이니피(inipi) 의식을 대부분 친구 월러스 검은고라니에게 맡겼다. 어느 날 레오나드 자신이 다른 사람들과 함께 땀 목욕을 끝내고 땀막을 나서려는 순간, 연방 경찰이 총격을 퍼부었다. 땀막과 티피에도 M16 탄환이 날아들었다. 몇 사람은 근처의 나지막한 벙커로 뛰어들었다. 화덕과 벙커 사이에서 옴짝달싹할 수 없게 된 까마귀개는 몸을 드러낸 채 그 자리에 누워 있을 수밖에 없었다. 그는 2시간이 지난 뒤에야 기회를 틈타 피신처로 뛰어갈 수 있었다. 그날 아무도 죽지 않은 것은 기적이었다.

협상으로 타협안을 마련하기 위해 정부 대표단과 첫 만남을 갖기 전, 모두가 레오나드에게 큰발의 무덤에서 일출 의식을 치러 달라고 부탁했다. 그는 제단을 세우고 말했다. "우리의 가장 신성한 제단은 이 영역, 곧 우리가 서 있는 이 대지, 우리가 방어하고 있는 이 땅입니다. 그것은 우리의 신성한 장소, 바로 초록빛 양탄자입니다. 달은 우리의 밤을 비추는 빛이며, 태양은 우리의 지도자인 위대한 정령입니다."

레오나르드는 우리의 의료 추장이었다. 백인 위생병과 자원봉사자 의학 박사들은 너나 할 것 없이 그의 의견을 존중했다. 백인 의사들은 어린이와 호흡기 질병을 치료하게 될 것이라는 기대를 하고 운디드니에 왔다. 총격전이 벌어지리라고는 생각지도 못했다. 그들에게는 외과 수술 장비가 없었기 때문에, 모든 수술은 레오나르드가 맡아서 했다. 버디 래몬트가 사살되었을 때, 그의 벙커에는 다른 사람이 셋이나 있었다. 그들 중 한 사람은 총을 네 발이나 맞았다. 세 발은 팔에, 한 발은 발에 꽂혔다. 두 번째 사람은 손에 총을 맞았고, 세 번째 사람인 밀로 가기(Goings)는 무릎에 총알이 박혔다. 레오나르드가 그들 모두를 치료했다. 백인 의사가 총알을 꺼내는 시간보다 짧은 시간에 치료를 마쳤다. 다른 병균의 감염도 없었다. 상처를 치료할 때 레오나르드는 인디언 약을 썼다. 총알을 꺼내는 데는 먼저 고슴도치의 가시를 이용했고, 살을 마취하는 약초로는 삼나무를 사용했다. 인디언 식 마취 효과가 나타나기 시작하면, 칼을 들고, 곧 태양춤 춤꾼들의 가슴살을 저밀 때 사용했던 바로 그 칼을 들고 수술에 돌입했다. 마취 효과는 매우 빨리 나타났다. 상처를 꿰맬 때는 사슴의 힘줄을 사용했고, 주술사 미친말이 다른 무엇보다도 즐겨 사용했던 신성한 땅다람쥐 가루로 지혈을 했다. 병균의 감염을 막고, 치료 속도를 높이기 위해서, 타오피 타오테

(taopi tawote)를, 내가 알기로는 백인의 식물학에서 서양가새풀(yarrow)이라고 부르는 식물을 치료약으로 사용했다. 내출혈을 멈추게 하는 데는 위나 와지 허트칸(wina wazi hutkan)이라는 이름의 약초를 썼다. 호흡기 질병에는 땀 목욕과 여러 가지 서로 다른 샐비어로 만든 차를 처방했고, 헤하카 페주타(hehaka pejuta), 곧 백인들이 홀스민트(horsemint)라고 부르는 고라니 풀로 열을 내리게 했다. 이 풀은 강력한 사랑의 약이기도 하다. 이것들은 레오나드가 사용했던 인디언 약초들 가운데 일부였다. 우리를 돕기 위해서 운디드니에 온 시애틀 출신의 백인 의사인 패트 켈리는 레오나드를 전적으로 신뢰했다. 그는 까마귀개가 치료한 상처들은 백인 의사들이 현대 의약으로 치료한 상처들보다 두 배나 빠른 속도로 회복되었다고 했다.

멕시코계 미국인 의사였던 로키 마드리드는 배에 총을 맞았다. 내장이 날아가지 않은 것만도 기적이었다. 그는 간신히 병원으로 걸어 돌아왔고 까마귀개가 총알을 빼냈다. 다행히 총알이 배를 완전히 관통하지는 않았다. 로키는 레오나드의 칼이, 의식할 겨를도 없이 뱃속으로 들어왔다 나갔으며, 인디언 식 마취 효과 덕에 아무것도 느끼지 못했다고 했다. 레오나드는 백인 의사들에게 천연 약초들을 사용하는 방법과, 환자를 치료하기 전에 적절한 기도를 올리는 방법을 가르쳐주었다.

이상하게도 까마귀개는 사람뿐만 아니라 기계도 고쳐달라는 부탁을 받았다. 밥 자유로운(Free)이 기술 책임자 직책을 사임했을 때, 레오나드는 그의 일까지 떠맡았다. 물건들이 부서지면 그가 수리했다. 그는 정말 손재주가 좋았다. 어려서 자동차 수리를 배운 덕이었다. 운디드니에서는 가스 펌프를 수리하고, 전기 공급이 중단되지 않도록 조치했다. 몇 주 동안 전기가 들어오지 않았을 때, 우리는 상점에서 찾아낸 등유 등잔에 의지하여 그럭저럭 지내기도 했었다. 방어 진지를 구축하는 일도 기술 책임자인 레오나드 직무의 일부였다. 그는 벙커들을 점검했다. 각 벙커에는 강심장 벙커나 앉은황소 벙커와 같이 이름이 정해져 있었다. 그는 지뢰로 원형 방어 진지를 구축했다. 상점에서 가져온 백 파운드 분량의 석탄 덩어리를 여러 젊은이들을 시켜 가루로 만들었다. 또 상점에서 대략 천여 개의 전구를 구해서, 그 안에 석탄 가루와 전지 액을 가득 넣었다. 이 작은 전구 폭탄들에 도화선을 하나씩 꽂아서, 우리 진지 주위로 빙 늘어놓은 다음, 전지에 연결했다. 이 전구 폭탄들은 전선에 연결되어 있기 때문에 연방 경찰이 전선을 건드리면 전구를 폭발시키는 불꽃이 일었다. 레오나드의 작은 지뢰 하나로는 큰 타격을 가할 수 없었지만, 경찰의 접근을 막는 효과를 거두었다. 그가 할 수 없었던 일 하나가 있었다. 총을 쏘는 일이었다. 주술사에게는 그것이 금지되어 있었다.

레오나드가 한 일 중에서 가장 기릴 만한 업적은 유령춤을 되살려낸 것이다. 나는 그가 살아 있는 우리들뿐만 아니라, 집단 무덤 속에 누워 있는 정령들을 위해서 그 일을 했다고 생각한다. 앞에서 이야기했듯이 유령춤의 전통은 우리 가족 속에 항상 강하게 남아 있었다. 레오나드의 증조 할아버지인 최초의 까마귀개는 수우 족 최초의 유령춤 춤꾼 가운데 한 사람이었다. 동시에 그들의 중요한 지도자이기도 했다.

1889년 이전에 어떤 사람이 와서 최초의 까마귀개에게 이렇게 말했다고 한다. "새로운 세상이 오고 있어. 새로운 권능이 백인 놈들이 망쳐놓은 이 세상을 담요 걷어내듯 걷어내면, 그 아래에 새로운 세상, 오염되지 않은 초록빛 세상이 펼쳐져 있을 거래. 그곳을 거닐다 보면, 백인 놈들 손에 죽었지만, 다시 생명을 얻어 우리를 맞이하러 오는 죽은 일가붙이들을 만나게 된대. 백인 놈들을 피해 산 속의 거대한 동굴 속으로 모두 사라져 버린 들소들도 대지 아래에 있는 동굴에서 나와 무수한 무리를 이루며 다시 대평원을 가득 채울 거래. 우리 아버지가 그렇게 말했어." 그 사람은 바로 우리 브룰 족 출신이자, 커스터 장군과 싸웠던 유명한 전사 키작은황소(Short Bull)였다.

곧바로 수많은 사람들이 야밤에 소리 죽여 걷거나, 말을 타거나, 소 운반 열차에 숨어 이동했다. 새로 놓은 철도를 가로지르거나, 가시 철조망으로 된 담을 넘어 수백 마일이나 되는 길을 걷기도 했다. 이렇게 백인 놈들이 보거나 듣지 못하도록 유령처럼 돌아다니며, 그들은 이 부족에서 저 부족으로 그런 내용의 계시를 퍼뜨렸다.

키작은황소와 그의 친구 곰차기(Kicking Bear)와 착한천둥(Good Thunder)은 파이우트(Paiute) 족의 성인 워보카(Wovoka)에게서 직접 이 계시를 받았다고 한다. 그는 태양이 숨을 거두던 날 꿈속에서 유령춤을 신앙으로 물려받았다고 한다. 워보카는 그들에게 자기가 가지고 있던 검은색 엉클 조 모자 속을 들여다보게 했다. 그들은 거기서 우주를 보았다. 모자 속을 들여다본 그들은 알게 되었다. 이 파이우트 족의 예언자가 그들에게서 목숨을 거두어간 다음, 다가오는 새 세상에서 거닐게 해주고, 다시 생명을 넣어줄 것이라고 믿게 되었다. 워보카는 그들에게 새로운 춤과 노래, 새로운 기도문을 전해주었다. 그리고 신성한 독수리 깃털, 독수리 날개, 진홍색 얼굴 페인트를 내려주었다. 그가 가르쳐준 노래 가운데 네 가지는 '안개와 하얀 물보라, 눈과 차가운 추위, 부드러운 비, 햇빛과 온기'였다.

우리들의 삶은 참으로 고단했다. 말도 무기도 없이, 울타리 안에 갇혀 굶주리고 있었다. 계시는 그들에게 희망을 안겨주었다. 그들은 들소를 불러들이기 위해, 백인 놈들이 파괴한 옛 인디언의 세계, 그토록 사랑했던 세계를 되살리기 위해 춤추고 노래했으며, 그 세계의 재림을 위해 기도를 올렸다.

최초의 까마귀개는 친구들과 일가붙이인 두번치기와 노란덮개(Yellow Robe)와 함께 그들을 따르는 무리들을 이끌고 키작은황소 진영의 유령춤에 참가했다. 그들은 둥그렇게 무리 지어 춤추기

적당한 신성한 나무가 한 그루 서 있는 오솔길 샛강(Pass Creek)으로 이동했다. 그들은 또 선바위에 있는 앉은황소의 야영지, 샤이엔 강 근처에 있는 큰발의 땅, 심지어는 소나무산마루의 백인 놈들의 코밑에서도 춤을 추었다. 유령춤은 사랑의 신앙이었다. 그렇지만 백인들은 이를 오해하여, 인디언들이 대규모로 반란을 도모하는 것이 틀림없다고 믿었다. 도둑이 제 발 저리다는 것은 이를 두고 하는 말이다. 백인들은 겁을 집어먹었고, 대변인들을 앞세워 군대에게 이 새로운 종교를 진압해 달라고 요청했다.

까마귀개의 무리는 오솔길 샛강에서 미국 국기를 거꾸로 두른 차림으로, 둥그렇게 모여서 손에 손을 잡고 춤을 추었다. 미국 국기는 인디언들에게 절망의 상징이기도 하면서, 그 또한 뒤집어질 운명인, 울타리와 전신주 그리고 공장으로 이루어진, 백인 세계의 상징이기도 했다. 그들은 또 별과 달 모양, 독수리와 까치의 상이 그려진 유령춤 겉옷을 입었다. 사람들은 그것이 총알을 막아줄 것이라 믿었다. 어떤 사람들은 몇 시간씩 그 자리를 빙빙 돌다가, 무아의 경지에 빠져 땅바닥에 쓰러졌다. 다시 말하면 '죽었다.' 그런데 그들은 나중에 깨어나서, 그 죽음의 시간 동안에 별 사이를 배회하고, 오래 전에 죽은 일가붙이들을 만나 이야기를 나누고, 놀라운 일들을 겪기도 했다고 술회했다.

딕 바보황소 할아버지는 어린아이 때 지켜보았던 유령춤을 세세하게 기억하고 있었다. 레오나드는 그 할아버지가 백 살이 넘은 나이로 세상을 뜨기 몇 년 전에 그분의 육성을 녹음 테이프에 담았다. 다음은 테이프에 담긴 딕 바보황소 할아버지의 육성이다.

"먼저 기억나는 이야기가 있지, 무슨 일 때문에 문제가 생겼어. 큰 문제가 벌어진 거야. 내가 장미꽃봉오리에 간 것은 우연이었어. 우리는 군인들, 그러니까 기병대의 감시 아래 장미꽃봉오리에 티피를 치고 있었어. 군인들이 아버지와 할아버지들을 모두 한 곳으로 모았어. 그 사람들이 몰래 빠져나가서, 자기들에게 적대적인 무리와 어울리는 것을 어떻게든 막아보겠다는 뜻이었지.

우리 아버지는 황소 수레로 발렌타인에서 화물을 운반해 오는 중이었어. 아침에 거기로 가서 야영을 한 다음에, 장미꽃봉오리로 돌아와서 짐을 풀면 되는 거야. 우리가 있는 곳에서 북쪽으로 소금천막이라는 인디언 마을에 있는 폭포 옆에서 유령춤이 벌어지고 있다는 소문을 들었어. 우리 막내 외삼촌이 병이 났는데, 춤을 구경하고 싶다는 거야. 그걸 구경하면 치료가 될 것 같았던 모양이야. 그래서 수레, 곧 사륜 마차에 소를 매달고, 나와 우리 삼촌과 어머니, 내 누이들이 타고 그곳으로 갔어. 그곳에 도착하여 마을이 보이는 평평한 곳에 자리를 잡았지. 엄청난 소동이 벌어지고 있더라고. 수많은 사람들이 말을 타고 주위를 돌고 있었어. 점점 더 가까이 가서 보니까, 여자들과 남자들이 둥그렇게 둘러서 있는 거야. 아이들은 없었어. 어른들만 여자 남자 모여서, 지금 우리가 하듯이 손뼉을 치면서 원무를 추고 있더라고.

모두들 유령춤 노래를 불렀고, 주위를 빙빙 돌아다녔어. 한 사람이 기억나는데, 탄약 주머니와 커다란 식칼을 차고 있었어. 양쪽에 여자가 한 명씩 있었고. 그 사람이 앞뒤로 몸을 흔들면서 꼭 술 취한 사람처럼 걷더니, 얼굴을 땅바닥에 처박으며 쓰러지더라고. 그리고 나서는 몸을 뒤집더니, 마치 죽은 사람처럼 그 자리에 누워 있는 거야. 춤의 지도자인 두 남자가 그에게 왔어. 한 사람은 손에 불을 들고 있었어. 이글이글 타고 있는 석탄이 가득 들어 있는 냄비 하나와 커다란 독수리 날개를 들고 왔어. 불 위에 뭘 올려 놓으니까, 연기가 피어나는데 냄새가 좋더라고. 그는 커다란 부채로 연기를 그 춤꾼, 바로 땅바닥에 등을 대고 누워 있는 사람에게 보냈어. 부채질을 하니까, 누워 있던 그 사람이 정신을 차리고 자리에 앉는 거야. 그러자 춤꾼들의 지도자가 무슨 일을 겪었느냐고 물었어.

그가 대답했어. '이곳에서 저 세상으로 넘어가는 길, 유령의 길이 있었어요. 볼 수는 없었지만, 길이 그곳에 있었고, 내가 그 위를 걷고 있다는 느낌이 들었어요. 언덕에 갔는데, 꼭대기에 한 사람이 홀로 거기 서 있었어요. 나를 보더니 자리에 앉으며, 자기 옆에 앉으라는 손짓을 했어요. 언덕 위로 올라갔어요. 그 사람은 내게 그 옛날의 대규모 인디언 천막촌, 티피, 들소, 말, 사냥하는 남자들, 가죽 무두질하는 여자들을 보여주었어요. 그가 그랬어요. 저들은 당신 부족 사람입니다. 저기가 당신이 가야 할 곳입니다. 저것이 당신이 살아야 할 삶입니다. 이제는 돌아가세요. 당신 부족에게 가르쳐 주세요. 옛날 방식으로 살라고 알려주세요.' 그러면서 그는 깨어날 때 기억하고 있던 새 노래를 그 춤꾼에게 가르쳐주었어.

또 다른 춤꾼도 있었어. 우리 부족 출신은 아니었어. 아라파호(Arapaho) 족이었던 것으로 기억해. 그 사람도 졸도를 했지. 최면에 걸린 것 같더라고. 그곳이 아니라, 어딘가 다른 곳에 있는 사람 같았어. 그 당시 그들은 총을 가지고 있었고, 천막 천으로 만든 겉옷을 입고 있었어. 옷의 등에는 태양과 반달 그림이 그려져 있었어. 가장자리에도 색칠을 했고. 겉옷을 막대에 걸어놓더니 총을 집어들고 옷에 사격을 하더라고. 그런데 총알들이 겉옷을 관통하지도 못하고 바닥에 떨어지는 거야. 한 사람은 직접 유령 겉옷을 입더니, '자, 날 쏴봐'라고 하더라고. 총을 쐈지. 총알들이 겉옷에 맞았는데, 옷을 뚫지 못하고 그냥 땅으로 떨어졌어. 사람도 다치지 않았어. 그가 사람들을 향해 이랬어. '저 신성한 겉옷을 입고 있으면 총알을 맞아도 끄떡없어요.' 실제로 그랬어." 여기까지가 딕 바보황소 할아버지가 이야기했던 내용이다.

파르멜리 쪽으로 가다가 작은하얀강(Little White River)의 바닥에 이르면 레오나드의 증조부가 1890년에 유령춤을 추었던 장소가 나온다. 지금도 수많은 사람의 발자국이 남겨놓은 자리의 둥근 흔적을 확인할 수 있다. 유령춤을 추고 있는데, 한 노인이 검은곰(Black Bear)이 정신을 잃고 기절했다고 소리쳤다. 그는 한동안 마치 죽은 사람처럼 누워 있다가 느닷없이 깨어났다. 사람들은 그가 일어서서 두 팔을 들어 활짝 벌리는 것을 보았다. 벌건 대낮에 번개가 내리쳐 그의 손으로 빨려 들어가는 것도 보았다. 삼나무를 태운 연기를 쏘여 의식이 회복되었을 때, 그의 손에는 작은 돌멩이가, 곧 별에서 온 돌멩이가 하나 들려 있었다고 한다.

그러자 군인들은 유령춤 춤꾼들을 추적했다. 까마귀개의 무리들은 배틀랜즈의 깊은 골짜기로 쫓겨 들어가, 오래 전에 멸종한 동물의 뼈가 널려 있는 눈 덮인 외딴산의 꼭대기로 피신했다. 먹은 것이 없었다. 춥고 배가 고팠다. 아이들은 울고, 몇 마리로 남은 조랑말들은 피골이 상접하여 제대로 서지도 못했다. 까마귀개는 허리에만 옷을 두른 벌거벗은 차림으로 눈 속에서 춤을 추며 노래를 불렀다.

> 저들이 이곳에서 암소를 도살하고 있다네,
> 저들이 들소의 암컷을 죽이고 있다네.
> 화살을 똑바로 겨누어라.
> 화살을 겨누어라.

까마귀개는 신성한 화살을 하늘 높이 쏘아 올렸다. 그는 부족을 위해 항복하라는 계시를 받았다. 그렇지만 죽은 들소는 돌아오지 않았다. 아직 약속한 시간이 되지 않았다. 군인들은 은신처에 숨어 있는 까마귀개와 그 일행을 발견했다. 그는 자기를 의지하고 있는 사람들의 목숨을 구하기 위해 항복했다. 그들은 살아남았다. 다른 사람들은 그들만큼 운이 좋지 않았다. 앉은황소와 그의 일행은 부족 경찰과 대규모 총격전을 벌이던 중에 살해되었다. 양측 사상자의 피로 눈이 빨갛게 물들 만큼 처절한 싸움이었다. 큰발도 항복했지만, 그와 그의 부족 사람들은 한꺼번에 몰살을 당했다.

레오나드는 늘 1890년에 유령춤을 추었던 사람들은 워보카와 그의 계시를 오해했다고 생각했다. 죽은 사람에게 생명을 돌려준다고 기대할 것이 아니라, 인디언 신앙을 실천함으로써 옛 신앙을 되살린다는 기대를 가졌어야 했다는 것이다. 레오나드가 보기에 손을 잡고 빙 둘러서서 유령춤을 추는 것은 신성한 둥근 테를 되찾는 일이다. 부연하면 형제자매의 손을 꼭 붙잡고 인디언의 단결이 회복되었음을 확인하고, 그것을 살갗으로 느끼는 일이다. 레오나드는 또 유령춤을 되살리는 일은 우리의 과거, 곧 오랜 옛날의 할아버지 할머니들과 다시 인연의 끈을 잇는 일이라고 생각했다. 그래서 그들이 살해당한 곳, 이제 그것을 부활시켜야 할 곳에서 다시 유령춤을 추기로 마음먹었다. 레오나드는 아버지 헨리가 가르쳐준 노래와 의식들을 모두 알고 있었다. 헨리는 자기 아버지에게서 이것들을 물려받았다. 여인들은 밤을 새워 커튼 천이나 삼베, 또는 눈에 띄는 것은 무엇이든 가져다 옛날 식의 유령춤 겉옷을 만들었다. 또 겉옷에 전통적인 방식으로 색칠도 했다. 예쁜 옷이었다.

유령춤이 시작되기 전날 밤에 레오나드는 연설을 하면서, 그것을 녹음해두었다. 다음은 그 연설 내용이다.

"내일 우리는 유령춤을 출 것입니다. 여러분은 '한 숨 좀 돌리자' 는 말도 할 겨를이 없을 것입니다. 휴식도 중단도 없을 것이고, 짬을 내어 커피 한 잔 마실 틈도 없을 것입니다. 물도 마시지 못할 것입니다. 눈이 오든, 비가 오든 유령춤은 치러질 것입니다. 부족을 가리지 않고 우리는 단결할 것입니다. '나는 다른 부족이야' 라거나, '저 사람은 흑인이고, 저 사람은 백인이야' 라는 말을 하지 않을 것입니다. 우리는 백인처럼 그런 태도를 취하지 않을 것입니다.

만일 우리 가운데 한 사람이 권능 안에, 영적인 권능 안에 들게 되면, 우리는 서로 손을 잡을 것입니다. 그가 기절을 하더라도 내버려두십시오. 경련을 일으키더라도 걱정하지 마십시오. 우리는 의사를 부르지 않을 것입니다. 정령이 의사가 되어줄 것입니다.

나는 노래를, 곧 정령에게서 받은 노래를 부를 것입니다. 어머니이신 대지는 북이 되고, 구름은 환영이 될 것입니다. 환영은 여러분의 마음속으로 들어갈 것입니다. 여러분은 백인들 손에 죽은 형제와 일가붙이들을 마음으로 보게 될 것입니다.

이 세상에서 다른 세상으로 올라가, 그곳에서 보게 될 것입니다. 그곳에서 깨달음을 얻게 될 것입니다. 유령춤의 정령이 우리 안에 있을 것입니다. 평화의 담뱃대가 그곳에 있을 것입니다. 불이 그곳에 있을 것입니다. 담배가 그곳에 있을 것입니다. 육체적으로 시작하여 영적으로 되면, 그 다음에는 권능 안에 들게 될 것입니다. 우리는 1973년에 바로 이곳, 바로 운디드니에서 시작할 것입니다.

누구나 다 유령춤에 대해서 이야기를 들었지만, 그것을 한 번이라도 본 사람은 아무도 없습니다. 미합중국에서는 이를 금지하고 있습니다. 따라서 유령춤도, 태양춤도, 인디언 신앙도 있을 수 없었기 때문입니다.

그러나 둥근 테는 부서지지 않았습니다. 그러니 오늘 저녁 결단을 내립시다. 아직 태어나지 않은 모든 세대를 위해 결단을 내립시다. 내일 우리와 함께 춤을 추고 싶다면, 준비를 합시다!"

레오나드는 춤출 장소로 언덕 사이의 움푹 들어간 곳을 골랐다. 연방 경찰이 춤꾼들을 볼 수도 총을 쏠 수도 없는 곳이었다. 그리고 이 장소를 신성하게 꾸몄다. 그렇게 해서 수우 족은 다시 유령춤을 추게 되었다. 80년 만에 처음 있는 일이었다. 그들은 새벽 5시에 시작해서 4일 동안 춤을 추었다. 어두울 때 시작해서 밤중까지 춤을 추었다. 유령춤은 봄, 곧 수우 족에게 새봄이 처음 열리는 무렵에 시작되었다. 옛날의 유령춤 춤꾼들처럼, 많은 남자들은 눈 속에서도 맨발로 삼나무 주변을 돌며 춤을 추었다. 레오나드와 함께 유령춤을 춘 춤꾼들은 대략 30에서 40명이었다. 원한다고 해서 모든 사람이 다 춤을 출 수는 없었다. 간호사들과 의사들은 근무지를 지켜야 했다. 생명도 지켜야 했고, 방어도 계속해야 했다.

첫날 한 여자가 눈 속에 쓰러져서, 사람들의 도움을 받아 박물관이 있던 곳으로 돌아왔다. 그들은 담뱃대에 불을 붙였고, 레오나드는 독수리 날개로 그녀에게 삼나무 연기를 쏘여주었다. 그녀는 서서히 의식을 회복했다. 무슨 일이 일어났는지 말로 설명할 수는 없지만, 자기는 권능 속에 있었고, 환영을 보았다고 했다. 그녀가 말을 제대로 할 수 있기까지는 꽤 오랜 시간이 걸렸다. 눈알이 뒤집혀 흰자위밖에 보이지 않을 정도로 실신 상태에 빠져 있었기 때문이다. 4일 중 하루는 눈보라가 몰아쳐 춤을 방해했지만, 중단되지는 않았다. 나중에 윌러스 검은고라니는 춤꾼들의 인내심에 고마움을 표시했고, 러셀 민스는 유령춤의 부활이 지니는 의미에 대해서 훌륭한 연설을 했다.

약 50년 전에 숨을 거둔 오그랄라 부족의 성인 검은고라니는 자기 책에서 운디드니에 대해서 이렇게 말했다.

"아직도 학살당한 여자와 아이들이 눈에 보여. 그들은 굽은 협곡을 따라 포개져 있거나 흩어져 누워 있었어. 지금도 그들의 모습이 눈에 선해. 피로 얼룩진 그곳의 진흙 속에서는 죽어서 눈보라 속에 묻혀 있는 다른 것도 보였어. 그것은 바로 한 부족의 꿈이었지. 아름다운 꿈이었는데.

나는 어린 시절에 환영의 내림을 받았어. 그러나 여러분의 눈에 지금의 나는 아무것도 이루지 못한 가련한 늙은이에 지나지 않아. 부족의 둥근 테가 부서져 흩어졌기 때문이야. 더 이상 중심도 없고, 신성한 나무는 죽어버렸어."

그 계곡인 캉크페 오피에서 우리는 부서진 신성한 둥근 테의 조각을 주워 모아서 다시 이었다. 운디드니에 있었던 모든 사람들, 버디 래몬트와 맑은물 그리고 우리의 주술사들은 부족의 둥근 테를 수리했다. 신성한 나무는 죽지 않았던 것이다.

11. 새 생명의 탄생

> 아! 태양과 달, 그리고 별들이여,
> 하늘에서 움직이는 일체의 것들이여,
> 내 말에 귀를 기울여 주소서.
> 당신들 안으로
> 새 생명이 들어왔으니,
> 그가 가는 길을 평탄하게 해주소서.
> - 갓난아기를 위한 오마하 족의 기도문

4월 5일 금요일에 레오나드는 약 일주일 예정으로 운디드니를 떠났다. 대통령을 만나면, 납득할 만한 타협안을 얻을 수도 있을 것이라는 희망에서 워싱턴으로 보내는 대표단 네 사람에 뽑혔기 때문이다. 결국 사실로 드러났듯이, 워싱턴에서 타협하고자 했던 노력도 운디드니에서만큼이나 소용이 없었다. 이때 까마귀개는 아직 나의 남편도 연인도 아니었다. 그렇지만 나는 그에게 큰 믿음을 갖고 있었다. 주술사인 그의 권능을 믿었기 때문이다. 아기를 낳을 때, 그가 곁에 있어 주길 바랐다. 출산을 코앞에 두고 있는

데, 그가 떠났다는 소식을 듣고 실망했다. 나는 무척 이기적이었다. 아니 그보다는 불룩하게 솟아오른 내 배만을 생각했다. 내 문제만을 놓고 보면, 홍수나 지진이 워싱턴과 닉슨을 삼킨들 상관없는 일이었다. 내게는 아기가 그보다 몇백 배, 몇천 배 더 중요했다.

수우 족의 언어에는 임신을 뜻하는 낱말이 많다. 그 가운데 하나에는 '강해진다'는 뜻이 담겨 있다. 또 어떤 낱말은 '과도한 짐을 지고 있다'를 의미한다. 나는 강해지고 과도한 짐을 지고 있다는 느낌을 동시에 받았다. 운디드니에서 아기를 낳고 싶었다. 그러나 그렇게 할 수 있을지는 확실하지 않았다. 때때로 사람들이 와서 "협상이 좋은 결과를 맺을 것 같아. 하루 이틀만 있으면 우리 모두 이곳에서 나갈 거야. 모두 집에 가게 될 거야"라고 말했기 때문이다. 그때마다 나는 대꾸했다. "이곳에서 나가지 못하면, 우리는 죽음을 맞게 될 거야. 어떻게 되더라도 나는 바로 여기서 인디언 방식으로 아기를 낳을 거야." 말은 그렇게 했지만 흔들림 없는 확신이 있어서 그랬던 것은 아니었다.

나는 병원에는 가지 않기로 작정했다. 백인 의사에게 나의 그곳을 보여주는 짓은 하고 싶지 않았다. 백인 의사가 내 몸에 손을 대는 것이 싫었다. 내 마음 속에는 늘 우리 언니에게 불임시술을 하고, 갓난아기를 죽게 만든 그들에 대한 응어리가 풀리지 않고 있었다. 내 아기는 살리고 싶었다. 나는 옛 인디언 방식으로 아기를 낳을 작정이었다. 옛 방식이긴 해도 아주 구식은 아니었다. 실제로

11. 새 생명의 탄생 263

오랜 전통에 따르면, 우리 여인네들은 티피 한 가운데에 허리 높이의 포플러 나무를 꽂았다고 한다. 그 막대기를 붙든 채 몸을 웅크리고 있다가, 무두질을 해서 부드럽게 만든 사슴 가죽 위에 아기를 낳았다. 그리고 자기 손으로 탯줄을 자르고, 아기의 배꼽에 민들레 가루를 발랐다. 여자 친구가 산모 뒤에 웅크리고 있다가 배를 눌러주거나, 띠 같은 것으로 아기를 잘 나올 수 있도록 도와주는 경우도 종종 있었다. 사람들은 아기를 물과 향기로운 풀로 닦은 다음, 들소 기름으로 깨끗하게 닦았다. 나는 처음부터 끝까지 그런 식으로 아이를 낳을 만큼 강하거나 전통적인 사람은 못 된다고 생각했다. 또 들소 기름을 얻을 곳도 없었다.

그렇게 하자면 주위를 구슬로 장식하고 관 모양의 주름을 잡은 요람과, 탯줄을 넣어둘 거북이나 도마뱀 부적 두 개를 만들어줄 사람도 있어야 했을 것이다. 부적 하나는 요람 속 어디에 숨겨놓고, 다른 하나는 눈에 띄도록 걸어놓아서, 악령들이 탯줄이 그 안에 들어 있다고 생각하도록 해야 했기 때문이다. 악령들은 탯줄에 마술을 걸려고 시도하지만, 속게 된다. 케하(Keha) 즉 거북과, 텔아누웨(Telanuwe) 즉 모래 도마뱀은 쉽게 죽지 않으며, 장수하는 동물이다. 죽은 뒤에도 오랫동안 심장이 박동을 계속한다. 우리에게 거북과 도마뱀은 생명을 지켜주고 장수하게 해주는 숭배의 대상이다. 우리 이모였던 거북 여인 엘시 홍수라면 내게 그런 부적을 만들어주었을 것이다. 그러나 이모는 이 세상에 없었다.

내 아기에게 비밀 이름을 지어줄 윙크테(winkte)도 한 사람 찾아내야 했을 것이다. 윙크테란 게이를 뜻한다. 사람들은 윙크테들이 아주 오래 산다고 믿었다. 그들이 비밀 이름을 지어주면, 그 긴 수명이 갓난아기에게 영향을 미친다고 생각했다. 물론 누가 들어도 윙크테가 지어주었다는 것을 알 수 있게 하는 이름은 안 된다. 윙크테가 지어준 이름은 항상 우스꽝스럽고 음란했다. 이를테면 체 마자(Che Maza) 같은 이름이 있는데 이는 무쇠음경(Iron Prick)이라는 뜻이다. 이름을 지어준 사람에게는 후한 대가를 지불해야 한다. 그런데 나는 돈도 없었고, 또 운디드니에서는 윙크테를 찾아낼 방도도 없었다. 전사들마다 찾아다니며, "혹시 게이예요?" 하고 물을 만큼 넉살이 좋지도 못했다. 윙크테를 비난하려고 해서 하는 말이 아니다. 우리 수우 족은 늘, 누가 무엇이 되려고 하든 그것은 자유라는 믿음으로 살아왔다. 나는 믿을 수 없을 정도로 용감한 윙크테 한 사람을 알고 있다. 그 사람은 태양춤 의식을 치를 때, 가장 고통이 심한 방법을 선택하여 춤을 추었다. 몸의 앞쪽 두 군데와 등쪽 두 군데의 살을 한꺼번에 뚫었다. 그런 다음에 움직일 만한 공간이 별로 없는, 기둥 네 개를 세워놓은 곳에 들어가 몸을 묶은 채 섰다. 몇 걸음을 달리고 펄쩍 뛰어올라도 몸이 자유로워지지 않았다. 어쩔 수 없이 살을 도려내는 아픔을 겪으며 천천히 살점에 박힌 꼬챙이를 빼내야 한다. 그러나 나는 장수한다는 윙크테의 힘을 믿을 수가 없다. 옛날에 윙크테들이 그렇게 오래 살았던 까닭은, 다른 남자들은 전쟁에 나가서 전사를 한 데 비해서, 그들은 여인네들의 옷을 입고, 가죽 무두질을 하고, 구슬 장식과 요리를 했기 때문이다. 요즈음 나는 막연하게나마 윙크테들이 다른 사람들보다 더 오래 사는 것은 아니라고 느낀다.

결국 하나부터 열까지 옛날 식을 따를 정도로 전통적일 수는 없었다. 내가 수우 족 방식에 따라 아기를 낳기로 마음먹었다고 했을 때, 그것은 단지 인디언 식으로 기도하고, 향기로운 풀을 태우고, 산파 노릇을 해주는 인디언 여인의 도움을 받는다는 뜻이었다. 다시 말하면 주사를 맞거나 마취를 하지 않고 자연분만을 하겠다는 뜻이었다. 나는 의식을 치르는 티피 안에서 아기를 낳고 싶었다. 그렇지만 그렇게 하지 말라는 충고를 받았다. 그 티피는 너무나 노출되어 있고, 가끔 총격도 받기 때문이었다.

진통이 시작되기 전의 마지막 주에 출산에 대해 이야기할 때까지도, 고상하게 전통적인 출산 방법에 대해서만 생각한 것은 아니었다. 그보다는 안전하게 변소에 가는 것과 같은 세속적인 일에 훨씬 더 골몰해 있었다. 임신 9개월째가 되자 소변을 자주 보아야 했다. 여자들은 차고를 치운 다음, 남자 몇 사람의 도움을 받아 그곳을 사방에 출입구가 있는 여자용 화장실로 꾸몄다. 실로 불가사의한 일이었다. 거기 가면 항상 여러 사람이 줄을 서서 차례를 기다리고 있었다. 불룩 솟아오른 내 배를 보면 보통은 나를 먼저 들여보냈다. 총알들이 발 옆에 떨어지며 풀썩 먼지를 일으킬 때면, 더러 예광탄들이 마치 반딧불처럼 주위를 날아다니곤 했다. 그럴 때면 아무래도 실제로 총격전이 벌어지고 있다는 느낌이 들지 않았다. 여자들은 그 자리에 그대로 서서 한가하게 잡담을 하거나 낄낄거렸다. 공황상태에 빠져 허둥댄 적은 한 번도 없었다. 사람들은 와서 소리쳤다. "모두들 괜찮아요? 진정제 필요한 사람 없어요?" 화장실에 가기 위해 진정제를 복용해야 하는 곳에 있다고 생각해 보라! 아무튼 우리는 진정제를 먹지 않았다. 내 문제는 몸의 상태가 남들보다 두세 배 더 자주 화장실에 가야 했기 때문에 나는 다른 사람들보다 더 서둘러야 했다.

거래소 안에 있던 어느 날 밤 막 청소를 끝낸 참인데, 소나무산마루 출신의 한 남자가 들어와 자리에 앉았다. 한참 동안 날 쳐다보더니, 그가 물었다. "여기서 아기를 낳을 거요?"

"네. 어차피 낳을 거라면 여기서 낳을 거예요. 당신은 끝까지 이곳에 머물 생각이에요?"

"아니에요, 직장이 바깥에 있어서요."

"아, 그래요. 당신은 오그랄라 인디언이고, 이곳은 당신 땅이에요. 여기에서 끝까지 버티는 것이 어떨까요. 나는 옆 보호구역인 장미꽃봉오리 출신이에요. 브룰 족이고, 지금 아이를 가졌지만 이곳에 남을 생각이에요. 당신은 더 많은 것을 이룰 수 없을 거예요."

그는 한참 동안 날 쳐다보았다. "와! 여기서 인디언 방식으로 아기를 낳을 생각이군요. 그거 정말 힘들 텐데요." 나도 수긍하지 않을 수 없었다.

　또 한번은 오빠가 이렇게 말했다. "넌 여기 있으면 안 돼. 임신했잖아. 이곳에 온 벌로 네 엉덩이를 때려줬어야 하는 건데." 나는 오빠에게 자기 일에나 신경 쓰라고 했다. 오빠는 담배를 입에 물었다.

　운디드니에는 나 말고 임신한 여자가 한 사람 더 있었다. 작은 체릴(Cheryl Petite)이라는 여자였다. 그 여자도 그곳에서 아기를 낳을 계획이었다. 몸집이 아주 큰 여자였다. 어떤 남자들은 우리 둘 중에 누가 더 먼저 아이를 낳을지 내기를 걸기도 했다. 그 여자는 나보다 3일 먼저인 일요일에 진통을 시작했다. 그녀의 남편은 수다쟁이였다. 그가 내게 와서 그랬다. "내 마누라가 당신을 이겼어요. 우리 아기가 먼저 나올 거요."

　나는 누가 먼저 아기를 낳든지 상관하지 않는다고 대답해주었다. 출산이 무슨 운동 시합이라고, 경쟁까지 할 이유는 없었으니까 말이다. 하지만 그는 동네방네 떠들고 다니며 자기 마누라가 나를 이기게 되었다고 자랑을 늘어놓았다. 두 시간 가량 진통을 하던 여자가, 한 10분 정도 통증을 호소하지 않고 가만히 있자, 남편은 걱정을 하기 시작했다. "어쩌면 병원으로 가는 것이 좋을 듯싶어요. 마누라가 너무 작아서 그러나 봐요. 애가 잘못 들어섰을지도 모르고요. 애에게 무슨 일이 생기면 큰일인데." 두 사람 모두 걱정이 이만저만이 아니었다. 그는 바리케이드로 가서 협상을 벌이기 시작했다. 경찰은 소나무산마루 병원에 가서 아기를 낳을 수 있도록 두 사람을 통과시켜 주었다. 남아 있던 사람들은 기분이 씁쓸해졌다. 많은 사람들이 내게 왔다. "메리, 이제 운디드니에서 아기를 낳을 사람은 너밖에 없어." 나는 그 사람들을 실망시키고 싶지 않았다.

워싱턴으로 떠나기 직전에 까마귀개는 페요테 의식을 치렀다. 금방이라도 아기가 나올 때인데 의식에 참가할 수 있어서 기뻤다. 나중에 알게 된 일이지만, 진통이 시작되기 정확히 일주일 전의 일이었다. 나는 약초를 먹었다. 신성한 물건들이 한 바퀴 돌았을 때, 지팡이를 붙들고 기도를 올렸다. 내 아기와 내가 아무 탈 없이 어려움을 이길 수 있게 해달라고 빌었다. 자정에 물 마시는 시간이 되었을 때, 레오나드가 일어나서 말했다. "모든 게 다 잘될 거요. 당신에게 좋은 일이 생길 겁니다." 그에게 페요테 의식이 내게 큰 힘이 된다고 말했다. 기도를 드리는 동안에 비가 왔다. 안개처럼 하얀 비였다. 기도를 마치고, 의식이 끝났을 때, 하늘이 맑게 개었다. 나는 믿음을 갖고 좋은 기분으로 자리를 떴다.

월요일, 샛별이 뜰 무렵에 양수가 터졌다. 기도를 올리기 위해서 땀막으로 갔다. 땀을 흘리고 싶었다. 그러나 검은고라니가 나를 들여보내지 않았다. 아마 월경 중인 여자는 의식에 참여하지 못하게 하는 그런 터부 때문에 내가 땀막에 들어가는 것을 원하지 않았을 것이다. 나는 실망했다. 양수가 터졌다고 해서 내가 의식에 참여하지 못할 정도로 불결하다는 생각은 하지 않았다. 땀막에서 물러날 때, 대학살의 계곡에서 유령들이 소리치고, 한 여인과 어린이가 한탄하는 소리가 들렸다. 이번이 세 번째였다. 다른 사람들도 그 소리를 들었다. 정령들이 모두 내 주위에 있다는 느낌을 받았다. 나중에 들은 이야기인데, 모래주머니로 쌓은 진지 안에 있던 경찰도 그 소리를 들었다고 한다. 어떤 경찰은 그 소리를 견디지 못해 다른 곳으로 전출하기까지 했다.

그 일이 있고 나서 화요일 아침까지는 아무 일이 없었다. 그때 내 몸 안에서 뭐가 빠져 나왔다. 오후 네 시에 경련이 시작되었다. 경련은 30분 간격으로 찾아왔다. 그러자 사람들이 나를 눕혔다. 밤 9시가 되자 경련이 심해졌다. 고통이 밤새 계속되었다. 수요일 아침, 고통은 더 심해졌다. 총격전이 시작되었지만, 통증이 너무 심해서 총격전에 신경 쓸 겨를이 없었다. 친구들이 나를 굳게 지켜주었다. 훗날 인디언 사무국 경찰에게 살해당한 페드로 비소네트는 마루를 들락거렸다. 안을 들여다보며 내 상태를 살폈고, 나를 안심시키려고 애썼다. "구급차가 대기 중이야. 여차해서 일이 잘못될 경우에는, 바리케이드를 통과해서 당신을 병원으로 싣고 갈 준비가 다 되어 있으니, 말만 해."

"안 그래도 돼요. 다 괜찮아요"라고 내가 대답했다. 그렇지만 좋지 않았다. 고통이 심했고, 무척 오래 지속되었다. 의식에서 모든 것을 지워버릴 만큼 정말 실감나는 통증이었다. 그러고 나자 외로움이 밀려왔다. 사이좋게 지내본 적이 없던 어머니가 보고 싶었고, 언니들과 할머니가 보고 싶었다. 나와 아기를 기다리고 있을 아버지가 있었다면 얼마나 좋았을까! 그래도 곁에 지켜 서서 헌신적으로 나를 도와주는 여인네들이 있어서 참으로 다행이었다. 조시트 와와식이 산파 대표 역할을 맡아주었다. 캔자스 주 출신으로, 72살 된 포타와토미(Potawatomy) 족의 이 여인은 반년 전 인디언 사무국 건물 점거 사건에도 가담했고, 맨 처음부터 운디드니에 들어와 그때까지 떠나지 않고 있었다. 엘렌 야영지옮기기와 베르노나 권리박탈하기(Kills Right)가 그 여인을 도와주었다. 물론 애니 메이 어쿠어쉬도 거기 있었다. 와와식 여사는 전에 아기를 30명이나 받아보았고, 엘렌 야영지옮기기는 서너 명의 아기를 받아보았다고 했다. 그래서인지 그들은 할 일을 잘 알고 있었다. 엘렌은 매우 용감한 여인이었으나, 훗날 한 아들이 우리를 밀고하는 밀고자로 변절하는 모습을 지켜보는 비극을 겪었다. 그들의 손길은 부드러웠다. 나는 주사를 맞지 않았고, 마취제도 먹지 않았으며, 물만 먹었다. 이동식 주택 안에서 아기를 낳았다. 티피 안에서 아기를 낳고 싶다고 말했지만, 그것은 우리들의 목숨을 위험에 빠뜨릴 수 있었다. 아무튼 진통은 오후 2시 45분까지 지속되었다. 그러고 나서 몸이 열리고, 편안해졌다. 정확히 그런 느낌이 들었다.

    페드로를 낳기 두어 시간 전에 한 암소가 송아지를 낳았다. 옛날 수우 족은 소문난 노름꾼이었다. 그들은 누가 먼저 새끼를 낳을지 내기를 걸었다. 암소가 먼저냐 내가 먼저냐를 놓고 말이다. 그런데 암소가 두어 시간 차이로 나를 이겼다.

아기가 태어났을 때, 바깥에서 사람 소리가 들렸다. 벙커를 지키는 안전 요원들 이외에 모두 다 모여 있었다. 아기가 터뜨리는 작은 울음소리가 들리자, 여자들은 모두 높고 날카로우며, 떨리는 목소리로 격려의 외침을 토해냈다. 창문 밖을 내다보니, 남자와 여자들이 모여서 허공에 대고 주먹을 치켜올리는 모습이 보였다. 그 때는 정말 내가 우리 인디언들을 위해서 뭔가를 해냈다는 생각이 들었다. 뭐라 말할 수 없이 기분이 좋았다. 따듯한 기운이 온몸에 스며들었다.

데니스 둔덕이 들어와서 나를 껴안아주며 말했다. "장해요, 형제." 그는 울고 있었다. 그 때문에 나도 울었다. 그 뒤에 마부천막(Carter Camp)과 페드로 비소네트가 들어왔다. 얼굴에는 눈물이 흐르고 있었다. 거친 남자들이 모두 울고 있었다. 그 다음에 내 친구들이 들어와 번갈아 아기를 안아보았다. 와와식 할머니가 창문으로 가서 밖을 향해 아기를 들어 보여주자, 커다란 환호성이 일었다. 사람들은 큰북을 두드리고 AIM 노래를 불렀다. 뒤이어 다른 노래가 이어지며 많은 노래를 불렀고, 내 가슴도 북소리에 맞춰 뛰었다. 사람들이 아기를 싸서 내 옆에 뉘었다. 우리는 그들이 가져온 담뱃대를 가지고 기도를 드렸다. 내가 페드로라고 이름 지어준 아기를 위해 기도를 올렸다. 아들에게 페드로라는 이름을 지어주어서 다행이라고 생각한다. 이렇게 해서 페드로 비소네트의 이름이 계속 이어질 것이기 때문이다. 내 아들은 태어난 즉시 작고 연한 머리를 들어올렸다. 건강하다는 징조였다. 보통 아기들은 두 이레가 되어야 고개를 들 수 있기 때문이다. 용감무쌍한 수우 족 남자들은 말했다. "틀림없어. 저 녀석은 전사감이야." 아기를 바라보고 있으려니, 내 인생이 새로운 단계에 들어서고 있으며, 앞으로는 삶이 이전과 같지 않고 또 같아질 수도 없을 것이라는 느낌이 들었다. 사람들이 점점 더 빼곡히 몰려들어와 악수를 하고, 사진을 찍었다. 아직 출산이 마무리되지 않은 상황이었다. 와와식 할머니와 엘렌 야영지옮기기가 사람들을 모두 밖으로 내보냈다. 출산 뒤처리를 하기 위해서였다. 창문으로 연기가 보였다. 우리에게 안전한 은폐물 역할을 해주었던 산쑥 덤불을 제거하기 위해서, 연방 경찰이 불을 질렀기 때문이다. 운디드니를 둘러싸고 있는 평원 전체가 불타고 있었다. 베르노나가 말했다. "저들이 당신에게 연기를 피워 신호를 보내고 있어요." 너무나 피곤했던지 나는 살짝 잠이 들었다.

 북소리, 노래 소리, 환호성 소리가 경찰을 긴장시켰다. 여느 때처럼 그들은 우리가 목숨을 내건 최후의 돌격을 준비하고 있다고 생각했다. 그들은 사방으로 뛰어다니며 M16 소총을 흔들어 신호를 보냈다. 장갑차 대여섯 대가 즉시 육중한 소리를 내며 움직여 우리 진지 쪽으로 접근했다. 총격전이 시작되었다. 다행이 다친 사람이 아무도 없었다. 우리 모두에게 좋은 날이었던 4월 11일의 즐거움이 총격전으로 날아가 버릴 뻔했다. 아무튼 힘들게 성장하기는 했지만, 나는 어머니가 되었다.

아기가 태어난 지 며칠 뒤에 공중 보급이 있었다. 무엇보다도 양파를 하나 얻을 수 있어 참으로 기뻤다. 운디드니에 들어온 지 두 달 만에 처음으로 신선한 살아 있는 양파를 구경했으니 그럴 만도 했다. 좋은 기분은 오래 가지 않았다. 송수신 겸용 무전기에 대고 한 남자가 말하는 소리가 들렸다. "한 사람이 머리에 총을 맞았다. 피를 흘리고 있다. 목숨이 위험하다. 응급조치를 위해서 병원으로 이송할 수 있도록 사격을 멈춰달라." 그 소리를 들으니 참으로 슬펐다. 동시에 죽어간 그 사람을 대신할 한 생명을 내가 태어나게 했다는 기분도 들었다. 불가사의한 일이었다. 치명상을 입은 그 형제는 체로키 족 출신의 맑은물이었다.

그날 총격전이 시작되었을 때, 나와 아기는 우연히 거래소로 옮겨가 있었다. 총알이 날아들었다. 한쪽 벽을 뚫고 들어와 다른 쪽 벽을 뚫으며 튕겨 나갔다. 사람들마다 내게 아기를 데리고 좀 더 안전한 곳으로 피신하라고 일렀다. 로저 무쇠구름(Iron Cloud)과 함께 주거 지역으로 가서 지하실에 숨으라고 했다. 아기를 싸서 안고 기저귀들을 챙긴 다음, 뛰기 시작했다. 우리는 집중사격을 받아 세 번이나 땅바닥에 엎드려야 했다. 나는 두려웠다. 한없이 두려웠다. 포위되고 나서 처음이었다. 나보다는 아기 때문에 두려웠다. 기도를 드렸다. "누구든 죽어야 한다면, 내가 죽게 해주세요,

할아버지. 아기는 살려주세요!" 나는 어떻게든 살아남기 위해 온 신경을 곤두세웠다. 무슨 일이 있어도 살아서 이 상황에서 빠져나가고 싶었다. 몸을 구부려 아기를 덮었다. 보호하자면 그 수밖에 없었다. 무쇠구름도 자주 몸으로 우리를 막아주었다. 그는 나와 갓난아기를 보호하기에 가장 좋다고 생각하는 자세를 취했다. 그것이 수우 족 남성의 모습이었다. 높이 평가할 만한 본보기였다. 아무튼 우리는 안전하게 지하실로 피신했다. 몇 년 전에 환영과 목소리들을 보고 들었던 적이 있었다. 그런데 총알을 피해 도망치면서, 몇 년 전 그 일이 나와 아기가 언덕 위에 있는 정령들에게 합류해야 한다는 것을 의미하는 예시였을지도 모른다는 생각이 들었다. 참으로 끔찍한 순간이었다. 저 나쁜 놈들 때문에 아기를 낳은 지 나흘밖에 안 된 나는 마치 육상선수처럼 달음박질을 쳐야 했다. 한동안은 무릎이 마구 떨렸다. 다른 일 때문이 아니라, 부지런히 달린 탓에 떨렸다고 자랑하고 싶다. 어쨌든 그것으로 페드로는 불의 세례를 받은 셈이었다.

페드로가 태어난 지 며칠 뒤, 레오나드가 저들의 눈을 피해 운디드니로 돌아왔다. 그는 페드로에게 인디언 이름을 지어주고, 우리를 위해서 페요테 의식을 치러주었다. 약초를 먹었더니 여태 남아 있던 모든 통증이 개운하게 사라졌다. 나는 아기에게도 페요테 차를 조금 먹였다. 캘리포니아 출신인 여러 사람이 아기에게 신성한 담뱃대와 예쁘게 구슬로 장식한 담뱃대 집을 보내왔다. 흐뭇했다. 아기가 인생의 길을 걸어가는 데 좋은 채비가 되어 줄 것이기 때문이었다.

　버디 래몬트가 총에 맞은 날, 나는 운디드니를 떠났다. 포위 공격이 끝나기 대략 일주일 전의 일이었다. 아기와 함께 내 방에서 쉬고 있는데, 어떤 남자가 들어오더니 말했다. "누군가 총에 맞아 죽었어요." 나는 틀림없는 일이냐고, 총에 맞은 사람이 누구냐고 물었다. 그는 버디라고 대답했다. "오, 안 돼요. 그 사람은 내 삼촌이에요!" 데니스의 아내 카묵이 서서 울고 있었다. 데니스가 그녀의 팔을 붙들고 있었다. 너무나 슬퍼서 울음조차 나오지 않았다. 믿고 싶지도 않았다. 한 친구가 와서 나를 임시로 마련한 병원으로 데려가서 버디를 보여주었다. 그의 손을 잡았다. 아직 온기가 남아 있었다. 그의 일가붙이들이 오더니 자기들과 함께 운디드니를 떠나서 장례식을 도와줄 수 없겠느냐고 부탁했다. 빈 몸으로 운디드니에 들어왔던 나는 빈 몸으로 그곳을 떠났다. 내 아기와 내가 가진 것이라고는 등에 맨 옷가지 몇 벌, 기저귀 보따리 그리고 아기를 덮어 줄 포대기 한 장이 전부였다. 물론 우리에겐 담뱃대도 있었다. 그러나 어머니와 아기가 한 살림을 꾸려가기에 넉넉한 출발은 아니었다.

　그들은 나를 체포하지 않겠다고 약속했다. 그런데 바리케이드를 통과하자마자 나를 서둘러 소나무산마루 감옥으로 끌고 갔다. 나를 고발하지는 않았다. 그냥 내가 가진 것을 모두 빼앗고, 아기도 빼앗아 가려고 했다. 그들은 날더러 기다려야 한다고 했다. 내 아기를 돌봐줄 사회복지사가 오기 전에는 나를 유치장에 집어넣을 수가 없었기 때문이었다. 운디드니에서 온 가난한 미혼의 시위 가담자인 나는 그들 눈에 어머니로서 자격이 없는 여자였다. 아기는 기탁 부양 가정에 입양될 처지였다. 나는 아기를 포기하지 않을 작정이었다. 다시는 아기를 못 보게 될지도 몰랐다. 나는 목숨을 걸고 아기를 위해서 싸울 각오가 되어 있었다. 필요하다면 사회복지사 여자의 엉덩이를 걷어차고 보초의 눈을 할퀼 마음의 준비가 되어 있었다. 천만다행으로 샤이엔 족인 버디의 누이가 나타나, 내가 석방될 때까지 자기가 아기를 돌보아 주겠다고 그들을 설득했다. 그녀가 없었더라면 어떡할 뻔했을까. 지금 생각해도 끔찍한 일이다. 그녀의 슬픔을 위로해 주지는 못할망정 오히려 그녀가 나를 도와주었다. 짙은 파란색 복장을 한 경찰 하나가 들어와 말했다. "참 성깔 한번 고약하구먼. 좀 고분고분할 수 없어?"

나는 경찰하고는 얘기하지 않겠다고 했다. 넌덜머리가 났는지 그는 나를 혼자 내버려두었다. 젖을 먹이지 못해서인지, 젖가슴이 부풀어오르고 딱딱해지며 통증이 왔다. 폭력단들이 농담 삼아 '비탄의 호텔'이라고 부르는 그 감옥 속에서, 나는 그다지 즐겁지 않았다. 심문하고 의견을 들어보기 위해 나를 붙잡아 둔다고 했지만, 한 마디도 입을 떼고 싶지 않았다. 전화 통화도 할 수 없었고, 소식을 전하거나 변호사를 접견할 수도 없었다. 마침내 24시간 후에 나를 내보내 주었다. 아기에게 젖을 먹여야 했기 때문이다. 정부의 홍보 담당자 몇 사람이 젖을 먹여야 하는 어머니를 붙잡아 두는 것은 좋지 않다고 말했다고 한다. 유치장 문을 나오는데 어머니가 나를 기다리고 있었다. 오랜만에 만나는 어머니였다. 어머니는 뭐 하러 운디드니에는 갔으며, 사태가 악화되기 전에 또 체포당하기 전에 나오지 않고 뭘 했냐고 연신 나무라며 눈물을 흘렸다. 어머니에게 울 것까지는 없다고 말했다. 어머니는 말했다. "네가 따라다니는 그 투쟁한다는 사람들은 좋은 사람들이 아니야. 널 죽음으로 내몰 거야. 도대체 왜 진득하게 눌러앉아 있지 못하니? 왜 화목한 가정을 꾸미고, 편안하게 살지 못하는 거야?" 그런데 울음을 멈추고 나더니, 갑자기 어머니의 태도가 돌변했다. "이 천하의 못된 놈들 같으니. 내 딸과 손자에게 이런 짓을 하다니. 어떻게 출산한 지 며칠 되지도 않은 사람을 유치장에 집어넣고, 아기를 빼앗아갈 수가 있어! 어떻게 이런 짓을 할 수가 있어! 왜 저 녀석들을 쏴버리지 않는 거야?"

"그래. 난 이제 어머니고 엄마는 할머니야." 갑자기 우리는 사이가 아주 좋아졌고, 서로를 잘 이해하게 되었다. 어머니의 분노는 오래가지 않았다. 어쨌든 이 일이 있고 난 뒤부터 우리 둘 사이는 더 좋아졌다.

나는 자유롭게 움직일 수가 없었다. 나와 아기는 빠른도시로 실려가, 낡고 빈대가 우글거리는 페닝턴 카운티 유치장에 갇혔다.

그렇지만 불과 두세 시간 만에 풀려났다. 내게는 캐낼 만한 정보가 전혀 없다는 사실이 드러났기 때문이다. 그렇게 해서 주와 연방 경찰은 나를 체포하지 않겠다는 약속을 지키게 되었다. 나는 놀라지 않았다. 포기한 그들은 나를 바로 내보내 주었다. 유치장에서 나온 뒤, 풀잎산에 있는 집에 가기 위해서는 약 150마일이나 되는 길을 빈손으로 차를 얻어 타고 갈 수밖에 없었다. 나는 큰까마귀라는 이름의 한 폭력배의 차를 얻어 타게 되었다. 그의 속셈은 다른 곳에 있었다. 나를 자기 집으로 데려가 어떻게 하려고 했다. 나는 아기를 꽉 붙들고 트럭에서 뛰어내려 가볍게 한 바퀴 굴렀다. 산쑥 덤불 속으로 결사적으로 달려들어가 도랑 속에 몸을 숨겼다. 그는 뚱뚱하고 호흡이 거칠었다. 그 때문에 그에게서 도망칠 수 있었다. 날도 어두웠다. 그는 나를 찾아내지 못했다. 그가 투덜투덜 욕설을 퍼부으며 차를 몰고 떠나는 소리가 들렸다. 나는 두 시간 정도 그 자리에 숨어서 나오지 않았다. 그가 속임수를 써서, 갑자기 몸을 돌려 달려들까 싶어 겁이 났기 때문이었다. 캄캄한 밤이라 꼭 도깨비라도 나올 것 같았다. 도랑 속은 매우 추웠다. 아기가 울음을 터뜨리지 못하게 하느라 매우 힘이 들었다. 발각되지 않으려면 어쩔 수 없는 일이었다. 도랑에 엎드린 것만 아니면, 마치 아기를 가진 여인네들이 기병대를 피해 몸을 숨겨야 했던 옛날로 돌아간 것 같았다. 마침내 한 친절한 인디언 노인이 나를 집에까지 태워다 주었다. 이것으로 내게 운디드니는 마지막이었다.

까마귀개에게 끝이 찾아온 것은 마침내 타협이 이루어진 지 약 일주일 뒤의 일이었다. 운디드니 안에 있던 여러 전사들은 타협안이 성립되었을 때 울면서 말했다. "이건 어차피 깨질 또 하나의 협정에 지나지 않는다. 우리는 약속을 했다. 이것은 책임 회피다." 어떤 사람은 말했다. "차라리 우리를 죽여서 시신으로 하여금 유죄를 증언하도록 하지 그래?" 남아서 항복을 권유받은 사람은 대략 120명 정도밖에 되지 않았다. 다른 사람들은 모두 자기 발로 걸어서 떠났다. 그들 가운데 40명은 전날 밤, 개활지를 통해서 걸어나갔다. 워낙 활짝 트인 곳이어서 그곳으로 걸어나가는 것은 거의 자살이나 마찬가지라고 생각했기 때문에, 아무도 감시를 하지 않았는데, 그 틈을 타서 나간 것이다. 심지어는 그 마지막 밤에도 총격전이 벌어졌다. 남아 있던 120명도 걸어서 빠져 나올 수 있었을 것이다. 그러나 그들은 마지막까지 남아 있는 길을 택했다. 마지막까지 남아 있던 지도자들 가운데에는 레오나드도 있었다. 내 생각에는 그가 맨 마지막으로 그곳을 떠났을 것이다. 그는 손에 수갑을 찬 채 헬리콥터로 빠른도시의 유치장으로 이송되었다. 연방 경찰은 이상하게 생긴 낡은 소총 20자루를 넘겨받은 것으로 만족하지 않았다. 정부 협상팀 대표는 단언했다. "그들은 과거에 했던 수많은 거짓말을 교환한 것이다. 나는 연방 정부가 이러한 불법 행위를 빌미로 AIM에게 한 약속을 지킬 필요가 없다고 생각한다."

운디드니에 있었던 우리 일곱 사람은 2년 뒤, 〈빌리 잭(Billy

Jack))이라는 제목의 영화를 보러 갔다. 겉보기에는 운디드니와 비슷한 구석이 있는 영화였다. 수많은 주 경찰이 하얀 판자로 된 교회를 포위한 가운데, 그 안에서 한 인디언이 끝까지 저항하는 영화였다. 영화를 보고 난 뒤에 까마귀개가 우스갯소리를 했다. "저 빌리 잭은 별로 힘들 것도 없었겠어. 24시간밖에 포위당하지 않았고, 중기관총이나 장갑차가 오지도 않았으니까. 그는 덜렁 수갑 하나 차고 잡혀갔지만, 우리는 중세의 고문 장면을 담은 영화에서나 나올 법한 수갑, 족쇄, 허리사슬을 몸에 차고 있었잖아. 맞아! 빌리 잭은 힘들 게 없었을 거야."

언덕 위에 있던 작고 하얀 성당은 불에 타서 무너졌다. 왜 불이 났는지 그 이유는 결코 밝혀지지 않았다. 성당이 다시 세워졌다는 얘기를 들었다. 거래소는 발에 짓밟힌 양철 깡통처럼 납작해졌다. 박물관은 사라졌다. 위대한 글리더슬리브 거래소 제국 가운데서 남은 것은 녹슨 입을 활짝 벌리고 있는 커다란 금고뿐이었다. 그 속에 말벌이 둥지를 틀고 있었다. 백인 문명의 유일한 상징은 그것뿐이었다. 모든 것이 사라졌다. 이정표도 하나도 남아 있지 않았다. 연방정부는 자신들의 벙커뿐만 아니라 우리의 벙커도 불도저로 밀어버렸다. 정령들만이 유일하게 언덕 위에 남아 밤마다 구덩이 주변을 떠돌고 있었다. 만일 운이 좋다면 당신은 아직도 산쑥 덤불 속에서 캘리버 50의 탄피나 지뢰선 조명탄의 빈 상자를 발견하게 될지도 모른다. 나는 정부가 한때 인디언들이 이곳에서 저항했다는 것을 눈으로 알 수 있는 모든 흔적들을 철저하게 없애려고 했을 것으로 믿는다. 그런 흔적이 남아봐야 아무런 도움이 되지 않을 것이기 때문이다. 그러나 우리 가슴속에 남아 있는 기억, 아직 태어나지 않은 세대들에게 물려주게 될 기억은 없애지 못할 것이다. 오늘날 그 주변 지역은 백인들이 오기 전의 모습과 아주 흡사한 모습을 하고 있다. 앉은황소, 미친말, 큰발이 바라보았을 그런 모습으로 말이다. 그것은 어쩌면 당연한 일인지도 모른다.

12. 수우 족과 코끼리는 결코 잊는 법이 없다

> 아름다운 티피는 좋은 어머니와 같다. 티피가 있어 어머니는 아이들을 포옹할 수 있고, 더위와 추위, 폭풍우와 비를 막을 수 있다.
> – 수우 족 속담

운디드니 사건이 끝난 뒤, 나는 까마귀개의 아내가 되었다. 그가 오랫동안 나를 눈여겨보았던 모양이었다. 나는 그를 관심 있게 보지 않았다. 그때 내 나이 겨우 열여덟에 지나지 않았고, 그는 나보다 훨씬 더 나이가 많았기 때문이다. 내가 보기에 그는 나와는 다른 세대에 속하는 사람 같았다. 또 나는 그를 존경심을 가지고 바라보았다. 그는 주술사였고, 아메리칸 인디언 운동의 정신적 지도자였다. 인디언 전통에 따라 나는 그를 '삼촌'으로, 그는 나를 '조카'라고 불렀다. 그래서 내가 어울렸던 젊고 거친 전사들을 바라보듯, 별다른 감정을 갖고 그를 바라보지는 않았다.

지금 다양한 측면에서 수우 족 사람들은 점잔을 부린다. 그들은 노출에 대해서 극도의 반감을 갖고 있다. 어떤 점에서는 매우 숫기가 없다. 젊은 남녀들은 서로에 대한 애정표현을 억제해야 한다고 생각한다. 근친상간에 대한 두려움과 그와 관련된 터부가 매우 심해서, 전통적인 가정의 경우 사위는 절대 장모에게 말을 걸려고 하지 않는다. 또 시아버지는 며느리에게 친근하게 굴거나 허물없는 행동을 하지 않으려고 한다. 다른 한편으로, 남자가 여자에게 접근하는 것을 보면 매우 단순하고 노골적이다. 성관계를 당연하게 여긴다. 자연스럽거나 심지어는 신성하게 여긴다. 주술사라고 해서 다른 사람들보다 더 신성해야 한다거나, 백인 성직자들처럼 믿음이 독실해야 한다고 기대하지 않는다. 절름발이사슴(Lame Deer) 노인은 말하곤 했다. "저들이 나를 존경하는 것은 내가 훌륭해서가 아니라 권능을 지니고 있기 때문이다." 사람들은 주술사들이 여자를 대할 때, 다른 사람처럼 행동하듯 하는 것이 당연하다고 여긴다.

레오나드를 만난 것은 장미꽃봉오리의 장터와 로데오 경기장에서였다. 차를 태워주겠다면서 여닫이 뚜껑이 달린 낡은 빨간색 자동차 안으로 나를 데리고 가더니, 느닷없이 팔로 껴안고 키스를 했다. 우리는 파티에 가기로 되어 있었다. 나는 거기 오래 있고 싶지 않았다. 그와 함께 있고 싶지도 않았다. 자리를 뜨고 싶었다. 오클라호마 출신의 젊은 남자와 데이트 약속이 있었기 때문이었다. 그런데 레오나드가 내 팔을 붙잡더니 억지로 나를 밖으로 데리고 나갔다. 그리고 풀밭으로 내려가 울타리 바깥으로 나를 안고 갔다.

그곳엔 아무도 없었다. 그렇게 해서 결국 그와 함께 그의 집에 가게 되었다. 그러나 레오나드에게 마음이 있었던 것은 아니다. 가정에 묶여 살 준비도 되어 있지 않았다. 그래서 이튿날, 그의 어머니에게 집을 떠나 다른 주로 가겠다고 하자, 레오나드가 나를 자기 아내로 삼을 것이라고 장담했다고 했다. 나는 그녀에게 레오나드에게 나 같은 여자는 어울리지 않는다고 말했다. 그 뒤에는 그와 함께 지내지 않았다. 그와 함께 살게 된 것은 나중의 일이었다.

태양춤이 열릴 무렵에 레오나드가 내게 접근했다. 도움이 필요하다고 했다. 티피에 쓸 장대를 구하러 언덕에 가야 하는데, 우리 집의 소형 트럭을 썼으면 한다는 것이었다. 나는 형부에게서 소형 트럭을 빌려왔다. 레오나드는 나를 태우고 언덕 꼭대기로 갔다. 그곳은 아름다웠다. 거기 서서 주위를 둘러보았다. 눈앞에 펼쳐진 작은하얀강이 빚어 놓은 계곡의 아름다운 광경에 감탄을 금할 수 없었다. 그런데 언덕 위에는 천막용 장대로 쓰거나 집 짓는 기둥으로 쓸 만한 소나무는 눈을 씻고 보아도 없었다. 레오나드가 말했다. "삼촌한테 키스해주렴." 나는 그에게 키스해주었다. 우리는 꽤 오랜 시간 그 언덕에 있었다. 그가 다시 한 번 나에게 자기 아내가 되어 달라고 부탁했다. 나는 다시 한 번 말했다. "안 돼요. 싫어요."

운디드니 사건이 있고 나서 AIM의 지도자인 클라이드 벨코트가 총에 맞은 날, 우리들은 그를 이긴자 마을에 있는 병원으로 데리고 가서 수술을 받게 했다. 레오나드와 늙은 절름발이사슴은 그곳에서 그를 위해 기도를 올리고, 담뱃대에 불을 붙였다. 그런 다음 우리는 차를 타고 대열을 이루어 장미꽃봉오리에 있는 까마귀개의 땅으로 되돌아갔다. 거기서 레오나드는 클라이드의 회복을 위해서 큰 의식을 치렀다. 참석한 사람 모두 앞으로는 술을 끊고, 방종한 생활을 끝내겠다고 약속했다. 의식을 마친 뒤, 그는 나에게 그곳에 머물러 달라고 부탁했다. 나는 대답했다. "싫어요. 난 떠날 거예요." 그는 나를 구석에 몰아넣고 가지 못하게 하면서, 애원했다. "내 아내가 되어 줘." 그 사이에 내가 타고 갈 차량이 떠나버렸다. 그렇게 해서 결국 그곳에 머물게 된 것이다. 영원히.

수년 전, 레오나드의 아버지인 헨리 노인은 어쩌다 높이가 사람 키만한 엄청나게 큰 트럭 바퀴를 얻게 되었다. 그는 이것을 출입구 옆에 세워놓고, 거기에 커다랗게 '까마귀개의 천국'이라는 하얀 글씨를 써넣었다. 까마귀개가 할당받은 땅인 이 천국의 경치는 아름다웠다. 작은하얀강이 바로 그 땅을 지나 흘러간다. 주위에는 소나무가 빽빽한 언덕이 빙 둘러서 있고, 고개를 들면 하늘에서 독수리가 선회하는 모습을 볼 수 있다. 페요테 의식을 치르는 인디언들이 신성하게 여기는 물새들이 가끔씩 긴 목을 내밀고 그 위를 날기도 한다. 타고 다닐 말도 여러 필 있다. 이 땅 어디서든 사람은 자연과 가깝게 지낸다.

그 천국은 한 핵가족만을 위한 땅이 아니다. 그보다는 오히려 일가 전체, 곧 티요스페이예에 속하는 모든 사람들을 위한 거주지이다. 1973년, 내가 까마귀개와 함께 돌아다닐 때, 그곳에는 건물이 두 채 있었다. 큰 건물은 레오나드의 부모가 사는 집이었다. 헨리 노인은 구할 수 있는 온갖 잡동사니를 얻어다가 자기 손으로 그 집을 지었다. 나무 기둥, 돌멩이, 선로 수선용 차량 부품, 타르 종이가 자재로 쓰였다. 창문 몇 개는 폐기된 차량에서 주워 온 자동차 창문이었다. 커다란 구식 쇠 난로, 나무를 때는 낡은 아궁이, 발로 밟는 구식 재봉틀을 갖춘 넓은 집이었다. 여러 가지 약초와 성물(聖物), 그리고 깃털 들이 나무 기둥 두 개가 받치고 있는 천장의 대들보에 대롱대롱 매달려 있었다. 출입구 바로 옆에는 누구나 다 마실 수 있도록 시원한 맑은 샘물과 쇠바가지 하나가 양동이에 담겨 놓여 있었다. 아궁이에서는 늘 커피가 끓고 있었다. 헨리 노인은 집 바깥쪽을 온통 파란 하늘색으로 칠하고, 빨간색으로 마무리했다. 어디 한 군데 반듯하게 직각을 이루는 곳이 없었다. 어디를 보든, 여기가 불쑥 불거져 있지 않으면 저기가 축 늘어져 있었다. 어딜 가도 헨리 노인의 집과 같은 집은 찾아볼 수 없었다. 그래도 그 집은 40년 세월을 버텨왔고, 노인의 자식들과 손자들 대부분이 그곳에서 자랐다. 레오나드가 감옥에 있던 1976년에 그 집은 화재로 하나도 남김없이 다 타버렸다. 매우 미심쩍은 화재였다. 아무튼 지금 그 집은 사라지고 없다. 기억만 남아 있을 뿐이다.

다른 또 한 채에서는 레오나드와 나 그리고 우리 아이들이 살았다. 허술한 집이었다. 집이라기보다는 방갈로와 비슷했다. 부엌

겸 거실에 작은 침실 두 개가 전부였다. 지하실은 없었다. 벽이 얇아 겨울이면 난방이 힘들었다. 정부가 경제기획 사무국의 프로그램을 통해 지어준, 보호구역에 있는 수백 채의 다른 집들과 똑같이 생긴 집이었다. 우리는 그런 집을 '가난의 집'이라고 불렀다. 밝은 빨간색을 칠해놓아서 아주 가까이 다가가 보지 않으면 멋있어 보이는 집이었다.

집 주위에 세워진 티피 두어 채에는 항상 사람들이 기거하고 있다. 갈 곳이 없어 옥외 부엌을 집으로 삼고 사는 사람도 있다. 몇 년 전, 한 백인 친구의 야영용 자동차가 못 쓰게 된 적이 있는데, 지금 남녀 한 쌍이 그것을 집으로 사용하고 있다.

내게는 함께 살 남편과 땅이 있었다. 그러나 커다란 트럭 바퀴에 쓰여 있던 것과는 달리, 그곳이 늘 천국이었던 것은 아니었다. 나는 당장 아내이자 어머니, 그리고 가정주부로서의 역할을 해낼 만한 준비가 전혀 되어 있지 않았다. 레오나드에게는 전에 결혼해서 낳은 세 아이가 있었다. 두 딸 이나와 버나디트 그리고 아들 리처드였다. 딸들은 내가 친엄마가 아니라는 사실을 알 수 있을 만큼 자란 나이였다. 내가 하는 일을 판단할 수 있을 정도로 다 자란 아이들이었다. 그들에게는 나를 받아들이거나 거절할 수 있는 판단력이 있었다. 나는 요리를 할 줄 몰랐다. 심지어는 커피도 끓일 줄 몰랐다. 연한 커피와, 수우 족이 좋아하는 은화가 뜰 수 있을 정도로 짙은 커피를 구별할 줄도 몰랐다.

수우 족은 항상 서로들 남의 집에 들려 하루도 좋고 일주일도 좋고 내키는 대로 묵었다. 정령이 그렇게 시킨다는 것이었다. 또 시계가 알려주는 식사시간이 아니라, 배에서 신호만 보내면 언제라도 음식을 먹었다. 그러니 음식을 만들어 손님을 대접하느라 여인네들은 쉴 새 없이 바빴다. 인디언 여인들은 보통 수도도 없이 부엌일을 하고, 나무를 땔 때는 낡은 아궁이에서 음식을 만들고, 빨래도 통에 담아 구식 빨래판에 빨았다. 화장실 대신 옥외 변소를 사용했다. 물은 강에 가서 양동이로 길어왔다.

레오나드는 시민권리운동 지도자인 동시에 주술사이다. 이는 보통의 수우 족 가정보다 손님이 열 배나 더 많다는 뜻이다. 그의 땅은 무료 호텔과 같아서, 오고 싶은 사람은 누구나 들를 수 있는 곳이다. 나와 레오나드가 사는, 경제기회 사무국이 후원한 빨간색 집은 곳곳이 훼손되며 망가지기 시작했다. 내가 갔을 때 그곳은 온통 쓰레기장이었다. 집안 정리를 하거나, 도와주려는 사람 하나 없었다. 사람들은 와서 마구 먹어댔다. 깨끗한 잠자리를 마련해주길 바랐고, 은근히 셔츠와 양말까지 빨아주기를 기대했다. 나는 사람들을 대접하고, 그들이 떠난 자리를 뒤처리하며 여러 해를 보냈다. 우리 집에 들러 머무는 사람들은 대부분이 남자들이었고, 여자는 가뭄에 콩 나듯했다. 남자들에게는 일을 시킬 수가 없다. 특히 수우 족 남자들에게는 그렇다. 내 침대를 집 바깥으로 옮겨놓고 잠을 잘 때도 더러 있었다. 정치 이야기를 하고, 커피를 마시고, 잡담을 하느라 남자들이 밤새 잠을 자지 않았기 때문이다. 수우 족 남자들은 세상에서 둘도 없는 수다쟁이다. 자정에 마지막 설거지를 해놓고 잠자리에 든 뒤에, 아침에 일어나서 보면 다시 그릇들이 온통 더럽혀져 있는 일이 흔했다.

대부분의 다른 주술사들은 레오나드처럼 그렇게 밖으로 나돌지 않는다. 그들은 자기 가정을 단단히 지킨다. 어느 정도는 자기 가족들끼리만 지낸다. 자기 집을 기숙사와 무료 호텔로 만드는 실수를 저지르지는 않는다. 레오나드는 동정심이 많다. 마을에 갈 때마다, 걸어가는 사람이 있으면 태워주고, 보통은 저녁에다 아침까지 먹인다. 어떤 사람들은 와서 며칠, 몇 주, 심지어는 몇 달 동안 머물기도 한다. 많은 인디언들은 갈 곳이 없고, 먹여주는 사람도 없다. 그래서 까마귀개의 천국으로 오는 것이다. 차에 기름이 떨어진 사람을 보면 레오나드는 자기 차를 멈추고, 호스를 가지고 그 사람의 연료 탱크에 기름을 넣어준다. 그러고 나면 정작 우리가 집에서 5마일이나 떨어진 곳에서 옴짝달싹도 못 하고 발이 묶이게 된다. 자동차가 고장난 사람을 보면, 차를 멈추고 연장을 꺼내 고쳐준다. 다른 온갖 일에 더해 자동차 주술사 노릇까지 하는 셈이다. 음식이나 살림에 쓰려고 마련해 둔 돈을, 누가 부탁만 하면 그냥 주어버린다. 몇 년 전에 레오나드는 TV 광고료로 4천 달러 가까운 돈을 손에 쥔 적이 있었다. 우리는 그 돈으로 소형 트럭을 살 계획이었다. 물론 큰 잔치를 벌여 한턱 쓰는 것은 어쩔 수 없는 노릇이었다. 친구들과 일가붙이들이 몰려들었다. 여섯 다리, 일곱 다리 건넌 사촌들, 사돈의 팔촌에도 닿지 않는 친척들, 혈족이라고 하긴 하는데 생전 처음 보는 사람들이 150명 정도 모였다. 다 쓰러진 자동차, 수레, 말, 노새를 타거나, 걷거나, 트럭을 타고 왔다. 오토바이를 타고 온 사람도 하나 있었다. 소 옆구리 살로 바비큐를 만들고, 여자들은 들뜬 기분으로 음식을 장만했다. 사람들이 까마귀에게 와서 말했다. "사촌, 죽은 내 어린 아들놈 묘에 비석을 세워주고 싶은데 말이야." "삼촌, 난 불구라 하루 종일 집에 앉아 있잖아. TV가 하나 있으면 좋겠는데." "조카, 우리 애들이 신발이 없어." 잔치가 끝난 뒤, 레오나드 손에는 트럭 살 돈이 단돈 2달러밖에 남아 있지 않았다.

레오나드의 증조부에게는 잔치를 벌여 크게 한턱 낼 때 음식을 만들고, 가죽에 무두질을 하고, 구슬 장식을 해줄 아내가 일곱 명이나 있었다. 들소 고기는 공짜였다. 그렇지만 그런 시절은 지났다. 옛날 식의 수우 족다운 너그러움 덕에, 자연히 레오나드는 많은 칭송을 받는다. 1977년에 태양춤이 열렸을 때, 사람들은 독수리 깃으로 장식한 전투모를 씌워주면서 그를 추장으로 삼았다. 그들은 레오나드를 위카샤 와칸(wicasha wakan), 곧 신성한 사람으로 불렀다. 그러나 솔직히 말해서, 그렇게 신성한 사람과 결혼한 여자에게는 그것이 지옥일 수도 있었다.

아직 10대의 나이에 갓 태어난 아기까지 있고, 자기가 해야 할 역할에 대한 준비도 전혀 없이 이런 상황 속으로 뛰어들어간 것도 그런데, 내게는 다른 문제까지 있었다. 외부 사람을 따뜻하게 대해주지 않는 순수 혈통의 까마귀개의 일족과 내가 내면적으로는 서로 같다고 생각했던 것이다. 그러나 나는 혼혈 인디언이었고, 전통적인 방식으로 성장하지도 않았다. 처음에 그들은 나를 잘 받아주지 않았다. 상당히 불편했다. 나는 수우 족의 말을 할 줄 몰랐다. 그 많은 까마귀개의 일족들과, 그 옛날 유명했던 고아의 무리(Orphan Band)의 자손들 가운데 까마귀개의 일가붙이가 된 사람들은 끊임없이 내 이야기를 하고, 나를 살폈다. 옛날 들소들이 살아 있던 시절로 거슬러 올라가는 그들의 기준에 내가 어울리는 여자인지 따져보는 것이다. 그들이 나를 어떤 눈으로 바라보았는지 말할 수 있다. 그들의 눈을 보면 나를 비난하고 있다는 걸 알 수 있었다. 헨리 노인은 아직도 레오나드가 그의 전처, 즉 인디언 말을 할 줄 알았던 여인과 결혼중인 것으로 간주하고 있노라고 말했다. 노인은 그 여자가 인디언 말을 할 줄 알았다는 사실을 거듭 지적했다. 하루는 계란 몇 개를 얻으러 두 노인이 사는 집으로 갔더니 길을 가로막고 떠나라고 하면서, 내가 자기 아들에게 잘 어울리는 아내가 아니라고 했다. 그 말을 듣고 레오나드는 아버지와 오랫동안 말다툼을 벌였다. 그 일이 있은 후로, 헨리 노인이 날더러 떠나라고 하지는 않았지만 나는 여전히 침입자 취급을 받았다. 인정을 받기 위해 매일 전쟁을 치러야 했다.

내 가족도 정반대의 이유로 내 결혼에 반대했다. 레오나드가 내게 어울리는 남편이 아니라는 것이었다. 사실은 내가 인디언 겉옷을 입는 생활로 돌아갈까 걱정했기 때문이다. 우리 가족은 나를 기독교인으로, 또 고상한 인디언, 교양 있는 백인 여자로 만들려고 무진 애를 써왔다. 그런데 내가 인디언 여자로 변신하고 있었던 것이다. 레오나드의 나이가 너무 많다는 것도 트집거리가 되었다. 나는 우리 가족에게, 할아버지는 할머니보다 12살도 더 나이가 많았지만 두 분이 오래도록 행복한 결혼생활을 누렸다는 사실을 상기시켜 주었다. 사실 결혼을 반대하는 진짜 이유는 그것이 아니었다. 문제는 레오나드의 가족과 우리 가족 사이에 심연처럼 놓여 있는 문화적인 차이였다. 우리 부모가 결혼을 반대하면 할수록 레오나드와 나는 점점 더 굳게 맺어졌다.

나는 까마귀개 가족의 일원이 되는 것이 왜 그렇게 어려운가를 이해하게 되었다. 깊은 산골에 사는 전통적인 순수 혈통의 인디언 중에서도 까마귀개의 일족은 좀 별난 부족이었다. 그들은 주위에 울타리를 쌓아놓고 외부 세계와 담을 쌓았다. 세 세대가 지나는 동안 자발적으로 고립되어 살았다. 그들을 이해하기 위해서는 까마귀개의 전설과 까마귀개의 역사를 알아야 한다.

일가의 시조가 되는 캉기-슝카(Kangi-Shunka)는 까마귀개로 불리기 전까지는 이름높고 대담한전사, 위대한사냥꾼, 추장, 주술사, 유령춤꾼의지도자, 인디언경찰우두머리 등 여섯 가지 이름을 갖고 있었다. 대법원 재판에서 승리한 최초의 수우 족, 어쩌면 최초의 인디언이었다. 레오나드는 그를 이렇게 묘사했다. "늙은 캉기-슝카는 대평원을 누비는 고독한 남자였어. 태양과 달, 별과 바람의 움직임에 순응하며 살고, 대지와 네 발 달린 짐승들에게서 양식을 거두어들였어. 그분은 들소 사냥꾼, 약초꾼, 곧 페주타 위차샤(pejuta wichasha)였어. 약초를 보고, 약초가 '날 가져가 약으로써' 라고 하는 소리를 들을 수 있었던 분이야. 부족을 창조하는 정령과 말씀을 지닌 분이었어."

대부분의 사람들에게 조상들이 백 년 전에 한 일은 그저 지난 역사에 지나지 않지만 까마귀개는 그것을 바로 어제 일어난 일처럼 여긴다. 캉기-슝카가 그토록 오래 전에 했던 일이, 오늘의 까마귀개의 가족과 일가붙이, 그리고 일족 전체, 곧 '함께 사는 사람들'을 의미하는 티요스페이예의 생활 양식과 행동의 특징을 여전히 규정하고 있다. 수우 족과 코끼리는 결코 잊는 법이 없다.

까마귀개의 일족 가운데 어떤 사람들의 조상은 뛰는오소리(Jumping Badger)라고 알려진 추장으로 거슬러 올라간다. 그는 1830년대에 화살 하나로 들소 12마리를 잡고, 전투에서 14번이나 승리를 거두고, 15번이나 적을 급습하여 말을 빼앗은 것으로 널리 알려진 이름 높은 추장이었다. 최초의 까마귀개가 30여 개의 티피로 구성된 소규모 집단에 속해 있었던 것은 분명하다. 자신들을 와즈하즈하(Wazhazha) 즉 고아의 무리라고 일컬었던 그들은, 마토-

이와(Mato-Iwa) 즉 곰쫓기(Scattering Bear) 또는 용감한곰이라는 이름의 추장을 따랐다. 캉기-슝카는 1834년에 태어나 1911년에 죽었다. 그는 활과 화살을 사용하던 시절에 성장했다. 대평원이 수백만 마리의 들소로 뒤덮이고, 많은 수우 족 사람들이 생전 가야 백인 얼굴 한번 보기 힘들었던 그런 시절이었다. 총을 들어 겨눌 들소 한 마리 남지 않았을 때 세상을 떠났지만, 그에게는 윈체스터 44연발총이 있었다. 그는 자동차를 타고, 전화를 걸어보기도 할 정도로 오래 살았다. 한때나마 고아의 무리의 추장이었던 그는 부족의 자랑스런 역사에서 그 나름의 구실을 수행했다.

헨리 노인의 말에 따르면, 까마귀개가 이 이름을 얻게 된 데는 그만한 까닭이 있었다고 한다. 그는 부족 사람들을 파하 와칸(Hante Paha Wakan), 곧 삼나무 계곡으로 안내하여 사냥을 할 계획이었다. 말을 몰아나가기 전에 그는 환영을 접했다. 구름 속에서 흰 말이 그에게 말의 권능을 내려주는 것을 보았다. 그 뒤 그의 말은 슝카카-라자한(Shunkaka-Lazahan), 곧 무리 중에서 가장 빠른 말이 되었다. 또 슝카-마니투(Shunka-Manitu), 곧 코요테가 "나는 한 몸이다"라고 말하는 소리도 들렸다. 그러자 갑자기 그의 말이 귀를 치켜들었고, 까마귀개가 차고 있는 두 개의 독수리 깃털 속으로 바람이 스며들었다. 깃털들이 이야기를 나누고 있었다. 깃털들이 말하고 있었다. "저 언덕 위 앞쪽에 있는 나무 두 그루 사이에 위차샤, 즉 한 남자가 있어." 까마귀개와 그 일행의 눈에도 분명히 그 사람이 보였다. 그는 손을 치켜들더니 갑자기 사라졌다. 까마귀개는 정찰병 둘을, 하나는 북쪽으로 하나는 남쪽으로 보냈다. 둘 다 돌아와서 아무도 보지 못했다고 했다. 언덕 위에 있던 그 사람은 와나기(wanagi), 즉 정령으로서 까마귀개에게 경고를 하려고 했던 것일까?

까마귀개는 자기 사람들에게 강 근처에 티피를 세우라고 했다. "둔덕 가까운 곳에 티피를 세워야 적이 우리를 포위하지 못해." 그들은 그대로 했다. 밤중에 까마귀개는 코요테가 네 번이나 울부짖는 소리를 들었다. 슝카-마니투인 코요테가 그에게 '뭔가 불길한 일이 벌어질 것이다'라고 경고하고 있었다. 까마귀개는 코요테의 소리를 알아들었다. 그는 전사들의 모임인 새끼여우들을 불러모았다. 그들은 노래를 불렀다.

> 나는 여우라네.
> 죽음이 두렵지 않다네.
> 위험을 무릅써야
> 할 일이 있다면,
> 그것은 내 몫이리니.

그들은 얼굴을 시커멓게 칠하고, 전투와 죽음에 대비했다.
새벽에 적이 공격해왔다. 백인 한 명과 까마귀 족 정찰병 여러 명의 안내를 받은 백인 이주자들이 수많은 아브사로카(Absaroka) 족 전사들의 도움을 받아 공격한 것이다. 까마귀개는 이름 높은 많은 전사들과 함께 있었다. 눔파 카치파(Numpa Kachpa), 곧 두번치기가 있었다. 한 마리의 말에 함께 타고 있는 백인 병사 둘을 총알 하나로 쓰러뜨렸다고 해서 얻은 이름이었다. 물속에서죽이다(Kills in Water), 빈뿔곰의 아들, 눈앞에서죽이다(Kills in Sight)도 있었다. 까마귀 족 두 명이 눈앞에서죽이다에게 상처를 입히고 말에서 떨어뜨렸다. 까마귀개가 서둘러 달려와 까마귀 족 두 명을 죽이고 눈앞에서죽이다를 자기 말에 태운 다음, 말에 채찍질을 가했다. 말은 자기를 붙들고 있는 눈앞에서죽이다를 태운 채 급히 출발하더니, 빠른 속도로 달려 그를 안전하게 집으로 데려갔다.

까마귀개는 사람이 타고 있지 않은 까마귀 족의 말을 한 마리 잡아타려고 주위를 둘러보고 있었다. 그때 적의 화살이 날아와 하나는 가슴 위쪽이자 쇄골 바로 아래 부분에, 다른 하나는 옆구리에 꽂혔다. 그는 손으로 화살들을 부러뜨렸다. 빈뿔곰의 아들과 그들을 따르는 다른 두 사람이 까마귀개를 도왔다. 그들은 상처를 입었으며, 말들도 모두 최소한 화살을 하나씩은 맞았다. 까마귀개가 말했다. "난 상처가 심해. 신경 써봐야 소용없을 거야. 너희들이라도 목숨을 구해."

그들은 말을 타고 떠났다. 까마귀개는 어찌어찌해서 말을 한 마리 붙들어, 그 위에 올랐탔지만 몸은 곧바로 탈진상태가 되었다.

쇠약해질 대로 쇠약해진 그는 말에서 떨어져 눈 속에 누워 있었다. 죽음의 노래를 부를 힘조차 없을 정도였다. 그때 갑자기 코요테 두 마리가 다가와 점잖게 주위를 맴돌았다. "우리는 당신을 알아요." 코요테들은 밤새 그의 몸을 따뜻하게 지켜주었다. 사슴 고기를 가져다주어 까마귀개가 원기를 회복하도록 해주었으며, 약도 가져다 주었다. 코요테 한 마리가 말했다. "이 약을 화살이 꽂힌 부분에 발라요." 까마귀개는 코요테의 말에 따랐다. 약 기운에 살이 풀리면서 부상 부위가 벌어지게 되었다. 그 덕에 화살촉과 남아 있던 화살대를 뽑아낼 수 있었다. 저절로 빠져 나오다시피 뽑혔다.

까마귀개는 코요테들이 준 약으로 몸을 치료했고, 그들이 가져다 준 음식으로 원기를 회복했다. 코요테들은 그를 집까지 데려다 주었고, 까마귀 한 마리가 길을 알려주었다. 까마귀개가 말했다. "나는 이미 타-창쿠(Ta-Chanku) 위쪽, 곧 은하수를, 정령의 나라로 가는 길을 걷고 있었어요. 그런데 코요테가 나를 다시 이곳으로 데려다 주었어요." 그렇게 해서 그는 일곱 번째이자 마지막 이름인 캉기-슝카, 즉 까마귀개라는 이름을 얻게 되었다. 물론 까마귀코요테라고 해야 했지만.

몇 년 후, 까마귀개는 앉은황소와 합류하려고 캐나다로 가고 있었다. 그런데 신성한 마법의 바위(Medicine Rocks) 근처에서 백인 병사들이 까마귀개와 그의 일행을 기습했다. 까마귀개는 두 군데에 총을 맞았다. 일행이 그를 말에 묶어 간신히 집으로 돌려보냈다. 이번에는 앉은매(Sitting Hawk)라는 이름의 주술사가 그의 목숨을 구해주었다. 그는 까마귀개에게 말했다. "상처에 치료약을 발라주겠소. 그러나 총알을 꺼내지는 않을 거요. 언젠가 당신이 죽어서 어머니 대지의 품으로 돌아갈 때, 총알이 몸 안에 남아 있을 것이오. 인간의 몸으로 된 당신은 분해되겠지만, 총알은 남아 백인 놈들이 우리에게 저지른 일에 대한 증거가 되어줄 것이오."

이것이 최초의 까마귀개에 대한 전설이다. 헨리 노인은 이 이야기를 몇 번이나 나에게 해주었다. 까마귀개는 리틀빅혼과 같은 대규모 전투에는 한 번도 참가한 적이 없었지만, 위대한 전사였다. 그는 자기가 속한 고아의 무리 출신의 전사들로 구성된 소규모 전투 부대의 일원으로 싸우기를 좋아했다. 그는 백인 놈들과 포니 족 전사 그리고 까마귀 족 전사들에 대항해서 싸웠다.

까마귀개는 미친말과 절친한 친구였다. 1877년, 위대한 전사였던 미친말이 로빈슨 요새로 와서 항복할 때, 까마귀개는 구름만지기(Touch the Clouds)와 흰천둥(White Thunder), 네뿔(Four Horns), 까마귀좋은목소리(Crow Good Voice)와 함께 있었다. 미친말이 배신을 당해 살해되고 난 뒤에, 대량 학살을 미연에 방지할 수 있었던 것은 까마귀개의 냉철한 판단과 용기가 있었기 때문이었다. 격분한 수우 족 인디언들과, 호시탐탐 살육을 자행할 구실만 노리고 있는 군인들이 대치하고 있는 상황이었다. 까마귀개는 그들 사이에서 말을 타고 앞뒤로 움직이며, 과도한 전의에 불타는 전사들과 군인들을 윈체스터 총의 개머리판으로 이쪽 저쪽으로 밀어냈다.

까마귀개는 수우 인디언 브룰 족의 뛰어난 추장 점박이꼬리를 총으로 쏴서 죽인 사건으로 가장 유명하다. 두 사람은 사촌이었고, 젊었을 때는 친구 사이였다. 훗날 두 사람의 길이 갈라진 것이다. 점박이꼬리는 "백인 놈들에게 저항해봐야 소용이 없다"고 했다. 그래서 거의 모든 일에서 백인들과 협력했다. 까마귀개는 앉은황소와 같은 생각이었다. 그는 옛날 방식대로 사는 길을 고집했다. 이른바 백인에게 '우호적인 인디언'들은 점박이꼬리를 중심으로 뭉쳤고, '적대적인 인디언'들은 까마귀개의 주변에 모여들었다. 이 때문에 대립 관계가 조성되었고, 대립은 충돌로 이어졌다. 두 사람 사이의 갈등은 점점 더 심각해졌다.

1881년 9월, 까마귀개가 옆에 아내를 태우고 4륜 마차로 나무를 운반하고 있는데, 그때 마침 점박이꼬리가 말을 타고 읍사무소 밖으로 나오고 있었다. 까마귀개는 아내에게 고삐를 넘기고, 권총집에서 빼내 옆에 걸어놓았던 권총을 집었다. 말에서 내린 그는 추장과 마주보고 섰다. 점박이꼬리도 까마귀개를 보았다. 그가 말했다. "오늘 우리 둘 사이에 있는 문제를 남자답게 해결하는 게 좋겠어." 점박이꼬리가 6연발 권총을 향해 손을 뻗었고, 까마귀개는 무릎을 구부리고 방아쇠를 당겼다. 그가 점박이꼬리보다 빨랐다. 그의 총알이 점박이꼬리의 가슴에 명중했다. 말에서 굴러 떨어져 죽은 그의 손에는 방아쇠도 당겨보지 못한 6연발 권총이 들려 있었다. 곰뒤집기(Turning Bear)가 까마귀개의 아내에게 총을 발사했지만 빗나갔다. 까마귀개는 아내와 함께 집으로 마차를 몰았다. 한 사람이 검은까마귀(Black Crow)에게 땀막을 준비해서 까마귀개를 정화시켜 달라고 부탁했다. 그는 윈체스터 총을 장전하여 신성한 바위에 대고 네 번 발사했다. "이제는 점박이꼬리의 정령이 자네를 괴롭히지 않을 것이야." 그런 다음 그들은 물로 몸을 정화했다.

죽은나무에 있는 재판관은 까마귀개에게 교수형을 선고했다. 그는 준비할 것이 있으니 집에 보내달라고 부탁했다. 재판관이 물었다. "당신이 돌아오리라는 것을 어떻게 믿을 수 있겠소?" 까마귀개가 말했다. "그래서 내가 당신에게 이야기하고 있지 않소." 재판관은 그를 보내주었다. 한 달 동안 까마귀개는 죽음을 준비했다. 죽음의 노래를 짓고, 소유물을 모두 나누어주었다. 얼마 되지 않은 재산, 말 몇 마리와 마차, 닭 여러 마리를 가난한 사람에게 주었다. 아내는 그에게 구슬이나 깃털 장식이 없는 소박한 하얀 사슴 가죽 겉옷을 만들어 입혔다. 까마귀개는 그 옷차림으로 교수형을 받고 싶었다. 모든 준비가 다 되자, 마지막 남은 말을 낡은 수레에 매고, 처형을 받기 위해 죽은나무까지 150마일이나 되는 길을 아내와 함께 말을 몰았다.

죽은나무에 도착하자, 변호사가 함박 웃음을 띠고 그를 기다리고 있었다. "까마귀개, 당신은 자유요. 당신 사건을 대법원에 보냈더니, 대법관들이 미국 정부는 보호구역에 대해서는 사법권을 갖고 있지 않으며, 인디언을 살해한 인디언을 처벌하는 법률이 없다고 판결했어요." 까마귀개는 대꾸했다. "당신은 정말 좋은 사람이요. 아무 까닭 없이 150마일이나 되는 길을 말을 타고 온 셈이 되었구려." 그는 아내와 함께 집으로 돌아갔다.

검은까마귀가 까마귀개에게 말했다. "친구, 이 살인죄가 앞으로 4세대에 걸쳐 자네들에게 짐이 될 걸세. 지금부터는 다른 사람들과 함께 담뱃대에 불을 붙이지 못하고, 자네는 작은 담뱃대에 불을 붙여 혼자서 피우게 될 거야. 남들과 함께 음식을 먹지 못하고, 자네 혼자 그릇에 담긴 음식을 먹게 될 걸세. 서로 돌려가며 마시는 쇠바가지로 물을 마시지 못할 것이야. 자네는 다른 사람의 그릇에 담긴 음식을 먹을 수가 없고, 그들은 자네 그릇에 담긴 음식을 먹으려 하지 않을 걸세. 자네는 부족과 떨어져서 살게 될 거야. 친구, 자네는 고독한 삶을 살게 될 걸세."

캉기-슝카는 피의 대가를 치렀다. 점박이꼬리의 가족에게 여러 필의 말과 백인의 돈을 주었다. 그 덕분에 두 가족 사이에 평화가 이루어졌다. 그러나 까마귀개의 일족과 정령들 사이에는 평화가 회복되지 않았다. 그들은 정령들에게 배척을 받았지만, 어찌 보면 오만한 태도로 이를 견디어냈다. 까마귀개의 행동에 부담을 느끼기도 했지만, 동시에 그것을 자랑스럽게 여기기도 했다. 그들이 느끼는 수치는 일종의 자랑스런 수치였다. 최초의 까마귀개는 버림받은 사람이 되었지만, 그에게는 영웅다운 면도 있었다. 까마귀개의 일족은 담요로 몸을 감싸듯, 자부심으로 똘똘 뭉쳤다. 그들은 죄를 영광으로 바꾸었다. 혈통의 위대성에 대해서 말하기 시작했다. 최초의 까마귀개가 그 길을 보여주었다는 것이었다. 그는 추장으로서 독수리 깃으로 장식한 전투모를 쓸 권한이 있었지만 쓰지 않았다. 그 대신 천으로 만든, 챙이 달린 낡은 백인 모자를 어디서 주어와서, 그 꼭대기에 독수리 깃털을 매달아 썼다. 항상 그 모자를 쓰고 다녔다. 가장 비천하면서도, 가장 고귀한 모자였다. 그는 말하곤 했다. "내가 쓰고 다니는 이 백인 모자는 백인 놈들의 세상에서, 그 정부의 지배 아래 살 수밖에 없다는 뜻이야. 독수리 깃털은 나, 까마귀개가 백인 놈들의 세상에 굴복하지 않을 것이며, 죽는 날까지 인디언으로 살겠다는 뜻이고." 조금 불가사의한 일인데, 그 낡은 모자는 사람들 사이에서, 독수리 깃으로 장식한 그 어떤 전투모보다 멋있는 물건이 되었다. 그렇게 해서 그 모자는 내가 결혼한 까마귀개의 일족 안으로 들어오게 되었다.

신화와 현실을 동시에 해결해야 하는 과제, 요컨대 까마귀개의 사슴 커튼 속을 뚫고 들어가려고 노력해야 하면서도, 그 많은 사람들의 요구를 들어주어야 하는 과제는 내가 감당하기에는 너무나 힘에 겨운 것이었다. 몸이 쇠약해졌고, 시름시름 앓았다. 몸무게도 90파운드로 줄어들었다. 몸이 무너져 내렸고, 더는 견딜 수가 없었다. 일을 하려고 하면, 다리에 쥐가 나고 통증이 몰려왔다. 관절도 아팠다. 레오나드에게 사실대로 말했다. "몸이 좋지 않아. 잠을 잘 수가 없어. 꿈을 꾸면 꼭 죽은 사람들, 죽은 내 친구들과 일가붙이들이 보여. 눈을 감기만 하면 살해당한 사람들이 보여. 늘 마음이 서글퍼. 나도 죽을 것 같아."

레오나드는 나를 위해 치료 의식을 치르겠다고 하더니, 페요테 티피를 세웠다. 또 다른 페요테 주술사인 에스테스 스튜어트가 그를 도와주기 위해 왔다. 나는 신성한 약을 먹었다. 계속 먹었다. 몸이 너무나 쇠약해졌기 때문에 앉아 있을 수가 없었다. 그들은 나를 담요에 눕혔다. 레오나드는 페요테 차를 주며 마시라고 했다. 오래된 차인데, 냄새가 매우 독했다. 두 컵을 가득히 채워 마셨다. 자정에 에스테스가 기도를 올렸다. 그러고 나서 차 물이 한 바퀴를 도는 동안 그가 이야기를 계속했다. 그는 페요테 주술사가 된 뒤 엑스레이 시력, 곧 내 몸 속을 들여다 볼 수 있는 투시력을 갖게 되었다고 했다. 그러면서 내 몸에서 한 가지 병, 구체적으로 말하면 사랑을 받고자 하는 마음 이외에 아무런 병도 찾아낼 수 없다고 했다. 어찌나 기분이 나쁘던지 눈물이 날 정도였다. "나는 여기 누워 아파서 죽어가고 있는데, 저들은 나를 놀리고 있다"고 생각했다. 그때는 내게 약간 편집증 증세가 있었다고 생각한다. 에스테스는 절대로 나를 놀리지 않았다. 훗날 그는 그때 그 말은 내가 몸의 병이 아니라, 마음의 병을 앓고 있다는 뜻으로 한 말이었다고 설명했다. 그의 말은, 내 마음이, 나를 사랑하는 사람이 아무도 없다는 생각으로 가득 차 있었다는 뜻이었다. 레오나드와 그의 가족, 내가 음식을 대접하고 빨래를 해주는 사람들이 한결같이 나를 사랑하지 않는다는 생각이 내 마음에 가득했다는 것이다. 내 병은 사랑의 부족에서 생긴 병이었다는 말이었다.

갑자기 사람들이 주위로 몰려들어, 말을 걸어주며 날 위로했다. 헨리 노인은 나를 '딸'이라고 부르고, 뺨을 토닥거려 주었다. 자리에 있는 사람들이 모두 나를 위해 기도를 올렸다. 나는 밤새도록 페요테를 먹었다. 할아버지 페요테가 나를 딸이라고 부르고 있었다.

태양이 떠올랐을 때, 나도 일어났다. 갑자기 일어나 앉게 되고, 마침내 걸음을 걸을 수도 있었다. 티피 바깥으로 걸음을 옮겼다. 내 주위로 낯선 열대의 새들이 날아다니는 것이 보였다. 금빛 은빛 꼬리를 끌며 날고 있는, 금속 광택의 현란한 무지개 색깔의 새들이었다. 몸을 뉘려고 티피 안으로 들어갔다. 침대로 가서 담요를 옆으로 젖혔다. 그러자 내 다리가 물로 변했다. 내 침대 속에 한 낯선 여인이 두 손을 가슴에 포개고 누워 있었다. 얼굴은 창백했고 굳어 있었다. 눈을 감고 있었다. 여인은 죽은 사람이었다!

너무나 무서웠다. 갑자기 몸이 움직이질 않았다. 심장 박동이 멈췄다. 피가 굳었다. 숨을 쉴 수가 없었다.

나중에 보니 내 침대에 죽어 있는 낯선 여인은 바로 나였다. 거대한 무게가 내 몸을 빠져나갔다. 다시 숨을 쉴 수가 있었다. 심장이 뛰고 있었다. 기분이 좋았다. 죽어 가던 사람, 이미 죽어 있던 그 사람은 이전의 내 자신이었다. 그러나 나는 계속 살아야 했다. 레오나드가 들어와 어떠냐고 물으며, 내 몸에 팔을 두르고 입을 맞추었다. 나더러 침대에 누우라고 했다. 침대에 눕자 죽은 여인이 사라졌다. 페요테의 힘이 나를 사로잡았다. 웃음이 터지기 시작했다. 계속 킬킬거리며 웃었다. 갈비뼈가 불거져 나왔다. 내 몸은 피골이 상접할 정도로 말라, 뼈만 남은 상태였다. 한 시간 동안 웃음이 그치지 않았다. 그러고 나니 모든 것이 다 좋아졌다.

13. 잘려 나간 두 손

> 저들은 나 같은 인디언을 살려두려고 하지 않아.
> 괜찮아. 나는 나이 들어 늙은 여자가 되고 싶지 않거든.
>
> – 애니 메이 어쿠어쉬

내 친구 애니 메이에 대해서 나쁘게 말할 사람은 아무도 없다. 생전에 남에게 나쁜 짓이라고는 해본 적이 없기 때문이다. 그녀는 가만가만 걸어서 우리 집에 들어온 적이 없다. 항상 원기가 펄펄 넘치는 자세로 후다닥 뛰어 들어왔다. 그녀는 키가 작았다. 5피트도 채 되지 않았다. 그러나 개성의 힘으로 주위의 사람들을 쥐락펴락했다. 미소짓는 커다란 입, 인디언 눈과 광대뼈, 휘날리는 검은 머리의 애니 메이는 귀여운 여인이었다.

그녀는 늘 아침에 맨 먼저 일어나, 음식을 만들어 모든 사람에게 먹였고, 모두 다 깨끗한 옷을 입을 수 있도록 신경을 썼다. 더러운 옷을 강으로 가져가 직접 빠는 일도 자주 있었다. 남자들의 머리를 빗겨주고 길게 땋아 주었다. 주위에 앉아 잡담을 늘어놓으며, 하루 종일 아무 일도 하지 않고, 의자에 누워 화장이나 하고 있는 어린 소녀들을 보면, 엉덩이를 떼고 일어나 뭐든 밥값을 하라고 일렀다. 모두 함께 쓸고 닦으며 집안 청소를 하는 것을 좋아했다. 그녀는 훌륭한 요리사였다. 나를 포함하여 많은 다른 여자들에게 맛있는 인디언 요리법을 가르쳐주기도 했다. 한번은 우리 부엌으로 춤을 추며 들어오더니, 춤을 추며 식탁 주위를 빙 돌았다. 손에는 강에서 잡은 개구리가 가득 담긴 양동이가 들려 있었다. 개구리 다리 여러 개로 캐나다-프랑스 식 개구리 요리를 만들었다. 세련된 구슬 장식도 만들었다. 무슨 일이든 그녀에게 묻기만 하면 해결되었다. 그녀는 레오나드의 어머니에게서 수우 족의 모카신을 만드는 법을 배웠다. 옷감을 재단하고, 상상력이 넘치는 인디언 패션들을 만들어내는 데도 재능과 안목이 있었다. 심지어 백인 고객들을 위해 인디언 패션을 견본으로 만들어주기도 했다. 그녀는 타고난 지도자였다. 인디언 청소년 지도자, 금주 계획 관리자라는 책임 있는 직책을 맡고 있었다. 인디언 운동 내부에서, 곧 미네아폴리스와 서부 해안에 있는 전국 AIM 본부 양쪽에서 대단히 활동적으로 업무를 수행했다. 그녀는 내가 기댈 수 있는 바위, 따뜻한 마음을 가진 바위였다. 그녀는 죽어서는 안 될 사람이었다.

애니 메이는 캐나다 남동부에 위치한 노바 스코시아 주의 주도 헬리팩스(Halifax)에서 멀지 않은 자그마한 보호구역에서 태어나고 자란 미크맥 족 인디언이었다. 장미꽃봉오리에서 2천 마일 떨어진 캐나다에서 살았지만, 그녀의 삶은 거의 내 삶의 복사판, 아니

수천 명의 다른 인디언 소녀와 여인네들의 삶의 복사판이었다. 그녀는 보호구역 대신 지정 거류지에 살았다. 그녀의 생활은 인디언 사무국이 아닌 인디언 성(省, department)의 규제와 간섭을 받았다. 미크맥 족에게 떵떵거리고 큰소리를 쳤던 존재는 감독관이 아니라 대리인이었다. 그녀를 귀찮게 했던 사람들은 주 경찰이 아니라 기마 경찰대원이었다. 그밖에는 모든 것이 똑같았다. 그녀도 내가 살았던, 타르 종이를 바른 오두막집과 같은 집에서 살았다. 전기, 수도 설비, 수돗물 공급, 중앙 난방, 포장 도로도 없이 생활했다. 걸핏하면 배를 곯았다. 하루에 한 끼만 먹을 때도 있었고, 그럴 때는 눈에 띄는 것은 뭐든 먹었다. 그녀 어머니의 이름은 내 이름과 똑같은 메리 엘렌이었다. 바이올린을 잘 켰는데, 어느 날 가족을 버리고 도망쳤다. 그 뒤 착하고, 성실하고, 차분한 남자와 결혼했지만 그 남자는 병으로 죽었다. 그러자 삶의 의욕을 잃고, 무위도식하며 노름과 술에 빠져 살았다. 그녀는 다 자라지도 않은 아이들을 버려 두고 또 다시 어떤 남자와 결혼하여 떠났다. 아이들은 자기들끼리 알아서 살아가야 했다.

애니 메이에게는 여자 형제 둘에 남자 형제가 하나 있었다. 여동생 메리와 특히 사이가 좋았다. 애니 메이는 메리가 자기를 무척 많이 닮았다고 했다. 아이들은 서로 도우며 살았다. 애니 메이가 어머니 노릇을 해야 했다. 바다에 의지해서 조개를 따고 물고기를 잡아 그럭저럭 연명은 할 수 있었다. 시간당 1달러에 딸기를 따고

감자를 캐는 노동도 했다. 감자 캐는 일은 등이 휘어지는 중노동이었다. 열일곱 살이 되었을 때, 그녀는 미크맥 족 지정 거류지에서 살아봐야 희망이 없다는 결론을 내렸다. 가치 있는 인물이 되고, 성공하겠다는 마음이 간절했던 그녀는 세상에 나가기로 마음먹었다. 많은 미크맥 족 인디언들에게 대문자 B로 표기되는 대도시이자 성지였던 보스턴, 그녀는 바로 그곳으로 갔다.

애니 메이는 거기서 미크맥 족 청년 제이크 멀로니를 만나 결혼했다. 두 딸을 낳으며 한동안 중산층 가정에서 백인 중산층 가정주부처럼 살았다. 옷 입는 눈썰미가 있었고, 염색한 머리를 벌집 모양으로 꾸미기도 했지만, 그녀는 인디언으로 살고 싶었다. 딸들도 인디언으로 키우려고 했다. 제이크의 생각과 그녀의 신념이 충돌했다. 갈등이 시작되었고, 제이크는 폭력을 휘둘렀다. 결국 그녀는 이혼하여 그의 곁을 떠났다. 딸들의 양육권을 놓고 다툼이 벌어졌지만, 결국은 애니 메이가 이겼다. 한때 아이들은 아버지와 사는 것이 더 좋다고 말하기도 했었다. 아버지는 자기들이 갖고 싶은 것들을 줄 수 있지만, 어머니와 함께 보스턴의 여인숙 거리에서 인디언 식으로 살게 되면, 그것들을 가질 수 없을 거라고 생각했기 때문이다. 그래서 낳아준 어머니보다 백인 의붓어머니와 사는 쪽을 택하려고 했던 것이다. 애니 메이는 아메리카 원주민 투사로 성장했다. 나와 바바라 언니가 뛰어들었던 바로 그 싸움에 그녀도 뛰어들었다. 그녀는 대의명분에 몸을 바쳤다. 이는 여동생 메리에게 두 딸의 양육을 맡긴다는 의미이기도 했다. 힘들고 가슴 아픈 결정이었다. 애니 메이는 모성을 희생하고 운동에 몸을 바쳤다. 그녀는 결혼 생활에서 얻은 것이 하나 있었다. 남편이 격투기광이고, 직업이 당수(가라테) 사범이어서, 그의 연습 상대가 되어 주었다. 그때 격파와 발차기의 훌륭한 기술을 습득했다. 그녀는 언제 누구에게 그 기술을 사용해야 하는지 알고 있었다.

애니 메이가 AIM 회원들을 처음 만난 것은 1970년 11월 26일이었다. 러셀 민스와 2백 명의 투사들이 플리머스의 바위 (Plymouth Rock : 플리머스 항에 있는 바위. 1620년 영국 잉글랜드 남서부의 항구도시 플리머스를 떠난 메이플라워 호가 이 바위에 첫발을 디뎠다고 함)를 1톤의 모래에 묻던 날이었다. 그들은 그것을 '백인의 아메리카 정복에 대한 상징적인 장례식'으로 간주했다. 뉴잉글랜드의 왬패노아그 족(Wampanoags), 내러간셋 족(Narraganset), 패서매쿼디 족(Passamaquoddy)이 대표단을 보냈고, 한 무리의 미크맥 족 인디언이 참가했다. 애니 메이도 그 가운데 있었다. 그들은 스스로를 '와스프(WASP : White Anglo-Saxon Protestant. 앵글로 색슨계 백인 신교도를 의미한다)의 최초의 희생자'라고 불렀다. 훗날 애니 메이는 순례자들을 신세계로 실어온 배의 모조품인 메이플라워 2호를 함성을 지르며 공격한 사람들 틈에 있었다. 그녀는 러셀이 밧줄을 타고 올라가 총부리가 나팔처럼 생긴 총을 흔들며 소리치는 모습을 지켜보았다. "우리가 총을 잡는 일이 없게 하라. 다시는 총을 들고 싶지 않다. 만일 어쩔 수 없이 총을 잡게 될 때에는 각오하라!" AIM과 처음 만났을 때, 애니 메이도 내가 처음 받았던 것과 똑같은 영향을 받았다. 그것이 그녀의 운명을 결정했다. 언제 어떻게 죽을 것인지를 결정했다는 말이었다.

1972년 초 아니면 대략 그 무렵에 애니 메이에게 연인이 생겼다. 노지쉭 어쿠어쉬였다. 애니 메이의 이야기에 따르면, 그는 오대호 지역의 한 섬에서 태어난 캐나다 인디언이었다. 생긴 것과 행동하는 것을 보면 인디언이었지만, 내가 알고 있던 다른 인디언들과는 다른 사람이었다. 잘생기기는 했지만 불길한 느낌을 주는 인상이었다. 창백한 얼굴에, 양끝이 아래로 처진 콧수염과 몇 가닥이 엉클어진 염소 수염이 매달려 있었다. 매우 호리호리하고 우아한 느낌을 주는 야윈 체격이었다. 움직일 때 보면 고양이나 거미 같았다. 검은 머리와 대조를 이루는 창백한 그의 얼굴을 보면, 종종 잘생긴 유령의 모습이 떠오를 때가 있었다. 그는 훌륭한 예술가이자 석판 인쇄가였다. 인디언 복장을 하긴 했으나 낯설고 특이한 방식으로 입었다. 늘 이상하게 생긴 납작한 검은 모자에 깃털을 꽂아서 쓰고 다녔다. 그와 애니 메이는 함께 운동에 합류해서 일했다. 한편으로 인디언 패션쇼를 시작했고, 인디언 공예품과 보석을 전시하고 후원하는 일에도 몰두했다. 애니 메이는 인디언 사무국 건물 점거에 참여했으며, 나중에는 노지쉭과 함께 운디드니로 갔다. 나의 출산을 도와주고 난 뒤, 두 사람은 인디언 식으로 혼례를 올렸다. 휴전 문제를 해결하기 위해서 레오나드가 러셀 민스와 함께 워싱턴에 갔을 때, 우리의 친구인 주술사 월러스 검은고라니가 결혼식을 주관했다. 그들은 담뱃대와 담요를 가지고 한 자리에 모였다. 삼나무에 불을 붙이고, 신성한 담배를 피우는 동안 남녀 각각 네 사람이 살점을 제물로 바쳤다. 검은고라니가 말했다. "이렇게 혼인을 치르면 평생 가는 법이야."

그러나 결과는 그리 되지 않았다. 두 사람의 관계는 파탄에 이르렀다. 오타와에서 잠시 살았지만, 그 도시는 두 사람에게 맞지 않았다. 노지쉭은 수많은 술집을 전전했다. 애니 메이를 데리고 갈 때도 많았다. 시무룩한 기분으로 술을 마시기 시작하다가, 취하면 욕지거리를 내뱉었다. 애니 메이는 말했다. "그 사람 무척이나 내 속을 썩였어. 날 알기를 우습게 알았거든." 백인 여자들의 유혹이라도 받으면, 애니 메이의 면전에서 거드름을 피웠다. 한두 번은 애니 메이에게 주먹을 휘둘렀다. 아니 주먹질을 하려고 했다. 물리적인 충돌이 벌어지면, 그녀는 자신을 보호할 수 있었다. 두 사람은 두어 번 갈라섰다가 그때마다 다시 결합했다. 그러다가 결국은 더 이상 견딜 수 없는 지경에까지 이르렀다. 그녀는 말했다. "서로 다퉜는데, 그가 담뱃대를, 운디드니에서 혼례를 치를 때 지참했던 신성한 담뱃대를 부러뜨렸어. 아무 이유도 없이. 다 끝났구나 했지. 그래서 떠났어."

그 일이 있은 뒤, 애니 메이는 까마귀개의 천국에서 우리와 함께 지내는 일이 많아졌다. 그녀는 AIM 평의회에서 높은 위치까지, 즉 운동의 정책 수립에 조언을 주는 자리까지 올라갔다. 그녀는 매우 용감했다. 그것을 불편하게 생각하는 남자들이 여럿 있었다. 죽기 몇 달 전, 애니 메이는 레오나드 펠티어(Leonard Peltier)와 정말 가깝게 지냈다. 그를 좋아했고, 그에게 최선을 다했다. 나는 지금도 그가 애니 메이에게 이상적인 남자가 될 수 있었을 것이라고 생각하는데 두 사람 모두에게 불행한 일이 일어났다.

그녀는 1974년과 1975년의 태양춤에 참가하기 위해 우리에게 왔다. 혼자서 집 뒤에 티피를 세우고 거기서 살았다. 그녀는 우리 수우 족과 함께 지내는 것을 좋아했다. 수우 족의 말을 배우려고 노력했고, 수우 족의 미술 공예품을 만들기 시작했다. 투쟁할 때는 거칠었지만, 병들었거나 절망하는 사람이 있으면 가리지 않고 위로하며 다정하게 대했다. 누구나 그녀를 좋아했고, 그녀에게 의지했다. 애니 메이는 자신의 껍질을 벗겨내고, 아주 기본적이고 소박하기 그지없는 티피 생활에 만족했다.

그 당시에는 그녀 이외에도 많은 사람들이 우리 땅에 티피를 치고 살았다. 그런데 그들 가운데 누가 애니 메이가 가지고 있는 500~600달러짜리 목걸이와 귀걸이를 훔쳐갔다. 그녀는 "이제 내겐 그런 것들이 필요 없어. 가져가면 돈은 좀 만질 거야. 인디언이 인디언의 물건을 훔친다는 것이 안타까울 뿐이지"라고 했다. 한번은 우리 집으로 건너오더니, 자기가 가진 옷가지와 소지품들을 탁

자에 쏟아놓았다. "이거 가져. 네 거야. 아무것도 없는 편이 좋겠어. 등에 진 것은 무엇이든 내려놓기로 했어. 내 사형 집행을 하는 데는 그걸로 충분해." 운디드니 사건 이후로 그녀는 늘 죽음이 다가오고 있음을 예감하며 살았다. "너무나 험하게 싸웠어. 저들은 나 같은 인디언을 살려두려고 하지 않아. 괜찮아. 난 나이 들어 늙은 여자가 되고 싶지 않거든." 자주 이런 식으로 말하곤 했다. 서글퍼하는 기색 하나 없이 즐거운 표정으로 말이다. 그녀에게 남은 것은 진, 리본 달린 셔츠, 리바이스 잠바가 고작이었다. 그것이 전부였다.

그녀는 나와 레오나드에게, 미크맥 족의 땅, 노바 스코시아, 슈벤아카디(Shubenakadie), 픽투스 선창(Pictous's Landing), 곧 미크맥 족의 자그마한 지정 거류지들을 모두 보여주고 싶어했다. 우스갯소리로 그 지정 거류지들 중에 가장 큰 것도 축구 경기장보다 그다지 크지 않다고 했다. 또 미크맥 족 인디언들의 전통 문화와 언어가 사라지고 있다고 했다. 매년 사람들이 섬으로 가서 의식을 치르고는 있지만, 이런 의식들도 기독교식으로 변해가고 있다고 했다. 그녀는 레오나드가 자기 부족에게 전통적인 인디언 생활방식이 여전히 존재하고 있음을 보여주고, 가르쳐주기를 바랐다.

레오나드는 애니 메이에게 할아버지 페요테의 의식을 치르는 법을 가르쳐주었다. 그녀는 의식에 참여하는 것을 좋아했고, 노래도 배웠다. 반달 의식을 치르는 동안에는 환영을 접했다. 내 옆에 앉아 있을 때, 그 일이 일어났다. 달이 감옥으로, 벽이 둥그렇게 둘러선 유치장으로 변하는 것을 보았다고 했다. 유치장 안에서 작은 인디언들의 모습이 보였다. 그들은 유치장을 떠나 거대한 불길을 향해서 걸었다. 곧장 화염 속으로 걸어 들어갔다. 불길 속에서 한 남자가 손짓하며 그녀를 부르고 있었다. 그녀도 화염 속으로 걸어 들어갔다. 그녀는 말했다. "금방이라도 나를 삼켜버릴 것 같은 화염의 고통과 황홀경, 그리고 영광을 경험했어. 나를 자유롭게 해줄 불길이었어."

애니 메이는 여행도 많이 했다. 인디언이 권리를 위해 투쟁하는 곳마다 그녀가 있었다. 메노미니 족(Menominee) 전사들이 수도원을 점거할 때에도 손을 보탰다. 그때는 권총을 차고 있었다고 했다. "우리 형제들이 총격을 받거나, 살해될 처지에 몰리면, 그곳으로 가서 그들과 함께 싸웠어. 그들이 쓰러지는 것을 옆에서 지켜보기보다는 죽는 편이 더 낫거든." 애니 메이는 자주 우리 곁을 떠나기도 했지만, 늘 다시 그 모습을 드러냈다.

언젠가 한 인류학 책에서 우리 수우 족은 '흥분(excitement)의 문화'를 바탕으로 번성해갔다는 표현을 읽은 적이 있다. 1973~1975년 사이에 우리는, 용감무쌍하기 그지없는 전사들이 겪었을 법한 것보다 더 많은, 우리로서는 감당하기 힘든 흥분을 겪으며 살았다. 소나무산마루 부족 의장인 윌슨은 테러 통치체제를 구축했다. 소나무산마루에서는 저격을 받거나, 집에 소이탄 공격을 받는 일이 다반사로 일어났고, 이를 일상사처럼 지켜보며 살아야 했다. 소나무산마루와 우리 보호구역은 같은 경계 안에 있다. 폭력은 장미꽃봉오리로 번져왔다. 윌슨에 반대하거나, AIM이나 오그랄라 단체에 속했던 사람, 또는 운디드니에 가담했던 많은 사람들이 잔혹하게 살해되었다. 어떤 사람들은 이 기간에 인구 8천 명 가운데 어림잡아 250명에 달하는 사람들이 살해되었다고 말한다. 그 중에는 여자와 어린이들도 있었다. 이런 살인 사건 가운데 정부의 공식 기록문서의 목록에 올라 있는 것은 40~50건 정도에 지나지 않는다. 압도적 다수에 달하는, 나머지 살인 사건은 수사 한번 해보지 않은 채 묻혔다.

희생자들 중에는 우리와 아주 가까웠던 친구도 하나 있었다. 바로 OSCRO, 곧 오그랄라 협회 지도자였던 페드로 비소네트이다. 그는 인적 없는 도로에서 부족 경찰의 총격으로 숨졌다. 그들은 '체포에 저항했기' 때문이었다고 항변했다. 그의 일가붙이였던 저넷 비소네트는 또 다른 희생자의 장례식을 마치고 차를 몰고 집에 오는 도중에 총격을 받고 죽었다. 바이런 드 세르사(Byron de Sersa)는 아버지가 지방 인디언 신문에 기고한, 윌슨의 통치를 비판한 사설 때문에 총격을 받아 목숨을 잃었다. 월러스 검은고라니의 동생은 집에 들어와 전기 스위치를 켜자마자 터진 의문의 폭발사고로 세상을 떠났다. 연로하고 모든 사람들이 존경했던 우리의 주술사 프랭크 바보까마귀는 소이탄의 공격을 받아 말을 잃었고,

그의 성물을 모아 두었던 땀막이 몽땅 파괴되었다. 레오나드의 가족도 고통을 받았다. 그의 조카딸 잰시타 독수리사슴(Eagle Deer)은 야만적인 폭행을 당한 뒤에, 원인이 규명되지 않은 '사고'로 살해되었다. 잰시타가 마지막으로 목격된 장소는 애인의 차 안에서였다. 나중에 밝혀진 일이지만, 잰시타의 애인은 밀고자였고, 이전에 여러 차례 잔혹하게 그녀를 학대한 적이 있었다고 했다. 그때 잰시타는 사우스다코타 주 고위 공무원을 강간 혐의로 고소하여 소송을 진행하던 중이었다. 잰시타의 어머니이자 레오나드의 누나인 델핀이 그 소송을 맡으려고 했다. 그러나 델핀 또한 인디언 사무국 경찰에게 폭행을 당한 뒤 목숨을 잃었다. 그는 술에 취해서 그랬다고 변명했다. 심하게 맞아서 팔 다리가 부러진 시신이 눈 속에서 발견되었다. 볼에는 눈물이 얼어붙어 있었다. 한 조카는 언덕 위에 올라간 뒤, 다시는 집에 돌아오지 못했다. 발견된 그의 시신에는 총알이 박혀 있었다. 그런 일들이 계속해서 벌어지고 있었다.

마침내 누구도 이제는 안전하다고 느끼지 못하는, 심지어는 집 안에서도 불안을 느끼는 지경이 되었다. 한번은 우리 집 근처에서 총이 역발되는 사고가 난 적이 있었다. 총소리가 들리자마자 우리 아이들은 모두 재빠르게 침대 밑과 벽 뒤로 숨었다. 폭력단들이 들이닥쳤다고 생각했기 때문이다. 인디언 운동이 FBI의 대(對)파괴자 정보활동〔Cointelpro : 종교 및 정치 단체들에 대한 첩보활동으로서, FBI의 창설자인 에드가 J. 후버가 처음 실시했다. 1960년, 70년대에는 베트남전 반대운동가들과 흑표범당(블랙팬더당) 소속 인사들의 활동을 무차별적으로 감시했다. 그 요원들은 반정부활동의 근거지가 되는 대학과 교회 등을 일상적으로 출입했다. 저자의 주장에 따르면 AIM도 그들의 감시대상이 되었다는 것이다]과 케이블스플라이서 프로젝트(Cablesplicer projects)의 주목 대상이 되면서 상황은 악화되었다. 수많은 밀고자들과 밀정들이 AIM으로 잠입해 들어왔다. 지금도 나는 AIM이 그토록 커다란 주목을 받을 만한 가치가 있었다고는 전혀 생각하지 않는다. 이처럼 밀정들이 잠입하고, 그칠 줄 모르는 폭력이 맞물려 사람들은 총체적으로 혼돈에 빠졌다. 밀정들로 인한 불신 풍조로, 급기야는 아무도 믿을 수 없는, 서로를 믿지 못하는 상황이 되었다. 남편은 아내를, 누이는 형제를 불신했다. 수많은 시민권리 투쟁 운동에서 함께 싸웠던 옛 친구들도 서로 두려워하기 시작했다. 감옥에 갇힌 사람들은 풀려난 사람들을 의심했다. 형을 더 길게 선고받은 사람들은 자기보다 빨리 풀려난 사람들을 의심했다. 심지어 지도자들끼리도 서로 의심하기 시작했다. 바로 그런 시점에서 애니 메이는 지도자가 되었다.

그녀가 FBI의 비밀 정보원이라는 소문이 돌았을 때, 나는 놀라지 않았다. 사람들은 수군거렸다. "저 여자 좀 봐. 늘 돌아다니잖아. 무슨 일이 있는 곳에는 꼭 저 여자가 있어. 정보원이 아니면 그럴 수가 없어." 애니 메이는 울분을 터뜨렸다. "폭력단들이 날 쫓아다녀. 다른 사람 죽이듯이 날 죽일 거야. 어떻게 해야 좋을지 모르겠어. 저놈들 손에 죽은 뒤, 정작 내 아이들은 내가 저들을 위해서 일하다 죽은 것으로 믿고 있다고 상상해봐. 난 그런 꼴 못 봐. 내 부탁 좀 들어줘. 만일 폭력단 놈들이 날 죽이거든, 내 딸들에게 내가 믿음을 배반하지 않고, 우리 인디언을 위해서 싸우다가 죽었다고 전해줘."

애니 메이는 한동안 대단히 위험한 상황에 놓였던 적이 있었다. 데니스 둔덕이 윌슨의 지배에 반대하는 사람들의 단체를 결성했던 소나무산마루 보호구역에서, 윌슨의 폭력단에게 위협을 받고 있던 수우 족 여인들을 도와주고 있었기 때문이다. 이는 섶을 지고 불 속으로 들어가는 짓이나 마찬가지였다. 1975년 6월 26일, FBI는 다른 것도 아니고, 낡은 장화 한 켤레의 도난 사건을 수사한다는 핑계를 대고 강제로 그 작은 땅을 침범했다. FBI가 어리석어서 그랬는지, 사람들을 자극하여 사건을 도발하려고 했는지는 장담할 수 없다. 분명하게 말할 수 있는 것은 FBI가 그와 같은 일촉즉발의 상황을 만든 것이 도화선이 되어 화약고 전체가 폭발하게 되었다는 것이다. 총격전이 시작되었고, 인디언 한 명과 연방 경찰 두 명이 사망한 것으로 상황이 종료되었다. 이 사건이 커스터 전투 99주년 기념일〔1876년 6월 25일에 리틀빅혼에서 수우 족과 샤이엔 족이 커스터 장군의 정예 제7기병대를 협공하여 전멸시킨 전투. 그때 수우 족 지도자는 앉은황소와 미친말이었다〕에 일어났던 것은 순전히 우연의 일치였을 것이다. 연방 경찰에게 총격을 가했다는 혐의로 고소 당한 사람들 중에는 애니 메이의 가까운 친구였던 레오나드 펠티어도 있었다. 목격자라고 하면서 그에게 불리한 증언을 했던 사람들은 나중에 가서 처음 증언을 철회했다. 절대로 사건 현장 근처에 얼씬거린 적도 없었고, 협박과 강요에 못 이겨 불리한 증인을 섰다고 주장했다. 펠티어는 지금 백인 감옥에서 제2의 인생을 살고 있는 중이다.

그 사건이 있고 나서 소나무산마루의 상황은 완전히 통제 불능 상태가 되었다. 보호구역 전체가 공황 상태에 빠져들었다. 애니 메이조차도 더 이상 자기 이름을 사용하지 못했다. 그것은 위험한 일이었다. 그녀는 우리 집으로 피신하여, 다시 집 뒤에 세워놓은 티피에 머물렀다. 대대적인 체포작전이 벌어졌을 때, 애니 메이는 까마귀개의 땅에 있었다. 1975년 9월 5일, 고무 보트, 헬리콥터, 중무장 차량, 연막탄의 지원을 받는 특별 기동대원 약 180여 명이 방탄 조끼 차림에 M16 소총을 들고 애니 메이가 기거하는 작은 천막, 우리 집과 헨리 노인이 사는 집, 1마일도 채 떨어지지 않는 곳에 있는 까마귀개의 누이와 매형의 오두막집을 습격했다. 텔레비전에서 본 베트남전쟁 영화를 방불케 하는, 오마하 비치 상륙 작전을 생각나게 하는 공격이었다. FBI가 펠티어가 우리 땅에 숨어 있을 것이라고 의심했다는 사실을 우리는 훨씬 나중에 가서야 알게 되었다. 물론 그것은 전혀 엉뚱한 추측이었다.

애니 메이를 보더니 경찰은 말했다. "오랫동안 널 찾고 있었어." 수갑을 채운 경찰은 그녀를 마치 봉제 인형처럼 마구 내던졌다. 순찰차 속으로 끌려가면서도 그녀는 나를 향해 미소를 지으며 수갑이 채워진 손으로 주먹을 쥐어 인디언의 힘을 상징하는 신호를 보냈다. 경찰은 심문을 되풀이했지만, 사실 그녀는 총격전의 현장 근처에 얼씬도 하지 않았었다. FBI는 그녀가 펠티어의 은신처를 알고 있다고 확신했다. 두 사람이 매우 가까운 사이라는 것을 알고 있었다. 그런데 그들은 느닷없이 그녀를 증거 불충분으로 석방했다. 그녀는 내게 와서 그동안 겪었던 일을 말해주었다. 경찰의 협박을 받았다고 했다. 알고 있는 모든 것을, 또 설령 잘 모르더라도 가치 있는 정보를, 곧 사람들의 은신처 같은 것을 발설하지 않으면 오래 살지 못할 것이라는 협박을 받았다고 했다. 입을 다물거나, 시키는 대로 하지 않으면 살려두지 않겠다고 했다는 것이다. 경찰은 애니 메이를 죽여버리겠다고 호언했다. 적어도 나머지 인생을 감옥에서 보내게 해줄 것이라고 했다. 이는 더 나쁜 길이었다.

애니 메이는 말했다. "자기들이 원하는 방식으로 증언하면 내게 자유와 돈을 주겠다고 제안했지. 지금 나는 둘 중의 하나를 선택해야만 해. 그러나 죽는 한이 있어도 그들이 주는 자유는 받지 않을 거야. 내 방식으로 자유를 찾을 거야. 내 뒤를 밟으면 틀림없이 펠티어를 잡을 수 있을 거라는 계산에서 날 풀어준 거야. 저들은 날 감시하고 있어. 들리지도 보이지도 않지만, 저기 바깥 어딘가에 그들이 있다는 걸 난 알아. 그걸 느낄 수 있어."

나는 언제라도 환영이니까, 그녀만 좋다면 우리와 함께 지내자고 했다. 그리고 조심하라고 했다. 애니 메이는 내게 말했다. "어쩌면 이번이 우리가 함께 이야기를 나눌 수 있는 마지막이 될 것 같아. 잊지 마. 네 남편은 부족 인디언들에게 중요한 인물이야. 그를 사랑해주고, 무슨 일이 있어도 보호해줘. 이 백인 문화가 그를 파괴하지 못하도록 해야 해. 술 마시지 못하게 하고, 해를 끼칠 사람들과 함께 나가지 못하게 해. 그를 지켜줘. 그는 좋은 사람이야. 필요한 사람이고."

나는 사우스다코타 주의 평원에서 애니 메이를 딱 한 번 더 보았다. 레오나드가 재판을 받을 때였다. 그를 격려하고 나를 위로하고, 우리에게 용기를 주기 위해 찾아 왔었다. 우리는 모두 홀리데이 인 호텔에 함께 묵었다. 애니 메이는 내 방으로 왔지만, 더 이상 아무런 말도 하지 않았다. 침대에 앉아 그저 나를 바라보기만 했다. "네가 보고 싶었어. 날 다시는 못 보게 될 거야." 우리는 별로 중요하지 않은 이야기를 몇 마디 나누고, 작별의 악수를 했다. 애니 메이는 계속 흐느꼈다. 그것이 그녀를 본 마지막이었다. 그녀는 힌핸(Hinhan), 즉 죽음이 자기를 부르는 소리라는 올빼미의 울음 소리를 들은 사람 같았다. 그것을 알면서 받아들였던 것이다.

1975년 11월 마지막 날, 그녀가 사라졌다. 사람들은 모두 "애니 메이가 잠적했다"고 말했다. 그와 동시에 나는 남편과 헤어지지 않으면 안 되었다. 그가 운디드니에 관련되었다는 혐의로 감옥에 수감되었기 때문이다. 레오나드는 펜실베이니아 주의 루이스버그에 있는 가장 경계가 삼엄한 감옥에 수감되었다. 나는 어린 아들 페드로와 함께 뉴욕으로 가서 백인 친구들과 함께 지냈다. 그를 면회할 수 있는 가까운 곳에 있으려면 그 수밖에 없었다.

1976년 3월 초에 뉴욕에 있는데, 빠른도시에 있는 친구에게서 전화가 왔다. 애니 메이 어쿠어쉬가 소나무산마루 보호구역에 있는 왠블리 근처 가파른 절벽 밑의 눈 속에서 죽은 채 발견되었다는 소식이었다. 사람들이 구름처럼 몰려들었고, FBI도 즉시 출동했다. 그들은 부검을 이유로 그녀의 시신을 스콧 블러프로 싣고 갔다. 또 신원을 확인한다는 핑계로 두 손을 잘라 워싱턴으로 보냈다. 그야말로 불필요한 만행이었다. 신체를 절단하지 않고도 즉석에서 지문을 뜰 수도 있었을 테니까 말이다. 그녀를 살해한 자들은 강간까지 했던 것 같다. 신원을 확인한 뒤 FBI가 발표한 공식 보고서에는 동상으로 죽은 것으로 되어 있었다. 술에 취해 그곳에서 의식을 잃고 얼어죽은 다른 인디언들이 있었다는 것이 그 이유였다. 그러나 부검한 결과 알코올이나 약물은 발견되지 않았다.

애니 메이의 친구와 일가붙이들은 보고서에 만족할 수 없었다. 그들은 시신을 파내도 좋다는 법원의 허가를 받아, 자기들이 선정한 병리학자에게 재부검을 맡겼다. 그는 당장 그녀의 두개골에서 총알 구멍과, 칼리버 32구경 총알을 찾아냈다. 또 잘린 두 손이 관 속에 팽개쳐져 있는 것도 발견했다. 사우스다코타 주 법무장관 윌리엄 쟁클로우는 배교자 AIM 인디언들을 다루는 유일한 방법은 총알을 머리에 관통시키는 것이라고 말한 적이 있다. 그가 말해 준 힌트를 누군가가 써먹은 것이다. 레오나드는 감옥에서 가끔 수신자 부담으로 전화를 할 수 있었다. 애니 메이의 죽음을 알리면서 어떻게 죽었는지 말해주자, 그는 전화에 대고 울었다. 우리는 함께 울었다. 할 수만 있다면 그녀의 장례를 치러주고 싶어했지만, 그건 불가능한 일이었다.

애니 메이 어쿠어쉬는 죽었다. 레오나드 펠티어는 두 번째 인생을 살고 있다. 어쩌면 교도관들이 애니 메이가 만들어준 모카신을 그에게 신겨줄지도 모른다. 노지쇡은 심한 교통 사고를 당한 뒤 휠체어 신세를 지고 있다. 레오나드와 나는 그녀가 한때 소중하게 여겼던 많은 물건들을 지금도 보관하고 있다. 그녀는 그것들을 우리에게 주고 갔다. 나는 죽어서는 안 될, 이 선량하고 부드러우면서도 강인하고 재능 있는 내 친구를 살해한 사람을 언젠가는 찾아낼 것이다. 언젠가는 딸들에게, 그녀가 그들을 위해 전사처럼 싸우다 죽었다고 말해줄 것이다. 언젠가는 애니 메이를 만날 것이다. 이상한 이야기 같지만, 나는 그녀가 죽음으로써 나와 많은 다른 사람들이 살아남을 수 있었다고 생각한다. 태양춤 춤꾼들은 서약에 따라, 다른 사람을 살리기 위해 그들 대신 살을 뚫고 고통을 견딘다. 나는 애니 메이 어쿠어쉬가 그들처럼 비밀 서약을 맺었기 때문에 죽었다고 생각한다.

14. 캉테 이슈타 – 마음의 눈

머리에 달린 눈이 아니라,
마음의 눈으로
사물을 보아야 한다.
- 절름발이사슴

우리 주술사들 가운데 어떤 사람들은 항상, 머리에 달린 눈을 믿기보다는 마음의 눈으로 세계를 보아야 한다고 말한다. "물건과 기계들로 이루어진 헛된 현실 그 너머에 있는 진정한 현실을 봐야 해." 레오나드가 항상 내게 하는 말이다. "마음의 눈으로 보아야 해. 그것이 인디언 신앙의 참뜻이야."

레오나드를 만나 그의 아내가 되었을 때, 내 마음의 눈은 여전히 닫혀 있었다. 전통적인 삶의 방식에 대해서는 아는 것이 거의 없었다. 페요테 모임에 몇 차례 참가하긴 했지만, 제대로 이해했던 것은 아니다. 태양춤을 한 번 보았고, 또 그 뒤에는 운디드니에서 열린 유령춤을 관찰한 적이 한 번 있었지만, 나는 구경꾼이었다. 어쩌면 감동을 느끼는 구경꾼이었겠지만, 그 춤들을 지켜보는 백인 친구들과 조금도 다르지 않았다. 그들도 감동을 느꼈다. 그러나 나도 그랬지만 그들도 상징을 통해 그 진정한 뜻을 꿰뚫지는 못했다. 우리 종족의 옛 의식들 중에 내가 참가해보지 못한 것들이 여전히 많았다. 땀 목욕, 환영(幻影) 기원, 유위피, 일가붙이 이루기, 영혼 지키기 등등. 나는 이런 의식들이 여전히 치러지고 있다는 사실조차도 몰랐다. 어떤 의식들은 있다는 것조차도 모를 정도였다.

나는 이제 지혜와 혜안의 소유자로 살아온 한 주술사의 아내가 되었다. 그는 소년 시절부터 주술사의 길을 걸었다. 아직 어리던 여덟 살 무렵, 부족의 어른들은 그에게 영적인 능력이 있다는 것을 간파했다. "이 아이 좀 봐. 주술사감이야." 어른들은 그가 앞으로 주술사의 삶을 살 수 있도록 가르치고 준비시켰다. 백인 학교에 다니게 되면 어른들이 정해주는 임무를 맡을 수 없게 되기 때문에, 헨리 노인은 무단 결석생을 단속하러 온 교사를 총으로 위협하여 쫓아버렸다. "내 아들을 너희 학교에 보내느니 차라리 내가 감옥에 가겠다." 레오나드는 나에게 주술사의 아내가 되는 법을 가르치고 싶어했다. 나는 열심히 배웠다.

그가 자기 아내를 가르치는 일은 쉽지는 않았을 거라고 생각한다. 그의 아내인 나는 하나부터 열까지 그를 속속들이 알고 있다. 그의 장점을 알기 때문에 약점도 놓치지 않는다. 그 또한 아내의 좋은 점과 나쁜 점을 알고 있다. 우리는 항상 외부에서 가해지는 억압을 받으며 살았다. 그래서 우여곡절도 많았다. 수우 족 여인네들이 더러 그렇듯이, 나는 단지 남자라는 이유만으로 그를 존경하지는 않았다. 그것은 그전에 내가 살아온 삶의 방식 때문이었다. 옛 수우 족의 남성 우월주의적인 속담, 이를테면 '여자들이 남자보다 앞서가면 안 된다'는 속담들은 내게 해당되지 않는다고 생각했다. 우리는 서로 사랑했으며, 때로는 서로 싸우기도 했다. 우리가 헤쳐나가야 하는 삶의 조건에서는 달리 방도가 없었다. 그렇지만 나는 항상 그의 어마어마한 권능, 다듬어지지 않은 권능, 내면 깊숙한 곳에서 솟아나는 인디언의 영적인 권능을 느꼈고, 또 그 권능에서 황홀함을 느꼈다. 그 권능을 다듬어지지 않은 것이라고 하는 까닭은, 그가 학교를 다니지 않아서 읽고 쓸 줄을 몰랐기 때문이다. 그에게는 백인에게서 볼 수 있는 지성 편향적인 태도가 없다. 동시에 그의 생각과 착상들을 보면, 지극히 정교할 때가 다시 말하면 독특하고 독창적이며, 심지어는 놀라울 때가 자주 있다.

나는 처음에는 주술사의 아내의 역할, 곧 인디언의 신앙에서 여인네들이 맡은 일의 한 부분, 또는 여인네들에게 허용된 몫의 일을 제대로 해낼 수 있을지 자신이 없었다. 어린 시절부터 알고 있던 것은, 월경중인 여인네는 일체의 의식에서 몸을 멀리해야 한다는 것이 전부였고, 그 생각이 나를 괴롭히기도 했다. 레오나드는 이런 불안감을 극복할 수 있도록 도와주었다. 프테산 윈(Ptesan Win), 곧 우리 종족에게 신성한 담뱃대를 가져다준 흰들소여인의 이야기를 해주었다. 주술사 여인들에 대한 이야기도 해주었다. 그는 1964년에 여러 가지 의식에 참가하기 위해 사우스다코타 주의 앨런(Allen)에 갔다고 했다. 거기 있는 동안에 한 주술사 여인을 만났다. 그녀는 의식에 참가한 사람들에게 좋은 이야기들을 해주었다. 그녀는 의식을 할 때, 들소 두개골을 사용했는데, 그때마다 항상 들소가 한 마리 들어왔다. 그녀는 영적으로 들소의 권능을 지닌 여인이었다. 들소의 정령이 시키는 대로, 들소가 다리를 한 번 들었다 내려놓을 때마다, 발굽에서는 번갯불이 튀어 올랐고, 한 번 식식거릴 때마다 콧구멍에서는 섬광이 쏟아졌다. 꼬리를 한 번 흔들 때마다 화염이 동그라미를 그리는 모습을 볼 수 있었다. 레오나드는 내게 이렇게 말했다. "북을 가져와서 그녀에게 노래를 불러주었어. 그 전에는 한 번도 주술사 여인을 본 적이 없었거든. 그 여자의 권능에 두려움을 느꼈어." 주술사 여인은 레오나드에게 말했다고 한다. "언젠가는 이곳에 오지 못하게 될 거야. 이것들을 남겨두고 싶어. 우리 부족이 몸을 의지할 수 있는 이 권능을 말이야. 우리는 많은 성스런 것들, 신성한 지식을 잃어버리고 있어. 아직은 들소의 정령이 여기까지 오고 있긴 하지만 말이야."

주술사 여인은 말이 많지 않았다. 그녀는 오랜 시간을 기다린 뒤에야 약초를 사용할 수 있었다고 했다. 그만큼 월경이 끝나기까지 오랜 시간이 걸렸다는 뜻이다. 레오나드는 이 거룩한 여인에게서 배우는 것이 부끄럽지 않았다고 했다. 그 말을 듣고 나니 안심이 되었다.

까마귀개의 이야기는 이런 식이었다. 그는 장소를 가리지 않았다. 자동차를 타고 가면서, 식탁에서 기름에 튀긴 빵과 햄버거를 먹으면서, 여러 사람과 함께 난롯가에 둘러앉아서, 밤에 옆에 누워서 이야기했다. 그는 내게 귀 기울여 듣는 법을 가르쳐주었다. 이때는 소리가 중요하다. 우리의 소리는 자연과 동물의 소리이다. 백인의 기준에 따른 어조가 아니다. 인디언의 언어는 물과 꽃, 야생의 생물들, 바람에 기원을 두고 있다. 까마귀개는 갓 태어난 아기는 이러한 우주의 언어를 이해할 수 있지만, 나중에 가서는 잊어버린다고 믿는다. 그는 인간과 대지의 조화, 남자와 남자, 남자와 여자의 조화를 가르친다. 그는 항상 말한다. "말이 없는 사람에게 안장이 무슨 필요가 있을까? 처음엔 말을, 그 다음에는 안장 밑에 까는 깔개를, 그러고 나서 안장을 갖춰야 하는 법이야. 신성한 둥근 테의 의미가 바로 거기에 있어."

할아버지 정령 퉁카실라(Tunkashila)는 이 우주를 자신의 권능으로, 곧 악이 아니라 선을 위해서 사용해야 할 권능으로 가득 채웠다. 우리는 묵묵히 이 권능이 안으로 들어와 우리를 가득 채우면 된다. 저항할 필요가 없다. 레오나드의 말에 따르면, 주술사들은 일종의 비밀 언어를 가지고 있다고 한다. 수우 족, 까마귀 족, 검은발 족 주술사들은 이야기를 시작하기 전에 이미 서로 무슨 말을 할 것인지를 안다. 이 점에서는 주술사 여인들도 마찬가지라고 생각한다.

나는 땀 목욕하는 법을 배워야 했다. 그것이 다른 모든 신성한 의식에 앞서 치르는 식전 행사이기도 하지만, 그 자체로서 하나의 의식이기도 하기 때문이다. 땀 목욕은 우리의 모든 의식들 중에 가장 오래되었을 가능성이 크다. 그 이유는 그것이 우리의 가장 오래된 신(神) 퉁카(Tunka), 곧 바위의 생각을 일깨워주는 불타는 돌멩이와 관련되어 있기 때문이다. 우리 가족의 땀막, 곧 우리의 오이니카가(oinikaga) 티피는 까마귀개의 땅을 관통하여 흐르는 강 근처에 있다. 좋은 땀막이다. 땀 목욕을 할 때는 맑게 흐르는 물이 큰 역할을 한다. 땀막에 들어가 있으면, 항상 강물의 소리, 물이 졸졸거리는 소리를 들을 수 있다. 강의 둔덕을 따라 와쉬테 윅셈나(washte wikcemna), 곧 향기로운 약초가 자라고 있다. 그것이 바로 인디언의 향수이다.

땀막은 질기면서도 잘 휘고 쉽게 구부러지는 열여섯 개의 버드나무 가지를 엮어서 만든다. 이 버드나무 가지들이 벌집 모양의 둥근 천장을 이룬다. 땀막의 크기는 다양하다. 어느 것이든 8명에서 24명을 수용할 수 있다. 사람들은 구부러진 버드나무 가지들을 붉은 천으로 된 끈으로 엮는다. 때로는 제물로 바친 불 더럼(Bull Durham) 담배를 뼈대에 묶고, 담요나 방수 시트로 덮기도 한다. 과거에는 들소 가죽이 덮개로 쓰였지만, 오늘날에는 구하기가 쉽지 않다. 작은 땀막 바닥에는 산쑥을 깐다. 한가운데에는 뜨거운 돌멩이들을 담아 두는 구덩이가 파여 있다. 땀막을 지을 때는, 묵은 원한은 잊고 오로지 좋은 생각만 해야 한다.

땀막 바깥에는 돌멩이를 달굴 불을 피울 나무가 일정한 방식으로 쌓여 있다. 이 불은 우리말로 페타 오위항케쉬니(peta owihankeshni), 곧 '꺼지지 않는 불'이라고 하는데, 대를 이어 전해져 내려오고 있다. 한동안 불에 달궈진 하얀 석회석 돌멩이는 땀막 한가운데로 옮겨진다. 석회석 돌멩이는 열을 받아도 부서지지 않는다. 이 돌은 언덕에서 구할 수 있는데, 어떤 것들은 초록색 이끼가 거미줄처럼 덮여 있다. 어떤 사람들은 이것이 신성한 정령의 필적을 상징한다고 해석하기도 한다.

땀막 안에 불구덩이를 만들 때 퍼낸 흙은 작은 통로를 만드는 데 쓴다. 통로는 땀막 입구에서 시작해서 작은 둔덕에서 끝난다. 둔덕은 운시(Unci) 즉 할머니 대지를 상징하는데, 이분이 기도를 올리는 한 사람에게 이 둔덕을 세울 때를 말해준다고 한다. 그런 다음에 남자를 한 사람 선정하여 불을 돌보고, 뜨거운 돌멩이를 때로는 쇠스랑에 담아 땀막 안으로 옮기게 하고, 출입구의 덮개를 지키게 한다.

어떤 구역에서는 남녀가 함께 땀 목욕을 하지만, 우리는 따로 한다. 땀 목욕에 참가하는 사람들은 수건을 몸에 두르고, 시계 방향으로 기어서 땀막 안으로 들어간다. 땀막 안의 어둠 속에서 수건을 벗고 알몸으로 쪼그리고 앉는다. 그렇게 작은 이글루 모양으로 된, 허리 높이의 오두막 안에 그렇게 많은 사람이 들어가는 것을 보고 나는 놀라지 않을 수 없었다.

사람들이 앉고 나면, 돌멩이가 차례차례 땀막 안으로 옮겨진다. 돌멩이를 사슴뿔 위에 얹어 땀막 한가운데에 있는 구덩이에 하나씩 놓을 때마다, 사람들은 담배통으로 그것을 가볍게 두드린다. 출입구 근처의 오른쪽에 앉아 있는 지도자가 가장 먼저 두드리게 되어 있다. 그 출입구의 반대편에는 그의 조수가 앉는다. 지도자 옆에는 차갑고 깨끗한 물이 가득 담긴 양동이에 쇠바가지를 담아 놓는다. 초록색 삼나무가 달아오른 돌멩이 위에 뿌려지면, 향기로운 냄새가 땀막 안에 가득 퍼진다. 출입구의 덮개 바깥쪽에는 들소 두개골로 제단을 마련해 놓는다. 들소 뿔에는 담배 보자기들이 묶여 있다. 담뱃대를 얹어놓는 시렁도 있다.

이 의식에는 대략 12개에서 60개 정도의 돌멩이가 사용된다. 돌멩이가 많을수록 뜨겁다. 돌멩이가 땀막 안으로 다 옮겨지면 출입문을 닫는다. 구덩이에 담아놓은 돌멩이가 뿜어내는 벌건 불빛을 빼면, 땀막 안은 캄캄하다. 그때부터 정화가 시작된다. 돌멩이 위에 산쑥이나 삼나무가 뿌려지면, 땀 목욕에 참가한 남자나 여자들은 그 신성한 연기를 손으로 끌어다 들이마시기도 하고, 얼굴과 몸을 구석구석 문지르기도 한다. 그런 다음 차가운 물을 돌멩이 위에 붓는다. '할아버지의 숨결'이라 불리는 하얀 증기가 구름처럼 솟아올라 땀막 안에 가득 퍼진다. 땀막에는 출입문이 네 개가 있다고들 하는데, 정화하는 동안에 출입구 덮개가 네 번 열리면서, 차가운 바깥 공기를 안으로 들여보내, 참가자들이 숨을 돌릴 수 있게 해준다는 뜻이다.

　의식이 진행되는 동안에는, 참가자 모두에게는 신성한 것들에 대해 기도하고 이야기할 수 있는 특전을 준다. 중요한 것은 의식에 참가하는 사람들은 모두 다 진심과 영혼, 마음을 다해야 한다는 것이다. 여인들이 땀 목욕을 할 때에도 남자 주술사가 진행을 맡아하는데, 땀막 안이 매우 어두워서 아무것도 볼 수가 없기 때문에 상관하지 않는다.

　내가 처음으로 땀막 오이니카가 티피 안에 들어갔을 때 일이다. 돌맹이 위에 물을 붙자 뜨거운 증기가 퍼져 오는데, 견딜 수가 없었다. 상상을 초월할 정도로 강한 열이었다. 숨을 쉴 수가 없었다. 마치 흐르는 불을 마시는 기분이었다. 두 손을 모아 눈과 입 위를 덮어 간신히 뜨거움을 견뎠다. 잠시 후, 처음에는 견디기 어려웠던 뜨거움이 가라앉으면서, 그 열기가 몸 한가운데로 밀려들어와 뼛속까지 파고들었다. 뭐라 말할 수 없는 기분이었다. 열을 견디기가 어려울 때는, '미타쿠예 오야신(Mitakuye oyasin)!' 이라고 외치면 된다. '내 모든 일가친척들이여!' 라는 뜻이다. 그러면 출입구 덮개를 열어 차가운 공기를 조금 안으로 들여보낸다. 자랑스럽게도 나는 그런 소리를 지르지 않았다. 땀 목욕을 끝내고 나니, 그야말로 새롭게 태어난 기분이 들었다. 땀구멍들이 열리고, 내 정신도 열렸다. 몸이 위로 떠오르는 느낌이 들었다. 고통을 겪었다는 느낌은 전혀 들지 않았다. 기분이 좋을 정도로 약간 현기증이 일었고, 우쭐한 기분이 들었으며, 정령에 취한 느낌이었다. 당장 다시 땀 목욕을 하고 싶은 생각이 들었다.

로스앤젤레스에서 재판을 받고 있는 인디언 형제를 위해 증언을 하러 캘리포니아에 간 적이 있었다. 그 지역 인디언 몇 사람이 LA에서 80마일 떨어진 사막으로 가서 땀 목욕을 하자면서 우리를 초대했다. 땀막 안에 들어가 웅크리고 앉자, 돌멩이를 들여오기 시작했다. 보통 여자들이 땀 목욕을 할 때 쓰이는 20개 정도의 돌멩이가 구덩이에 담기자, 나는 문이 닫히고 의식이 시작될 것으로 기대했다. 그런데 돌멩이가 계속 들어오더니 어느새 커다란 더미가 되었다. 쉬잇 하고 소리를 내며 벌겋게 불을 내뿜는 돌멩이가 점점 더 높이 쌓이며 커다란 더미를 이루는 모습을 나는 물끄러미 바라보았다. 뒤쪽으로 물러나려고 해도 물러날 자리가 없었다. 화상으로 무릎에 물집이 생기기 시작했다. 끔찍할 정도로 열이 높은데도, 그들은 여전히 물을 부을 생각을 하지 않았다. 불길을 내뿜는 이 거대한 돌무더기 위에 차가운 물을 부을 때 벌어질 일을 생각하니 아찔한 생각이 들었다. 이윽고 물이 들어왔다. 이러다 죽을 것만 같았다. 이 다음부터는 절대 바닷가재를 먹지 않겠다고 다짐했다. 그 불쌍한 생물이 겪었을 고통을 이해할 수 있을 것 같았다. 그래도 출입문 덮개를 열어 달라며 소리를 질러서는 안 된다고 생각했다. 어쨌든 나는 수우 족 여인들을 대표하여 이 땀 목욕에 참가하고 있었기 때문이다. 증기가 쉿 소리를 내며 우리들을 덮었을 때, 모두들 한 목소리로 절규를 토해냈다. "오우, 오우, 오우, 위대한 정령이시여, 우리에게 그토록 고통을 내려주시니 감사합니다. 감옥에 갇힌 불쌍한 형제들을 위해서 고통을 겪고 있는 우리에게 더 많은 고통을 내려주소서."

퍼뜩 정신이 들었다. "맙소사, 자신을 정화하기 위해서 땀을 흘리는 것이 아니잖아. 이 사람들은 고통을 겪기 위해서 땀을 흘리고 있어." 고통스럽게 절규하는 소리도 들렸다. "내 모든 일가붙이들이여!" 문이 열렸다. 그렇지만 바깥에서 들어오는 사막의 뜨거운 열기는 전혀 도움이 되지 않았다. 다시 문이 닫히고 물을 더 부었다. 그들은 다시 기도를 올리기 시작했다. 나도 마음속으로 기도를 드렸다. "제발, 짧게 기도하게 해주소서." 그러나 기도는 길었다. 의식이 끝나자, 우리는 잠시 머뭇거림도 없이 밖으로 튀어나갔다. 어떤 여자들은 어찌나 급했던지, 수건으로 몸을 가릴 겨를도 없이 완전히 알몸인 채로 밖으로 달려나왔다. 그 유별난 땀 목욕을 마치고 밖으로 나왔을 때, 이루 말할 수 없는 안도감을 느꼈다. 레오나드 말에 따르면 남자들이 땀 목욕을 할 때는 여자들보다 더 많은 돌멩이를 사용한다고 한다. 어떻게 그럴 수 있는지 이해할 수가 없다.

레오나드가 뉴욕의 인디언들을 위해서 뉴저지에서 땀 목욕을 벌인 적이 있다. 보통 수우 족이 하는 정도의 온도로 진행했다. 레오나드가 물을 붓자, 뉴욕 인디언들은 비명을 지르기 시작했다. 그들은 땀막 뒤쪽을 찢어 헤치고 바깥으로 나와 사방으로 도망쳤다. 만일 수우 족 땅에서 그런 일이 벌어졌다면, 신앙 의식에 대한 심각한 모독으로 여겼을 것이다. 레오나드는 허탈하게 웃었다. 울 수도 웃을 수도 없는 상황에서는 그런 웃음밖에 나오지 않았을 것이다. "난 이 사람들을 용서해. 인디언의 방식을 이해하지 못하니까. 그들에게 가르쳐 줘야 해."

　레오나드가 땀 목욕을 하는 온도가 지나치게 높다는 사실을 인정하지 않을 수 없다. 땀 목욕을 아주 많이 해보아서 그런지, 살을 태울 정도의 열에도 별 느낌이 없는 것 같았다. 페요테 의식을 치르는 도중에, 그가 벌겋게 달아오른 숯 덩어리를 맨손으로 집어서 옮기는 것을 본 적이 있다. 아무리 뜨겁게 달궈진 것도 별로 뜨거운 줄 모르기 때문인지, 그는 누구나 다 자기와 같을 것이라고 생각한다. 주술사를 만나겠다고 그를 찾아오는 사람들이 끊이질 않는다. 그에게 배우겠다는 사람도 있고, 단순한 호기심에서 찾아오는 사람들도 있다. 그런 사람들 가운데 제임시라는 젊은 흑인 청년이 있었다. 그는 나의 머슴이 되겠다고 자청하며, 장작을 패고 물을 길어오고, 부엌일을 도왔다. 내겐 큰 도움이 되었다. 그러더니 자기도 땀 목욕에 참가하고 싶다고 했다. 그런데 불행하게도 하필이면 감옥에 갇힌 형제들을 위해 고통받기를 자청하는 남자들이 참가하는 땀 목욕에 끼게 되었다. 이런 땀 목욕을 할 때는, 열이 살을 도려낼 정도로 뜨겁기도 하지만, 의식 중간에 "내 모든 일가붙이들이여!"라는 비명도 지를 수 없고, 문도 열어주지 않는다. 뜨거운 열기가 몸에 닿자, 가련한 제임시는 비명을 지르기 시작했다. "나 죽는다, 나 죽어!" 까마귀개는 이런 의식을 치르다 죽는 것이 세상에서 가장 멋진 일이며, 남자가 원하는 가장 훌륭한 죽음이라고 말했다. 그런 말은 제임시에게는 전혀 위안이 되지 못했다.

나는 가끔 레오나드에게 말한다. "몸만 깨끗하게 해요. 사람을 굽지 말고!" 그러면 레오나드는 항상 순진한 표정으로 대답한다. "전혀 뜨겁지 않아. 난 이 사람들이 이해가 안 돼. 몸에 뭔가 이상이 있어서 그럴 거야."

레오나드는 유위피 의식의 주술사이기도 하다. 유위피는 가장 오래되고, 동시에 가장 낯설기도 한 의식 가운데 하나이다. 레오나드를 만나기 전에는 한 번도 유위피 의식에 참가해본 적이 없었다. 그것은 말로 설명할 수 없는 경험이었다. 합리적인 설명이 불가능한 초자연적인 현상을 어떻게 설명할 수 있겠는가. 처음 참가하여 유위피 의식이 준비되는 동안 나는 불안한 생각이 들었고, 의식이 시작되었을 때는 두려움까지 느꼈으며, 여전히 백인 여자와 같은 반응을 보였다.

유위피 의식은 남자나 여자가 주술사에게 신성한 담뱃대와 담배를 보내는 것으로 시작된다. 의식을 부탁하려면 그렇게 해야 한다. 어떤 사람들은 무엇인가를 찾고 싶어한다. 손으로 만질 수 있는 물건도 있지만, 마음속에 존재하는 어떤 것을 찾고 싶어하기도 한다. 잃어버린 어린이나 병의 원인을 찾는 경우도 있다. 유위피 주술사는 잃어버린 것을 찾아내는 사람이다. 사람들과 정령들 사이를 오가며 다리를 놓아주는 사람이다. 사람들이 그를 통해서 초자연적인 현상들에 대해 질문을 던지면, 정령들은 그를 거쳐 대답을 한다. 담뱃대를 보내는 사람들은 후원자가 된다. 유위피 주술사는 의식을 해주고 대가를 받지는 않는다. 그 대신 후원자들은 의식에 참가하고 싶고 또 의식을 이용하고 싶어서 오는 모든 사람들에게 음식을 대접해야 한다.

 유위피 의식의 일부로 개고기 잔치를 벌인다. 개고기는 의식을 마치고 나서 대접하는 성스런 음식이다. 개고기는 내게 아무런 문제가 되지 않는다. 어릴 적에 이미 여러 번 먹어 보았기 때문이다. 신성한 의식을 치르고 나서가 아니라 먹을 것이 없었던 탓에 개, 땅다람쥐, 프레리 개, 산토끼 등 손에 걸리는 고기는 무엇이든 가리지 않고 먹던 시절이었다. 그때는 아마도 네 발로 걷는 짐승은 다 먹었을 것이다. 개고기 잔치를 벌이려면 희생이 따르게 마련이다. 옛날에는 전사 계층 출신의 젊은이들이 개고기 잔치에 쓸 만한 개를 고르기 위해 천막들 사이를 누비고 다녔다. 위대한 추장이나 이름 높은 사냥꾼의 개가 선택되는 경우도 자주 있었다. 주인이 개를 내놓지 않으려고 하거나, 마음에 없는 표정을 짓거나 하는 것은 속 좁은 처신이었다. 잔치에 뽑힐 경우, 그것은 개뿐만이 아니라

주인에게도 영광이었다. 그들이 그 영광의 가치를 인정하는지 인정하지 않는지는 또 다른 문제였다. 그것은 우리가 개를 무척이나 좋아했던 탓에 개고기 잔치가 희생이라는 성격을 띨 수밖에 없었기 때문이다. 개에게 향수를 뿌리고, 등에 붉은 줄을 그은 다음 목을 조르면, 개는 목이 부러지며 그 자리에서 숨을 거두었다.

우스운 사건 하나가 기억난다. 우리 모두 뉴욕에 있는 어느 백인 친구의 집에 머무르고 있을 때 일이다. 누가 이상한 꿈을 꾸었는데, 유위피 의식을 하라는 꿈이었다. 개를 빼놓고 필요한 것은 우리에게 다 있었다. 헨리는 창가에 서서 브로드웨이를 내려다보고 있었다. 그는 우리를 초대한 백인 친구에게 포동포동한 어린 개를 끌고 가는 한 남자를 가리켰다. "저거면 딱 좋겠어." 헨리가 말했다. "저 놈을 데려와." "안 돼." 우리 친구가 말렸다. "가서, 저 사람에게 말해 봐." 헨리가 재촉했다. "그게 얼마나 큰 영광인데. 개한테도 말해 줘. 그거 보통 큰 영광이 아니니 기분 나쁘게 생각할 것 없다고 말이야." "뉴욕의 개들에게는 명예 의식이 없어." 우리 친구가 대꾸했다. 우리 모두 웃음을 감출 수가 없었다. 그래서 개고기 대신 쇠고기를 사용하기로 했다.

내가 처음 참가했던 유위피 의식이 기억난다. 어린 소녀들이 담배 보자기, 즉 물감을 들인 사각형의 작은 헝겊 주머니를 만들면서 의식이 시작되었다. 주머니 하나에 불 더럼(Bull Durham) 담배를 한 줌씩 싸고, 그것을 30피트가 넘는 길다란 끈 하나에 엮었다.

이런 작은 담배 뭉치를 405개나 만들었는데, 각각의 뭉치는 우리 수우 족 세계에 사는 '초록 형제들(green brothers)'인 갖가지 식물들 가운데 하나를 상징했다.

소녀들이 담배 주머니를 만드는 동안, 다른 사람들은 의식을 치르는 집의 가장 커다란 방에서 의식을 준비했다. 가구들을 모두 치우고, 마루 바닥을 쓸고 산쑥을 깔았다. 벽에 걸린 그림들도 모두 치웠다. 거울들도 뒤로 돌려놓았다. 의식이 진행되는 동안에는 빛을 반사하는 물건이 있으면 절대 안 되기 때문이었다. 그런 이유로 참가자들은 입장하기 전에 보석, 손목 시계, 심지어는 안경도 벗어야 한다. 창문도 빠짐없이 담요로 가린다. 절대의 암흑 속에서 의식을 치러야 한다. 또 참석자들이 깔고 앉을 수 있도록, 네 벽을 따라 담요나 휴대용 침구를 깔아놓았다.

담배 주머니를 묶은 끈은 방안에 지정된 네모 칸 안에 놓아두었다. 유위피 주술사 이외에 어느 누구도 이 신성한 네모 칸 안으로 들어갈 수 없었다. 다른 사람들은 그 바깥에 머물렀다. 북을 든 소리꾼과 후원자가 자리잡고 앉은 네모 칸의 위쪽으로, 흙이 가득 담긴 커다란 양철통 하나를 놓고, 그 양 옆으로 작은 양철통 두 개를 놓았다. 커다란 양철통에는 신성한 지팡이가 꽂혀 있었다. 지팡이는 가느다란 노란색 선을 경계로 해서 반은 빨간색, 반은 검은색으로 칠해져 있었는데, 위쪽 절반에는 독수리 깃털을 묶고, 아래쪽 절반에는 검은 꼬리 사슴의 꼬리를 묶었다. 지팡이의 빨간색은 낮을, 검은색은 밤을 상징했다. 독수리 깃털은 지혜를 상징하는데, 새들 중 가장 지혜로운 새가 독수리였기 때문이다. 독수리의 한가운데 깃털은 정령들이 의식에 참여하도록 안내하는 역할을 했다.

사슴은 대단히 신성한 동물이다. 매일 아침 어느 다른 짐승보다 먼저 샛강에 와서 물을 마시고, 또 물에 축복을 내린다. 사슴은 약이자 치료사이다. 사슴은 어둠 속에서도 볼 수가 있다. 병이 치료되면, 사슴의 정령이 들어온다. 레오나드는 어떤 병들을 치료할 때는 사슴의 귀 뒷부분에서 나오는 약을 사용하는데, 약효가 아주 좋다고 한다. 사슴 꼬리는 바로 그런 것들을 상징한다.

흙을 채운 작은 양철통 안에는 물감을 들인 천 조각을 마치 깃발처럼 매단 막대기들을 꽂았다. 이것들은 신성한 방위를 상징한다. 빨간색은 서쪽, 흰색은 북쪽, 노란색은 동쪽, 검은색은 남쪽을 상징한다. 지팡이 정면에는 제단으로 사용할 들소 두개골이 놓여 있었다. 흙으로 된 작은 제단도 있었는데, 이는 할머니 대지를 상징했다. 그 위에는 담배 주머니가 둥그렇게 놓여 있었다. 레오나드는 이 동그라미 안에 손가락으로 번갯불 모양을 그려 넣었다. 번갯불을 약으로 사용하고 싶은 바람이 있었기 때문이다. 사람들은 정령이 사람에게 들어왔다가 다시 나가면 병을 고칠 수 없다고 믿었다.

들소 두개골에 달린 뿔에 신성한 담뱃대가 놓여 있었다. 물건을 찾을 때 쓰는 동그랗게 생긴 특별한 돌멩이 두 개와 돌 부스러기들이 들어 있는 조롱박 세 개도 사용되었다. 조롱박 안에 들어 있는 돌 부스러기들에서 정령의 목소리가 나온다. 모래 알갱이보다 그다지 크지 않은 이 돌 부스러기들은 개미 무덤에서 가져온, 수정, 차돌, 작은 화석이었다. 이런 돌 부스러기들은 햇빛을 받으면 반짝거린다. 사람들은 개미가 권능을 지니고 있다고 믿는다. 여러 무리가 함께 일을 하고, 마음은 가지고 있지 않지만 하나의 우주를 만들어 살기 때문이다.

모든 사람이 산쑥 가지를 하나씩 받아 귓등이나 머리에 꽂았다. 산쑥 가지가 정령이 자기 몸 속으로 들어오게 해주고, 정령의 목소리를 들을 수 있게 해줄 것으로 기대하기 때문이다. 그런 다음 유위피 주술사가 네모 칸의 한가운데 자리를 잡았다. 먼저 조수들이 그의 두 팔을 등 뒤로 돌린 다음 손가락들을 모두 하나로 묶었다. 그러고 나서 별 무늬가 그려진 담요로 온몸을 싸서 완전히 덮었다. 활시위에 쓰이는 생가죽 끈으로 담요 주위를 꽁꽁 묶고 풀리지 않도록 매듭을 지었다. 그런 다음 얼굴이 산쑥이 깔린 바닥을 쳐다보도록 유위피 주술사를 엎드리게 했다. 이번 유위피 의식에는 레오나드의 몸을 묶었다. 그는 마치 미라처럼 엎드려 있었다. 그런 상태로 어떻게 숨을 쉴 수 있는지 상상이 되지 않았다. 그러자 커다란 반사경이 달린 등유 등잔의 불이 꺼지고, 우리는 칠흑 같은 절대 암흑 속에 앉아 있게 되었다. 잠시 진공상태 같은 정적이 이어지다가, 엄청난 굉음을 내며 북이 울리기 시작했고, 그 반향이 방 안에 가득 찰 때, 소리꾼들이 유위피 노래를 부르기 시작했다. 등골이 오싹했다.

그와 거의 동시에 정령들이 들어왔다. 먼저 작은 목소리들이 유령의 언어로 속삭이는 소리가 들렸다. 그러자 조롱박들이 사각사각 소리를 내며 공중으로 날아다니며, 벽에 부딪히거나 우리 몸을 건드리기 시작했다. 작은 불꽃들이 춤을 추며 방을 휘젓고 다니다, 천장에서 어슬렁거리기도 하고, 내 머리 주변을 맴돌기도 했다. 커다란 새가 날개를 휘저으며 어둠 속에서 사방으로 휙휙 날아다니고, 그 깃털들이 가볍게 내 얼굴을 스치는 것을 느낄 수 있었다. 한번은 마치 지진이라도 난 듯 집 전체가 흔들리기도 했다. 의식이 끝난 뒤 어떤 여자는, 번쩍거리는 불빛 속에서 신성한 담뱃대가 춤추는 것을 보았다고 했다. 나는 무섭기도 했지만, 정령들이 친구였다는 사실을 기억해냈다. 의식은 거의 아침까지 계속되었다. 마침내 사람들은 떠나온 곳으로 돌아가는 정령들을 위해 작별의 노래를 불렀다.

등잔에 불이 켜지자, 신성한 네모 칸 한가운데 앉아 있는 레오나드의 모습이 드러났다. 담요는 벗겨지고, 끈은 풀려 있었다. 흥분과 탈진으로 울고 있었다. 그는 정령들이 해주었다는 말을 전해주었다. 우리는 개고기를 먹고 나서, 워자피(wojapi) 즉 베리 푸딩 비슷한 푸딩을 먹고, 박하차와 커피를 마셨다. 물론 담뱃대로 담배를 피웠다. 담뱃대는 시계 방향으로 이 사람 손에서 저 사람 손으로 건네졌다.

　백인 선교사들은 언제나 이 의식을 못하게 훼방을 놓았다. 의식은 인디언이 부리는 요술이며, 유위피 주술사들은 서커스의 마술사들을 흉내내는 거짓말쟁이에 지나지 않는다고 생떼를 썼다. 그들은 주술사들의 '정체를 폭로하겠다'고 별렀지만, 그 노력은 실패로 끝났다. 1940년대에 소나무산마루의 감독관은 최고의 유위피 주술사이었던 뿔조각(Horn Chips)을 시켜, 의심 많은 수많은 백인 목격자들이 지켜보는 가운데 벌건 대낮에 의식을 벌이게 했다. 인디언 사무국 소속 경찰이 뿔조각의 몸을 묶고 담요를 뒤집어 씌웠다. 그러나 감시하던 선교사들을 실망시키는 일이 벌어졌다. 난데없이 신비스런 불꽃이 일며, 조롱박들이 감독관의 머리 주위를 날아다녔다. 그 결과 많은 기독교도 인디언들이 옛 라코타 신앙을 다시 찾았다.

　레오나드가 뉴욕을 방문하고 있을 때, 아주 별난 유위피 의식이 열렸다. 딕 캐비트가 어떻게 한 유위피 주술사가 뉴욕에 있다는 소문을 듣고는 정식으로 의식을 벌여달라고 부탁했다. 소나무산마루 보호구역에서 가까운 네브래스카 주에서 태어나고 자란 캐비트는 유위피 의식의 권능을 믿는 사람이었다. 레오나드에겐 여느 때처럼 성물들은 모두 있었지만, 고수나 소리꾼이 없었다. 물론 개고기도 없었다. 개고기는 없어도 상관없었으나, 고수나 소리꾼이 없는 것은 문제였다. 레오나드는 테이프 녹음기를 가져와, 의식이 시작되기 전에 직접 북을 치고 노래를 부르는 소리를 녹음하여 그 문제를 해결했다. 한 뉴욕 인디언에게 불이 꺼지는 순간에 녹음기를 틀도록 시키고, 자기 시계로 의식의 전 과정을 점검했다. 또 모호크 족 인디언 몇 사람에게 자기 몸을 묶는 법을 가르쳐주기도 했다. 의식에 참석하러 온 캐비트와 인디언들에게, 평소와 다른 그런 상황에서도 정령들이 찾아와 줄지 심히 의심스럽다고 걱정했다. 그러나 정령들은 모습을 드러내었고 결과적으로는 좋은 의식이 되었다. 레오나드는 말하곤 했다. "내가 기타라면 정령들은 음악을 빚어내는 기타줄이야."

1974년 5월, 헨리 노인과 레오나드는 유령춤을 벌였다. 운디드니에서 벌이고 난 뒤, 금세기에 두 번째로 치르게 된 것이었다. 우리는 그 의식을, 까마귀개의 일족이 여러 세대에 걸쳐 신성한 장소와 환영 기원 언덕으로 사용했던 인적 없는 메사(mesa) 위에서 벌였다. 수우 족만 참석하도록 하고 의식을 벌이려고 했지만, 불가사의한 방법으로 늘 인디언들에게 새 소식을 전해주는 '모카신 통신(moccasin telegraph)'을 통해서 많은 사람들이 의식이 열린다는 소식을 들은 것 같았다. 느닷없이 알래스카, 캐나다, 멕시코, 애리조나와 같이 먼 곳에서 수많은 토착 원주민들이 의식에 참석하겠다며 모습을 드러냈다. 이상한 일들이 벌어졌다. 감시 비행기들이 신성한 의식이 벌어지는 땅 위를 맴돌았다. 우리의 젊은 보안요원 가운데 한 사람이 비행기를 향해 총을 겨누며 사라지라는 신호를 보냈다. 마침내 조종사들이 그 신호를 알아들었다. FBI 요원 두 명이 근처에 있는 나무 뒤에 숨어 있다가 발각되었다. 멋진 최신 유행복 차림을 한 그들은 보험 모집인이라고 우겼다. 의식의 신성을 모독한 걸 생각하면 화가 났지만, 웃지 않을 수 없었다. 어처구니없는 일이었다. 그곳은 몇 마일을 가봐야 길도 없고, 집 한 채도 없는 곳이었다. 소나무가 드문드문 서 있는 그 언덕에서 생명보험에 들 만한 생명 있는 존재는 코요테와 고슴도치뿐이었다. 우리는 시민 체포권을 행사하여 그 두 염탐꾼을 부족 법정에 세웠다. 그들은 허가 없이 인디언 땅에서 물건을 판 혐의로 보석 판결을 받았다. 보석금은 호주머니에 넣고 다니던 녹색 개구리 가죽 지갑에서 100달러짜리 지폐를 꺼내어 치렀다. 웃기는 사건이었지만, 비행기와 염탐꾼의 출현은 나에게 나쁜 일이 다가온다는 예감을 주었다.

의식이 벌어지는 동안 날씨는 내내 좋았다. 계속 햇빛이 빛났다. 춤꾼들이 아주 많았다. 그 가운데는 뉴욕에서 온 우리 친구들의 딸인 열여섯 살짜리 백인 소녀도 한 명 있었다. 멕시코 인디언 두 명도 참가했다. 하나는 오아크사카 출신의 나후아였고, 다른 한 명은 치후아후아(Chihuahua) 출신의 후이촐이었다. 그들은 하얀색 농민 겉옷 차림으로 왔다. 후이촐의 친구 나후아는 인디언 이름이 따뜻한 남풍이라고 했다. 물론 우리는 그에게 '가벼운 소란'이라는 이름을 붙여주었다. 약 열두어 명의 춤꾼들이 권능 안에 들어 환영을 보았다. 몸에 빨간 담요를 두른 나바호 족의 한 젊은이는 갑자기 새의 몸짓을 하며 춤을 추기 시작했다. 마치 독수리가 그의 육체를 사로잡은 것 같았다. 가장 좋은 일은 의식이 끝날 무렵에 독수리들이 날아들어 그 모습을 나타낸 일이었다. 모두들 이 신성한 새가 한꺼번에 그렇게 많이 날아온 것을 처음 본다고 했다. 독수리들은 날개를 활짝 펴고 의식이 벌어지는 땅 위를 선회하다가, 구름을 헤치고 날아가는 날개 긴 뱀처럼, 물결치듯 열을 지어 날아가 버렸다. 그 모습을 보며 우리는 행복을 느꼈다.

까마귀개의 일족들은 언제나 최초의 까마귀개가 100년도 더 전에 점박이꼬리를 죽인 사건 때문에 일종의 저주를 받고 있다고 믿고 있다. 그들은 물그릇 속에 죽은 추장의 얼굴이 보인다고 한다. 레오나드는 점박이꼬리의 피가 아직도 자기 위에 뚝뚝 떨어지며 몸을 더럽힌다고 말한다. 죄는 4대에 걸쳐 이어지므로, 자기 아들 대에 가서야 자유로워질 수 있을 거라고 믿는다. 유령춤을 치르고 난 이후로도 여러 달에 걸쳐 일어난 좋지 않은 일들을 생각해보면 점박이꼬리의 분노가 아직도 가라앉지 않았다고 믿을 만도 하다.(1989년 자선 잔치를 베풀 때, 까마귀개는 현존하는 점박이꼬리 추장이 보는 앞에서 독수리 깃으로 장식한 전투모를 썼다. 그날 이후 두 가족은 영원히 친구로 지내기로 결의했다.)

15. 새장 안에 갇힌 독수리

> 할아버지께 비나이다.
> 내가 멀리 떠나는 일이
> 없도록 해주옵소서.
> 내게 우리 부족이 있어야 하듯,
> 우리 부족에게는 내가 있어야 합니다.
> 할아버지께 바라건대,
> 저들이 나를 감옥에 가두지
> 못하게 하소서.
> - 까마귀개

1974년에 유령춤을 벌인 이래 레오나드는 얼마 동안 아주 기분 좋게 지냈다. 까마귀개의 땅 위를 날고 있는 신성한 물새들을 지켜보고, 둥그런 곡선을 그리며 허공을 나는 독수리들을 바라보며 행복해했다. 애지중지하던 말 빅레드(Big Red)를 타고 달리는 것을 좋아했던 그는 얼굴에 스치는 바람과, 말 위에 올라 대평원을 질주하는 사람들이 경험하는 자유로운 기분을 만끽하며 전속력으로 말을 몰았다. 그렇지만 레오나드는 이미 감옥의 벽들이 자기를 옥죄어 오고 있음을 느끼고 있었다. 운디드니 사건이 끝나고 난 뒤에 꽤 오랜 시간 동안 자유롭게 지냈다. 그는 정부가 자기 뒤를 쫓는 영문을 알 수 없었다. 자신이 과격한 인물이라고 생각하지 않았기 때문이다. 그는 정치에는 관심이 없는 사람이었다. 권총을 차고 다니지도 않았다. 그에게는 자신이 영적인 지도자, 곧 주술사라는 생각이 확고했다. 그런데 그가 위험한 인물인 까닭이 바로 그 점에 있었다. 총을 흔들며 혁명에 대해서 이야기하는 도시의 젊은 인디언들은 깊은 산골에 사는 순수 혈통의 인디언들에게서 아무런 반향도 얻지 못한다. 그렇지만 이들은 자신들의 언어로 이야기하는 주술사의 말에는 귀를 기울인다. "땅을 팔지 마십시오. 할머니 대지를 노천 광산 채굴업자와 우라늄 회사에 팔지 마세요. 물을 팔지 마십시오." 바로 이런 충고가 체제에 위협이 된다고 생각했기 때문에 그들은 그를 감옥으로 끌고 갔던 것이다.

    레오나드가 받고 있던 혐의는 주로 운디드니의 점거 사건에 그 뿌리가 있었다. 휴전기간 동안이었는데, 우편 감독관 차림을 한 정부의 정보원 네 명이 우리 진영으로 몰래 숨어 들어오려고 한 적이 있었다. 우리의 젊은 보초 몇 사람이 그들을 제지했다. 사실이 드러나면 화를 면하기가 어렵다는 점을 두려워했는지, 그들은 즉시 차고 있던 배지와 권총, 수갑을 보여주며 첩보원이라는 사실을 자백했다. 젊은 보초들은 그들의 무장을 해제시킨 다음, 박물관 건물에 있던 레오나드에게 데리고 가서 물었다. "이들을 어떻게 처리할까요?"

레오나드는 대답했다. "음, 아침때니까, 저 사람들에게 커피와 먹을 것을 좀 주세요." 그리고 나서 그들에게 30분 정도, 운디드니 점거 사건의 원인과 일반적인 의미의 인디언 시민권에 대해서 설명했다. 그런 다음 그들을 정중하게 안내하여 우리 진영 밖으로 내보내도록 했다.

이 일 때문에 레오나드는 "연방 공무원의 직무(우리를 몰래 감시하는 직무) 집행을 방해"하고, "무장 약탈 행위"(정보원의 권총과 수갑을 압수한 것)를 저질렀다는 혐의를 받고 있었다. 검사는 운디드니의 점거는 불법 행위이고 음모이며 범죄라고 말했다. 까마귀개는 지도자였기 때문에 자신이 행하지 않았고, 심지어 목격하지 않았다고 해도, 점거 기간 동안에 일어난 모든 일에 대해서 책임이 있다고 했다. 그에게 13년형이 구형되었다.

그러나 집행유예로 형 집행이 중지되었기 때문에 정부도 마냥 만족스러웠던 것은 아니었다. 그가 여전히 자유로운 몸으로 지내자, 정부 측에서는 일을 꾸미려고 들었다. 1975년 3월, 레오나드와 내가 늦게 집에 돌아와서 보니, 낯선 백인들이 무리로 우리 집에 와 있었다. 퍼식이라는 사람이 나서서 말하기를, 인디언 사제(guru)를 만나고 싶다고 했다. 이미 마약에 취한 상태였으면서도 그는 우리가 보는 앞에서 또 투약하고 있었다. 레오나드는 까마귀개의 땅에서는 마약을 허용하지 않는다고 했다. 퍼식은 "이 새끼, 네가 누군데 감히 내게 마약을 하라 말라 참견하는 거야?" 하고 대들었다. 잠시 후, 그는 내 엉덩이를 만지고 지저분한 말을 하면서 노골적으로 성적인 접근을 시도했다. 레오나드가 나를 감싸며 그를 밀어냈다. 그는 잔뜩 흥분하여, 벽에서 사슬이 박힌 칼을 빼들어 레오나드를 공격했다. 재빨리 몸을 움직여 칼을 피한 그는 퍼식과 주먹을 몇 차례 주고받았다. 인디언 몇 사람이 와서 레오나드를 도와 그 미친 녀석을 제압했다. 다시는 찾아오지 말라는 경고와 함께, 퍼식과 그 일행은 우리 땅 밖으로 쫓겨나갔다. 그들은 레오나드를 폭행죄로 고소했다. 두세 시간 동안의 심리 끝에 전원 백인으로 구성된 사우스다코타 주의 배심원단은 레오나드에게 유죄를 평결했다. 그래서 그에게 5년의 형이 더해졌다. 그 당시 우리 사이에는 이런 말이 떠돌았다. 사우스다코타 주에서는 예수 그리스도라고 해도 AIM 회원이라면, 상상할 수 있는 갖가지 죄목으로 유죄 평결을 받았을 것이라고 말이다.

　1975년 9월 2일에는 또 다른 사건이 일어났다. 벡과 맥클로스키라는 두 사람이 자동차를 곧장 우리 땅으로 몰아 나무 울타리를 부수고 들어왔다. 새벽 1시 30분이었고, 둘 다 술에 취한 상태였다. 두 사람 가운데 벡의 몸집이 더 컸다. 그는 폭력적이고 흉악한 성격을 가진 자로 혼혈 아니면 4분의 1 혼혈 인디언이었고, 화려한 전과 기록을 달고 다녔다. 한참이 지난 뒤에, 그러니까 그 일이 우리 생활에 더는 영향을 끼치지 않게 되었을 때, 벡은 사람들이 보는 앞에서 모카신없는(No Moccasin)이라는 이름을 가진 착한 중년 남자를 살해한 죄로 감옥에 갇혔다. 또 다른 한 사람 맥클로스키는 비교적 해롭지 않은 인물로서 벡하고 그저 술이나 한잔 하는 사이에 지나지 않았다. 까마귀개의 땅에 들어온 그들은, 레오나드의 열여섯 살짜리 조카를 방금 늘씬하게 두들겨 패주었노라고 떠들어대며 수선을 떨었다. 레오나드는 깊이 잠들어 있었고, 잠에서 깨기까지는 어느 정도 시간이 걸렸다. 마침내 바지를 입고 레오나드가 마당으로 나왔고 일가 몇 사람도 거기에 있었다. 침입자를 몰아낼 때마다 늘 우리와 함께 하는 사람들이었다. 옥신각신하다가 맥클로스키의 턱에 금이 갔다. 다시 누군가가 까마귀개를 폭행죄로 고소하라고 벡과 맥클로스키를 구슬렸다. 물론 우리는 그가 누구인지 추측할 수 있다. 그러나 그 당시 우리는 그 일에 대해서 아무것도 모르고 있었다.

지금도 주말만 되면 모든 인디언 보호구역에서 술 취한 사람들 탓에 엄청나게 많은 소동이 벌어지고 있다. 서글픈 일이다. 술에 취해 감각이 마비된 남자들은 아무런 의식 없이 상대를 불구로 만든다. 팔을 부러뜨리고, 눈알을 후벼낸다. 이런 사건에 대해 수사를 벌인 적은 한 번도 없었다. 소나무산마루 보호구역 인근 지역은 내전 상황에 놓여 있었고, 백여 명 이상이 살해되기까지 했지만, 그 가운데 조사가 이루어진 사건은 10%도 되지 않았다. AIM 회원에게 살인죄를 뒤집어씌울 기회라고 판단할 경우에만 수사에 착수했다. 이처럼 끊임없이 벌어지는 폭력을 정부가 철저하게 무시했던 탓에, 상상할 수도 설명할 수도 없는 사건들이 계속해서 일어났다. 적어도 그 당시에는 그랬다. 1975년 9월 5일 새벽, 그러니까 벡과 맥클로스키가 우리 마당에 들어와 싸움을 부추긴 지 사흘째 되던 날, 나는 누가 출입문을 발로 차며 고함치는 소리에 잠을 깼다. "우리는 미합중국 경찰이다. 우리는 FBI이다. 밖으로 나오지 않으면 사격하겠다."

그 다음에는 M16의 총구가 내 머리를 짓누르고 있는 것을 느꼈다. 단 한 명의 주술사를 잡겠다고, 그의 집에 경찰, 정보원, 특별 기동대 모두 합쳐 무려 185명에 달하는 사람들이 몰려와 난리법석을 떨고 있었다. 마치 월남전 뉴스를 보는 듯, 꿈속에서 기분 나쁜 영화를 보는 듯한 기분이 들었다. 방문이 부서져 있어서 감시비행기가 우리 집 위를 선회하고 있는 모습이 보였다. 헬리콥터들이 마당에 착륙하고 있었다. 위장복 차림의 남자들이 고무 보트를 타고 우리 땅을 가로질러 흐르는 작은하얀강을 건너고 있었다. 방탄 조끼를 입은 남자 몇 명은 경기관총을 겨누고 있었다. 우리 집은 마치 185명에 달하는 람보의 습격을 받은 베트콩 마을 같았다. 우리의 삶을 짓밟지만 않았더라면, 그런 일도 재미가 있었을지도 모른다. 창문 너머로 특별 기동대가 길게 전선을 형성하며 언덕을 내려오는 모습이 보였다. 그들은 실제로 여러 가지 연막탄을 터뜨리며 이동하고 있었다. 그들의 노래 소리가 들렸다. "너희들을 데려가려고 왔노라."

람보 두 명이 창문을 부수고 방안으로 넘어 들어왔다. 아직도 반쯤 잠에 취해 있는 페드로를 가리키며 물었다. "이 아이가 운디드니에서 난 아이인가?" 그들은 페드로를 방 건너편으로 내던졌다. 벽에 이마를 부딪힌 페드로가 울음을 터뜨렸다. 나는 아이에게 달려가고 싶었지만, 연방 경찰 가운데 한 명이 말했다. "한 걸음만 더 내딛으면, 네 머리통을 날려 당장 너희들이 말하는 낙원으로 보내주겠어!" 그도 또한 내 머리에 총을 겨누었다. 그러자 내 머리를 두고 양쪽에서 M16이 서로 겨누는 꼴이 되었다. 만일 이 두 사람이 방아쇠를 당긴다면, 나도 죽지만 그들도 서로 죽게 되어 있었다. 세 번째 연방 경찰이 내 발치에 총을 던지며 말했다. "가서 총을 주워. 너희들이 그렇게 위대한 전사라고들 하던데, 한번 쏴봐. 멋있게 쏴보란 말이야!"

그들의 지휘자 가운데 한 명이 걸어오는 게 보였다. 나는 그에게 말했다. "그래, 당신 부하들이 누군가를 죽이기 전에 잘 봐두는 게 좋을 거야." 그는 얼굴을 붉히며 밖으로 나가더니, 문에서 몸을 돌리며 말했다. "난 미네아폴리스 출신이야." 마치 그 한 마디로 이 모든 난장판 같은 장면을 설명하려는 듯했다. 그가 고개를 끄덕이자, 부하들은 총구를 거두었다. 그들은 일대를 샅샅이 뒤지고, 사방을 짓밟고 다니며, 신성한 물건들을 깨뜨리고 남자와 여자, 어린이들을 반은 벌거벗은 채로 침대에서 바깥으로 끌어냈다. 몸에 거의 아무것도 걸치지 않은 사람들을 그 쌀쌀한 아침에 강제로 땅바닥에 꿇어앉혔다. 야비하게도 레오나드가 애지중지하던 말 빅레드를 총으로 쏴 죽이고 나서, 검은색 수망아지를 향해 총을 쏘아댔다. 나는 그들에게 수색영장을 보여달라고 했다. 그들은 아무런 수색영장도 갖고 있지 않았다. 단지 '아무개(John Doe)'와 '아무개'에 대한 무기명 체포 명령서만 몇 장 가지고 있을 뿐이었다.

그들은 레오나드에게 수갑을 채워, 친구와 일가붙이 몇 명과 함께 끌고 갔다. 그 가운데는 내 친구 애니 메이 어쿠어쉬도 있었다. 주 수도인 피에르까지 90마일을 가는 동안 정보원들은 레오나드를 데리고 놀았다. 용변을 보려고 내릴 때마다, 레오나드의 발치에 총을 내려놓으며 말했다. "넌 나머지 일생 동안 감옥에서 지내게 될 거야. 정정당당하게 내기를 걸자. 승산은 반반이야. 총을 집어들고 도망쳐봐!"

레오나드는 그들을 무시했다. 그에게 채운 수갑은 특수한 종류여서, 조금만 움직여도 자꾸만 손목을 조여왔다. 수갑 때문에 손목이 파여서 피가 흘렀다. 피에르에서는 그를 수갑으로 의자에 묶어 24시간 동안 잡아두고 잠도 재우지 않은 채, 되풀이해서 거듭 물었다. "펠티어는 어디 있지? 펠티어는 어디 있어?" 이 질문은 레오나드에게는 전혀 아무런 의미가 없었다. 그 모든 악몽 같은 사건도 아무런 의미가 없었다. 왜 수백 명의 요원들이 몰려왔을까? 왜 헬리콥터가 동원되었을까? 왜 고무 보트가 동원되었을까? 그의 혐의는 맥클로스키의 턱을 부순 것뿐이었다. 그것도 레오나드가 아니라 그의 사촌 가운데 하나가 부순 것이다. 그 사건은 부족 경찰이 와서 레오나드에게 이렇게 말하기만 했어도 해결되었을 것이다. "조카, 그 싸움 때문에 고소가 들어왔어. 왜 부족위원회에 와서 문제를 해결하지 않나?" 누가 불평을 해도 보통은 그런 식으로 하면 사건이 마무리되었을 것이다. 그런데 왜 이렇게 난리법석을 떨며 들이닥쳐야 한단 말인가? 그 질문은 여러 해 동안 우리를 괴롭혔다. 이 얼토당토 않는 사건의 원인을 알아낸 것은 1979년에 가서였다. 레오나드는 1년 넘게 감옥에 갇혀 지냈다. FBI가 실수를 저지른 뒤에, 어떤 식으로든 자기 행동을 정당화하려고 들었기 때문이다. 단지 그 때문에 1년이 넘는 감옥생활을 했던 것이다.

1975년 6월 23일, 우리 구역에서 100마일 이상 떨어진 소나무산마루 보호구역에 있는 오그랄라 부족의 한 작은 마을에서 총격전이 있었다. 그곳이 AIM의 본거지라는 소문을 듣고, FBI가 들이닥쳤다. 전투가 벌어졌고, 인디언 한 명과 FBI 요원 2명이 목숨을 잃었다. 그 고통의 시절, 소나무산마루 보호구역에서 수백 명이 살해를 당할 때는 누구 하나 신경을 쓰지 않았다. 그러나 FBI 요원 두 명이 죽은 것은 전혀 다른 문제였다. 누군가 재판을 받고 그 죽음에 대해서 유죄판결을 받아야 했다. FBI는 그럴듯한 용의자를 찾아 소나무산마루를 샅샅이 훑었지만, 아무도 찾아내지 못했다.

이른바 목격자들은 위증을 교사 받고, 협박과 위협을 당했다. 약간 정신이 오락가락하는 마이어틀 불쌍한곰이라는 여인에게는 팔다리가 잘려나간 몸뚱이를 찍은 사진을 보여주며 이렇게 협박하기도 했다. "우리가 말한 대로 증언하지 않으면, 너도 이렇게 될 거야." 나중에 정부는 자기가 내세운 증인들이 '믿을 만하지' 못했고, 요원들이 그들에게 불법적인 압력을 가했다는 사실을 인정했다. 마침내 그들은 포트 토튼(Fort Totten) 출신의 인디언인 레오나드 펠티어를 유력한 범인으로 지목했다. 그에게 그럴 만한 소송이 제기되어 있었기 때문이 아니라, 그가 AIM의 지도자이고, 정부에게 눈엣가시와 같은 존재였기 때문이었다.

까마귀개와 그의 부족은 그 사건에 개입하지 않았다. 심지어는 오글라라 부족에게 일어난 사건들에 대해서도 우리는 깜깜했다. 그 사건이 일어났을 때, 까마귀개는 집에서 의식을 벌이고 있었다. FBI도 그 사실을 잘 알고 있었다. 그런데 누군가가 FBI에게 펠티어가 까마귀개의 땅에서 숨어 지낸다는 정보를 제공했다. FBI는 그 정보를 믿었지만, 그들에게 별다른 도움이 되지 못했다. 사실 펠티어는 대륙의 절반이나 떨어진 오레곤에 있었기 때문이다. 처음부터 끝까지 벡-맥클로스키 사건을 연출한 것은 FBI였다. 그들이 벡을 위협했을 가능성이 농후하다. 갖가지 범죄를 저지른 그에게, 만일 협조하지 않으면 평생 감옥에 처넣겠다고 하면서 말이다. 그러고 나서는 허위 고소를 하라고 압력을 가해서, 까마귀개의 땅을 습격한 사건을 정당화하려고 했던 것이다. 훨씬 뒤에 가서, 펠티어 재판에서 나온 몇 가지 편지들을 읽고 나서야 우리는 이 모든 일의 실체를 파악하게 되었다.

　마지막 요원들이 고무 보트와 헬리콥터를 타고 사라지고 나자, 남아 있는 우리들만 어안이 벙벙해졌다. 레오나드의 부모, 나, 그리고 아이들은 모두 충격을 받았다. 그 이후로도 일 년 동안은 자동차가 부르릉 소리를 내거나, 비행기가 머리 위를 날아가기라도 하면, 아이들은 "FBI가 온다"고 비명을 질렀다.

　정부는 술 취한 건달에 맞서서 가정과 가족을 보호했다는 이유로 레오나드를 범죄자로 만들었다. 그들에게는 내 남편이 펠티어보다 더 위험한 인물이었다. 압제자에게는 항상 정치적인 폭력보다 도덕적인 힘이 더 위험하기 때문이다. 나는 말할 수 없는 외로움을 느꼈다. 레오나드 없이 어떻게 헤쳐나갈 수 있을까? 지금 내 어깨 위에 떨어진 책임을 어떻게 지고 나가야 할 것인가? 나는 여전히 경험도 없고, 한참 어린, 아직도 20대 초반을 벗어나지 못한 나이였다. 레오나드는 풀잎산 지역의 사람들을 위해서 온갖 일을 돌봐주었다. 병의 치료와 여러 가지 의식, 사사롭지만 그들에게는 매우 중요했던 문제들이 그의 손을 거쳐갔다. 그 빈자리를 내가 어떻게 메울 수 있을까? 레오나드의 부모님은 늙고, 건강도 좋지 않았다. 그분들에게는 지금이 바로 하나뿐인 아들이 가정을 이끌며 자기들을 돌봐주어야 할 때였다. 그런데 그 아들이 잡혀가 버린 것이다.

나는 멍한 상태에서 일상의 자질구레한 일들을 해결해나갔다. 언제라도 레오나드가 대문 안으로 걸어 들어올 것만 같았다. 그가 나를 부르는 소리가 들리는 것 같을 때가 자주 있었지만, 그때마다 그가 어디에 있는가를 상기하곤 했다. 아이들은 물었다. "아빠는 어디 갔어? 왜 감옥에 있어?" 나는 아무런 대답도 해줄 수가 없었다.

재판은 한바탕 소극(笑劇)이었다. 운디드니 사건과 관련된 재판에서 정부는 그때까지 별 재미를 보지 못했다. 소송 장소를 변경하여 사우스다코타 주 밖에서 적절한 재판을 받거나, 배심원의 적격 여부를 확인하기 위해 진실 서약을 받거나, 다시 말하면 인디언들에게 편견을 갖고 있는지 여부를 알아내기 위해 예비 배심원들을 조사할 수 있는 권리를 우리가 갖거나, 시간 여유를 갖고 불편부당한 배심원들 앞에서 재판이 진행될 수 있게 하기만 하면 재판은 무죄로 끝이 났다. 이러한 결과를 통해서 나름대로 경험을 쌓은 정부는 레오나드의 재판이 사우스다코타 주에서 열리도록 강제했다. 사우스다코타 주에서라면 애니 메이가 말했듯이, 예수 그리스도라도 AIM 회원이면 내부자 거래와 어린이 학대죄로 유죄 평결을 받았을 것이다.

레오나드의 재판은 하루 동안에 황급히 진행되었다. 배심원의 적격 여부를 확인하는 데 필요한 진실 서약 절차도 없었고, 피고 측에게 자기 주장을 입증할 기회도 주지 않았다. 레오나드도 헛된

꿈 같은 것은 갖지 않았다. 재판이 진행되는 동안에 그가 나에게 속삭였다. "배심원들은 2시 정각에 나에게 유죄 평결을 내릴 거야." 나는 물었다. "왜 2시 정각이야?"

그는 나를 향해 뻔한 일 아니겠느냐는 뜻으로 서글픈 미소를 지었다. "배심원들은 법원이 내는 돈으로 점심 때 스테이크와 맥주를 공짜로 먹고 싶어해. 한번 생각해 봐. 저들은 12시에 점심을 먹으러 갈 거야. 가고 오는 데 30분이 걸려. 스테이크를 먹는 데는 한 시간이 걸리고. 돌아와서는 30분 정도 한 자리에 모여 있을 거야. 그래야 자기들이 재판 때문에 고민한다는 모양새를 그럴듯하게 갖출 수가 있으니까. 그런 다음에는 '유죄' 평결문을 들고 나타날 거야." 그가 말한 대로 정확하게 2시 정각에 일이 진행되었다.

형이 선고되던 날, 레오나드와 같이 있고 싶어 법정에 갔을 때였다. 그들은 입구에서 전자 장비를 동원하여 우리의 몸 구석구석을 철저하게 수색했다. 전자 감응 막대로 딸 이나의 다리 사이를 조사했다. 그 아이의 나이 8살이었다. 그들은 우리를 두려워했다. 권총을 찾는답시고, 심지어는 페드로의 기저귀 속에 전자 감응 막대를 쑤셔 넣을 정도였다. 그래봐야 아기의 똥밖에 묻어 나오는 것이 없었는데도 말이다.

세 번에 걸친 재판에서 레오나드는 모두 합쳐 23년형을 선고받았다. 수갑과 족쇄를 채워서 경찰이 그를 끌고 나가는 모습을 지켜보았다. 철제 빗장이 그의 등뒤에서 쾅 소리를 내며 닫히고 그의 모습이 내 시야에서 사라질 때까지 레오나드와 나는 그저 서로 바라보고만 있었다. 시어머니 메리 게르트루드는 울음을 터뜨렸다. "담뱃대를 들고 우리 아들을 위해서 기도할거야. 난 인디언이야. 담배 주머니를 만들고, 담뱃대를 들고 기도를 드릴거야. 정령에게 빌 테야. '내 아들을 그가 자라고 있어야 하는 이곳으로 돌려주소서. 아들을 집으로, 그가 태어난 우리의 옛집으로 돌아오게 해 주옵소서. 이 몸은 늙었지만 아들이 돌아오기 전에는 명줄도 놓을 수 없나이다.'"

어떤 경찰은 말했다. "저 늙은 미친 인디언 여편네 말하는 것 좀 봐. 이봐. 내 장담하는 데, 아들이 돌아오려면 당신이 죽고 나서도 한참이 지나야 할걸."

수우 족의 전통적인 주술사 레오나드에게 감옥에 갇힌다는 것이 어떤 의미인지를, 외부인은 이해하기가 쉽지 않다. 그는 자연의 일부로 사는 사람이다. 말을 타고, 약초를 찾아 언덕과 계곡을 헤집고 다니며, 소 떼를 몰고, 앞으로 일어날 일의 징조를 살피기 위해 새들을 관찰하고, 구름과 바람에게 이야기를 건네는 사람이다. 나는 생각해 보았다. "날개가 꺾여 동물원의 새장에 갇힌 독수리처럼, 좁은 감방에 갇혀 지내는 생활을 그가 어떻게 견뎌낼 수 있을까?" 그런데 내가 상상했던 것보다, 심지어는 악몽 속에서 보았던 것보다 훨씬 더 상황이 좋지 않았다. 미국에서 가장 경계가 삼엄한 감옥에서 무슨 일이 벌어지고 있는지 나로서는 도대체 알 수가 없었기 때문이다. 나는 곧 알게 되었다.

　투옥된 뒤로, 레오나드는 전혀 아무런 이유도 없이 이 감옥에서 저 감옥으로 옮겨다녔다. 어디든 그를 쫓아가 연결의 끈을 놓치지 않으려고 애를 썼지만, 나와 변호사 모두 그가 어디에 수감되어 있는지 깜깜하게 모르고 있을 때도 여러 번 있었다. 정부는 마치 우리들과 숨바꼭질을 하는 것 같았다. 레오나드는 빠른도시에 있는 페닝턴 카운티 감옥, 사우스다코타 주의 피에르, 검은 언덕에 있는 전설적인 죽은나무, 수우 폭포에 있는 미네하하 카운티 감옥, 아이오와 주의 옥스퍼드와 삼나무여울, 인디애나 주의 떼르 오뜨(Terre Haute), 캔자스 주의 리븐워스(Leavenworth), 시카고, 아이오와 주의 수우 시티, 펜실베이니아 주의 루이스버그, 버지니아 주의 리치몬드로 옮겨다녔고, 뉴욕의 대기 감옥에도 잠시 머물렀다. 정부는 그를 방방곡곡으로 끌고 다녔고, 그때마다 나는 그의 뒤를 쫓아다녔다.

　레오나드가 감옥에서 보내게 되는 첫날부터 친구들은 그를 석방시키기 위해서 지푸라기라도 잡는 심정으로 뛰어다녔다. 우리는 특히 백인 친구들에게 의지했다. 그들은 백방으로 손을 썼고, 대학에 다니는 아이들에게 보내기 위해 빌린 돈과 기금들까지 사용하여 변호사들을 고용했다. 변호사들은 그 돈으로 비행기를 타고 법정과 감옥들을 찾아다녔다. 그러나 깊은 산골에 사는 우리 수우 족 같은 인디언들에게 미국의 정의가 어떻게 실현되고 있는지에 대해서 그들은 전혀 아는 바가 없었다. 그렇지만 우리는 모두 금방 사태를 파악했다. 재판에서는 돈이 가장 중요하다는 사실을 깨닫는 데는 오랜 시간이 걸리지 않았다. 20만 달러를 변호에 쓸 수 있으면 재판에서 이긴다. 돈이 없으면 재판에서 진다. 대심 제도는 말하자면 간단한 제비뽑기이다. 유능한 변호사를 고용할 수 있는 인간 관계와 돈이 있고, 2류 검사를 만나게 되면 재판에서 이긴다. 돈이 없어 국선 변호사에 의지할 수밖에 없으면 진다. 동부 도시로 옮겨서 재판을 받을 수 있으면, 일반적으로 무죄로 석방되었다. 사우스다코타 주나 노스다코타 주에서 재판을 받으면 감옥에 갔다. 죄가 있느냐, 없느냐는 것은 문제가 되지 않았다. 우리는 한번도 우리 같은 인디언들을 배심원으로 맞아본 적이 없었다. 내가 목격한 모든 재판에서 인디언 배심원을 한 명도 보지 못했다. 그들은 법률이 점점 더 너그러워지고, 자유로워지고, 인종 차별을 하지 않는 방향으로 개선되고 있다고 말한다. 그것은 거짓말이다. 최초의 까마귀개는 1884년에 재판에서 승소했다. 1868년의 협정에 따라 대법원이 정부는 수우 족 보호구역에 대해 사법권을 갖고 있지 않다고 판결했기 때문이다. 거의 백 년이 지난 뒤에 똑같은 문제에 대해서 법원은 우리에게 불리한 판결을 내렸다. 잊지 말아야 할 사실이 하나 있다. 우연히 권력의 자리에 올라 그 권력을 유지하고자 하는 사람들 손으로 법률이 제정되었다는 점이다. 이 점은 미국뿐만 아니라 러시아나 그 밖의 다른 나라도 마찬가지이다.

관련자들 모두가 빈털터리가 되고 난 뒤에야 우리는 모금 방법을 알게 되었다. 마침내 전국교회협의회, 세계교회협의회, 퀘이커교도, 국제사면위원회, 헌법관리센터, 화해공동체의 후원을 받을 수 있게 되었다. 물론 우리는 운이 좋았다. 바로 그 무렵에 인디언 문제가 '중심'에 있었기 때문이다. 몇 년 뒤였다면 대중 매체와 돈은 환경, 여성해방 운동, 레즈비언 연합, 장수법이나 수정 치료법(crystal-healing)에 집중되었을 것이다. 소수 민족을 지원하는 단체들은 이른바 '지명도'가 있는 지도자들을 후원하는 데 대부분의 노력을 쏟았다. 그렇기 때문에 주요한 지원은 우선 러셀 민스와 데니스 둔덕의 재판에 집중되었다. 레오나드는 후원단체들의 후원이 2급 지도자들에게도 제공될 수 있을 때까지 기다려야만 했다. 그는 모두 합해서 23년형을 선고받았다. 우리는 20만 달러 정도를 들여, 감옥에 갇힌 지 2년이 조금 안 된 레오나드를 석방시킬 수 있었다. 그가 자유의 몸이 된 것을 보고 행복하기도 했지만, 다른 한편으로는 양심의 가책을 느끼지 않을 수 없었다. 모든 AIM 투쟁에 참가했던 수많은 이름 없는 젊은이들이 보석이나 변호에 필요한 돈을 구할 수가 없어, 교도소에서 비참한 생활을 하고 있었기 때문이다.

내가 좋아했던 변호사들을 꼽자면, 미네아폴리스의 켄 틸슨, 루이스빌의 댄 테일러, 뉴욕의 빌 컨스틀러, 샌프랜시스코의 샌디 로즌이 있다. 샌디 로즌은 나중에 켄트 스테이트 사건에서 승소했다. 리처드 얼도즈와 그의 아내 진은 우리의 변호 책임자가 되어 연락 중심지와 숙식 장소를 제공해주었다. 전화요금만 한 달에 2천 달러가 들었다. 우리 변호사들 가운데서는 빌 컨스틀러가 가장 유명했고, 샌디 로즌은 변호사들의 변호사로서 그 계통에서는 최고였다. 빌은 1심에서 가볍게 승소하여 피해를 예방하는 데 커다란 능력을 발휘했다. 법정에서는 명석했고, 상대를 압도했다. 내가 보기에 그는 항상 변호사라기보다는 일류 영화 배우보다 더 유명한 사람이었다. 샌디는 일단 유죄 판결로 끝난 1심 재판을 만회하는 데 훌륭한 능력을 보여주었다. 적절한 법률 조항을 찾아내고, 극히 작은 본보기라도 있으면 그것을 참조하여 항소 이유서를 작성하는 데 명수였다. 재판을 준비할 때 보면, 타의 추종을 불허하는 존재였다. 나는 원래 수줍음을 잘 타는 성격이었지만, 마침내 강당과 교회, 공원에서 열리는 집회에서 연설하는 훌륭한 연사가 되었다.

이런 일들도 레오나르가 감옥에서 받는 처우를 개선하는 데 보탬이 되지는 못했다. 외부 세계와 완전히 격리되어 연락도 끊어지고, 우리가 자기를 위해서 무슨 일을 하고 있는지 전혀 모르고 지낼 때도 종종 있었다. 감옥 안에서 처음으로 전화 통화를 허락 받았을 때, 레오나르는 말했다. "저들이 내게 무슨 짓을 하려는 거지? 미친말을 살해했듯이 나를 죽이려는 걸까?"

나는 물었다. "저들이 당신에게 무슨 짓을 하는 데 그래요?"

"계속 수갑을 채워놓고, 지문을 찍게 하고, 몸수색을 하면서 모욕해. 다음에 어디로 데려갈 것인지 말해주지도 않아. 저들은 내게서 모든 것을 앗아갔어. 까마귀개의 땅을 빼앗고, 내 보금자리를 앗아갔어. 내 몸을 우리 부족에게서 떼어냈어. 그렇지만 내 마음을 빼앗지는 못할 거야. 내 마음은 여전히 자유로우니까." 나는 그에게 내 울음소리가 들리지 않도록 하려고 안간힘을 썼다.

까마귀개와 같은 사람이 들어올 때, 감옥에서는 맨 먼저 그의 의지를 꺾고, 사람이 아닌 번호로 취급을 했다. 그런 방법 가운데 하나가 '홀드오버(holdover)'이다. 레오나드는 그를 약올리는 모든 도발을 완전히 무시했다. 그는 모범적인 재소자였다. 벌을 주려는 사람에게 변명을 늘어놓는 일도 절대 없었다. 그는 새 감옥에 도착할 때마다 곧바로 격리되었다. 루이스버그에서는 매우 좁은 감방에 수용되기도 했다. 어찌나 좁았던지 몸을 완전히 펴거나, 고개를 들고 바로 설 수가 없을 정도였다. 레오나드는 물었다. "왜 날 괴롭히지? 왜 날 독방에 집어넣느냐 말이야?"

그들은 말했다. "널 괴롭히는 것이 아니야. 단지 일반 재소자들과 함께 수용하기 전에 몇 주일 동안 조사해야 하기 때문이야."

리븐워스에서도 마찬가지였다. 그들은 레오나드를 '교도소의 버릇없는 거물 할아버지'라고 불렀다. 먼저 그를 미로와 같은 복도와 지하 통로를 거쳐서 회색과 녹색으로 된 정육면체의 시멘트 방으로 데리고 갔다. 레오나드로서는 자기가 감옥 어디에 있는지 도무지 알 도리가 없었다. 방에는 창문도 없었고, 그가 머물렀던 2주일 내내 인공 네온 빛이 비치고 있었다. 어느새 밤과 낮을 구분할 수 없게 되고, 요일을 알 수 없게 되었으며, 식사를 하면서도 그것이 아침인지 저녁인지 분간할 수 없을 정도가 되었다. 괘종시계나 손목시계도 없어, 시간 감각을 완전히 잃어버렸다. 음식을 가져다 주는 교도관밖에 볼 수 없었다. 이와 같은 감각의 혼돈 상태를 이겨내기 위해서 그는 신성한 옛 라코타와 페요테 노래들을 불렀다. 나중에는 그와 같은 완벽한 진공 상태에서 생활하면서 전혀 새롭게 노래하는 방식을 스스로 익혔다고 했다. 그 말은 사실이었다. 감옥에서 나온 뒤로는, 남들과 전혀 다른 방식으로 페요테 노래를 불렀기 때문이다. 2, 3명이 함께 부르는 것처럼 노래를 불렀다. 그의 노래를 들어보면, 다양한 새들의 소리, 뻐꾸기 우는 소리, 물새 지저귀는 소리가 들렸다.

교도관이 되고 싶으면, 특별한 유형의 인간이 되어야 한다. 그들은 깨어 있는 시간의 절반을 수감자로 지낸다. 자발적인 의지로 수감자의 삶을 선택한다. 제대로 교육도 받지 못하고, 낮은 임금을 받는 그들이 누릴 수 있는 유일한 즐거움은 힘없는 수감자들에 대해 우월감을 느끼는 일이다. 드디어 감옥 안에서 멸시할 수 있는 인간들을 발견한다. 재소자야말로 교도관들의 손아귀에 잡혀 있는 존재이기 때문이다. 열등감이나 무력감을 안겨주는 재소자를 만나면 격렬하게 화를 낸다. 자기들에게 남아 있는 그 알량한 자존심이 위협을 받기 때문이다. 그런 재소자가 있으면 굴욕감을 안겨주려고 안간힘을 다한다. 그래야 그를 자기들 수준으로 끌어내릴 수 있기 때문이다. 레오나드는 그것을 '정신적 고문'이라고 불렀다. 매일 그런 일이 되풀이되었다. "이봐, 추장! 엉덩이 벌려봐. 네 똥구멍 닦은 것 좀 보여줘."

거의 첫날부터 그는 익명으로 된 악의적인 편지들을 받았다. 편지 가운데 많은 것은 그가 감옥에 갇혀 있는 동안에, 내가 톰과 딕, 해리와 함께 잠자리를 했다는 내용이었다. 한 편지에는 이런 내용이 담겨 있었다. "까마귀개, 이 미련한 인디언 녀석아. 네 마누라는 너의 가장 친한 친구들과 바람을 피우고 있어. 우리는 어둠 속에서도 볼 수 있는 사진기를 갖고 있는데, 바람 피는 현장을 사진으로 찍었어. 모텔 방에 도청장치를 해서 신음 소리도 녹음 테이프에 담았고. 감방 생활이 따분해지면 이야기해. 우리가 언제라도 사진과 녹음테이프들을 보내줄 테니까." 이런 편지들을 전해주며 교도관들은 레오나드에게 이런 말을 했다. "이봐, 우리는 편지를 검열해야 하기 때문에, 네게 오는 편지를 읽어볼 수 있어. 네게도 마누라가 있을 테지. 언젠가는 우리가 네 마누라를 찾아가 볼거야." 레오나드는 그들 면전에 대고 웃기만 할 따름이었다. 이런 편지는 즉각 그에게 전해졌지만, 내가 보낸 편지 중에는 그의 손에 닿지 못한 것도 여러 통 있었다.

교도관들은 이런 말을 하며 늘 레오나드에게 시비를 걸었다. "네가 그토록 대단한 주술사라면 왜 새로 변신해서 날아가지 않는 거야?" 또 이런 말을 하기도 했다. "넌 우리 손아귀에 잡혀 있어. 마음만 먹으면 너에게 못할 짓이 없어. 기분이 내키면 언제라도 널 구덩이에 집어넣을 수 있어. 우린 네게 절대 권력을 행사하고 있어. 그걸 깨닫지 못하겠어?"

그럴 때마다 레오나드는 늘 이렇게 대답했다. "너희들에겐 힘이 없어. 권능을 가진 사람은 나야. 내겐 전설이 있어. 너희들에게 전설이 있으면 말해봐? 집에 돌아가서 아이들에게 무슨 이야기를 해줄 수 있지? 아이들에게 무엇을 물려줄 수가 있냐고?"

그들은 레오나드를 가만 놔두려고 하지 않았다. 그는 전통적인 방식으로 머리를 두 갈래로 길다랗게 땋아 늘였다. 그들은 늘 레오나드의 긴 머리를 자르려고 들었다. 우리 변호사들은 레오나드의 머리를 자르는 것은 불법이라고 주장하며 여러 교도소장들과 줄기차게 싸움을 벌였다. 마침내 1976년 5월, 루이스버그 교도소장은 레오나드의 머리를 자를 날짜와 시간을 정했다. 그러나 이발소를 정하기 하루 전에 청원이 받아들여져 레오나드는 석방되었다.

기독교도 재소자들에게는 사제와 성경을 접할 권리가 부여되었고, 유대교도들에게는 율법학자들을 만나고 탈무드를 읽을 권리가 있었다. 레오나드는 교도소장에게 담뱃대가 자기에게는 성경이고, 그것을 가질 권리가 있다고 말했다. 우리 변호사들과 인디언 권리 위원회가 여러 달에 걸쳐 청원을 한 끝에 마침내 결정이 내려졌다. 아메리카 원주민의 신앙을 인정하고, 인디언 재소자들에게 성물을 소지할 권리, 그것을 가지고 기도를 올릴 수 있는 권리를 인정했다. 떼르 오뜨 교도소장은 레오나드를 사무실로 불러 말했다. "까마귀개, 그대에게 담뱃대를 주라는 명령을 받았다. 자 여기 있다." 레오나드는 물었다. "담뱃대 집과 담배는 어디 있소?" 교도소장은 대답했다. "담배는 믿을 수가 없어. 마약 같은 냄새가 나거든. 이봐, 추장. 미안하지만 담배는 줄 수 없어."

물론 레오나드는 이 담배는 종류가 다른 것으로, 신성한 붉은 버드나무 껍질로 만든 찬차샤(chan-cha-sha)라고 애써 설명했다. 교도소장은 그것은 불법 약물이라고 주장했다. 레오나드는 담배가 없다면 담뱃대는 아무런 소용이 없으니, 자기가 석방될 때까지 맡아달라며 교도소장에게 돌려주었다.

교도관들은 또 라코타 주에 있는 일가붙이들에게 전화를 하는 까마귀개를 괴롭히기도 했다. 그들은 계속해서 레오나드에게 소리를 질렀다. "영어로 말해. 그래야 네 말을 알아들을 수 있잖아. 이곳은 백인의 나라야. 전화에 대고 우리 얘기를 거짓으로 할 수도 있잖아."

"그건 너희들에게 켕긴 구석이 있기 때문이야." 레오나드는 대꾸했다.

그들은 다른 방식으로 그에게 접근했다. 재소자 중에 동성애자가 하나 있었다. 그가 자꾸만 레오나드의 몸을 만지려고 들었다. 레오나드는 말했다. "이봐, 너희 신앙에서는 이런 짓을 해도 괜찮겠지만, 우리 신앙에서는 주술사들이 이런 짓은 못하게 되어 있어." 리븐워스에서는 복도를 닦는 동성연애자들이 거의 매일 레오나드의 감방 앞에 서서 그를 놀렸다. "이봐, 추장. 빗장 틈으로 네 물건 좀 내놔 봐. 우리가 핥아줄게. 너도 그러는 게 좋을 거야. 아마 앞으로 10년 동안은 여자 맛을 보지 못할 걸."

레오나드가 말을 못들은 척하면 그들은 쓰레기를 감방 안으로 집어던졌다. 레오나드는 그런 일로 성가시지는 않았다고 말했다. 그러나 그런 일들이 영향을 끼친 것은 사실이었다. 그러고 나서 정신과 의사들이 그를 찾았다. 한 정신과 의사는 까마귀개에게 무슨 신체적 불편이 있느냐고 물었다. 까마귀개는 짜증이 난다고 말했다. 까닭을 알고 싶었던 정신과 의사는 어떻게 짜증이 나느냐고 물었다. 까마귀개는 미국 정부가 자기의 화를 돋운다고 말했다. "약속을 어기지 못하게 하는 치료법이 있소? 거짓말을 막는 치료약이 있소?" 정신과 의사는 까마귀개에게 자기 말을 오해한 것이라고 설명했다. 자기는 다만 몸이 아픈 곳이 없는지 알고 싶다는 것이었다. 까마귀개는 정작 치료를 받아야 할 사람은 바로 정신과 의사 당신이 아니냐고 하는 표정을 지었다. 그는 의사에게 삼나무와 페요테 차를 조금 주겠다고 했다. 정신과 의사는 몇 마디 중얼거리더니 포기하고 말았다. 루이스버그에서 한 정신과 의사는 수감 생활을 하는 동안에 긴장을 풀고 즐거운 기분을 유지하기 위해 레오나드에게 밸리움(Valium)과 토라진(Thorazine)을 복용하게 해야 한다고 주장했다. 그는 의사에게 그런 식으로 심리 전쟁을 시작하면 자기에게 질 것이라고 했다. 할아버지 페요테의 도움을 받으면 자기가 그들보다 더 훌륭한 정신과 의사가 될 수 있다고 주장했다. 그는 다이어제팜〔밸리움〕을 복용하라는 의사에게 말했다. "내 정신에 대해서 쓸데없이 참견하지 말아요. 그렇지 않으면 내가 당신 정신에 간섭할 테니까."

정신과 의사는 말했다. "당신들 인디언은 다 똑같아요. 희망이 없어요!"

1976년 7월 5일, 200주년 독립기념일이 하루 지난 뒤, 떼르오뜨의 정신과 의사들은 다시 한번 시도했다. 그들 중 하나가 사무실로 레오나드를 불렀다. 뒤에 레오나드는 그 일을 내게 편지로 썼다. 그가 크게 미소를 지으며 환영하더니, 묻더라는 것이다. "까마귀개, 200주년 독립기념일을 맞은 기분이 어떻소?" 까마귀개는 그에게 인디언이 그날을 기념하는 것은 마치 유태인이 히틀러를 기념하거나, 일본인들이 히로시마 원폭 투하를 축하하는 것이나 마찬가지라고 대답했다고 한다.

정신과 의사는 말했다. "아주 재미있군요. 나도 유태인이요. 그렇다면 미국이 기념할 만한 위대한 사람은 누구죠?"

레오나드는 말했다. "워싱턴이 있어요. 짧은 비단 바지를 입고, 가발을 쓰고, 이빨이 단단한 사람이었어요. 노예를 부렸지요. 그 다음에 콜럼버스가 있어요. 자기가 인도에 상륙했다고 생각한 사람이었어요. 비록 항로에서 16,000마일밖에 벗어나지 않았지만. 그리고 커스터가 있어요. 우리가 아니었다면, 그가 당신들의 대통령으로 뽑혔을지도 몰라요. 당신들은 고맙게 생각해야 해요. 애그뉴 닉슨을 대통령으로 뽑았으니까. 난 소박한 사람이에요. 앉은황소나 미친말만으로 만족해요."

"좋아요. 날 어떻게 생각하죠?"

"날 모르모트로 이용한다고 생각해요."

"그래요. 그러고 보니까 까마귀개 당신이 모르모트와 비슷한 점이 있군요. 난 손 떼겠어요. 당신에겐 내가 필요하지 않아요."

그 면담이 있고 난 뒤로 이 정신과 의사는 항상 레오나드에게 매우 잘 대해주었다. 보고서를 호의적으로 써주고, 능력이 닿는 대로 우리들을 도와주었다.

감옥 생활 1년 반 동안에 레오나드는 딱 두 번 그들의 괴롭힘에 굴복한 적이 있다. 첫 번째 일은 루이스버그에서 일어났다. 운동장에서 다른 수감자들이 빙 둘러서 있는 곳 가까이 있었다고 했다. 그때 갑자기 그들이 둥그렇게 몰려 서 있던 자리 한 곳이 열리며 한 재소자의 모습이 드러났다. 목이 한쪽 귀에서 다른 쪽 귀까지 칼로 잘린 채 죽어서 바닥에 누워 있었다. 목이 거의 잘린 상태였다. 그 모습에 질겁하여 몸을 떨고 있는데, 흰 가운를 입은 의사로 보이는 사람이 다가오며 말했다. "까마귀개, 당신 건강 진단 결과가 나왔는데, 뇌에 손상이 있어. 로보토미(lobotomy) 수술〔전두

엽 절제수술)을 해야겠어. 영화 '뻐꾸기 둥지 위로 날아간 새'에서 그들이 그 자에게 했던 수술이 바로 그거야. 그 녀석도 당신과 비슷했어. 협조하려 들지 않았거든. 이봐, 추장. 당신 고통은 끝났어. 앞으로는 다른 문화를 받아들인 행복한 채식주의자로 살게 될 거야. 이번 주에 당신을 뉴욕으로 데려가 수술을 하게 될 거야." 이 사람은 까마귀개가 다른 감옥으로 이감될 것이라는 사실을 알고 있었다. 그래서 자기 식으로 레오나드에게 농담을 했던 것이다. 며칠 뒤 정말 뉴욕으로 옮기게 되었을 때, 레오나드는 그의 말이 사실이라고 믿게 되었다. 그 당시 나는 뉴욕에 있었다. 될 수 있으면 루이스버그에 가까운 곳에 머물려고 했기 때문이다. 택시를 타면 15분 안에 레오나드를 만날 수 있었지만, 면회는 허락되지 않았고 전화 통화만 허락되었다. 레오나드는 눈물을 흘리는 것 같았다. "저들이 나에게 로보토미 수술을 하려고 해. 내 정신을 도려내려고 하고 있어. 내게서 주술 지식을 빼앗고, 날 쓸모 없는 인간으로 만들려고 해." 그러더니 정말 울음을 터뜨렸다.

나는 그의 기분을 달래주기 위해 밤을 꼬박 새며 그와 통화했다. 리처드 얼도즈와 그의 아내 진 얼도즈도 레오나드와 통화했다. "저들은 자네를 수술하지 못해. 수술을 하려면 자네의 승낙을 포함해서 특별 승인이 있어야 하거든." 레오나드는 같은 말을 되풀이했다. "당신들은 감옥이 어떤 곳인지 몰라. 저들은 하려고 들면 무슨 짓이든 다 할 수가 있어. 그런 힘이 그들에겐 있어. 당신들은 그걸 몰라." 우리는 저녁 8시에 시작해서 이튿날 아침 6시까지 전화기에 매달려 있었다. 육체적으로나 정신적으로 완전히 탈진 상태였다. 우리는 변호사 한 사람을 한밤중에 잠자리에서 깨웠다. 그 다음 날, 그가 로보토미 수술에 관한 위협이 장난이었다는 사실을 밝혀 냈다. 그 잔인한 농담에 대해 반격이 이루어졌다. 우리는 그 이야기를 공개했다. 그러자 곳곳에서 격렬한 항의가 일어났다. 전미교회연합에서 그 사건을 받아들이면서 레오나드를 후원하기로 했다. 전미교회연합은 그를 '학대받고 부당하게 투옥된 종교 지도자' 로 불렀다.

레오나드에게 두 번째로 최악이었던 날은 1976년 11월 19일이었다. 그날 까마귀개 노인의 집이 영문을 알 수 없는, 아니 그보다는 매우 의심스러운 이유로 완전히 불타 없어졌다. 1970년대에 수많은 인디언 시민권 운동 지도자들의 집이 화재나 소이탄 공격으로 파괴되었다. 그림처럼 아름답고 멋진 까마귀개의 오래된 집은, 맨땅을 덮고 있는 검은 재만 남기고 온데간데없이 사라져버렸다. 값을 따질 수 없을 정도로 소중한 유물들과 성물들, 옛 문서들, 사슴 가죽 의상들이 화염 속으로 사라졌다. 레오나드의 부모는 간신히 목숨만은 건질 수 있었다. 그분들은 오래된 그 집에서 수많은 제사와 페요테와 유위피 의식, 자선 잔치들을 치르며 살아왔다. 그런 집이 이제 사라진 것이다. 다시 말하면 인디언의 역사와 전통의 일부가 더 이상 존재하지 않게 된 것이다.

이 화재 사건은 레오나드를 매우 힘들게 했다. 그는 사람들을 시켜 나에게 보내는 편지를 받아쓰게 했다. "내 종족 사람들과 내 땅에서 떨어져 지내는 것이 옳은 일일까? 내 부모님의 집이 불에 타 사라졌어. 그곳은 까마귀개의 가문이 7대째 살던 집이야. 난 감옥에 갇혀서 우리 가족이 집을 지킬 수 있도록 도와주지 못했어. 쇠창살을 통해서 그저 바라볼 수밖에 없었어. 그렇지만 바로 오늘 이곳에서 난 할아버지의 심장 박동을 느끼고, 북이 울리는 소리를 들을 수가 있어."

그들은 갖가지 방법으로 레오나드의 생활을 힘들게 만들었다. 텔레비전과 독서, 카드놀이와 같이 일반 재소자들의 수감생활을 돕는 물건들은 그에게 아무런 의미가 없었다. 그는 처음부터 끝까지 내면의 힘에 기대어 살아가는 수밖에 없었다. 거기에 더해 그들은 레오나드와 가족 그리고 친구들 사이에 메울 수 없는 간격을 벌려놓았다. 우선 그를 다코타 주의 집에서 대륙의 반이나 떨어져 있는 펜실베이니아 주의 루이스버그에 감금했다. 내가 어린 페드로를 데리고 뉴욕으로 가서 친구들과 함께 지냈던 것도 그 때문이다. 면회일에 아침 일찍 자동차로 출발하면 레오나드를 만나고 해질녘에 다시 뉴욕으로 돌아올 수 있었다. 교도 행정 당국자들은 나와 남편의 면회를 좀더 어렵게 만들기로 작정했는지, 정확히 뉴욕과 장미꽃봉오리의 중간에 있는 인디애나 주의 떼르 오뜨로 그를 이감했다. 이제는 어디서든 그를 만나려면 900마일을 달려가야 했고, 한 번 찾아가는 데만도 수백 달러의 비용이 들었다.

　나는 레오나드와 함께 있지 못해서 외롭고, 갈팡질팡하기도 하고, 책임감에 짓눌리기도 했다. 사태와 정면 대결을 벌이기에는 너무나 나약하고 경험이 없다는 느낌이 들기도 했다. 그래도 나는 비교적 쉽게 지내는 편이었다. 밤에는 힘들었지만, 적어도 하루의 18시간을 무척 바쁘게 지냈기 때문에 골똘히 생각에 잠길 틈이 없었다. 돌아다니고, 생전 가본 적이 없는 곳에 들르고, 전단지를 만들고, 변호사와 기자, 단체의 책임자들과 이야기하고, 녹음 테이프를 만들고, 강연을 하고, 아기를 돌보았다. 이제는 우리 편을 드는 백인들을 만나고 좋아할 줄도 알게 되었다. 많은 친구들을 사귀었다. 얼도즈 가족 이외에 벨라폰트 가족, 배우 립 톤과 그의 아내 제럴딘 페이지, 딕 그레고리, 브랜도, 오시 데이비스와 루비 디, 음악가 데이비드 암람과 찰리 모로우, 작가 겸 편집인 에드 새미스, 푸에르토리코 출신 작가 피리 토마스, 앤디 영 대사, 루 워커 주교, 항상 인디언 정치범을 후원해주었던 핑 페리와 캐롤 페리 부부, 오세이지(Osage) 족 예술가 제프 킴볼, 변호사인 빌 컨스틀러와 샌디 로즌, 영화 제작가로 레오나드의 감옥 생활을 다룬 기록 영화를 만들었던 마이크 큐스터와 데이비드 백스터가 있었다. 나는 새로 사귄 이 친구들에게서 많은 것을 배웠고, 새로운 사상과 생활 방식을 경험했다. 삶의 지평이 확대되면서 내 어휘력도 풍부해졌다. 처음 보는 맛있는 좋은 음식을 배불리 먹었고, 멋진 옷들을 받았으며,

쇼와 파티에 초대받았다. 마치 사람들끼리 서로 짜고, 슬퍼할 겨를이 없도록 날 이런저런 일에 몰두하게 하려고 하는 것 같았다. 가장 중요한 것은 고민을 털어놓을 사람들이 많아졌다는 것이다. 그리고 내가 어디에 있든 항상 여러 부족의 인디언들이 나를 찾아주었다. 정말 생각지도 못한 곳까지 나를 찾아왔다.

레오나드가 살아남은 것은 영적인 힘 때문이었다. 철창이 가로막고 있고, 갓을 씌우지 않은 전구가 하루 종일 불을 밝히고 있으며, 물통이 놓여 있는 시멘트 감방 안에서도 그는 늘 환영을 접하기 위해 기도를 올렸다. 떼르 오뜨에 와서 버스가 감옥 문 앞에 멈췄을 때는 독수리 뼈로 된 호루라기 소리를 들었다. 그 소리와 함께 말씀이 그를 찾았다. "그대는 내 소리를 듣고, 나를 느끼며, 나를 보고, 나를 아느니, 옛날 방식을 지키고, 견딜 수 없는 것을 견디는 법을 터득하도록 하라." 레오나드는 창문 밖이나 운동장에 있는 새들과 이야기를 나누었다. 그 새들이 정령의 심부름꾼으로서, 자기를 격려해준다고 했다. 한번은 까마귀 한 마리가 창턱에 날아와 앉은 적이 있었는데, 기분이 좋았다고 했다. 레오나드는 까마귀 개의 영혼이 자기를 찾아보려고 온 것이라고 생각했다. 또 한번은 노랑촉새가 날아왔다. 그 새는 레오나드에게 페요테 모임을 상징하는 존재였다. 가출옥 허가에 대한 심리가 열리는 동안에는 독수리 두 마리가 구름 사이를 선회하는 모습을 창문을 통해 보았고, 이를 좋은 징조로 받아들였다. 그는 항상 정령이 임하고 있음을 느졌다. 감방에 갇혀 있을 때도 그랬다. 한번은 이렇게 말한 적도 있다. "퉁카쉴라가 나를 내려다보고 있어. 내겐 위대한 정령과 통하는 직통 전화가 있거든. 나는 퉁카쉴라에게 말할 수 있는 확성기를 가지고 태어난 사람이야."

그는 다른 동료 수감자들에게서 존경과 사랑을 받았다. 리븐워스 감옥에 있을 때는, 같은 층에 있는 수감자 전원이 감방 창살로 몰려와 창살을 두드리며, "까마귀개, 까마귀개, 까마귀개!" 하고 소리 모아 외쳤다. 수감자들이 그를 환영하며 밖으로 뻗은 손으로 한층 전체가 벽이 되었다. 떼르 오뜨에서 한 흑인 동료 수감자는 레오나드에 대한 노래를 짓기도 했다. 그가 직접 기타 반주를 하면서 전화로 나에게 그 노래를 불러주었다. 전형적인 흑인 블루스 음악이었다. 아름다운 노래였다. 레오나드는 편지를 많이 받았다. 인디언들은 그에게 가끔 시를 보내주기도 했다.

레오나드는 흑인과 백인 그리고 멕시코계 미국인 수감자들과 사귀었다. 특히 종신형을 받은 재소자들에게 친밀감을 느꼈다. 어떻게 한 인간이 평생을 감옥에서 보낼 수 있는지 도대체 이해할 수가 없었다. 언젠가 감옥으로 면회 갔을 때, 레오나드는 이런 말을 했다. "뒷바라지 해줄 사람 하나 없는 종신형 복역수들의 기분을 알 것 같애. 어떤 재소자는 몇 해가 가도 찾아오는 사람 하나 없어. 10년, 15년 동안을 이곳에 있었는데 말이야. 그 사람들은 바깥 세상에서 무슨 일이 벌어지고 있는지 전혀 모르고 지내. 창문을 통해서 저격수들이 배치된 망루를 보고, 어쩌다 멀리 고속도로를 지나는 자동차나, 높은 하늘 위를 날고 있는 비행기를 볼 수 있는 것이 고작인 사람들도 있어. 그것이 그들이 접하는 세상의 한계야. 심지어는 일가붙이들이 아직도 자기를 기억하고 있는지, 그들이 살아 있기는 하는지조차 모르고 지내는 사람도 있어. 종신형 복역수들은 살아 있으되 죽은 사람이야."

 1976년 봄 레오나드의 형 집행이 잠시 중지되었다. 항소심을 기다리는 석 달 동안 석방된 것이다. 립 톤과 리처드 얼도즈는 레오나드를 마중하기 위해서 루이스버그로 우리들을 태우고 갔다. 아침에 풀려나기로 되어 있었다. 그러나 교도관들은 평소처럼 하루 종일 하찮은 일로 장난을 치고 트집을 잡으며 석방을 질질 끌었다. 그가 출소하는 것을 가만히 보고 있을 수만은 없다는 것 같았다. 심지어 확성기로 망루 아래쪽을 향해 소리치며, 한심할 정도로 초라한 권력을 이용하여 방문객인 우리들을 놀리기까지 했다. "차를 저쪽으로 세우시오. 아니, 10야드 오른쪽으로. 아니 저기 왼쪽으로 세워요. 아니 40피트 뒤쪽으로. 아니 앞으로 나와요. 이제 차를 돌려요." 한 시간 내내 이런 식으로 약을 올렸다. 립은 격한 성격의 소유자였다. 나는 그가 폭발할까봐 걱정이 되었다. 그는 분노에 치를 떨면서도 가까스로 자신을 억제했다. 마침내 오후 늦게 석방할 때도, 그들은 레오나드는 걸어나갈 수 없다는 조건을 내세웠다. 자동차 소유자가 그를 차에 태우고 나가야 한다는 것이었다.

다른 사람은 그 누구도 차에 타고 있어서는 안 되고, 교도소 정문에서 그를 기다리는 것도 허용되지 않았다. 레오나드와 운전자를 제외한 사람들은 모두 1마일을 걸어 교도소 지역 바깥에서 그를 기다려야 했다.

그렇게 우리는 기다렸다. 이런 갖가지 사소한 일에 마음쓰지 않기로 했다. 교도관들의 권력은 교도소 바깥에는 미치지 않았다. 우리는 길가에 멋진 장소를 발견했다. 시냇물과 풀밭, 꽃과 나무가 있었다. 그곳에 레오나드의 신성한 물건들, 그러니까 인디언 담배가 들어 있는 담뱃대 집, 물소 두개골, 독수리 날개를 펼쳐놓았다. 우리는 스티브 에머리라는 이름을 가진 젊고 잘 생긴 라코타 가수를 데리고 갔다. 마침내 자동차가 다가와 레오나드가 내렸을 때, 스티브는 북을 울리고 명예의 노래를 불렀다. 그런 다음 그가 AIM 노래를 부르는 동안, 나는 내 남편의 어깨에 빨강과 파랑 색으로 된 기도용 숄을 걸쳐주고, 독수리 깃털이 달린 빨간색 베레모를 머리에 씌워주었다. 우리는 둥그렇게 둘러앉아 담뱃대로 담배를 피웠다. 갈 준비가 되었을 때, 얼도즈가 물었다. "까마귀개, 저녁엔 뭘 먹고 싶어?"

놀랍게도 레오나드는 "맛있는 중국 음식을 먹는 꿈을 여러 달 동안 꾸었어"라고 했다.

얼도즈는 공중전화 부스를 찾아내어 아내 진에게 전화를 걸었다. 뉴욕에 도착하니 푸짐한 음식이 우리를 기다리고 있었다. 식탁 가득히 두 번 튀긴 돼지고기, 가늘게 찢은 사천 소고기, 바닷가재 소스를 친 작은 새우, 카레 소고기, 중국식 경단, 흰 완두콩을 곁들인 돼지고기, 푸 용 계란, 호남 향료를 뿌린 닭고기가 차려져 있었다. 뉴욕으로 가는 길에 우리 자동차에 꿩 한 마리가 치었다. 립은 꿩을 집어들고 말했다. "좋은 요리감이 되겠어." 갖가지 동양 요리에 더해서 맛 좋은 꿩 요리를 내놓았다. 훌륭한 만찬이었다. 저녁을 먹은 뒤에도 레오나드는 마음을 풀지 못했다. 밤새 잠을 이루지 못했다. 거리를 돌아다녔다. 사랑을 나누는 동안에도, 교도관들이 우리를 지켜보고 있다는 기분을 저버리지 못했다. 간신히 잠을 이루더라도 악몽을 꾸었다. 그는 "정신적으로는 아직도 감옥에 있다"고 했다.

우리 친구이자, 예술가이며 작가인 에드 샘미스는 롱아일랜드의 작은 만에서 수백 피트 떨어진 코네티컷 주의 웨스트포트에 있는 물레방아용 저수지 옆에 작은 집을 가지고 있다. 그가 제안했다. "레오나드, 우리 자네 이야기 좀 들어보기로 하세. 그러니 시골로 가는 게 좋겠어. 가서 바다 공기라도 쏘이자고." 그래서 모두 에드의 집으로 갔다. 벽난로 한쪽 선반 위에는 박제된 까마귀가, 다른 한쪽에는 박제된 애완용 강아지가 놓여 있었고, 그 사이에 손으로 쓴 글자가 보였다. '까마귀개를 환영합니다.' 아마도 박제된 까마귀를 구하느라 고생 꽤나 했을 것이다. 에드가 만든 칵테일 블러드 메리는 세계 최고라 할 만했다. 그는 요리를 잘했다. '멋진 스테이크', '멋진 콩 요리', '멋진 닭고기 요리'를 만든다고 하는데, 그건 브랜디를 잔뜩 넣어서 음식을 만든다는 뜻이다. 에드가 저녁을 푸짐하게 준비했지만, 레오나드는 몇 숟가락 뜨고 나서 잠이 들었다. 비틀거리며 소파 위로 걸어가서는 얼굴을 처박고 쓰러지더니, 36시간이나 잠을 잤다. 그러고 나서 우리는 장미꽃봉오리에 있는 집으로 왔다. 즐거우면서도 괴로운 귀향이었다. 까마귀개 노인의 집은 사라지고 없었지만, 날림으로 지은 작고 빨간색의 '가난의 집'은 낡을 대로 낡아 꾀죄죄한 모습으로 여전히 자리를 지키고 있었다. 레오나드는 주술사로서 다시 한번 과거의 생활을 시작하려고 애썼다. 그러나 3개월 뒤, 레오나드의 항소가 받아들여지지 않았기 때문에 다시 감옥으로 돌아가야 한다는 통지가 날아왔다. 예리한 역사 의식을 가진 레오나드는 사우스다코타 주에 있는 죽은나무의 법원으로 출두했다. 1884년에 증조 할아버지가 자수했던 곳이 바로 죽은나무의 법원이었기 때문이었다.

그렇게 해서 내 남편은 다시 손에 수갑을 차고 끌려 들어갔다. 우리는 재판관인 로버트 머하이지에게 35호 명령에 따라 그동안 복역한 형기만큼 감형해 달라는 탄원서를 보냈다. 머하이지는 허위 폭력 행위에 대한 재판에서 레오나드에게 형을 선고한 재판관이었다. 작고 볼품이 없으며, 잿빛 털에 날카로운 부리를 가진 올빼미 같은 사람이었는데, 법정에서는 진정한 독재자였다. 우리는 그를 미워했다. 그는 자기가 주재하는 버지니아 주의 리치먼드의 법정에서는 공정하고 관대한 재판관으로 알려져 있었다. 정부의 갑작스런 차출을 받아 사우스다코타 주로 파견 나온 그는 기록적인 시간 안에 인디언 재판을 처리했다. 머하이지가 뽑힌 것은 보호구역의 제반 조건에 대해서 아는 바가 전혀 없었기 때문이라고 생각한다. 어쩌면 그는 한 번도 인디언을 만나본 적이 없었을 것이다. 심리가 진행되는 동안, 검찰 측은 우리가 사건의 배경에 대해 자세하게 밝히는 것을 철저하게 차단했다.

그렇지만 이번에는 머하이지에게 레오나드의 석방을 탄원하는 편지와 탄원서들이 한 아름이나 도착하고 있었다. 이 중에는 레오나드를 알고 있으며, 장미꽃봉오리와 소나무산마루 인디언 보호구역의 제반 사정을 잘 알고 있던 성직자와 인디언 부족 대표들, 인류학자와 의사, 그리고 교사들에게서 온 편지들도 있었다. 심지어 리처드 얼도즈는 머하이지의 주교를 찾아가 레오나드가 겪는 고통에 대해서 설명하고, 그를 후원하는 편지를 써달라고 부탁하기까지 했다. 리처드가 갔을 때, 온화한 아일랜드 사람인 그 주교는 셔츠와 팬티 차림으로 엄지발가락을 더운 물이 들어 있는 욕조에 담그고 있었다. 욕조 안에 물이 식으면, 그때마다 초로의 한 남자가 뜨거운 물이 담긴 주전자를 들고 왔다. 사람 좋은 그 주교는 이야기에 귀를 기울이더니, 놀라서 소리쳤다. "거룩한 모세시여! 저들이 이 불쌍한 사람에게 무슨 짓을 저지르고 있나이까?" 그는 그 자리에서 재판관에게 편지를 보냈다. 예술가인 리처드는 머하이지에게 삽화들을 그려 넣은 편지를 보내, 검찰 측이 법정에서 숨겼던 사건의 배경에 대해서 이야기해주었다. 리처드는 그 삽화에 변호사 팀의 비법조인 대표인 자기가 겪었던 갖가지 황당한 일들을 그려 넣었다. 모텔을 기어올라와 알몸으로 자기 침대로 달려드는 소녀 팬들, 튀긴 빵과 개 수프를 먹고살아야 하는 자기를 사냥감으로 생각하고 총을 쏘아대는 남부의 백인 농장 노동자들을 그렸다. 리처드는 거기다 이렇게 썼다. "재판관님! 까마귀개가 불쌍하다는 생각이 들지 않는다면, 하다못해 저라도 불쌍하게 여겨주십시오." 그는 마치 『라이프』지나 『새터데이 이브닝 포스트』지에 실릴 것이라도 되는 양 최선을 다해서 삽화를 그렸다. 그에게서 이야기를 듣고 난 변호사들은 아연실색했다. 그들은 리처드 때문에 재판을 망치게 되었으며, 감히 현직 재판관에게 몹쓸 장난을 쳤기 때문에 모욕죄로 감옥에 갈 수도 있다고 했다. 그런데 아무 일도 일어나지 않았다.

자기에게 쏟아지는 정보를 접하면서 머하이지 재판관은 양심의 가책을 느끼기 시작했다. 그는 전화를 걸어 리치먼드에 있는 법원으로 우리를 불렀다. 그가 앉은 의자 앞에 놓인 기다란 가대(架臺) 책상 위에는 까마귀개에 대한 탄원서가 2피트 높이로 쌓여 있었다. 탄원서 더미를 가리키던 그는 빙긋이 웃으며 말했다. "이것은 빙산의 일각에 불과해요. 탄원서를 모두 꺼내다 놓으려면 이 법정으로 모자를 거요. 나이지리아, 자바, 그리스, 일본, 스웨덴, 페루, 오스트리아에서 온 편지들도 있어요. 그렇게 먼 곳에 있는 사람들이 어떻게 우리보다 이 사건에 대해서 더 많은 것을 알고 있는지 놀랍기만 해요." 그런 다음 그는 사실을 인정하는 낮은 목소리로 말했다. "까마귀개에게 다시 선고합니다. 이미 복역한 형기에 해당하는 형을 선고합니다. 그를 즉시 석방할 것을 명령합니다."

우리 변호사들 중에는 사우스다코타 주에서 경험했던 좋지 않은 일들 때문에 여전히 중압감에 시달리는 사람이 있었다. 까마귀개에게 결코 정의가 실현되지 않을 것이라고 확신했던 그는 큰소리로 항의했다. "재판장, 무고한 이 사람을 감옥에 가둬두는 것은 잔인함의 극치요!" 그가 자기 기분을 못 이겨 계속 항의를 하는 동안, 우리는 필사적으로 옷을 잡아당기며 그를 말렸다. 재판관은 싱긋이 웃으며 판결을 되풀이했다. "내 말을 못 들었나요? 까마귀개를 석방할 것을 명령합니다." 마침내 좋은 소식이 찾아와 준 것이다. 우리에게는 엄청난 순간이었다. 재판관은 우리를 자기 방으로 초대했다. "여러분, 이런 일에는 축하주가 있어야 합니다." 그는 매우 멋진, 미소짓는 작은 올빼미로 변해 있었다. 그의 집무실로 들어가면서 보니, 리처드가 그린 삽화 몇 개가 액자에 들어 있었다. 리처드에게는 "당신은 무척 성실하긴 해요. 그러나 변호사가 될 생각은 마시오"라고 했다. 우리들과 골고루 악수를 나누고, 우리의 끈기를 칭찬해주며 말했다. "이제는 내가 부탁할 일이 있어요. 주교님에게 날 좀 그만 나무라라고 말해주세요."

15. 새장 안에 갇힌 독수리

감옥에 있는 레오나드에게 전화를 걸어 기쁜 소식을 전했다. "며칠만 있으면 자유의 몸이 될거야." 그런데 일은 생각만큼 쉽지 않았다. 관료적 형식주의 때문에 변호사들이 오고가는 데만 수 주일이 더 걸렸다. 수감 조직에서는 누구든 일단 자기 손아귀에 들어오기만 하면, 마치 구두쇠가 돈을 움켜쥐듯 붙잡아두려 한다. 레오나드가 자유인으로 걸어나오기까지는 거의 3달이나 걸렸다. 그것도 가석방 상태였던 만큼 완전한 자유인은 아니었다.

부족 전체가 레오나드의 귀향을 환영해주었다. 모든 주술사들, 부족 의장, 부족 의회 의원, 심지어는 선교사들까지 찾아와 까마귀 개에게 경의를 표했다. 그래도 가장 따뜻한 마음으로 축하를 해준 사람들은 많은 가난한 순수 혈통의 인디언들이었다. 북소리가 우렁차게 울리고, 소리꾼들이 추장을 기리는 노래를 단조로운 목소리로 읊조리고 있는 동안 레오나드는 춤꾼들이 엄숙한 표정으로 둥그렇게 모여 있는 곳으로 천천히 다가갔다. 레오나드가 지나가자, 여인네들이 모두 등골이 오싹하고, 심장을 고동치게 하는 날카로운 소리를 질렀다. 심지어는 레오나드의 늙은 어머니까지 가담하여, 젊은 여인들에 뒤지지 않는 기운찬 소리를 토해냈다. 그들은 나에게도 경의를 표했다. 주술사인 월러스 검은고라니와 빌 독수리깃털(Eagle Feathers)이 사람들이 둥그렇게 몰려서 있는 곳 한가운데로 나를 데리고 가서 머리에 독수리깃털을 꽂아주며, 오히키타 윈이라는 새 이름을 지어주었다. '용감한 여인'이라는 뜻이었다. 자랑스러웠고 행복했다.

까마귀개가 감옥에서 겪은 고생을 기록한 영화에서 빌 컨스틀러는 레오나드의 사건을 짤막한 연설로 요약했다.

"인디언에 대한 박해는 모두 이 나라를 지배하는 사람들과, 그들이 원주민들에게 자행하고 있거나 이미 자행했던 일에서 비롯됩니다. 탐욕을 이기지 못한 우리는 그들을 땅에서 몰아냈고, 그런 뒤에는, 비록 절망적이기는 하지만 제 스스로 회복하고 본연의 당당한 모습으로 돌아가려는 그들의 노력을 짓밟고 있습니다. 미친 말과 앉은황소처럼 까마귀개도 하나의 상징이 되었습니다.

내가 생각하기에 우리는 가장 정당한 요구를 하는 사람들을 가장 싫어합니다. 그들이 우리 정곡을 찌르기 때문입니다. 우리는 그들의 주장이 옳다는 것을 알고 있습니다. 그런 이유에서 어떻게든 그들을 파멸시키려 듭니다. 나는 땅과 자원에 대한 인디언의 당연한 요구를 참으로 두려워하는 사람들을 많이 알고 있습니다. 그들은 인디언의 요구가 도덕적으로 정당하다는 사실을 무척 두려워합니다. 그것은 우리가 내린 비도덕적인 명령에 맞서기 위해 제기된 도덕적인 명령에 직면했을 때, 그 도덕적인 명령을 주장하는 사람들을 미워할 수밖에 없기 때문입니다. 나는 내 능력으로는 분석할 수 없는, 비합리적이며, 죄책감을 야기하는 미움이 있다고 생각합니다. 인디언들의 요구가 어디 하나 잘못된 구석이 없기 때문에 우리는 그들을 미워합니다. 우리는 그 사실을 알고 있습니다."

참으로 훌륭한 연설이었다. 나는 연설이라면 신물이 났다. 좋은 연설도 그랬다. 내겐 장미꽃봉오리에 있는 자그마한 우리의 오두막으로 돌아가, 얼마 안 되는 우리만의 생활을 즐기며, 레오나드에게 커피를 끓여주고, 아이들을 토닥거리며 이불을 덮어주고 싶은 생각밖에 없었다. 그리고 잠자리에 들어 불을 끄고 사랑을 나누며, 쉬고 또 쉬고만 싶었다.

16. 호 우웨이 팅크테 – 내 소리를 듣게 되리라

> 부족에게 담뱃대를
> 건네주고, 삶의 도리를
> 가르쳐 준 것은 흰들소여인,
> 곧 프테산 윈이었다.
>
> – 절름발이사슴

부족 사람들은 감옥에서 풀려난 레오나드를 성대하게 환영했고, 우리는 우리대로 정신적으로 크게 고무되었다. 그러나 정작 며칠 후, 지난 삶의 잔해를 추슬러 보려고 나섰을 때는 좌절감을 느끼지 않을 수 없었다. 전에 집이 서 있던 자리에 시커멓게 그을린 채 네모지게 남은 흙과 재에서는 아직도 매캐한 냄새가 배어 나오고 있었다. 레오나드의 부모와 부쩍 자란 아이들은 모두 경제기회 사무국이 지원한 빨간색 작은 오두막집으로 거처를 옮긴 뒤였다. 그 집은 내가 처음 이곳에 와서 레오나드와 함께 살림을 시작한 곳이었다. 우리 식구 모두가 몸을 의지하기에는 좁아도 한참 비좁은 집이었다. 그동안 너무나 험하게 쓴 탓에 곳곳이 헐어

곧 무너질 지경이었다. 한때는 욕실과 수세식 변소가 있고, 부엌에는 싱크대가 달려 있으며, 수도가 들어왔었지만, 이제는 뭐 하나 제대로 작동되는 것이 없었다. 마치 토네이도가 휩쓸고 지나간 집 같았다. 레오나드는 부엌으로 쓰던 낡은 오두막을 작은 집으로 고쳐 부모님 거처를 마련했다. 급한 김에 손에 집히는 대로 이것저것 그러모아 만든 집이었다. 집이라기보다는 인디언 보호구역에서 많이 볼 수 있는 허름한 간이 오두막 같았다. 우리가 집에 없던 1년 반 동안 아이들은 많이 자라서, 마치 버섯처럼 훌쩍 커 있었다. 이나와 버나디트는 벌써 젊은 숙녀 티가 나서 내가 기억하고 있던 어린 소녀의 모습이 아니었다. 둘 다 생기발랄하고 자유분방했다. 나이가 들어 기력이 달린 노인들은 레오나드와 나처럼 아이들을 다룰 수가 없었다. 아이들과 우리는 처음 본 사람처럼 서먹했다. 이제는 성인 대 성인으로서 그들과 다시 친해질 필요가 있었다.

레오나드의 아들 리처드와 쿼나는 휘둥그레진 눈으로 아버지를 바라보았다. 볼이 푹 꺼진 이 낯선 아저씨는 누구예요? 우리 아버지인가요? 수난을 겪은 레오나드의 모습에서는 영적인 분위기가 풍겼다. 그 덕에 오히려 더 잘생겨 보였다. 그러나 글레이즈(glaze)를 바른 도넛을 너무 좋아해서 감옥에서 빠졌던 몸무게가 다시 50파운드나 불어났을 때는 미안한 생각이 들었다. 레오나드와 나 또한 서로 다시 친해져야 했다. 우리는 서로 어색해하고 부끄러워했다. 감옥에 갇혀 있는 동안 우리가 서로 얼굴을 볼 수 있었던 것은 열두어 번에 지나지 않았다. 어느 때는 교도관이 서 있는 옆에서 전화선을 통해서, 더 많은 경우는 전화부스 같은 곳에 앉아서 만났다. 잘 들리지도 않는 전화기로 목소리를 주고받으며, 푸르스름한 유리와 플라스틱을 통해서 보이는 희미한 모습만으로 서로를 확인하곤 했다.

감옥에 갇혀 있는 동안 그도 변했지만, 나 또한 변했다. 대개 보면 변화는 좋은 것이지만, 우리는 그동안 우리가 변했다는 사실에 익숙해져야만 했다. 어느 때 보면, 내가 풀잎산을 떠난 적이 한 번도 없었던 것 같기도 했다가, 다른 때 보면 평생 동안 풀잎산을 떠나 있었던 것 같은 느낌이 들기도 했다. 나는 거의 1년을 페드로와 함께 뉴욕에서 지냈다. 1인용 욕실이 갖춰진 나 혼자만의 방을 사용하면서, 대도시의 편리함을 즐기며 살았다. 사람들은 나를 저 명인사처럼 대우하며 소란을 피웠다. 그러나 이제는 옥외 변소를 사용하고, 강에서 물을 길어다 먹고 통 속에서 구식 빨래판으로 빨래를 하는 생활로 돌아왔다.

우리에게 도움을 준 뉴욕 여성들은 대부분 여성주의자들이었다. 어떤 점에서 보면 나는 그들과 속내가 맞지 않았다. 내가 볼 때 남녀 평등은 주로 백인 중상 계층의 문제일 뿐, 보호구역의 인디언 여인네들에게는 그림의 떡이었다. 좋은 뜻으로 그랬겠지만 어떤 사람들은 생색을 내며 나를 가장 무도회 파티의 이국적인 대화 상대로 삼기도 했다. 낙태와 피임에 대한 견해에서 나는 그들과 뜻이 맞지 않았다. 다른 많은 아메리카 원주민 여인들처럼, 특히 AIM에 가담했던 사람들처럼 내게는 아이를 낳고 싶은 욕심이 있었다. 과거 우리가 대량 학살을 당했기 때문에 나 혼자서라도 반드시 채워 넣어야겠다는 소망이 절실했기 때문이다. 백인 여성 친구들에게 배운 많은 것들이 여러 가지 점에서 영향을 끼친 것도 사실이었다. 나는 이제 눈을 내리 깔고 어느 남자의 발걸음을 뒤따르는 수줍은 수우 족의 여인이 아니었다. 이제 나는 우리의 전사들, 곧 운디드니에서 용감하게 죽음에 맞섰던 영웅들을 무조건 칭송하기만 하는 여자가 아니었다. 그보다는 집에 있는 키 6피트짜리 아이들에게 자주 감탄을 보내는 여인이 되었다. 죽음이나 감옥 앞에서 그들이 초인적인 모습을 보여준 것은 부인할 수 없었다. 그러나 그들 중 많은 사람들은 실생활에서는 나약했다. 자기 행동에 대해 책임을 지지 못했다. 많은 여인들이 상처를 받고, 남편도 없이 아이의 양육을 떠맡았다. 자기 가족뿐만 아니라, 과부와 어린 고아들을 돌보고 보호하는 일은 전통적으로 인디언 남자들의 몫이었다. 그런데 이제는 여인네들에게 "우리 함께 어린 전사를 키우자"라고 말하는 형편이 되었다. 그러나 그들은 자포자기에 빠지고 말았다. 그 어디서도 전사를 키우기가 거의 불가능하기 때문이다. 까마귀개가 늘 나이를 불문하고, 전혀 아무런 관계가 없는 수많은 사람들의 뒷바라지로 허우적거리는 이유가 바로 거기에 있다.

뉴욕에 가기 전에는 어떤 일들을 당연하게, 곧 정상적인 일상

생활의 한 면으로 받아들였다. 그렇지만 거의 일 년을 바깥에서 지내고 와서 보니, 많은 수우 족 남자들이 걸핏하면 자기 아내를 때리는 모습이 정상적으로 보이지 않았다. 바바라 언니가 와서 신세 한탄을 늘어놓은 적이 있다. 언니는 고슴도치에서 젊은 남자와 살고 있었다. "맨정신일 때는 착하고 정상적인 사람이야. 그런데 술만 들어가면 딴 사람으로 돌변해서 나를 두들겨 패는 거야. 지난번에는 주말 내내 밖에 나가 술을 퍼마시고 오더니, 그걸 내게 몽땅 토하더라고. 그래서 옷을 갈아입으러 가겠다고 했더니, 아무 데도 가지 말라고 떼를 쓰는 거야. 글쎄, 그래서 이렇게 오물을 뒤집어쓴 채 있을 수는 없다고 하면서 밖으로 나가려고 했거든. 그랬더니 울타리에서 가로 세로 각각 2인치 4인치 되는 각목을 빼어들고 휘두르는 거야. 그 각목에 맞아서 갈비뼈가 2개가 부러졌어. 그래서 영원히 갈라서기로 했어."

나는 웃으면서 바바라 언니에게 말했다. "대부분의 수우 족 여자들은 그깟 일로 남자 곁을 떠나지 못할 걸."

언니는 말했다. "인디언 여자들은 남정네들보다 더 강해. 그런 온갖 수모를 견디며 살아야 하니까. 그러나 이젠 지겨워."

나는 언니에게 대답했다. "언니, 우리는 너무 오랫동안 떨어져 지냈어. 문제를 보는 눈도 서로 예전과 같지 않아."

레오나드도 나와 비슷하게 다시 적응해 가는 과정에 있었다. 감옥에서 당한 일을 생각할 때마다 비통함이 고개를 쳐들었기 때문에, 마음속에서 그것을 정리해야 했다. 재판을 받으면서 그는 수많은 인디언과 백인들에게 유명 인사가 되었다. 그 이후로 편지가 많이 왔고, 그것을 처리하는 일도 우리 몫이 되었다. 도움과 돈을 요구하거나, 정신적인 위안과 갖가지 의식을 벌여달라고 부탁하는 편지였다. 인디언 재소자들은 그가 담뱃대를 들고 면회를 와서 교도소 운동장에 땀막을 지어주기를 바랐다. 심지어는 백인과 흑인 재소자들도 그에게 도움을 청했다. 레오나드는 복역 중인 사람들보다 자기가 훨씬 더 편안한 상황에 있다고 생각했기 때문에 부탁을 거절하지 못했다. 인디언들이 법률 문제에 휘말릴 때마다 찾아가 도움을 주었고, 나도 그를 따라 다녔다. 이런 모든 것들보다 그가 형 집행정지 5년의 처분을 받아 석방된 신분이라는 사실이 먼저였다. 레오나드는 말했다. "인도 위에 침만 뱉어도 그들은 나를 다시 감옥에 가둘 수 있어." 그 때문에 우리는 둘 다 엄청난 정신적 부담을 느꼈다.

    레오나드는 여성과 관계된 일이 있을 때, 더욱더 너그러운 자세를 보였다. 과거에 보였던 남성 우월주의적인 태도를 별로 드러내지 않았고, 다시 한번 보호구역의 생활에 특히 그의 생활에 적응하려고 애쓰는 나의 노력을 이해하려고 했다. 감옥에서 겪었던 어려움을 다 털어내려면 시간이 필요하다는 것을 나는 알고 있었다. 그렇게 오랜 세월 동안 학대받은 사람에게, 모든 일을 그저 웃어넘기라고 말할 수도 없는 노릇이었다. 우리들 사이의 다툼은 줄어들었다. 레오나드로서는 성자인 척하면서 자기주장만 옳다고 내세울 수도 있었을 것이다. 새 삶을 시작하면서, 내가 그에게 청했다. "여보, 당신이 당신 생각만 옳다고 주장하지 않으면, 나도 나만 옳다는 생각을 버릴게. 정말 나를 사랑한다면, 마음을 차분하게 먹어. 그러면 나도 차분해질 테니까. 내 어려움을 당신에게 떠넘기지 않을게. 당신도 어려움을 내게 떠넘기지 마." 그는 웃으며 좋다고 했다.

그에게 물었다. "당신이 내게 바라는 게 뭐야?"

그가 말했다. "당신은 주술사의 아내야. 당신은 물이고, 곡식이야. 당신 자신이 바로, 당신이 뱃속에 넣고 다니는 자라나는 세대야. 내겐 역할이 있어. 그래서 당신을 아내로 맞은 거야. 다음에 태양춤을 벌일 때, 당신은 우리의 휜들소여인인 프테산 윈을 대변하는 담뱃대를 들고 그곳에 서 있어야 할거야."

레오나드는 라코타의 전설과 신앙에서 여성들이 차지하는 역할에 대해서 이야기하면서, 나를 즐겁게 해주려고 애썼다. 이브가 아담의 갈비뼈로 만들어졌다고 하는 기독교 성경과는 달리, 우리의 옛 이야기 가운데 하나에는 여성이 먼저 출현했다고 한다. 주술에 관해서 이야기하면서 레오나드가 말했듯이, 이 최초의 여인은 정령들에게서 권능을 부여받았다. 그녀는 자궁처럼 생긴 자루에 담겨 세상으로 날아 내려왔다. 그의 말에 따르면, 그녀는 4차원적인 존재, 곧 한 인간 속에 응축된 창조 그 자체였다. 그녀는 지식을 가지고 세상에 내려왔다. 그때 등에 짐받이를 메고 있었는데, 그 속에 우리 부족이 사용하는 약초와 치료용 뿌리가 담겨 있었다.

최초의 여인이 꿈을 꾸었다. 꿈속에서 본 환영 속에서 할아버지 정령이 이런 충고를 했다고 한다. "왼편으로 네 손이 있는 곳에 돌멩이가 하나 있을 것이다." 잠에서 깨어난 그녀는 손에 잘 다듬어진 부싯돌 하나가 들려 있는 것을 보았다. 그것이 바로 최초의 도구였다. 그런 다음 다른 환영 속에서 이런 소리를 들었다. "오른쪽에 수풀이 있으니, 그곳으로 가거라! 그대의 의무는 한 세대를 양육하는 데 있느니라." 그녀는 그 말이 무슨 뜻인지 이해할 수 없었지만, 결국은 그 의무를 수행했다. 월경기에 든 최초의 여인이 산책을 하고 있을 때였다. 그녀의 월경혈 한 방울이 땅에 떨어졌다. 토끼가 그것을 보았다. 토끼는 이 작은 핏덩어리를 발로 이리저리 차면서 가지고 놀기 시작했다. 그러자 재빠르게 움직이는 정령 트쿠스칸스칸(Tkuskanskan)의 힘에 의해서 핏덩어리가 굳어지기 시작하더니, 웨-오타-위차샤(We-Ota-Wichasha) 즉 핏덩어리 소년, 다시 말하면 최초의 남자로 변했다.

최초의 여인은 생존에 필요한 사물을 창조하는 권능, 곡식을 심고, 부싯돌로 불을 피우고, 신성한 일곱 막대의 힘을 빌려 불을 꺼뜨리지 않는 지식을 부여받았다. 불 속에서 벌겋게 달아오른 돌멩이 일곱 개를 받았다. 물을 가득 채우고, 벌겋게 달아오른 돌멩이와 고기와 약초를 넣어 최초의 수프 용기로 사용할 수 있는 들소의 위장도 받았다. 최초의 여인은 지구의 중심이었고, 샛별은 그녀의 상징이었다. 이야기를 마치면서 레오나드는 "어쩌면 그녀는 별에서 왔는지도 모른다"고 했다.

그는 또 우리 종족에게 가장 신성한 물건인 프테친칼라-후후-차눈파(ptechincala-huhu-chaunpa), 곧 우리 신앙의 토대가 되는 신성한 담뱃대를 가져다준 흰들소여인에 대해서도 이야기했다. 이 여인은 우리에게 담뱃대를 사용하는 방법과 성스러운 자세로 살아가는 도리를 일러주었다. 사명을 다한 뒤 흰들소여인은 우리 종족에게 작별을 고했다. 사람들은 발걸음을 옮기며 멀어지던 그녀가 흰 들소 송아지로 변신하는 것을 보고, 일가붙이인 들소 부족이 그녀를 우리에게 보냈다는 것을 알게 되었다.

들소 송아지 담뱃대는 지금도 존재한다. 고라니머리(Elk Head) 집안이 수세대에 걸쳐 간수해오다가 말바라보기(Looking Horses) 집안에 전해주었고, 지금은 이 집안에서 보관하고 있다. 그들은 샤이엔 강 수우 족 보호구역에 있는 독수리외딴산에 살고 있다. 담뱃대 자루는 들소 다리뼈로 만들어졌으며, 너무 오래되어서 더 이상 담배 피우는 데는 쓸 수가 없다. 그것은 붉은 파이프석으로 된 담배통이 달린, 오래된 다른 담뱃대와 함께 약초 꾸러미 속에 보관되고 있다. 그 꾸러미는 아주 가끔, 중요한 일이 있을 때에만 풀어볼 수 있다. 레오나드는 여러 번에 걸쳐 그 담뱃대를 들고 기도를 올리는 특전을 누렸다.

그 꾸러미를 풀 때는 이상하게 두려운 마음이 든다고 했다. 의식을 치르는 동안에는 처음부터 끝까지 천둥과 번개가 몰아치고 검은 구름이 머리 위를 뒤덮고 있었다. 그 때문에 레오나드는 절로 고개가 들리고 입에서는 말이 흘러나왔다. "할아버지, 할아버지의 말씀을 듣고 있나이다." 참석한 모든 사람은 그 담뱃대에 제물로 바칠 담배와 싸개 천을 만들었다. 헨리 까마귀개 노인은 불을 피워 향기로운 약초와 삼나무를 태웠고, 거기서 나오는 향을 부채로 부쳐 꾸러미가 있는 곳으로 보냈다. 레오나드는 제단을 만들었다. 제단을 만들 때는 몸이 떨린다고 했다. 그들은 그 신성한 담뱃대가 보일 때까지, 차근차근 한 겹 한 겹 꾸러미를 풀어나갔다. 담뱃대에 손을 대는 순간, 레오나드는 전기 충격 같은 것을 느꼈다. 그것을 집어들고 기도를 드릴 때는, 위대한 힘이 도도하게 팔과 혈관을 타고 흘러들어 자기의 존재 전체를 가득 채우는 것을 느꼈다. 눈물이 흘러내렸다. 꾸러미를 푸는 특별 행사에는 남자 12명이 참석했는데, 그들도 모두 그와 비슷한 것을 경험했다.

레오나드는 또 많은 부족들 중에서 페요테 종족에게는, 한 할머니와 손녀딸이 신성한 약초를 찾아냈다는 전설이 있다고 했다. 수백 년 전의 일인데, 산딸기와 열매를 따러 간 그들은 도중에 길을 잃어, 마을로 돌아오는 길을 끝내 찾지 못했다고 한다. 그때 "이리 오너라!" 하는 소리가 들렸다. 소리를 따라가 보니, 별 모양이 새겨진 초록색 둥근 풀이 있었다. 이것이 할아버지 페요테였다. 그

풀이 그들에게 "날 먹어라!"라고 했다. 그 신성한 음식을 함께 먹은 그들은 정신이 맑아져서 집으로 오는 길을 찾게 되었다. 그들은 페요테 사용법에 관한 지식을 자기 부족과 이 대륙의 모든 원주민들에게 전해주었다.

인디언 신앙에서 여성이 차지하는 중요성을 강조하면서도, 레오나드는 전통적인 인디언의 생활에서 남자와 여자가 나누어 갖는 역할의 경계가 모호해지지 않도록 주의를 기울였다. AIM 여성 회원들이, 최초의 원주민 여성주의 운동이라고 할 수 있는, 전인디언 종족여성모임(Women of All the Red Nations)이라는 이름의 조직을 만든 적이 있다. 레오나드는 이를 환영했다. 그러나 이 여성들이 남성들의 참여를 배제하고, 자기들만의 태양춤을 벌이자 화를 냈다. 그는 우리 신앙은 모든 사람들을 다 포용한다고 했다. 남자든 여자든 스스로 참여하거나 퇴장하는 데 방해를 받아서는 안 된다는 것이었다. 월경 중인 여인네들을 의식에 참석하지 못하게 하는 것만이 유일한 예외였다. 여인의 월경에는 매우 강력한 힘이 들어 있어서 다른 권능을 제압하고, 의식을 무용지물로 만든다는 이유에서였다. 최근에 여인네들 몇 사람이 모여 자기들끼리만 태양춤을 벌이고 싶다고 하자, 레오나드는 그 자리에서 벌컥 화를 냈다. 그가 보기에 그것은 지나친 요구였다. 레오나드는 지금까지 의식이 벌어질 때마다 여자의 역할을 옹호해왔다. 전통적으로 남자들만이 수행할 수 있었던 일을 여자들이 하는 데는 반대해왔다. 그가 없는 동안 사람들의 생각에 많은 변화가 있었고, 그는 그것에 대처해야 했다.

그의 생애에서 새로운 전환기에 직면할 때면, 레오나드는 항상 라코타 족의 말로 백일몽 내림 의식(Crying for a Dream)이라고 하는 환영 내림 의식(vision quest)에 몰두했다. 까마귀개 일족이 환영 내림 의식 장소로 사용하는 구덩이는 사방팔방으로 여러 마일까지 볼 수 있는 높은 언덕에 자리잡고 있다. 그곳은 소나무와 산쑥 덤불로 둘러 쌓여 있으며, 인적이 드물긴 하지만 경치가 좋고, 독수리들이 둥지를 틀고 코요테가 달을 향해 소리내어 짖어대는 곳이다. 환영 내림 의식 구덩이는 여러 세대에 걸쳐 그 자리에 있었다. L자 모양으로 생긴 그 구덩이를 따라 들어가면 칠흑 같은 어둠을 만나게 된다. 그것을 보면 나는 늘 무덤이 생각났다. 어떤 점에서 보면, 환영을 구하는 사람은 백일몽 내림 의식을 하는 동안에는 죽은 사람이나 진배없다는 생각이 들었다. 언젠가 어떤 사람이 구덩이 안에서 기도를 드리고 있을 때, 까마귀개가 산쑥을 뿌린 거적으로 구덩이를 덮는 것을 본 적이 있다. 마치 사람을 산 채로 매장하는 것 같았다. 그래서 더 그런 생각이 들었을 것이다.

환영 내림 의식은 4일 밤낮에 걸쳐 치러진다. 구덩이 안에 들어 있으면, 몸뚱이를 지니고 있다는 느낌이 모두 사라진다. 땀 목욕을 한 뒤끝이라, 대지의 모태 속으로 들어가면 우선 현기증을 느낀다. 등뒤의 축축한 흙, 앞은 자리 바닥의 산쑥으로 만든 깔개의 감촉만 느껴질 따름이다. 하루나 이틀이 지나면 그런 느낌마저도 없다. 아무 감각도 없고, 아무것도 보이지 않으며, 아무 소리도 들리지 않는다. 아무 맛도 느껴지지 않는다. 한블레세야(hanbleceya)를 하는 동안에는 아무것도 먹거나 마시지 않기 때문이다. 환영을 부르는 일은 두려운 일이다. 자신이 깨어 있는지, 잠들어 있는지, 살아 있는지조차도 의식하지 못하면서, 철저하게 자기 자신만을 의지하며 지내야 하기 때문이다. 나도 여자로서 하루 밤낮, 아니면 길어야 이틀 정도는 환영 내림 의식에 마음을 쏟을 수 있을지 모른다. 사방에서 흙벽이 나를 둘러싸고 있다는 것을 생각하면 그 이상은 견딜 수 있을 것 같지 않았다.

레오나드는 처음 환영 내림 의식을 했던 경험을 이야기해주었다. 그때 그는 10대 초반의 소년에 지나지 않았다고 한다. 한 정령이 그에게 한블레세야를 치르라고 했다. 헨리 노인과 한 삼촌이 도와주었다. 그들은 땀막을 짓고, 그 안에서 그를 정화시켰다. 큰누나는 자기 살점을 제물로 바쳤다. 사람을 시켜 두 팔에서 살점을 떼어내 그것을 레오나드가 구덩이 안으로 들어갈 때 가지고 가는 달그락 소리나는 조롱박 안에 넣어준 것이다. 누나가 이렇게 제물을 바쳐주자 그는 안심이 되었다. 그들은 그를 구덩이 안에 집어넣고, 이틀 밤낮을 지내게 했다. 어린아이로서는 견디기 쉽지 않은 일이었다. 그는 거대한 환영을 접했다. 누군가가 자기 위를 걸어다니는 소리를 들었다. 어떤 목소리가 들렸다. "너를 어떤 곳으로 데려가, 그곳에서 가르침을 주겠다."

그러더니 갑자기 그의 몸이 구덩이를 떠났다. 어떤 땀막 바로 앞에 서 있게 되었는데, 주위에는 옛날처럼 티피와 말들이 널려 있었다. 꽃과 사슴, 들소의 무리가 보였다. 그의 육신은 아름다운 정령의 세상으로 옮겨져 있었다. 사슴가죽 옷을 입은 어떤 남자가 말을 걸어왔다. 그는 지금 레오나드가 경험하고 있는 모든 일에 대해서 연장자들이 풀이를 해줄 것이라고 했다. 그러니 레오나드로서는 자기가 본 환영에 대해서 무엇을 덧붙이거나 빠뜨리는 일이 있어서는 안 되었다. 그런 다음 그 낯선 남자는 작은 약초 꾸러미를 건네주었다. 마침내 환영에서 깨어났을 때, 레오나드는 꽉 움켜쥔 주먹에 이상하게 생긴 조약돌이 들려 있는 것을 보았다. 그는 그것을 약초 자루에 넣어 가지고 다닌다. 감옥에서 풀려난 뒤 처음 치른 한블레세야에서도 그는 환영을 접했다. 그러나 이번에 본 환영은 그 규모가 작았다.

4일 밤낮에 걸쳐 환영 내림의식을 치르고도 환영을 접하지 못하는 사람들도 있다. 환영은 내려오기도 하지만, 내려오지 않기도 한다. 환영 내림의식을 하는 사람들이라고 해서 다 구덩이를 이용하지는 않는다. 빌 독수리깃털 삼촌은 언덕 꼭대기에 쭈그리고 앉은 채 환영이 내려오기를 빌곤 했다. 꼭대기가 온통 동물 두개골, 달그락 소리나는 물건들, 약초 자루, 풀어헤쳐진 담배 꾸러미, 옷감 제물과 같이 옛날의 신성한 물건들로 뒤덮여 있는 것을 보면,

그가 의식 장소로 택한 그곳이 오랜 시간 동안 환영 내림의식을 하는 장소로 쓰였던 것이 분명했다. 그곳은 신비한 장소였다. 거기 갈 때마다 나는 눈에 보이지 않는 정령을 느끼곤 했다. 그곳에는 항상 매서운 바람이 불었다. 사방으로 노출되어 세찬 바람이 휘몰아치는 그곳에서 아무것도 먹지 않으며 기도를 드려야 하는데, 빌 삼촌은 그것을 어떻게 견뎌냈는지 궁금하기만 했다.

풀잎산에 살면서 내게 인상적이었던 일이 한 가지 있었다. 그것은 나와 함께 생활하는 사람들에게는 일생 생활의 사소한 부분까지도 종교적인 의미를 지닌다는 사실이었다. 먹고 마시는 일, 동물의 모습, 동물이 울부짖는 소리, 날씨, 구슬이나 깃대로 장식하는 일, 어떤 식물이나 바위를 찾아내는 일이 모두 영적인 의미가 있었다. 나는 그것들을 관찰하고, 귀를 기울이고 배웠다. 그 과정은 특이했다. 한편으로는, 나는 여전히 수많은 대도시에서 상점을 털고 다니던 자유분방한 혼혈아 소녀에 지나지 않았다. 그러나 다른 한편으로는 자기 종족의 옛 신앙에 탐닉하는 전통적인 수우 족 여인이 되어가고 있었다. 내 마음 안에서 다중 인격이 형성되고 있었던 것이다. 나는 주위에 있는 현대의 모든 수우 족 인디언들도 나와 같을 것이라고 생각한다.

주술사와 어른들이 어린아이들까지도 의식에 끼워주는 것을 보고, 그들이 참여할 수 있도록 사랑과 인내심을 가지고 가르치는 것을 지켜보노라면 가슴이 뭉클해진다. 어린 페드로가 처음으로 유위피 의식에 끼어 앉아 있던 모습이 기억난다. 아직은 작은 꼬마일 때였다. 주위에서 정령들이 날아다니자, 페드로가 어둠 속에서 나를 향해 울부짖었다 그러자 사람들은 아이에게 알록달록한 새를 보여주었다.

지금도 레오나드가 나를 위해서 벌여준 페요테 의식 가운데 하나가 생각난다. 우리 다섯 사람밖에는 참석하지 않았고, 나로서는 아직도 페요테 관습을 완전하게 이해하지 못했을 때였다. 나는 페요테를 마치 사탕 먹듯 먹었다. 대략 15숟가락 정도 먹고 나서 두세 시간이 지나니 정신이 멍해졌다. 나는 킬킬대기 시작했다. 멈출 수가 없었다. 페요테 기운이 나를 사로잡았다. 내 주위의 모든 것이 의식에서 사라졌다. 눈을 감았다. 환상적이고 멋진 피조물들이 가득 널린 어떤 열대 지방에 내가 있었다. 내 마음 속에서 무슨 일인가가 벌어지고 있었다. 황금색 나무에서 처음 보는 번쩍거리는 열매를 하나 땄는데, 알고 보니 바로 금단의 과일, 곧 지식의 과일이었다. 이 열매는 인디언의 에덴 동산에 있었다. 뱀도, 칼을 들고 나를 내쫓는 성난 천사도 없었다. 생전 처음으로 지식의 빛 속에 들어 있는 페요테를 보았다. 내 옆에는 어떤 임신한 여인이 앉아 있었다. 내 아기가 자궁 속에서 북소리에 맞춰 춤추는 것을 느꼈다. 레오나드는 어린아이들도 이 의식에 참가하게 해주었다. 아이들을 무릎 위에 앉히고 노래 소리를 귀담아 듣게 했다. 페드로는 네 살 때 이미 많은 아메리카 원주민 모임의 노래들을 부르고, 달그락 소리나는 조롱박을 사용할 줄 알았다.

  마침내 내가 태양춤을 춰야 할 때가 왔다. 태양춤이 끝날 때쯤 해서 사람들은 다음 태양춤에 참가하겠다는 약속을 한다. 나도 신성한 나무 오른편에 서서 서약을 한 바 있었다. "내년 여름에 태양춤을 추겠어요. 태양춤을 추어, 나에게 소중한 인디언 재소자들이 풀려나도록 하겠어요." 일 년이 지나갔고, 나는 내 약속을 지켜야 했다.

  몇 년 전 세상을 떠난 빌 독수리깃털 삼촌은 중재자, 곧 사람들과 정령을 이어주는 살아 있는 가교였다. 그는 태양춤을 모든 인디언 의식의 조상이라고 불렀다. 그의 말이 옳았다. 위-완양-와치피 (Wi-Wanyang-Wacipi), 곧 태양춤 축제는 해마다 여름의 정점에서 치러지며, 우리의 여러 의식들 가운데 가장 경외감을 불러일으키는 의식이다. 1883년, 정부와 선교사들은 '야만적이고, 미신적이며, 인디언을 문명화하는 데 방해가 된다' 는 이유를 들어서 태양춤을 금지시켰다. 태양춤에 대한 기독교 교회의 적대감에는 논리적 타당성이 없다. 무엇보다도 그들이 그리스도를 예배하는 까닭은, 그가 사람들을 대신하여 고통을 겪었기 때문이다. 그런데 태양춤의 바탕에는 그와 유사한 종교적인 개념이 깔려 있었다. 태양춤에 참가한 사람들은 소중한 사람들을 돕기 위해 꼬챙이로 자기 살을 뚫는다. 절름발이사슴이 말하곤 했던 것처럼, 가장 중요한 차이점은 기독교도들이 예수에게 자기들 대신 모든 고통을 짊어지게 해놓고 그에 만족하는 반면에, 인디언들은 다른 사람들을 도우려고 해마다 자기 살점을 내놓는다는 점에 있다. 선교사들은 이 점을 전혀 간파하지 못했다. 아니 어쩌면 그 사실을 지나치게 잘 알고 있었는지도 모른다. 그래서 기독교의 태양춤 장대가 십자가에 필적한다는 이유로 우리의 태양춤을 탄압했을 것이다. 어쨌든 반세기 동안 인디언들은 태양춤을 추거나, 형태를 불문하고 종족의 의식에 참가하기만 하면 감옥에 끌려가야 했다.

이런 이유에서 백인 역사가들은 1883년과 1930년 사이에 수우 족이 태양춤을 추지 않았다고 생각한다. 그렇지만 그건 틀린 생각이다. 태양춤은 단지 지하로 숨어들었을 뿐이다. 그 기간 동안에 해마다 수우 족 인디언들은 어디에선가 의식을 벌였다. 헨리와 다른 노인들은 여전히 가슴팍 살에 깊은 흉터를 지니고 있다. 모두 1920년대 내내 외딴 곳에서 불법으로 치러진 태양춤에서 생긴 흉터들이다. 작은하얀강을 따라 뻗어 있는 계곡 곳곳에, 그 당시에 태양춤을 벌였던 둥그런 자리가 잘 은폐되어 있는 흔적들을 발견할 수 있다. 반세기 동안 얼마 안 되는 주술사와 노인들이 태양춤의 원형을 그대로 지켜 내려왔고, 의식에서 부르는 노래와 의식의 진행 방법에 관한 지식을 극히 세밀한 내용까지 전해주었다. 태양춤에 관해서는 우리는 잃어버린 것이 전혀 없었다.

레오나드의 가슴에는 열두 번도 넘는 가슴 뚫기에서 얻은 흉터가 전쟁터처럼 널려 있다. 1971년 이후로 그는 매해 여름 우리 땅에서 의식을 벌여왔다. 그렇게 된 데는 다 까닭이 있었다. 그동안 소나무산마루에서는 입장료를 받고, 사진 모델이 되어주는 대가로 돈을 받고, 핫도그 가판대를 세우고, 나룻배를 운영하고, 태양춤을 상업화하고, 이 신성한 의식을 관광객들의 흥밋거리로 전락시켰다. 많은 전통적인 인디언들은 이를 못마땅하게 여겼다. 그래서 1971년에 레오나드와 빌 삼촌, 월러스 검은고라니, 존 절름발이사슴을 포함한 주술사 몇 사람은 태양춤을 서커스 같은 분위기가 아니라 전래의 방식으로 치르기로 결정했다. 의식을 치를 장소로는 운디드니를 선택했다. 1890년 그곳에서 수많은 우리 조상들이 대량 학살을 당했기 때문이다. 그들은 휴식할 그늘을 만들고, 땀막을 세운 다음, 준비를 갖추고 나서 태양춤을 추기 시작했다. 그런데 일이 틀어지기 시작했다. 부족 경찰을 가득 태운 자동차 한 대가 돌진해 들어왔다. 경찰 지휘관은 빌 삼촌과 레오나드에게 운디드니에서는 태양춤을 벌여서는 안 된다고 통보했다. '그것이 선동적이고', 소나무산마의 상업적 태양춤을 보러오는 '관광객을 빼앗아 갈지도 모른다'는 이유에서였다.

레오나드는 경찰 지휘관에게 말했다. "종교의 자유를 모릅니까? 당신은 인디언이오. 어떻게 신성한 의식이 벌어지고 있는데 방해를 할 수가 있단 말이요?" 그동안 춤꾼들은 경찰을 무시하고 계속 춤을 추면서, 독수리 뼈로 된 호각을 불었다. 경찰 지휘관 자신도 그런 임무를 달가워하지 않았다. 그는 당황한 표정으로 차를 몰고 떠났다.

둘째 날, 춤꾼들이 살점을 떼어내 제물로 바치고 있을 때였다. 또 춤꾼들의 노래 소리가 경찰의 사이렌에 파묻히는 사태가 벌어졌다. 이번에는 부족 경찰이 순찰차 세 대를 나누어 타고 대거 몰려들었다. 지휘관은 말했다. "나도 이러기는 싫소. 그렇지만 당신을 체포하라는 명령을 받았소." 빌 독수리깃털은 눈물을 흘렸다. "난 운이 나쁜 사람이오. 위대한 정령이시여, 제가 무엇을 잘못했나이까?"

레오나드는 가까스로 춤꾼들을 제지했다. 자칫하면 목숨이 오갈 수도 있는 상황이었다. 춤꾼들 가운데는 '모든 부족의 인디언'이라고 자칭하는 일단의 젊은이들이 있었다. 샌프란시스코 출신으로서 알카트라즈 섬 점거 사건에 참여한 젊은이들이었다. 그들은 경찰과 싸우고 싶어했다. 살상을 피하기 위해 레오나드와 엉클 빌은 무진 애를 썼다. 그곳에 있던 사람들은 모두 법정으로 연행되어 벌금형을 받았다. 두세 시간 뒤에 춤꾼들은 풀려났지만, 경찰이 춤터를 차지하고 있어 더는 의식을 벌일 수가 없었다.

춤꾼들은 레오나드에게 물었다. "이제는 어떻게 하죠?" 누구든 태양춤을 중도에 그만두고 떠날 수는 없게 되어 있었다. 살을 뚫는 단계에 이를 때까지 태양춤을 진행하지 않는다는 것은 생각할 수도 없는 일이었다. 레오나드는 말했다. "위대한 정령에게 서약을 하였으니, 이를 지켜야 해." 누가 장미꽃봉오리의 까마귀개의 땅에서 춤을 계속하는 것이 어떻겠느냐고 제안했다. 그곳이면 아무도 의식을 방해할 수 없을 것이라고 했다. 모두들 좋은 생각이라며 찬성했다. 그런데 나무가 문제가 되었다. 태양춤 터의 둥그런 자리 한 가운데 세우는 신성한 태양춤 장대는 두 갈래진 미루나무로 하게 되어 있다. 될 수 있는 한 가장 완벽에 가까운 나무를 찾기 위해서 사람들을 내보낸다. 그런 나무를 찾으면 전투에서 승리를 거둔 것과 마찬가지로 생각한다. 지금까지 한번도 남자와 함께 지낸 경험이 없는 소녀가 가장 먼저 도끼를 들고 상징적으로 나무를 찍는 시늉을 한다. 넘어질 때, 나무가 땅에 닿아서는 안 되며, 남자들이 붙들고 태양춤 판까지 날라야 한다.

레오나드는 난감했다. 까마귀개의 땅은 80마일도 더 넘는 거리에 있었다. 그 무거운 나무를 어떻게 그 먼 곳까지 나를 수 있을까? 나무는 신성한 물건이다. 태양춤이 최고조에 이르면, 몸이 불편한 사람들은 그 나무 아래 누워 치료를 받는다. 나무를 바라보는 것만으로도 어떤 사람들은 벌써 환영을 접하게 된다. 그런 나무를 어떻게 운반할 수 있단 말인가?

바로 그때, 머리를 길게 기른 한 젊은 백인들이 커다란 트럭을 몰고 도착했다. 인디언의 관습을 배우기 위해서 동부의 해안 지방에서 줄곧 달려온 사람들이었다. 그들 중에 한 사람이 레오나드에게 말했다. "당신들이 하는 소리를 들었어요. 우리가 그 나무를 트럭에 싣고 당신 땅이 있는 곳까지 가겠어요."

레오나드는 반대했다. 나무는 신성하게 발로 운반해야 하는 물건이었다. 그것을 트럭에 싣는다는 것은 대단히 잘못된 일이다. 그때 레오나드보다 나이가 곱절이나 많고, 태양춤 춤꾼의 경험도 더 많은 빌 독수리깃털이 다가왔다. 자리에 참석해준 인디언과 백인 모두에게 고맙다는 말을 전하면서 그는 긴 머리의 젊은이들을 가리키며 말했다. "위대한 정령이시여! 저들을 바라보소서. 저들은 우리처럼 가난하나이다. 저들의 옷을 보소서. 저들의 신발을 보소서. 사람들은 우리를 더러운 인디언이라고 부르나이다. 사람들은 저들을 더러운 히피라고 부르나이다. 우리는 같은 길을 걷는 자들이나이다. 할아버지 퉁카쉴라께서는 이해하실 것입니다. 신성한 이 나무도 이해할 것입니다. 우리가 좋은 일을 한다는 것을 말입니다."

그는 삼나무와 향기로운 풀을 태워 젊은 히피들에게 연기를 쏘였다. 그런 다음 태양춤 장대는, 여전히 거기 매달려 있는 모든 제물들을 단 채로 트럭 위에 실렸다. 네 방위를 의미하는 깃발들이 바람 속에서 나부꼈다. 낡아서 털털거리는 인디언 자동차들이 대열을 이루어 모두 트럭 뒤를 따랐다. 부족 경찰 차량 한 대가 몇 마일 트럭을 호위했다. 그 운 나쁜 경찰 지휘관은 차에서 일어선 자세로 파이프를 들고 신성한 나무를 향해 기도를 드리고 있었다.

까마귀개의 땅에 도착한 다음, 춤꾼들은 들소 기름이 가득 들어 있는 구덩이에 장대를 세웠다. 헨리 노인은 들소 가죽으로 두

가지 형상을 만들었다. 하나는 남자, 다른 하나는 들소 수컷의 형상이었다. 그것들은 모든 생명, 곧 인간과 동물의 부활을 상징했다. 인간과 동물의 부활 또한 태양춤의 한 모습이기 때문이다. 옛날에는 이 형상들에 항상 거대한 수컷의 생식기가 달려 있었다. 그 또한 태양춤 축제가 기원하는 바를 상징하는 것이었다. 태양춤에서는 다산을 빌고, 사람들을 먹여 살릴 수 있도록 더 많은 들소를 내려달라고 기원했다.

너나 할 것 없이 모두 나서서 춤 터로 쓰일 둥그런 자리를 평평하게 다지고, 소나무 가지로 된 햇빛 가리개를 세우고, 모든 것을 성스럽게 꾸몄다. 태양춤을 계속할 수 있도록 만반의 준비를 갖추기까지는 꼬박 하루가 걸렸다. 이튿날 아침 해가 뜰 무렵, 빌 독수리깃털이 담뱃대를 치켜들고 독수리 뼈로 된 호각을 불며, 의식이 축복을 받았다는 증표로 독수리가 한 마리 날아와 주기를 빌었다. 몇 분 안에 독수리 한 마리가 동쪽에서 날아와 언덕 위로 낮게 날며, 태양춤을 추는 곳 위를 서서히 선회하다가 서쪽으로 사라졌다. 그러고 나서 그들은 확성기나 전기 조명도 없이 전통적인 방식에 따라 풀밭과 소나무 사이에서 의식을 마쳤다. 그 태양춤에서 레오나드는 들소의 두개골 여러 개를 등의 맨살에 매단 채 끌고 다니는 옛날의 관례를 처음으로 재현했다. 그는 말했다. "그 두개골들을 달고 다섯 걸음을 걸었는데, 마치 심장이 등 밖으로 찢겨나가는 것 같은 통증을 느꼈어." 그날 이후로 해마다 여름이 되면, 까마귀개의 땅에서 늘 태양춤이 벌어졌고, 그때마다 항상 중재자 임무를 맡은 사람이 나와 독수리에게 빌었다. 그곳으로 날아와 춤꾼들에게 축복을 내려달라고 하면서 말이다. 그러면 늘 독수리가 나타났다. 그런 일이 벌어지고 있을 때, 나는 아직 십대 아이였다.

나 자신도 태양춤을 춘 적이 있다. 살을 뚫은 것은 레오나드와 함께 살기 시작한 지 2년이 지나서였다. 처음에는 왜 이런 의식을 치러야 하는지 이해가 가지 않았지만, 마음 깊은 곳에서 느껴지는 것이 있었다. 그러니까 지성으로는 아직 이해를 하지 못했지만, 감성으로는 이해를 하고 있었던 것이다. 나무가 보였고, 그늘 속에 앉아 있는 사람들, 산쑥 화환을 두른 춤꾼들, 그들이 입고 있는 붉은색 치마, 가슴에 매달려 있는 약초 꾸러미가 눈에 들어왔다. 독수리 뼈로 만든 호각 여러 개가 어울려 수천 마리 새의 소리를 빚어냈다. 기분이 좋았다. 다양한 사람들과 부족들 사이에 있으니 내 자신이 강해지는 것 같은 기분이 들었기 때문이다. 검은 머리를 길게 늘어뜨린 남자들과 구슬 장식이 달린 하얀색 사슴가죽 드레스를 입은 여인들을 바라보았다. 눈물이 핑 돌 정도로 아름다운 모습이었다. 그들의 일부가 되고 싶었다. 정신적으로뿐만 아니라 직접 몸으로 그것을 느껴보고 싶었다. 나의 이런 자각은, 정말 비유하자면, 내 안의 깊은 곳에 묻혀 있던 기억을 되살린 인간적인 깨달음이었다. 그때까지 내가 알고 있던, 잘못 대물림되어 내려온 자각이 아니었다. 그래서 나는 4년 동안 태양춤을 추기로 맹세했다. 처음에는 약속을 지키기가 쉽지 않았다.

살점을 제물로 바치면서 춤을 시작했다. 레오나드는 이렇게 말했다. "내가 당신 팔에서 살점을 자를게. 이것은 제물이야. 당신의 기도는 감옥에서 고통받는 사람들, 몸이 불편한 친구들에게 힘이 될 거야. 당신 팔에서 떼어낸 살점들을 네모난 붉은 천에 넣고, 작은 꾸러미를 만들어 신성한 담뱃대에 묶을 거야. 그렇게 하면 당신은 이번 일을 평생 기억하게 될 거야." 나는 이미 세상을 떠난 모든 형제자매들, 내가 느끼기에 어떻게든 나를 위해서 목숨을 버린 모든 형제자매들을 생각하면서 살점을 제물로 바쳤다.

1930년대와 1940년대에 태양춤이 다시 허용되었을 때, 그리고 최근에 이르러 레오나드가 우리 땅에서 태양춤을 벌이기 시작했을 때까지도, 살점 뚫기 의식은 비교적 부드러웠다. 가슴에서 심장 윗부분의 살을 짧은 꼬챙이나 독수리 발톱으로 뚫고, 신성한 장대 꼭대기에 연결된 생가죽 끈을 그 뚫은 자리에 묶었다. 그런 다음 춤꾼들은 끈이 느슨할 정도까지만 몸을 뒤로 움직였다. 그래야 고통이 비교적 적기 때문이다. 그러나 레오나드와 피트 갈고리, 바보까마귀, 독수리깃털과 같은 주술사들의 영향을 받고 나서부터는, 스스로 자신에게 가하는 고통의 강도가 점점 더 세졌고, 급기야는 150년 전의 살 뚫기 의식을 묘사한 캐틀린(George Catlin(1796~1872) : 가장 유명한 북미 원주민 출신 화가. 아메리카 원주민의 운명이 풍전등화임을 예감하고, 그 문화를 기록하기 위해 그림을 그리기 시작하여, 600

점이 넘는 그림을 남겼다]과 보드머[Karl Bodmer(1809~1893) : 스위스 출신으로 1832~34년에 북미 대륙을 여행했다. 노스다코타 주를 여행할 때, 조지 커틀린을 만나 친구가 되었고, 인디언의 모습을 그림에 담았다]의 그림에 표현된 것처럼 의식을 치른다. 이 방법은 까마귀개의 땅에서 시작해서 다른 땅에서 벌어지는 태양춤 의식으로, 그리고 다른 수우 족 보호구역으로 퍼져나갔다.

최근에 태양춤을 출 때, 우리의 친구인 오지브와 족의 제리 로이(Jerry Roy)는 4일에 걸쳐 하루에 한 가지씩 각기 다른 고행을 치렀다. 첫날에는 가슴 두 군데의 살을 뚫고 끈이 느슨할 정도로 몸을 움직였다. 둘째 날에는 양팔에서 살점을 떼어내 제물로 바쳤다. 셋째 날에는 들소 두개골 12개를 등뒤에 매달아 끌고 다녔다. 마지막 날에는 다시 가슴 두 군데의 살을 뚫고, 사람들에게 자기 몸을 장대 꼭대기로 끌어올리게 한 뒤, 가슴 근육의 힘에 의지하여 매달려 있었다. 마침내 오랜 시간이 지나자, 남자들 몇 사람이 나와 발목을 잡고 그를 끌어내려 풀어주었다.

그 의식에서 레오나드는 나무와 한 몸이 되어 춤을 주었다. 생가죽 끈이 느슨할 정도로 뒤로 움직이는 것이 아니라, 몸을 마구 뒤로 잡아당겼다. 마침내 가슴의 살점이 6인치 정도 늘어나더니, 그 무거운 미루나무가 그가 움직이는 대로 따라 흔들렸다. 그러자면 심한 고통을 느꼈을 것이다. 그 뒤에 레오나드는 말했다. "나무와 함께 춤을 췄어. 나무가 내게 말을 걸었지. 저 생가죽 끈들을 따라서 그리고 그 위로 위대한 정령과 통화를 했어. 내 몸은 그걸 믿지 않았어. 내 마음은 그것을 믿고 있지 않았지만 나는 영적으로 그것을 믿었어." 다른 태양춤을 치를 때, 레오나드는 앞쪽 두 군데, 뒤쪽 두 군데, 모두 네 곳의 살을 뚫었다. 살을 뚫은 네 군데 자리에 끈을 끼워 네 마리 말에 묶은 다음, 말들을 사방으로 달리게 했다.

한 젊은 남자가 태양춤을 추는 모습을 지켜본 적이 있다. 그 사람은 윙크테, 곧 게이였다. 어린 소녀처럼 곱상한 생김새였다. 그는 장대 네 개가 반듯하게 세워져 있는 사이에 서 있었다. 몸 앞쪽과 뒤쪽 살에 꽉 고정된 생가죽 끈들이 장대에 연결되어 있었다. 그가 몸을 움직일 공간은 거의 없었다. 사람들은 그런 방법으로 살을 뚫을 때 고통을 가장 크게 느낀다고 여겼다. 그렇게 살을 뚫으면 갑자기 달리거나 뒤로 펄쩍 뛰어도 몸이 풀려나지가 않기 때문이다. 그는 필사적으로 서서히 움직이며 차츰 몸을 풀어내야 했다. 발레 춤꾼처럼 유연하게 몸을 앞뒤로 움직였다. 눈을 감은 채, 표정 없는 얼굴에 엷은 미소를 띠며, 상처에서는 피가 흐르는 데도 앞으로 뒤로, 또 앞으로 뒤로 몸을 움직였다.

심지어 나는 열 살과 열한 살 된 소년들도 보았다. 살을 뚫고, 춤을 끝내고 나면, 그들은 자랑스럽게 그 상처를 보여주었다. 어떤 사람들은 태양춤이 수우 족 문화의 남성 우월적인 면을 표현한다고 말한다. 어떤 젊은이들은 거의 무의식적으로, 자기가 남들보다 더 많은 고통을 견딜 수 있다는 것을 증명하려는 듯 경쟁을 벌인다. 우리는 그들의 얼굴과 눈을 바라보기만 하면 된다. 그들이 무아지경에서 춤을 추고 있으며, 태양과 독수리 뼈로 된 호루라기 소리 이외에는 아무것도 의식하지 못한다는 것을 쳐다보고 있기만 하면 된다. 다시 말하면 그들이 각기 자기 자신의 환영 속에 둘러쌓여, 진정으로 '이 세계를 떠나' 있는 그 모습을 보고 있기만 하면 된다.

보비 돌격지도자라는 열여섯 살 된 소년이 태양춤 추는 것을 지켜본 적이 있다. 남에게 자랑하고 싶어서가 아니라, 감옥에 갇힌 형의 석방을 기원하느라 춤을 추었다. 아이는 무거운 들소 두개골을 무려 여섯 개나 끌었다. 둥그렇게 원을 그리며 달리고 달렸지만 두개골이 떨어지지 않았다. 마침내 지칠 대로 지친 아이는 더 이상 달릴 수가 없었다. 형들과 사촌들이 팔을 부축하여 되도록 빠른 속도로 그를 끌어당겼다. 그런데도 그의 몸이 풀려나지 않았다. 결국 어린 아이 세 명이 썰매 타듯 두개골 세 개 위에 앉았다. 그러자 그들의 몸무게가 보비의 등에 고정된 끈을 잡아당겨 주었다. 1977년에 있었던 일이었다. 그날은 80명이 태양춤을 추었다. 지금은 매번 거의 200명에 가까운 사람들이 태양춤에 참가한다.

나 또한 다른 많은 여인들과 함께 살을 뚫었다. 레오나드의 누이 가운데 한 사람은 쇠골 위쪽의 두 군데를 뚫었다. 레오나드와 로드 스키너도어가 핀 두 개를 가지고 내 팔을 뚫었다. 나는 아무런 고통도 느끼지 못했다. 권능 안에 들어 있었기 때문이다. 나는 구름 속을, 태양을 바라보았다. 밝은 빛이 내 마음을 가득 채웠다. 태양이 말하는 듯했다. "나는 생명의 눈이로다. 나는 눈의 영혼이로다. 나는 생명을 주는 자로다." 견디기 어려울 정도로 밝은 빛 속에서, 구름 속에서 사람들을 보았다. 이미 죽은 사람들이 보였다. 페드로 비소네트가 그늘진 산책길 옆에 서 있는 것이 보였고, 운디드니에서 살해당한 버디 래몬트의 얼굴이 유령 같은 눈으로 위에서 나를 내려다보고 있었다. 나를 향해 미소짓고 있는 친구 애니 메이 어쿠어쉬의 얼굴이 보였다. 독수리 뼈로 된 호각을 통해서 정령들이 내게 말하는 소리를 들을 수 있었다. 독수리 뼈의 높고 날카로운 소리 이외에는 아무 소리도 들리지 않았다. 아무것도 느껴지지 않았고, 동시에 모든 것을 다 느낄 수 있었다. 백인의 교육을 받은 혼혈 인디언인 내가 순종 인디언이 되는 순간이었다. 행복이 물밀듯이 밀려오는 느낌을 경험했다. 내 입술 사이로 흘러나오는 외침이 귀에 들렸다.

호 우웨이 팅크테.
내 한 목소리를 보내려 하느니.
그대는 마카 시톰니예, 곧 우주를
가로질러,
내 목소리를 듣게 되리라.
나는 목숨을 이어갈 것이다!

에필로그

나머지 이야기를 하는 데는 별로 오래 걸리지 않는다. 나는 지금 37살이고, 레오나드는 50살이다. 나는 더 이상 피골이 상접한 모습이 아니고, 레오나드는 몸이 불었다. 그는 둥근 테 춤꾼 중의 으뜸이었다. 몸을 솟구쳐, 빠르게 움직이는 둥근 테 일곱 개를 통과할 수 있을 정도이다. 그러나 이제 다시는 그런 춤을 추지 못한다. 나는 레오나드의 아이를 셋이나 낳았다. 남자아이 둘은 이름이 앤워(Anwah)와 준 벅(June Bug : 레오나드 2세)이고, 여자 아이의 이름은 제니퍼(Jennifer)다. 레오나드의 두 딸 이나와 버나디트도 아기를 낳았다. 그 덕에 레오나드는 할아버지가 되었다.

헨리 노인은 6년 전에 80대 후반의 나이로 세상을 떠났다. 그는 아내와 함께 수돗물이 나오고, 욕조가 있고, 수세식 화장실을 갖춘 정상적인 조립식 부족 주택에서 말년을 보냈다. 그러니 뒤늦게나마 19세기에서 20세기의 생활로 훌쩍 넘어온 셈이다. 죽기 직전까지도 헨리 노인은 아메리카 원주민 모임을 개최하고, 말을 타고 달리고, 장작을 팼다. 그는 가끔 "내가 바로 마지막 남은 순수한 원주민이야'라고 말하곤 했다. 지금 그는 가고 없다. 그가 대문 앞에 누워 있는 것을 사람들이 발견했다. 그는 마치 잠이 든 것 같았다. 그러나 다시는 깨어날 수 없는 잠이었다. 1년 뒤에 할머니 메리 게르트루드도 그를 따라 저 세상으로 갔다.

내 친정 어머니는 간호원 생활을 그만두고 학교로 돌아가 학위를 땄다. 지금은 장미꽃봉오리에서 교사 생활을 하고 있다. 내 자신이 어머니이어서 그런지, 나처럼 천방지축으로 나도는 아이를 키우기 위해 애쓰면서 친정 어머니가 겪었을 고초를 더 많이 이해하게 되었다. 이제 우리는 친구로 지낸다. 바바라 언니는 짐과 결혼했다. 그는 좋은 남자로, 태양춤 춤꾼이다. 직업은 목수이고, 지금은 우리 친정 어머니의 집을 수리하는 중이다.

페드로는 19번째 생일을 맞았다. 그는 유위피 주술사가 되었다. 의식을 벌이고, 땀막을 짓는다. 노래도 잘 부른다. 태양춤 춤꾼으로 벌써 여러 번 살을 뚫기도 했다. 우리와 가장 절친한 친구 제리 로이의 막내아들이 오토바이 갱이 휘두르는 칼에 찔려 죽었다. 정말 상냥하고 친절한 아이였는데, 불쌍하게도 그 젊은 나이에 변을 당했다. 모두들 그 아이를 테디 베어라고 불렀다. 페드로는 다가오는 태양춤에서 테디 베어의 정령을 위해서 장대에 매달리겠다고 맹세했다. 우리와 함께 운디드니에서 지냈던 사람들과 AIM 지도자들, 그리고 옛날의 젊은이들은 눈에 띄게 차분해졌다. 데니스 둔덕은 여러 해 동안 캘리포니아의 데이비스에서 대학 교수로 지냈다. 지금은 사우스다코타 주의 빠른도시에서 리무진 서비스점을 운영하고 있다. 그는 유머 감각을 잃어버렸다. 러셀 민스는 나바호족 여자와 결혼하여, 애리조나 주의 친리(Chinle)에서 살고 있다. 그는 신(新) 다인종 정당 설립자 가운데 한 사람이다. 얼마 전에는 대통령인가 부통령에 출마하기도 했다. 그러나 로널드 레이건과 경쟁하기에는 너무나 힘이 버거웠다. 그가 순수 인디언 은행을 설립하고 싶어한다는 소문도 들린다. 원인을 알 수 없는 화재로 가족이 풍비박산된 존 트루델은 가수이자 작곡가로 새로운 삶을 살고 있다. 그는 무척 좋은 사람이라고 들었다. 그들은 살아남은 사람들이다. 옛 형제자매들 가운데 많은 이들은 세상을 떠났다. 어떤 사람은 살해당하기도 했지만, 대부분의 사람은 명대로 살다 죽음을 맞았다. 그러나 긴 세월에 걸친 투쟁 끝에 기력이 떨어져 바닥나고, 골병이 들어 목숨이 몇 살씩은 짧아졌으리라 생각한다. 가장 훌륭한 사람들은 늘 젊어서 죽는 법이다.

힘에 겨워 골병이 든다는 얘기가 나와서 말인데, 아이 넷을 낳고, 주술사의 아내로 지내며, 그 많은 손님들, 대부분은 초대받지 않은 손님들을 위해 음식을 만들고 빨래를 하며, 수많은 고민과 문제에 귀를 기울이는 일은 내가 감당하기에는 너무나 벅찼다. 무너져 가던 나는 급기야 몇 년 전에는 정신적으로 공황상태에 빠지고 말았다. 그래서 아이들을 데리고 무작정 줄행랑을 놓았다. 내가 탄 비행기가 애리조나 주의 피닉스에서 머물렀을 때, 레오나드가 나를 찾아냈다. 우리는 화해했다.

우리는 지금 장미꽃봉오리로 돌아와 살고 있다. 해마다 옛 까마귀개의 땅에서 태양춤을 벌인다. 아르키(Archie) 절름발이사슴이 빌 독수리깃털 삼촌을 대신해서 중재자 임무를 떠맡고 있다. 그는 레오나드와 함께 태양춤을 열고, 땀 목욕을 실시하고, 살 뚫기 행사의 대부분을 주관한다.

아직도 사람들은 문제가 있으면 레오나드를 찾는다. 우리는 전통적인 나바호 족 인디언과 호피(Hopi) 족 인디언이 오랫동안 큰 산(Big Mountain)을 두고 벌여온 싸움을 끝낼 수 있도록 도와주며, 여러 해 동안 관여해오고 있다. 1988년에 가뭄이 들었을 때, 오하이오 주의 백인 농민들은 까마귀개에게 기우제를 지내달라고 부탁했다. 그가 기우제를 지내자, 비가 내렸다. 또 그는 미국의 교도소에 수감된 인디언 재소자들을 위해서 땀막을 운영하고, 담뱃대 의식을 치르기도 한다. 아메리카 원주민들이 권리를 위해 투쟁하는 곳이면 어디든 레오나드가 있다. 삶은 계속되고 있다.

내 이름은 용감한새
백인이기를 거부한 어느 인디언 여인의 용기 있는 삶

1판 1쇄 인쇄 2004년 5월 20일
1판 1쇄 발행 2004년 5월 25일

지은이 메리 크로우 도그 · 리처드 에르더스
옮긴이 신홍민
펴낸이 조추자
펴낸곳 도서출판 두레
등록 1978년 8월 17일 제1-101호
주소 서울시 마포구 공덕1동 105-225
전화 02)702-2119(영업), 02)703-8781(편집)
팩스 02)715-9420
이메일 dourei@chol.com

ISBN 89-7443-065-7 03950

* 가격은 뒷표지에 적혀 있습니다.
* 잘못 만들어진 책은 바꾸어 드립니다.